JN302871

拓殖大学研究叢書(社会科学)39

日本人とCSR

Corporate Social Responsibility

遊戯・
フロー体験・
ダイバーシティ

潜道文子［著］

東京　白桃書房　神田

はしがき

　本書は，日本企業のCSR（corporate social responsibility：企業の社会的責任）経営に関する研究書である。著者は，これまで，「企業と社会（business and society）」論の分野を経営戦略の視点から研究してきたが，本書では，その研究成果を，CSRという枠組みを中心に整理している。

　その切り口の特徴としては，以下に示す4つがあげられる。

　まず，第1の特徴は，「遊戯論」や「フロー体験」，「ダイバーシティ」という，従来，組織のマネジメント分野ではあまり扱われてこなかった領域から考察していることである。

　「遊戯」とは，ただ楽しみのために行われる活動であり，その遊戯に熱中するとき，人は没入感や解放感＝自由を感じる。楽しさや創造性，幸福を研究対象とする「ポジティブ心理学」分野の研究者であるM. チクセントミハイ（Csikszentmihalyi, M.）は，この没入感や自由が「フロー体験」を生み出す重要な要素となるといっている。このフロー理論は，従来，スポーツ分野での研究が中心であったが，近年，マネジメント分野での研究も少しずつなされるようになっている。著者が初めてこの理論を知ったのは，恩師の小林俊治先生（早稲田大学名誉教授）が紹介して下さった神戸大学の金井壽宏先生のご研究においてであった。

　また，著者は，長年，スポーツのもつ力やスポーツそのものと，ビジネスやマネジメントとの関わりに関心をもってきたが，スポーツもその一形態である「遊戯」のもつ自由等の要素は，人々に精神的なしなやかさをもたらし，理性や専門性を発達させ，創造性を育む。その過程で，人々は喜びを獲得するのである。本書では，この遊戯のもつ力を，研究開発をはじめとする創造性の発揮が期待される部署における労働者に対するマネジメントやモティベーション，リーダーシップ等に導入し，労働者の潜在能力をさらに引き出すべきであるという提案をしている。

「ダイバーシティ」については，多様性を促進し，それを活用することにより，組織のパフォーマンスを向上させる環境を創るとされており，ここではとくに女性性に特有な能力や思考に注目して，その女性性とCSRとの関係を論じつつ，従来の意思決定者の多くが男性であった状況で営まれてきた組織運営に女性的な視点を導入することで，新製品やサービスの開発だけでなく，組織文化の革新や働く環境改善の促進や，企業のさまざまなステイクホルダーへ新たな価値を提供する可能性について考察していく。

これらの視点を取り上げたのは，グローバル競争時代に，日本企業が現在の難解な課題を解決して，さらなる発展を遂げるためには，経営学の研究成果以外の学問分野の成果も活用することが必要だと考えたからである。そうすることで，新たに開発されたリーダーシップやHRM(human resource management：人的資源管理)，他組織との協調戦略やネットワーク戦略，組織文化の構築等によって，組織の継続的なイノベーションが可能になるのである。

しかし，本書では，新たな取り組みに注目するだけでなく，長寿企業といえるいくつかの日本企業を取り上げ，それらの企業がさまざまな課題を解決しながら，現在まで成長を続けてきた要因のいくつかを明らかにしている。そして，日本企業が，これまで積み上げてきた強みを認識し，それらに根差したマネジメントを再評価することの重要性も論じている。とくに，グローバル競争において日本企業が競争優位を確立するためには，世界の優れた成功事例を吸収しつつも，同時に，日本人がもつ価値観や倫理観，そしてそれらを基盤にして発展させてきた知識や智恵を尊重した戦略的CSR経営を確立していくことが必要である。そこで，本書では，江戸時代から現代までの，企業経営におけるCSRや企業倫理を取り上げ，日本企業および日本人というものを改めて考察し，これからの日本企業のマネジメントスタイルの基軸となるエートスを提示している。このような側面が本書の第2の特徴となっている。

第3に，本書は経営学分野の理論や事例を中心に考察を行っているが，応用倫理学の一分野である経営倫理，そして社会学や心理学等の分野の知識を

活用した学際的な研究も取り込み，幅広い観点から議論しているという特徴をもつ。この特徴は，「企業と社会」という分野における「社会」が企業の経営環境を構成するさまざまなステイクホルダーから成っているということにも起因している。例えば，「企業と社会」の研究においては，組織と組織，組織と個人，組織を構成する個人と個人といったプレーヤーたちのミクロな関係性が重要なイシューとなる。したがって，社会学や心理学で扱う分野，そして，個々の組織や構成員の倫理といったことが問題となってくる。また，自然環境や経済環境，政治環境といったマクロ環境も含めて，企業とそれら経営環境との関係の在り方および企業の対応が各企業のパフォーマンスに大きな影響を与えることから，CSR を戦略的視点から考察する過程で，さまざまな学問領域における研究成果を参照することとなった。

最後に第 4 として，本書では，組織と個人の新しい関係についての提案を行っていることである。技術イノベーションの急速な進展など，企業の経営環境の変化に伴い，組織と個人の関係や組織が働く人々へ求める能力の質も変化してきており，組織と個人のそれぞれの責任においても変化が求められている。このような背景のもと，企業サイドからみた労働者，労働者の立場からみた組織との関係を考察していく際に，とくにステイクホルダーの中でも，企業にとって，労働者への配慮（CSR）が重要な成果の創出へとつながることを明らかにできたことを強調しておきたい。その点については，先にも述べた遊戯やフロー体験，そしてダイバーシティ戦略の側面から論じている。

本書は，早稲田大学に提出した博士学位申請論文「日本型 CSR 経営の研究―多元的ステイクホルダー経営への新たな視点―」に，加筆・修正を加えたものである。本書を刊行するにあたっては，多くの方々にご指導・ご鞭撻を頂いた。ここに感謝の意を表したい。

まず，小林俊治先生には，大学院修士課程 1 年生の時から今日まで，20 年以上にわたる歳月の間，常に貴重なアドバイスを頂いてきた。小林先生に頂いた知識と機会は膨大である。また，早稲田大学の厚東偉介先生，大月博司

先生，坂野友昭先生，谷本寛治先生，藤田誠先生をはじめ，多くの先生方にご指導を頂き，さまざまな問題点をご指摘頂いた。質問紙調査およびデータ処理・分析については，神戸山手大学の飯嶋香織先生にご協力を頂いた。その他，さまざまな学会や研究会において，多くの方々から貴重なアドバイスやインスピレーションを頂戴した。さらに，インタビュー調査や質問紙調査では数多くの企業の方々に貴重な時間を割いて頂き，大変お世話になった。

　最後に，本書の出版に関わって下さった白桃書房編集長の平千枝子さんをはじめ白桃書房の方々には，本当に長い間，本書の制作・出版にお付き合い頂き，どうもありがとうございました。こうして本書が上梓に至りましたのは，皆様の親身なサポートのお蔭です。また，出版助成金を提供してくださった拓殖大学および出版助成に関わる業務に携わって下さった教員や職員の方々にも深く感謝申し上げます。

　　2014年3月

　　　　　　　　　　　　　　　　　　　　　　　潜　道　文　子

目　次

はしがき

● 序　章　研究の意図とフレームワーク ……………………………… 1
　第 1 節　本書の目的 ────────────────────1
　第 2 節　本書の構成 ────────────────────4

● 第 1 章　多元的ステイクホルダー ………………………………… 9
　第 1 節　問題意識 ─────────────────────9
　第 2 節　多元的ステイクホルダーの視点 ──────────9
　　1．多元的ステイクホルダー　9
　　2．ステイクホルダー間の個別性　10
　第 3 節　企業の社会的責任と企業倫理の歴史的変遷 ──────13
　　1．企業の社会的責任の歴史的変遷　13
　　2．「企業の社会的責任」と「企業倫理」　17
　第 4 節　公共の利益と自己利益 ─────────────21
　　1．公共の利益と自己利益の融合　21
　　2．自己利益志向型企業倫理の問題　24
　　3．CSR と利益との関係　26
　　4．組織文化を変革する CSR　29
　第 5 節　CSR 経営と公共的領域 ─────────────31
　　1．「公共性」とは何か　32
　　2．支援型公共的領域の広まり　33
　　3．公共的領域における事業活動の事例　34
　　4．「私」を活かして「公」を開く契機としての CSR　37
　第 6 節　小　括 ──────────────────── 38

第 2 章　私益と公益の境界 …………………………………41

第 1 節　問題意識 ──────────────────41

第 2 節　ホーリズムの視点 ───────────────42

 1．多主体複雑系と自己組織性　42

 2．多主体複雑系のネットワーク　45

 3．非営利組織とそれを支える市民社会　47

 4．自己組織化するシステムにおける「支援」　50

 5．「企業―非営利組織―市民―行政」の創造的ネットワーク　52

 6．多主体複雑系ネットワークにおける CSR 経営　54

第 3 節　ミッションに基づくコミュニティ・マネジメント ────56

 1．マネジメントにおけるミッションの役割　57

 2．オーケストラにおけるミッションの役割　59

 3．事例：シアトル交響楽団　60

 4．起業家のミッション　64

 5．ミッションを中心とする「富と能力の循環」　66

第 4 節　社会起業家とソーシャル・エンタープライズ ─────66

 1．登場の背景　66

 2．ソーシャル・エンタープライズの現状と特徴　69

 3．株式会社の限界とソーシャル・エンタープライズの意義　71

第 5 節　小　括 ──────────────────74

第 3 章　CSR と利益 …………………………………79

第 1 節　問題意識 ──────────────────79

第 2 節　先行研究 ──────────────────81

 1．受動的 CSR と戦略的 CSR　81

 2．利益獲得に影響を与える CSR　83

第 3 節　研究の方法 ─────────────────84

 1．調査の概要　84

 2．質問項目の構成　85

第4節　単純集計による調査結果と考察 ──────── 85
　　　1．調査結果　86
　　　2．考　察　98
　　　3．単純集計からの結論　103
　第5節　「CSRと利益獲得との関係」に対する考え方と成果との関係
　　　────────────────────────── 104
　第6節　CSR活動の成果に影響を与える要因 ──────── 107
　　　1．CSRへの取り組み期間の相違　107
　　　2．成果に影響を与えるその他の要因　110
　　　3．従業員のCSR経営についての理解度　113
　第7節　従業員に対するCSR活動と利益の増加との関係 ─── 116
　　　1．5つのステイクホルダー別CSR活動の成果　116
　　　2．従業員に対するCSR活動と労働意欲との関係　117
　　　3．「従業員のCSR経営についての理解度」と「従業員の労働意欲の向
　　　　上」との関係　120
　第8節　分析結果のまとめ ───────────────── 121
　第9節　小　括 ─────────────────────── 123

第4章　江戸期のCSR ……………………………………………127
　第1節　問題意識 ────────────────────── 127
　第2節　本間家にみるCSRと企業倫理 ─────────── 128
　　　1．CSR経営型ビジネスモデル　128
　　　2．地道な商売　130
　　　3．グループ組織力の重視　131
　　　4．経営者の育成　132
　　　5．公益の思想　132
　　　6．ビジネスによる地域の倫理性の創造　133
　第3節　日本における「家」と女性 ─────────────── 134
　第4節　女性の仕事と教育 ────────────────── 137

第5節　商家の合理的価値観 ──────────────── 139
　第6節　ジェンダーの視点からみた女性の特徴 ─────── 145
　第7節　商家における女性の役割 ──────────── 149
　第8節　小　括 ─────────────────── 153

● 第5章　明治期の CSR …………………… 157
　第1節　問題意識 ─────────────────── 157
　第2節　時代背景 ─────────────────── 160
　第3節　食生活 ──────────────────── 161
　　1．文明開化と食の西洋化　161
　　2．『食道楽』にみる食の意義　163
　　3．食の安全　164
　　4．パン食の流行と小麦　165
　　5．正しい食生活のすすめ　166
　第4節　食品企業の戦略的企業倫理 ────────── 169
　　1．日清製粉グループ　169
　　2．木村屋總本店　172
　　3．人形町今半　175
　第5節　徳倫理が支える老舗の経営 ────────── 179
　第6節　小　括 ─────────────────── 180

● 第6章　大正期の CSR …………………… 185
　第1節　問題意識 ─────────────────── 185
　第2節　経営環境と時代の精神 ────────────── 186
　　1．経営環境　186
　　2．大正教養主義　187
　第3節　日本の洋菓子の歴史と製菓産業の発展 ─────── 189
　　1．洋菓子の草創期　189
　　2．製菓産業の発展　190

第4節　イノベーションと企業倫理 ───── 192
　　1．イノベーションとは何か　192
　　2．産業の発展段階におけるイノベーション　194
　　3．イノベーションの倫理　196
　第5節　明治グループにみるイノベーションと企業倫理 ───── 198
　　1．東京菓子の創立　198
　　2．日本型利他主義経営　200
　　3．チョコレートにおけるイノベーション　201
　第6節　小　括 ───── 203

第7章　現代のCSR ───── 209
　第1節　問題意識 ───── 209
　第2節　「共感」に基づく経営戦略 ───── 210
　　1．「共感」とは何か　210
　　2．「想い」を共有することの意義　214
　　3．マーケティング戦略における「共感」軸　215
　　4．HRM戦略における「共感」の軸　219
　　5．「場」における共感の役割　226
　第3節　CSR経営の事例 ───── 229
　　1．分析の枠組み　229
　　2．事例研究：積水化学　230
　　3．日本型CSR経営モデル　242
　第4節　小　括 ───── 244

第8章　遊戯論 ───── 249
　第1節　問題意識 ───── 249
　第2節　遊戯の特質 ───── 250
　　1．ホイジンガの所説　250
　　2．カイヨワの所説　252

3．チクセントミハイの所説　254

　　　4．遊戯と競争　257

　第3節　遊戯の戦略的導入 ——————————————————259

　　　1．価値創造型組織　259

　　　2．研究開発マネジメント　260

　　　3．自己目的型労働　263

　第4節　ビジネスと遊戯とCSR ——————————————265

　　　1．ビジネスと遊戯の関係　265

　　　2．事例：パタゴニア社　269

　第5節　小　括 ————————————————————274

● 第9章　フロー体験 ……………………………………281

　第1節　問題意識 ————————————————————281

　第2節　資本主義社会とフローとの関係 ——————————282

　　　1．他人志向的な人々　282

　　　2．社交の精神　285

　　　3．物質主義と利己的個人主義　286

　第3節　知識労働者のHRMにおけるフローの役割 ——————288

　　　1．知識労働者　288

　　　2．知識労働者へのリテンション方策　290

　　　3．外発的報酬の問題点　292

　第4節　仕事におけるフローの条件 ————————————293

　　　1．複雑な自己　293

　　　2．フローの阻害要因　295

　　　3．責任型組織が生む内発的報酬　298

　　　4．知識労働者のフロー：ハッカーの事例　299

　　　5．仕事におけるフローの条件　302

　第5節　労働CSR ————————————————————304

　　　1．先行研究　305

2．欧州におけるCSR　306
    3．日本と欧州にみる労働者の意識　307
  第6節　戦略的CSR経営におけるフローの意義 ―――309
  第7節　小　括 ―――311

第10章　ダイバーシティ　……317
  第1節　問題意識 ―――317
  第2節　女性とCSR ―――320
  第3節　女性的視点と男性的視点 ―――323
    1．女性的リーダーシップと男性的リーダーシップ　323
    2．日本の女性管理職へのインタビュー調査　326
    3．女性管理職登用の現状　330
  第4節　ダイバーシティ・マネジメントによる競争優位獲得 ―――335
  第5節　事例：日産自動車 ―――337
    1．ダイバーシティ・マネジメント　337
    2．背景　338
    3．具体的取り組み　339
    4．組織体制　342
    5．ジェンダー・ダイバーシティの視点　343
    6．ダイバーシティ活動の成果と課題　344
  第6節　小　括 ―――346

終　章　CSRの進化と日本企業の競争力　……353

邦文／欧文参考文献
事項／人名／企業・組織名索引

序章

研究の意図とフレームワーク

第1節 本書の目的

　グローバリゼーションが世界経済を席巻する2014年現在，日本社会は急速に海外へと目を向け，日本企業も積極的に海外市場でのシェア獲得を目指して精力的に活動している。しかし，苦戦を強いられている企業も多い。その原因のひとつとして，日本企業の製品やサービスがそれぞれの海外市場のニーズをつかみ損ねているということがあるという。

　平成20年版の『経済財政白書』の副題は，「リスクに立ち向かう日本経済」であった[1]。白書では，「上場企業がとっているリスクの水準が大きい国ほど，実質国内総生産（GDP）の成長率が高くなる」との結論を導いている。日本企業は全体的に低リスクだが，収益性も低い。GDPについても，リスクをとる企業の多い米英仏といった主要先進諸国に比べ，日本の伸び率は低い傾向が示された。また，組織に雇用されるという働き方より起業家として自らビジネスを立ち上げる方がリスクが高いといえようが，「起業家が人口に占める割合の高い国ほど成長率は高い」というデータも提示され，その割合の低い日本企業が低成長である理由が考察されている。

　さらに，従業員の平均勤続年数が長く，メインバンクからの借入比率が高い企業ほどリスクを取らない傾向があることや，メインバンクが貸付金の確実な回収を優先しがちなことも指摘されている。かつては日本企業の特徴とされた終身雇用制やメインバンク中心の資金調達，株式の持ち合いなど「日

本型企業システム」も，リスクを積極的にとろうとする際には障害となりうる可能性があるといえよう。他方，機関投資家の持ち株比率が高い企業は，長期的なリスクテイクといえる研究開発費が多いという分析結果も示されている。

　この『経済財政白書』の分析から数年経った現在ではあるが，グローバル社会での日本企業のつまずきの原因を考えるとき，未だに不確実な状況で意思決定を行うというリスクをとらずに他国の企業の状況や海外市場のある程度確定した動向をみてから行動するという日本企業の特徴が何らかの影響を及ぼし，現在の「後手に回る」状況を作っているということがいえるのかもしれない。

　他方，日本においては，2003年頃からCSR（corporate social responsibility：企業の社会的責任）に基づいた経営を目指す企業が増加している。2005年3〜4月に，日本経済団体連合会が会員を対象として行ったCSRへの取り組み，社内体制の整備，報告書作成，取り組み分野に関してのアンケート調査（1324社中，回答数：572社（回答率：43.2%））によると，CSRを冠した組織，委員会の設置やレポートの発行など，CSRを意識した活動を行っている企業は，75.2%（430社）と高い比率に達している（日本経済団体連合会，2005，pp.1-2）。

　同調査において，優先的な取り組み分野については，「コンプライアンス・法令遵守」が，CSRを推進するにあたって「現在最も優先的に取り組んでいる分野」，及び「将来（2〜3年後）最も優先的に取り組んでいると思われる分野」の双方でトップに立った。また，現在の取り組みについては，「コンプライアンス・法令尊守」についで，「環境」，「安全，品質」，「個人情報保護・情報セキュリティ」，「コーポレート・ガバナンス」が比較的大きな比率を獲得している。しかし，「雇用・労働（労働災害の防止・社員教育を含む）」，「人権問題」，「社会貢献・地域貢献・メセナ活動」，「消費者保護」，「情報開示」，「コミュニケーション」については，比較的小さな比率にとどまっている（日本経済団体連合会，2005，p.8）。

　「コンプライアンス・法令遵守」が高い比率となるのは，度重なる企業不

祥事と,その結果,企業が受ける打撃の大きさにより,CSRを不祥事対策ととらえる企業が多いことがその背景にあるのであろう。しかし,従来の「社会的責任」と異なり,「CSR」はさまざまなステイクホルダーへの配慮や関係性の構築を通じて企業と社会の相乗的発展を図る経営のあり方であり,そのためには,CSRを事業の中核に位置づけるべき投資ととらえ,将来の競争優位を獲得しようとする能動的な挑戦と考えるべきである。また,先見性のある創造的な取り組みによって企業の活力を生み出すことも重視される(経済同友会,2004, p.4)。つまり,CSRはコンプライアンスのレベルにとどまらず,ステイクホルダーのニーズ(声)を組み込んだ経営戦略を基軸とするマネジメント改革であり,その実践がステイクホルダーの満足や信頼を獲得し,企業の長期的利益獲得の機会を創出する。さらに,最終的には,企業と社会双方の発展を実現するのである(潜道,2006, pp.77-78)。

このように,CSR経営においては,不祥事を防止するために監視の仕組みを重要視するだけではCSR経営の本来の目標を到達することは難しい。CSR経営における試みを競争優位確立につながる有意義な事業活動とするためには,守るべき価値観の転換―価値転換(value shift)[2]を行い,CSRをコストや制約や慈善行為ではなくビジネスチャンスやイノベーションとして捉えることが必要である(ポーター&クラマー,2006, pp.37-38)。まさに,ここでも変化を恐れず,積極的にリスクをとる企業の姿勢が求められている。

現在,世界的な潮流となっているCSR経営であるが,各国のCSRへの対応,企業の取り組み方などは異なる。では,グローバル競争の時代において,競争優位を確立し,かつ日本の風土や日本人の卓越した能力を活かした日本型CSR経営というのはどのようなものであろうか。

2011年3月11日に起きた東日本大震災の際には,被災地の人々の行動や,これまで日本人が世界で行ってきた貢献活動に対して世界中から賛辞と応援の声が寄せられた。本書では,現代の激しいグローバル競争時代に日本企業が競争優位を構築するためには何が必要であるのかを考察するにあたり,日本人の価値観や倫理観,そして地域社会への配慮等の強みに注目し,それら

を再評価することによって日本企業がCSRを通じて競争優位を構築するための方策と課題について論じる。

第2節 本書の構成

前節で説明した本書における研究の意図に基づいて，本書の全体的な構成と各章の位置づけを概説する。

第1～3章は，現代のCSRの論点に注目して考察する。第1章では，まず，CSR経営において重要な視点となる多元的ステイクホルダーについて論じる。次に，日米の企業の社会的責任に関わる出来事を時系列的に概観し，現在のCSR経営のルーツをたどる。また，企業倫理を取り上げ，企業の社会的責任との関係，および相違点について論じる。次に，CSRの根底に流れる公共の利益と自己利益との融合の視点に基づき，CSRと経営戦略や利益との関係について考察する。続いて，公私が2元論的に互いに交わることなく存立するという概念とは異なる，「私」を活かして「公」を開く，新しい公共性の視点から，CSR経営を検討する。

第2章は，企業がNPOや行政，市民も含めた社会のプレーヤーとして協働する，あるいは，「企業―非営利組織（NPO）―市民―行政」という自己組織化したネットワークによって新たな価値を生み出す事例を検討する。また，アメリカ・ワシントン州のオーケストラを中心として，企業やその他のコミュニティにおける組織が作り出す，ミッションを軸とした関係について論じる。さらに，近年，CSR活動の中でも社会的課題解決型CSRを目指す企業が増加しているが，社会起業家が率いるソーシャル・エンタープライズ（social enterprise：SE，社会的企業）は，まさしく社会的課題解決を，ビジネス手法を用いて行う組織である。このSEの活動からこれからのCSRを考察し，私益と公益の境界や社会における企業の役割の変化について論じる。

第3章は，CSRの本質的課題ともいえる，CSRと利益との関係を，先進的CSRを展開する日本企業を対象に行ったアンケート調査結果を中心として分析する。この分析結果から，顧客，従業員，株主，社会（地域社会），

取引先というステイクホルダーのうち，従業員へのCSR活動が最も大きなCSRの成果を創出することが明らかとなった。そのことを受けて，第8～10章では，組織で働く人々への新たな人材マネジメントの視点を提示する。

それに先駆け，第4～7章では，日本におけるビジネスの歴史を振り返り，今後の日本企業の競争優位の根底を支えるであろう日本人の価値観や倫理観の特色，および各時代におけるCSRを明らかにする。第4章は，CSRの源流が存在するといわれる江戸時代を取り上げ，その時代の商家の企業倫理やその合理的価値観を中心に考察する。また，江戸時代における商家の女性たちの役割を，当時の武家の倫理とは異なる商人階級の経済倫理から分析する。第5章は，明治時代創業の老舗食品関係企業の事例を通して，人間の生命にも関わる食品を扱う企業の徳倫理に支えられた企業経営の特質について論じる。第6章では大正時代に創業した製菓企業の事例を取り上げ，企業の成長に不可欠なイノベーションと企業倫理との関係を中心に，大正時代に創業し現在も成長を続ける企業の成功要因について検討する。第7章では，現代のCSR活動に重要な共感力を取り上げ考察する。また，現代のCSR先進企業の事例を考察し，企業の競争力とCSRとの関係について検討する。

既述のように，第8～10章では，従来，経営学においてはあまり重視されてこなかった視点から，従業員へのマネジメントを行うことの価値について考察する。第8章では，「遊戯」を取り上げ，遊戯のもつ要素が企業活動に導入されることによって，企業にどのような価値がもたらされるかということについて，遊戯の研究者の所説を紹介しながら論じる。第9章では，深い楽しさや喜びを伴う経験を生む「フロー（flow）」という包括的感覚に関する研究を行う心理学者のM. チクセントミハイ（Csikszentmihalyi, M.）の「フロー理論」を用いて，CSR経営において従業員が組織に期待する責任を労働の質の観点から分析する。同時に，経営戦略の視点から，内発的報酬を生み出すフロー体験としての労働の意義を論じる。第10章では，ジェンダーに配慮することが，CSRにどのような影響をもたらすかを検討する。企業の現場においては，「女性的視点」や「女性的価値観」がこれまで長い間，十分に評価されずに，「男性的視点」優位といった偏った状況が存在してい

た。しかし，CSR 経営に求められる新たな価値観や能力が，女性の有する特質や能力に関係しているとすれば，従来の男性的視点に加えて女性的視点を組み入れた新しい価値観の上に立った戦略策定や意思決定が行われることが企業の競争優位の構築に貢献すると考えられる。そこで，企業の女性管理職の方々へのインタビュー調査をもとに，女性的特質を導き出し，それがCSR 経営にどのように貢献するのかを検討する。

　そして終章では，不確実な状況下でリスクに立ち向かうことを躊躇する傾向があるという日本企業の課題に対して CSR がどのような役割を果たすかという点について論じる。とくに，企業のグローバル競争が展開される中で，日本企業が CSR を通じて競争優位を構築するために，日本企業や日本人がもつ特質がどのようにその力を発揮するかについて考察を行う。

　以上のように，本書では，グローバル競争の時代にける，日本人の価値観や倫理観を活かした CSR の構築と企業の競争力について論じるが，CSR が普及した背景のひとつには，1997年にイギリスのサステナビリティ社の J. エルキントン（Elkington, J.）が，決算書の最終行（ボトムライン）に最終結果を述べるように，社会面，環境面についても評価を行い報告すべきだと提唱し，トリプルボトムライン（triple bottom line）として，新しい業績評価の尺度となったことがある。この「経済性」,「環境性」,「社会性」の３つの視点からの企業評価が CSR の骨格をなす考え方となり，持続可能性（サステナビリティ）・レポートのガイドライン作りを使命とする NGO（非政府組織）の GRI（Global Reporting Initiative）の持続可能性報告ガイドラインの骨格として，環境レポートから持続可能性レポートへの発展を促進することとなった。

　本書では，このトリプルボトムラインを CSR の骨格を作る基本的考え方としてとらえ，それが個々の企業の活動に反映され，個々の企業では，日本人特有の伝統的価値観や倫理観に加え各企業独自の組織文化や創業者の経営哲学，企業倫理，コーポレート・ガバナンス体制，そして経営戦略などが CSR を形作り，かつ支え，企業活動を通じて最終的に業績へ影響を与えることを想定している。また，そのことが社会への価値の創造につながり，企業と社

会の相乗的な発展を可能にするというCSRフレームワークを理想型としている。

【注】
1）『経済財政白書』での日本企業および日本経済の分析については，内閣府（2008），『朝日新聞』2008年7月23日（朝刊），および『日本経済新聞』2008年7月31日（朝刊）参照。
2）L. S. ペイン（Paine, L. S.）は，「今日，自由化，民営化，グローバリゼーション，知識と技術の進歩等により企業の重要性が高まってきている」ことを指摘し，その結果，「　流企業に期待されていることが，富の創造，優秀な製品とサービスの提供ばかりではなく，「道徳の行為者」としての行動，すなわち責任の主体として，道徳的な枠組みの範囲内で事業を運営することも求められている」（ペイン，2004，p.7）と述べている。そして，このような企業の役割の変化によって，企業の根幹を支える価値観（value）や理念の転換（shift）という歴史的変化が起こっていることを指摘している。

第1章 多元的ステイクホルダー

第1節 問題意識

　欧米の伝統的な企業経営では，多くのステイクホルダーの中でもとくに「株主」を重視する傾向があるといわれる。しかし，現代のCSR経営においては，一元的なステイクホルダーではなく，多元的ステイクホルダーの視点から企業の経営環境を捉えようとしている。したがって，このようなCSRの登場は，欧米の企業にとっては経営上の大きな転換を意味しているといえるのではないだろうか。では，翻って日本の企業にとってはどうであろうか。

　本章では，まず多元的ステイクホルダーの視点について論じ，その後，企業の社会的責任の変遷をたどり，日本企業におけるCSRに対する認識について考察する。また，企業の社会的責任と企業倫理を比較し，その相違点を示す。さらに，CSRの根底を流れる価値観や思想を検討し，CSRが企業および社会にもたらす価値を明らかにする。

第2節 多元的ステイクホルダーの視点

1．多元的ステイクホルダー

　CSR経営では，企業は各ステイクホルダーとの関係を重視し，それぞれに対して社会的責任を果たすべく行動するが，この「ステイクホルダー」と

いう用語は，1963年に，アメリカ・スタンフォード研究所の内部メモに現れたという。代表的なステイクホルダーの概念およびステイクホルダー・アプローチを提唱するR. E. フリーマン（Freeman, R. E.）によれば，「ステイクホルダー」とは，「企業により影響され，また企業に影響を与える個人および集団」である（Freeman, 1984, p.46）。つまり，企業が配慮するべきステイクホルダーとして，企業が受託者としてその利益の極大化に努める「株主」という「一元的ステイクホルダー」ではなく，顧客，従業員，取引先，競争業者，地球環境，地域社会，労働組合，業界団体等という「多元的ステイクホルダー」を想定している。加えて，ゴーイングコンサーンとして永続的な発展を追求する企業が長期的かつ継続的に利益の獲得を実現するためには，特定のステイクホルダーの要求のみに対応するのではなく，潜在的に企業業績に影響を与える可能性のあるステイクホルダーすべてに対して責任をとり，互いに利益を享受することのできる良好な関係を構築しながら，均衡のとれた活動を行っていくことが必要となる。

　また，企業からの視点だけでなく，ステイクホルダーからの視点も重視する考え方—企業とステイクホルダーが相互に影響しあう関係—を示している。そして結果的に，この多元的なステイクホルダーへの配慮の姿勢がCSRの根底に流れる思想となる。

2．ステイクホルダー間の個別性

　他方，「企業は誰のものか」という企業の目的の規定に関わる根本的問題，つまり，コンプライアンスを重視した経営を行うことによって株主，従業員，取引先等のステイクホルダーを企業崩壊のようなリスクから守るという意味でCSRにも包含されるコーポレート・ガバナンスの観点から多元的ステイクホルダーの視点を考えたとき，その矛盾が示されているようにみえる。すなわち，CSRが対象とするステイクホルダーは「包括的かつ平等」であるという特徴を有するが，コーポレート・ガバナンスにおいては，誰の利益が優先されるのか，誰が経営者の活動を監視する機能を果すのかという，ステイクホルダー間での「個別性」が重視される。

吉森賢は，コーポレート・ガバナンスにとって主権者といえる顧客の満足の極大化に最大の貢献を行うステイクホルダーを「中心的ステイクホルダー」とし，それを特定する基準として以下の3点を示している（吉森，2007, pp.33-34）。
① 　資源の希少性
② 　企業価値向上への貢献度
③ 　リスク負担
　吉森（2007）は①については，「最高経営責任者」と「従業員」を中心的ステイクホルダーとしてあげている。意欲，能力の優れた最高経営責任者および従業員は少ないことがその理由である。また，とくに，日本でしばしばみられるように，長期的雇用保証を暗黙のうちに行っている企業においては，従業員は企業固有の知識や情報を資産として形成するため，その希少性は企業にとって貴重なものとなる。他方，「株主」は資本の提供者であるが，企業のキャッシュフローが潤沢であり，増資をしなくても設備投資や運転資金が可能であるという傾向がある場合，その希少性は薄れる。

　②についても，「経営者」と「従業員」をあげている。「株主」は資本を提供するが，企業の価値を向上させる活動を行っているのは経営者と従業員である。また，株主は企業の長期的価値の向上や繁栄に一体化しているわけではなく，業績が悪くなれば保有株式を売却する。他方，従業員は経営者と共に再建に携わる場合が多い。

　③については，「株主」は配当の形で利益を受け取れる残余請求権を有する。このことは，業績が赤字の場合は配当を受け取れないことを意味している。このリスク負担こそが株主利益を優先する根拠となっている。しかし，株主のリスクは分散が容易であるのに対し，「従業員」にとってのリスク・マネジメントは困難である。とくに，日本企業の従業員のように蓄積する知識や経験の多くがその企業固有のものである場合は，従業員の失業のリスクは非常に高いといわざるをえない。

　このような理由から，吉森は，企業の中心的ステイクホルダーを「経営者」と「従業員」としている。つまり，企業のゴーイングコンサーンとして

の特徴を考えたとき，企業業績に大きな影響を及ぼす可能性が高く，自らの運命を握っている組織が永続的に存在することを最も強く望んでいると考えられる経営者と従業員が，コーポレート・ガバナンスに関わり，企業の重要な意思決定を行うことが最も望ましいということである。

　しかし，日本の企業の状況を概観すると，「経営者」は多くの情報を保有し，重要な意思決定を行っていることから，企業にとっての中心的ステイクホルダーであるということがいえそうであるが，「従業員」はそうであろうか。日本においては，他国と比べて長期雇用を組織の責務と考える企業も少なからず存在し，教育投資をしながら従業員の能力向上を行い，その高い能力が最終的には組織の高い業績に結びつく，という考え方が存在する。しかし，その一方で，サービス残業の実施が高い水準にあること，過労死の問題や労災認定にまつわる日本企業の消極的態度など，従業員重視とは言いがたい実態もある。また，とくに，近年は，外国人機関投資家などが株式保有率を高めており，株主の影響力が大きくなっていることから，日本でも従来と比べて株主を重視する傾向が強まっていると考えられる。

　では，他国の状況はどのようであろうか。吉森（2007）は，一般的にいって，日本・ドイツ・フランスは全体利益を前提とした個別ステイクホルダーの利益を実現しているとし，経営者の基本的役割は，すべてのステイクホルダーの利益の長期的均衡を実現することになるとしている。つまり，これらの国では，企業は株主の私的財産を超えた社会的組織であり，公器としての色彩が強い。従業員の経営参加と雇用保障がさまざまな形で制度化され，中心的ステイクホルダーは「従業員」である。その結果，労働費用は高くなり，グローバル競争において大きな課題を提示することにもなっている。

　他方，アメリカ・イギリスは，一般的に，個別利益が優先し，とくに，「株主」の利益が重視される。しばしば，企業の長期的全体利益を犠牲にしても株主はその利益増大を要求する。このような状況において，経営者は，株主の利益獲得代理人としての責任を果たすこととなる（吉森，2007，pp.36-37，52）。

　しかしながら，この個別主義は，アメリカのエンロンやワールドコム等に

みられたような大規模な不正事件発生の火種ともなっている。これらの事件は，アメリカ型のコーポレート・ガバナンスの限界を示し，健全な経営活動のためには，コーポレート・ガバナンスのような制度以外に企業倫理が必要であることを明らかにした。

　他方，CSR経営ではステイクホルダー理論に従うと，すべてのステイクホルダーを平等に扱う必要があるとされるが，現実的には，そのような行動には困難が伴う。例えば，株主への配当を増大させることによって従業員へのボーナスが減少したり，地域社会への貢献が少なくなったりというように，複数のステイクホルダーの要求への対応をどのように行っていくかというトレードオフに関わる問題に突き当たる。したがって，各企業は，自らの戦略に従って，各ステイクホルダーに関わる課題に優先順位をつけて解決していくことになる。つまり，CSRは各企業の独自性と戦略性が重要であり，それゆえにCSR経営の実践は他社との差別化にもつながる。その意味では，ステイクホルダーの個別性を考慮し，それぞれの差異を各企業の経営課題や戦略に結びつけていくことがCSR経営の成功につながるといえよう。

　このように，CSR経営による多元的ステイクホルダーの視点は，組織の存続・発展のための戦略的意思決定へ，重要なツールを提供することになるといえよう。

第3節　企業の社会的責任と企業倫理の歴史的変遷

1．企業の社会的責任の歴史的変遷

　さてここでは，日米の企業の社会的責任論に関わる歴史的変遷を概観し，現代のCSRをめぐる両国の社会状況や企業の対応における相違点を検討する[1]。

(1) アメリカにおける企業の社会的責任論に関わる事項の歴史的推移

1924年　　　・O. シェルドン（Sheldon, O.）が，著書『経営管理の哲学』でソーシャル・リスポンシビリティ（social responsibility：社会

	的責任）という用語を用いてその必要性を論じる
1949年	・ハーバード大学の「交友会」（卒業生の集い）にて，戦後社会における企業の社会的責任論が沸騰する
1950年代	・冷戦構造の中で，資本主義擁護のための「企業の社会的責任」論登場
	・M. フリードマン（Friedman, M.）とF. A. ハイエク（Hayek, F. A.）が，企業の慈善寄付行為としてのCSRは，「株主利益の最大化」に反するとして社会的責任の消極論を唱える
1960年代	・ベトナム戦争に関わる反戦運動，ウーマンリブ，公害，マーケティング・コンセプト，消費者運動等における「企業の社会的責任」論が登場する
	・1962年，ケネディ大統領が「消費者の4つの権利」を宣言し，新しい時代の消費者主権のあり方を提起した。その影響から，R. ネーダー（Nader, R.）がアメリカの自動車産業，とくにGM社を告発する等，社会運動家の活動が注目される
	・フリーマンが，ステイクホルダー論を背景として，企業は積極的に社会に貢献すべきと主張する社会的責任積極論を提唱する
1970年代	・1973年の第一次石油ショックの際の企業批判や企業性悪説への対応としての「企業の社会的責任」論が登場する
	・中ごろから，数々の社会・政治的な不祥事発生。ニクソン政権によるウォーターゲート事件，企業の海外進出に伴う贈収賄等への世論の高まりが企業倫理に対する意識喚起へ
	・ハーバード・ビジネススクールにおいて企業倫理学のセメスターコースが開設される
	・大学・教育機関等が株主として社会的責任投資，倫理的投資を行う
1980年代	・企業の社会的責任論から企業倫理の時代への移行期
	・ジャンク債の帝王といわれたM. ミルケン（Milken, M.）など

のインサイダー取引の発覚（このようなスキャンダルは企業の社会的責任というよりも，個人の良心，倫理，価値観の問題であるという認識が強まる）
・倫理学者や哲学者が，ビジネスの倫理を真剣に考えるようになる。大学や大学院で企業倫理の講座が開設され始め，「企業倫理ブーム」が出現する

1990年代 ・「企業倫理の時代」

(2) 日本における企業の社会的責任論に関わる事項の歴史的推移

江戸時代 ・武士道にみられる最も厳格な教訓としての「義」の精神に，「世のため，人のために貢献すること」の意味が盛り込まれる。例としては，藩政改革を行った上杉鷹山の「主権在民」。ここでの「国を経め苦しんでいる民を救う」精神は，藩内領民（地域住民）の経済復興を図りつつ，地域文化の発展に寄与するというもの。他に，石田梅岩の石門心学における奉仕の精神や礼節の精神があり，その精神が住友，三井等豪商，財閥に受け継がれる。例として，「住友の事業精神」のひとつである，「事業は，住友自身，国家，そして社会にとって利益がなければならない」という「自利利他公私一如」の理念がある
・近江商人の「三方よし」

明治時代 ・「企業」，「社会」，「責任」という用語が，それぞれドイツ語や英語から翻訳されて導入されたが，「企業の社会的責任」というようにセットでは考えられていなかった。当時は，社会全体の雰囲気を反映して，諸外国に対して国民国家としてアイデンティティを確保することが第1に考えられ，企業にも社会的責任や企業市民の意識より富国強兵策の一翼を担う責任感が強くみられた

大正時代 ・企業が国家をも含めた多元的社会の一員として，その社会的役割を意識的に遂行し始める

	・企業が閉ざされた家ではなく，社会と交流し，社会の目指す目標の実現に貢献することが必要となり，慈善事業を行ったり，脱温情主義的な経営を行ったりするなど，社会志向的性格をもつようになる
	・大正15（1926）年，企業とその環境との関係をグローバルな視点から追究した月刊誌『企業と社会』が創刊される
1949年	山城章が「経営の社会的責任論」（前述のハーバード大学における「交友会」に参加していた山城が企業の社会的責任議論を日本に紹介する）を提唱する
1950年代後半	・高度経済成長期
	・1956年，経済同友会が「経営者の社会的責任の自覚と実践」を発表する
1960年代	・公害問題への対応として，法令遵守を強調する企業の社会的責任が問われる
1970年代	・1973年，第一次石油ショックで企業の買い占め，売り惜しみが起こり，社会的責任論が浮上する
	・同年，経済団体連合会の総会決議にて，新たな企業行動を模索するように，企業の社会的責任に関する「福祉社会を支える経済とわれわれの責任」が提言される。その後，企業の社会的責任が公害・環境問題だけでなく，企業の存在価値等の一環として捉えられることになり，企業の社会貢献活動の重要性も叫ばれる
	・同年，経済同友会の木川田一隆（当時，同会の代表幹事）は，所見「社会進歩への行動転換」の中で，「企業に原点を置いて社会を見るという態度から，社会に原点を置いて企業のあり方を考えるという発想の180度の転換が必要である」と唱える
	・1978年，第二次石油ショック
1980年代後半～1990年代前半	

	・バブル経済の発生
	・社会貢献活動に対する企業の関心が高まる
	・バブル経済の崩壊
1996～1997年	・銀行・証券業界等と反社会的勢力団体との癒着が頻発する
	・1996年，経済団体連合会で「新企業行動憲章」が改正され，政財界をあげて企業倫理への本格的な取り組みが開始される
2003年	・CSR元年[2]

　以上のように，アメリカでは，倫理学者たちが中心となって企業倫理の研究を行ってきた。また，大学等の教育機関において企業倫理の講義が積極的に開講されるようになり，結果として，実業界へも企業倫理が広まっている。

　他方，日本においては，近年，急速にCSRを基盤とした経営が普及しているが，実は，江戸時代においても，現代のCSRの源流ともいえる精神が武士や商人の間で，すでに存在していた。また，日本では2003年頃に登場したといわれるCSRは，それまでの企業不祥事の多発等を背景として，当初は，リスク・マネジメントや社会の信頼を回復することを目指す活動が多かった[3]。

2．「企業の社会的責任」と「企業倫理」

　前述のアメリカにおける企業の社会的責任論の変遷をみると，社会的責任論から企業倫理への移行が起きている。では，企業の社会的責任（CSR）と企業倫理は，どのような違いがあるのであろうか。

　ひとつの視点としては，それぞれの用語の意味の違いがあげられよう。前者は，基本的に，ステイクホルダーの期待に応えることであり，そのために，企業活動のプロセスに社会的公正性や倫理，環境や人権への配慮を取り入れる。前述のような公害が大きな社会問題となった1960,70年代の社会的責任は，企業にとって，基本的かつ防御的なタイプの責任であり，新しい価値の創造というより批判に対しての対応といった様相をおびたものであった

といえる。しかし,現在,求められているCSRは,経営活動のあり方そのものが問われているため,一口にCSRといっても,コンプライアンスやリスク・マネジメントから,社会的課題を本業の製品やサービスをもって解決したりすることまで多岐にわたり,また,地域的範囲も自国のみから世界へと,その責任の範囲がより広いものになってきている。

また,W. C. フレデリック(Frederick, W. C.)は,グローバル経営の展開により,CSRを次のように4つに分類し,企業の社会的責任の範囲や特徴が変化してきていることを示している(Frederick, 1998, pp.30–57)。

CSR_1(Corporate Social Responsibility):企業の社会的責任
CSR_2(Corporate Social Responsiveness):企業の社会的反応性
CSR_3(Corporate Social Rectitude):企業の社会的厳正性
CSR_4(Cosmos+Science+Religion):宇宙,科学,宗教

CSR_1は,1950年代初期から70年代中期までの段階であり,一般道徳論からの社会的責任論である。CSR_2は,70年代初期ごろからの企業の社会的反応性の段階であり,当時の公害問題への対応などが具体例である。CSR_3は,1980年代後半からの企業の社会的厳正性の段階であり,ステイクホルダー理論のような防衛的なもの以外にも,ステイクホルダーからの要望や期待に,即事に対応する,あるいは,要望をもたずに正しいと考えられることをより積極的に行っていくというCSRの存在も示している。さらに,CSR_4では,CSRによって企業が果たすべき責任の範囲がより広くなっていることを意味している。CSRのCは,Cosmos(宇宙)を表わし,地球環境を含めた宇宙全体を視野に入れることを示している。Sは,Science(科学)であり,ナノ・テクノロジー,複雑性の科学,自然科学,さらには社会科学をも含む,あらゆる科学の成果を考慮しなければならないということである。RはReligion(宗教)を表わし,今日の企業の社会性を研究するには,社員の行動に対する宗教的な要素やスピリチュアリティ(霊性)の影響も考慮すべきであるということが示されている。

他方，企業倫理に関しては，まず，「倫理」は，「善悪，正義，自由，幸福などに関する個人の価値観」であり，「企業倫理」は，広義では，それらの価値観のうち，一般に認められた価値観に基づき，企業活動の通常の進行過程における企業主体（個人および組織体）の制度・政策・行動の道徳的意義に関して行われる体系的内容を示している。また，狭義には，「公正かつ適切な経営を行うための組織内活動」である（出見世，2004，pp. 8-10）。さらに，企業倫理は，例えば，アメリカの資本主義体制の本質や成果が問題となるような「マクロ・レベル」，業界や地域レベルの集合行動が対象となる「中間レベル」，個別企業の行動が問題となる「組織レベル」，企業の個々のメンバーの行動が問題となる「個人レベル」の4つに分類できる（小林，1990，pp. 135-136）。

　もうひとつの視点として，企業の社会的責任と企業倫理のどちらが上位概念であるのか，という問いがある。この点については，論者によって意見が異なる。つまり，ある研究者は，企業倫理がまず基礎にあり，企業の社会的責任は，企業倫理を前提とした責任であると考える。他方，企業の社会的責任の一部として企業倫理がある，という立場をとる研究者もいる。

　後者の代表的な論者としてあげられるのが，A. B. キャロル（Carroll, A. B.）である。キャロル（Carroll & Buchholty, 2003）は，図表1-1のようなピラミッドによって，企業が4種類の社会的責任を負っていることを示している。まずは経済的業績に対する責任が存在し，次に，法律に従うという責任があるとしている。そして，これら2つは最も基本的な責任であるとする。つづいて，企業は倫理的であるべきであるとする責任である。企業は正しく，公平で公正な行動をとらなければならず，また，ステイクホルダーに対して危害を及ぼすようなことは回避，あるいは最小限にしなければならないということである。最も高い位置にある「慈善的責任」は，企業はコミュニティに対し，経済的貢献あるいは人的資源による貢献を行ったり，生活の質を改善したりする，自発的・自由裁量の，あるいは慈善的な責任を果たす「良き企業市民」（good corporate citizenship）であることが期待されている，ということを示している。そして，この4つの責任が企業にとってのすべて

図表1−1　企業の社会的責任のピラミッド

```
┌─────────────────────────┐
│  慈善的責任              │
│  「良き企業市民であれ」  │
│  コミュニティへ経営資源を提供し，│
│  生活の質を改善せよ。    │
├─────────────────────────┤
│  倫理的責任              │
│  「倫理的であれ」        │
│  正しく，公正で，公平なことを行う│
│  責任。損害を回避せよ。  │
├─────────────────────────┤
│  法的責任                │
│  「法を遵守せよ」        │
│  法は，善悪を法典化したものである。│
│  ゲームのルールを守って行動せよ。│
├─────────────────────────┤
│  経済的責任              │
│  「利益をあげよ」        │
│  他のすべての責任の基盤  │
└─────────────────────────┘
```

出所：Carroll, A. B. & Buchholtz, A. K. (2003) p. 40.

の社会的責任ということになる（Carroll & Buchholty, 2003, pp. 39-41）。

　また，前述のように，アメリカでは，比較的，社会的責任よりも企業倫理が重視されているが，ヨーロッパでは，社会的責任の方が企業倫理よりも重視される傾向がある。このことに関連し，小林俊治は，次のように指摘している[4]。アメリカにおいては，人間の根源的なあり方（倫理意識）を研究してきた倫理学者や宗教倫理学者の中に，1970年代および1980年代の企業不祥事に触発されて，ビジネス（企業）における人間のあり方の分野に関心をもった人々がおり，彼らを中心に，企業倫理研究のサークルが生成された。そして，メンバーの大学での研究や教育などに啓蒙された，倫理に敏感な企業の中に「行動規範」を作成する企業がでてきた。このようにして，アメリカでは，経営学者や法学者，ビジネス関係者が主張し，実践してきた「社会的責任」の概念よりも，しだいに，「企業倫理」の考え方が重視されるようになってきたのである。

　それに対し，ヨーロッパ諸国では，イギリスの労働党をはじめ，現代の資本主義に対して批判的な立場をとる政党が勢力をもっているが，その背景に

は，一般の社会においてだけでなく企業活動においても，階級社会における支配階級の人々による支配・被支配関係，あるいは家父長的関係や「労働者」対「資本家」という図式がある。つまり，そこには，現代の企業における倫理やモラルが基礎となったステイクホルダーへの配慮というのが存在しない。そこで，企業は，社会的責任を果たすためのマニュアルや規格を採用し，ステイクホルダーへの対応を行っている。

経済同友会の「『市場の進化と21世紀の企業』研究会」が2002年に行った「欧州における企業の社会的責任」に関するイギリス，ベルギー，ドイツ，スイスにおける現地調査によると，CSRの潮流を取り巻く背景として，企業の競争優位戦略の一環としての動き，アメリカ型資本主義に対抗する思想，あるいは欧州の社会問題に根ざした社会運動の派生のような，様々な視点からの流れがあることがわかる。しかし，それらがひとつになって，確実に企業の将来を左右する大きな潮流となり，グローバルな競争の舞台を動かす論理になろうとしているといえる[5]。

第4節　公共の利益と自己利益

CSR経営では，企業は自己利益の獲得を求めながらもステイクホルダーの期待や要望に耳を傾けながら課題を発見し，解決を試みる。それは，時に企業が公共領域に関わり，社会的課題を解決し，公共の利益を創出しながら，同時に自社の利益も生み出す，ということにもなる。

そこで，営利の追求をそのミッションとしながら公共の利益へ資する行動をするということがどのような意味をもつのか，また，CSR経営と経営戦略との関係，さらにCSRや利益と文化との関係について考察する。

1．公共の利益と自己利益の融合

日本でも『徳川時代の宗教』の著者として知られているR. N. ベラー（Bellah, R. N.）らの著書『心の習慣』では，アメリカ社会は，都市化や産業化の影響を受けながら，ライフスタイルの支柱であった「個人主義」の負の側面

である功利主義的な思想が蔓延し，その結果，人々は孤立し，不安を抱えながらきわめて小さな仲間うちだけで暮らすようになっていることが指摘されている。

19世紀の自律的市民の時代においては，コミュニティも大企業やそこで働く俸給生活者が中心となる社会ではなく，自営家族農民，自営職人，自営小売業者などから構成される社会が存在し，彼らの顧客も彼らの住む町やその周辺部に暮らしていた。しかも，自分の家族がそこで生まれ生活し，親戚や友人の大多数もそのコミュニティに住んでいた。彼らは彼らの住むコミュニティを愛しており，コミュニティへの貢献は彼らにとって楽しい活動であった。つまり，公共的利益の増大が自分自身の利益の増大と調和する状況がそこには存在していたのである。

商売の仕方も単に利益のみを追求するのではなく，顧客を人間的に扱うこと，つまり，顧客のことをよく知り，顧客のために考えることが重視された。彼らの報酬は，社会的に価値のある仕事をしたかどうか，その貢献度からのみ直接的に決められるべきだと考えられていた。しかも，他のメンバーの必要を満たすという役割を果たすことによって，コミュニティの分け前に与る権利をもっていたのである。したがって，不公正な価格で，実は劣悪な商品を売るというような商売の仕方では利益を得られない規律がコミュニティに存在していた。組織（自己）の利益と顧客の利益との間に相関関係があり，ビジネスの成功は，コミュニティや顧客からの支持が得られるかどうかにかかっていた。

例えば，チョコレートで有名なハーシー社（Hershey Foods Corporation）の創設者である M. S. ハーシー（Hershey, M. S.）は，「ビジネスの成功の果実は他の人々と分かち合い，社会への貢献を実践しなければならない」という信念をもっていた。彼は，1876年に最初のキャンディビジネスを始めたが失敗し，その後も失敗を繰り返したが，ついにキャラメルビジネスで成功し，その後，チョコレートの製造・販売で大きな成功を収めた。彼は，それまでの経験から，従業員は企業から公正に扱われ，良い環境で生活することができれば，よい従業員となる，という信念をもつに至った。そのため，彼は住

居をはじめ，学校，教会，公園，娯楽施設，路面電車システムのような公共施設を創り，カンパニー・タウン（企業城下町）ともいうべき，企業を中心としたモデル・コミュニティの創造を行った[6]。この頃，アメリカにはこのようなコミュニティ志向的な起業家が少なからず存在していた。

　組織の利益とコミュニティや顧客の利益との間に相関関係がある社会では，コミュニティや顧客への貢献なしに組織が自己利益を得ようとし，それが成功する場合，つまり，フリーライダーが存在する場合，非常に重要な問題が生じる。明らかに顧客をだまして利益を得ようとするような非倫理的なビジネスが成功するということが起こると，次々とそのようなビジネスが誕生してくる。すると，しだいに公益のための社会的コミットメントを進んで行う人々が減少し，自分が町の一部を構成しているという感情が人々から失われる。

　都市化が進み，大企業が増加した現在，前述のような19世紀の公共の利益と自己利益が融合するコミュニティは存在しにくい。人々は，個人的に知っている家族や友人の外側にいる無数の匿名の人々を認めるが，彼らに対して自分たちはいかなる義務を負うべきかということには無頓着になる。企業も同様に，環境の中に存在するステイクホルダーに対して，実は彼らに対してどのような影響を及ぼし，どのような影響を及ぼされているか，彼らとの関係はどのようになっているのか，彼らに対してどのようなことができるのかといったことを明確に自覚することは難しい。すると，自ずと，小さな仲間内のみに注意がいくようになり，企業および経営者も自らの利益ばかりに配慮するようになる。自社の従業員や顧客，地域社会といったステイクホルダーに対する配慮が欠けることとなり，接触はするが，深く関わることはしない関係になる。そのような状況の中で，株主のような一元的ステイクホルダーへの配慮のみを，戦略的思考なしに優先させる傾向が根づいてしまうともいえよう。

　しかしながら，人間がそうであるように，企業は社会の中で孤立して生きていくことはできない。企業も人間も他の組織や人間と相互に結合している。そのことを自覚できるかどうか，多元的ステイクホルダーの視点をもち

えるかどうか，そしてお互いに支え合えるかどうかは，実は，他者への配慮に価値を見出す価値観を有するかどうかにかかっている。

２．自己利益志向型企業倫理の問題

では，どのようにしたら，他者志向的価値観をもつことを動機づけることができるのであろうか。

企業倫理を専門とするコンサルタントである L. L. ナッシュ（Nash, L. L.）は，今日の企業のリーダーシップに支配的な唯一の企業哲学は存在していないが，利益と道徳性の問題に対する数多くの可能なアプローチのひとつである「啓発的自己利益の倫理」，つまり，自己の「利益を得るためによいことをする」倫理が経営者たちの間で最も広まっていると述べている（ナッシュ，1990, pp.71-72）。そしてこの倫理の前提にある過度の自己中心性は，結局は，しばしば自己利益を破壊することにつながると警鐘している。その失敗の原因は，自社が生き残ることを最優先とするあまり他者を倫理的に扱う必要性を見落としてしまいがちになるからである。例えば，コストの上昇を恐れて顧客の身の安全を犠牲にするというようなことを正当化してしまう。このようなことが企業の不祥事として社会から批判を受け，大きな打撃を受けたとき，企業は自らの姿勢に修正を加える可能性をもつが，そのようなことがなく幸運にも大きな成功を収めている間は，「本来的に人間は利己的であり，自己の有利な点を計算に入れて協働する方法を考え出す合理的能力をもっている」という信念に取りつかれる。

また，「企業の社会的責任は利益拡大にある」というフリードマンの主張は，効率の利益創出能力を十分信頼すれば，そして最大限の効率を追求すれば，結果的に最大多数の人たちに利益をもたらすという考えによる。この考え方から啓発的自己利益の倫理に基づいた行動を解釈すると，他者の利害に留意した意思決定も将来，金銭的恩恵となって返ってくるのであるから，今は良き企業市民として認めてもらうために自己犠牲をはらってでも他者のことを考えることが結局は効率的な経営を行うことにつながる，ということになる。

この自己利益志向型企業倫理は，正直さや公正，法律の遵守というような倫理的価値も含んでいるが，優先順位として利益や効率が高い位置にあることが大きな問題であり，利益にさえつながらない結果を導く可能性がある。この倫理は企業を自己保存にとどまらせるのであって，価値創造には向かわず，成功志向倫理ではないといえる。この点は，自己利益志向型企業倫理に根ざした意思決定をしている間は，企業がCSR経営実施によって目指している新たな価値創造という目標が達成されないことを意味している。

　また，自己利益志向型企業倫理は，その組織や経営陣を自己中心的にさせる。したがって，顧客や従業員たちのニーズをくみとり，それに反応することは難しく，さらには，ステイクホルダーとの対等なパートナー関係は構築できないといえる。

　ナッシュは，ビジネスにおける問題解決の新しい分析枠組みとして，次のような条件を示している（ナッシュ，1990, p.111）。

① きわめて広範な倫理規範と「ビジネス」志向的決定の統合
② 個人や企業の自己中心性を超越した，他者への責任を動機づけるような心理的偏向
③ 組織の健全性と経済的成功の視点から，実用的で健全な経営決定を動機づける能力

　他者志向型企業倫理に基づいて意思決定を行い，それに従って新しい戦略が生まれる。その戦略は慈善的であるのではなく，市場での他社との競争に勝利し，自社へ利益をもたらすものである。そのようなビジネス行動は，善良な行動をとりたいという管理者の感情にも合致し，顧客や供給業者，地域社会などの支持も得ることが可能となる。つまり，ナッシュ（1990）が「契約倫理」と呼ぶこの倫理においては，道徳的であろうとする管理者たちの衝動が組織の経済的成功に積極的に寄与することとなり，まさに，「倫理が戦略を決定する」ということが実践される。

　ここでの「契約」とは，法律や一般的な契約にはない価値観や態度を含む「神との契約（covenant）」である。その根底にあるのは，「相互義務」であり，前述の19世紀の自律的市民の時代の自営業者とコミュニティとの関係の

ように，企業とコミュニティとが同時に繁栄することを目指している。そのためには，他者が認める何らかの価値を創造する必要があり，また，社会的課題解決のための奉仕へ献身的でなければならない。ステイクホルダーとその関係を重視し，他者が何を必要としているかに耳をすませる。また，契約倫理では，他者の欲求の満足をビジネスを行う際の第一目的とする。そこでは，売り手の思いやり，公正さ，正直さによって顧客は丁重に扱われ，信頼関係が構築される。つまり，この奉仕の精神がビジネス活動の差別化を生み出すのである。

　もちろんそうだからといって，自己の欲求を全面的に否定するのではなく，自己の欲求を他者に奉仕するという態度とバランスさせることが求められる。

　長年，IBMのCEOを務めたL. V. ガースナー（Gerstner, L. V., Jr.）は，企業の社会貢献活動に対する考え方として，単に非営利組織に金銭的な助成をするのではなく，企業はその優れた能力を用いて，社会問題を解決するという形で社会に奉仕すべきだと主張する。彼は，社員や顧客が生活するコミュニティを強固なものにすることを事業活動として重視しているのである。しかも，その奉仕活動を責任と考えるのではなく，「機会」としてとらえ，社会的責任を果たすのではなく，「社会変革を行う」と考えている。その考えに基づいて，彼がアメリカン・エキスプレスに在籍していた当時，社会貢献に結びつく仕組みを取り入れる「コーズ・リレーティッド・マーケティング（cause-related marketing）」を行うことによって，短期間に多くの寄付を集めることに成功し，同時に，組織の業績も向上させた（ガースナー，2002, pp.361–362）。

　ガースナーのコミュニティへの奉仕の精神は，他者の欲求を満たすことをビジネスを行う際の第一目的とし，かつ，自己の利益をあきらめずにそれらをバランスさせるという契約倫理に立ったものといえる。

3．CSRと利益との関係

　谷本寛治はCSRと財務的パフォーマンスの関係について，次のように説

明している（谷本，2004a，pp.20-21）。アメリカにおいては，1980年代には，CSRを果たすことと収益性は結びつくのか，という問いかけがなされるようになり実証研究が増加したが，①積極的な関係あり，②ネガティブな関係あり，③とくに無関係，というように，主張が分かれていた。

1990年代以降も，この種の実証研究は積み重ねられ，CSRと財務パフォーマンスとの関係を説明する理論は，①「スラック資源理論（slack resources theory）」と②「良い経営理論（good management theory）」の2つに大きく分かれることとなった。①は，余剰のファンドがあるからCSRを果たす余裕があるというものであり，②は，「CSRへの積極的な対応」→「ステイクホルダーからの評価」（従業員，顧客のロイヤルティやコミュニティからの支持）→「企業の競争優位」というように，ステイクホルダーと良い関係を構築することが組織の財務的パフォーマンスに好影響を与える，というものである。

谷本は，「CSRが収益性と結びつくかどうかは，市場がCSRを評価するかどうかに依存する。もし，市場がCSRを評価しないなら，CSRへの取り組みは単なるコストであり，余裕のある企業あるいは社会的ミッション性の強い企業のみが対応可能ということになる」と述べている（谷本，2004a，p.21）。

たしかに，顧客がCSRを評価してCSR経営に熱心な企業の商品やサービスを選択するという傾向が強まれば，それは，直接，企業の収益に影響を及ぼすであろう。また，従業員が自社のCSRの取り組みを誇りに思い，働くことへのモティベーションが向上すれば，長期的には，企業の競争優位の確立に貢献することになると考えられる。

このように，CSR経営に関しては，理想的には，CSR経営を推進ことによって競争力が向上し，企業がより多くの利益獲得に成功し，かつ，社会もより豊かに発展する，という図式が存在するはずであるが，顧客をはじめとするステイクホルダー等のCSRへの評価によって，あるいは他の要因によって，その図式が実現しないこともあるであろう。

では，現在，「CSRと利益との関係」について企業はどのように意識して

いるのであろうか。

　2008年6月に，先進的なCSR経営を実践している日本の企業を対象として著者が実施した「CSRと経営戦略および利益との関係に関するアンケート調査」によると，回答数112のうち，「CSRと利益との関係に対する考え方」への回答は次の通りであった（複数回答可）。
　　① 「利益獲得とCSRは同時に実現されるべきである」　　　　44.4%
　　② 「CSRにのっとった誠実なビジネスを行えば，利益はついてくる」
　　　　　　　　　　　　　　　　　　　　　　　　　　　　　　43.0%
　　③ 「CSRのためには,ある程度,利益を犠牲にしてもいたしかたない」 6.0%
　　④ 「利益とCSRは，直接，関係はない」　　　　　　　　　　4.0%
　　⑤ 「利益獲得のためにCSRを実践する」　　　　　　　　　　0.7%

　これらの結果からは，まず，日本のCSR先進企業がCSRを実践しているのはほとんどの場合，利益獲得のためではないこと，とはいうものの，CSRを実践することによって利益獲得に支障をきたすことは避けたいと考えていることがわかる。さらに，利益獲得を目的としてCSRを行っているわけではないものの，理想的には利益獲得とCSRは同時に実現されるべきであり，また，このままCSR経営を行っていけば自ずと利益の獲得につながると考えている企業は少なくないといえよう。加えて，④に示されるように，利益とCSRの関係については「直接，関係はない」という回答は，4.0%と数値は小さいが，このアンケート調査が先進的なCSR活動を行っている企業を対象としたものであることから，CSRと利益獲得との関係を認めていない企業が存在するというのは，予想とは異なる結果であった。

　さらに，本アンケート調査では，「CSR経営を実践することによって，今後，どのような効果を期待しているか」（複数回答可）という質問も行った。調査結果によると，「利益の増加を期待する」という回答は，4.1%であった。つまり，CSR経営を実施していても，「利益の増加を期待する」企業は多いとはいえないということである。では，何を期待しているかといえば，比較的高い数値を示す項目は以下の通りである。
　　① 「社会からの信頼の構築」　　　　　　　　　　　　　　　9.6%

② 「リスク・マネジメント効果」　　　　　　　　　　　8.8%
③ 「株主からの信頼の獲得」　　　　　　　　　　　　　8.7%
④ 「イメージの向上」　　　　　　　　　　　　　　　　8.5%
⑤ 「従業員の仕事に対する誇りの創造」　　　　　　　　8.5%

　以上のような結果からは，多くの日本の企業は，CSR活動を通じて，理想的には利益の獲得を望むが，現実的には，「社会からの信頼の構築」といった長期的には利益獲得につながる可能性もある，間接的効果を期待しているといえよう。他方，本調査からは，「新しい事業の創造」，「株価の上昇」，「優秀な人材の確保」，「利益の増加」のような戦略的，かつ直接的効果を示す項目の数値は前述の項目と比べると小さな割合にとどまっていることが明らかとなった。

　なお，CSRと利益の関係については，第3章で詳しく論じる。

4．組織文化を変革するCSR

　CSR経営の成功のためには，その価値観が組織全体に浸透しなければならない。つまり，多くの企業の場合，組織文化のイノベーションを必要とする。そこで，ここでは，CSR経営を推し進めるための組織文化の形成について検討する。

(1) 組織文化の形成

　組織文化は，組織における構成員たちの間で共有された価値や信念などにより創り出され，その組織において重要であることやすべきであることの基準を示す。つまり，組織文化は，判断や行動の枠組みを規定し，構成員の行動を制約するのである。したがって，CSRに基づいた価値観や信念が組織内で共有され，それが組織文化の変革に大きな影響を与えれば，組織文化の中にCSRが埋め込まれる（embeded）ことになり，その組織をステイクホルダーの求めるビジネス活動を行う組織へと変革することが可能となる。

　組織文化の形成には次のような要因が影響を与える（桑田，田尾，2001，pp. 188-189）。

① 経営者が入社式や年頭の挨拶などで，組織の価値を強調するようなスピーチを行う。つまり，儀式やセレモニーのような場面で，厳かに，非常に重要なメッセージとしてその組織の倫理的価値観を構成員たちへ伝える。
② その組織の独自性を表現するシンボルや表象としての制服やバッジ，あるいは創立者の語録のようなものを構成員たちが共有する。
③ メンバーでなければ理解できない隠語のような特別な言葉を組織内で流通させる。
④ 創業や創業者に関するエピソードなどを物語として語り伝える[7]。

(2) 情報としての組織文化

しかしながら，外部から与えられた情報というのは，それが各個人に吸収され，解釈されることによって，情報の発信者の意図した意味とは異なる意味を受信者が認識するようになる場合がある。

金子郁容は，発信者から受信者へ伝わるものは「情報の形態」と「情報の意味」の2種類あり，情報の形態が伝わることは，その情報の背後にある意味も一緒に伝わることは保障しないと指摘している（金子, 1986, p.157)。前述の儀式やセレモニー，シンボルや表象，隠語のような特別な言葉，物語や伝承といったものは表現の形態であり，その背後にある意味を発信者が受信者に正確に伝えるためには，両者の間で取り決めを交わされた解釈のための「コード化規約」が必要となる。組織の場合，共に苦労をしながらひとつのプロジェクトを成功裡に導いたというような共通の経験や長期にわたる同一の組織での協働といったことがコード化規約の役割を果たしていると考えられる。また，ある人が発言をし，それが受信者によって受け取られ，解釈され，さらに，今度は受信者がそれに基づいた発言をし，といったことを繰り返すうちに，お互いに，相手がどのように解釈しているかということを理解するようになり，しだいに両者が同一の情報を共有することが可能になる。このようなディスカッションがしばしば行われるためには，常に近くに共に働く人々が存在することが必要である。在宅勤務のようなワークスタイルは，このような面からすると，同僚とのディスカッションの機会を意図的

に設ける何らかの工夫が必要となるといえよう。

つまり、人々は、種々の表現の形態を通じて運ばれた情報としての組織文化を認識し、それを納得できるものとして取り入れ、学習する過程を有する。学習されたものが組織の構成員の間で同一のものであればあるほど、共有される組織文化が強力なものとなる。逆に、学習されたものが分散していれば、組織文化は弱いものとなる。強い組織文化を有する組織は、難局や新しい戦略などに対して構成員が一致団結して立ち向かうことが可能となる。

CSRの推進は、構成員が一丸となって、組織文化を古いものから新しいものへと転換していく活動である。そのために、企業理念を定め、CSR担当役員や担当部署を設置する。さらに、継続的な教育や研修を行い、モニタリングによってチェックと評価を行う。これらを行うことによって、企業の組織文化が強化され、CSRが組織に定着し、経営の質が向上するのである。企業が関係するステイクホルダーの数が増加し、その関係も複雑になっている今日、この経営の質を向上させるためのマネジメントを行っていくことが急務となっている。

第5節　CSR経営と公共的領域

企業を利益（価値）を生み出すためのシステムであると考えると、それを実現するために、企業は、多くの競合他社と市場で戦う過程で、顧客、従業員、株主、取引企業、地域社会などのステイクホルダーへ倫理的配慮を怠ったり、犠牲にしたりすることもでてくる可能性がある。とくに、グローバル競争時代においては、市場競争原理に従った、より激しい競争が展開される。

しかし、このような利己的な行為は、長期的にみれば、企業の評判を落とし、ブランド力を喪失させ、業績を悪化させ、さらには、ビジネスの基盤となる社会を崩壊させることにつながるであろう。とはいうものの、企業という組織のもつ本来的な特徴からして、企業に公共精神をいくら啓蒙しても限界がある、という考え方もある。

そこで本節では，公共的領域における事業活動の考察を通して，このような限界を超える糸口について検討する。

1．「公共性」とは何か

まず，「公共性」とは何を意味しているのであろうか。齋藤純一は，「公共性」という言葉が用いられる際の主要な意味合いは次の3つに大別できるとしている（齋藤，2000, pp.viii-xi）。

第1に，国家に関係する公的な（official）ものという意味。国家が法や政策などを通じて国民に対して行う活動を指す。例えば，公共事業，公共投資，公的資金，公教育，公安などの言葉はこのカテゴリーに含まれる。対比されるのは，民間における私人の活動である。

第2に，特定の誰かにではなく，すべての人々に関係する共通のもの（common）という意味。共通の利益・財産，共通に妥当であるとすべき規範，共通の関心事などを指す。共通の福祉，公益，公共の秩序，公共心などの言葉は，このカテゴリーに含まれる。対比されるのは，私権，私利・私益，私心などである。

第3に，誰に対しても開かれている（open）という意味。誰もがアクセスすることを拒まれない空間や情報などを指す。公然，情報公開，公園などの言葉は，このカテゴリーに含まれる。対比されるのは，秘密，プライバシーなどである。

また，齋藤（2000）は，不特定多数の人々によって織りなされる言説の空間，あるいは，「特定の場所を越えた」（metatopical）空間を「公共的空間（領域）」（public space）としている。

さらに，齋藤（2000）は，H. アーレント（Arendt, H.）の言葉を引用し，「公共的空間」を「何かを新たに始める自由が現れる空間」であり，また，「あらゆる人々の「席」＝「場所」が設けられている空間」であるが，「役に立つかどうかという「功利主義」的な思考で人を判断する空間」ではない。また，「自らの「行為」と「意見」に対して応答が返される空間」であるとしている。

J. ハーバーマス（Habermas, J.）は，ドイツでは，18世紀末までに「小さいが，批判的に討議を行う公共圏」が形成されていたことを指摘している。具体的には，啓蒙的な団体，教養クラブ，フリーメイソンなどの秘密結社や啓明結社などの結社（assoziation）であるが，それらは，メンバーの加入は当人の自由意志によってなされ，その内部では対等な交流，自由な論議，多数決などが実践されていた。このような新しい状況が起きた背景には，次々と新たに出版されるものを読む習慣を身につけた人々が出現し，普遍的な読書をする公衆を形作り，貸出文庫や図書室，読書協会が新しい読書文化の社会的な結節点として設立されたことがある（ハーバーマス，1962，pp. iii-iv）。現代では，このような公共的空間の形成が行われる可能性があるものとして，SNS（social networking service）やブログを使ったコミュニケーションなどがあげられよう。

２．支援型公共的領域の広まり

　今田高俊は，「行政管理型の公共性」に代わって，「自発支援型の公共性」と呼べる領域が広まっていることを，次のよう説明している（今田，2006，pp. 13-14）。

　公共性とは，私心を超えた民主的な政治経済秩序の形成原理に関わるが，従来，公共事業や社会資本の整備などにみられる国家が権威的に担う行政的な公共性，および市民的公共性ないし市民的運動型の公共性の２つのタイプが区別されてきた。また，公私の乖離が進み，「私」が「公」と離れたところで謳歌する私生活中心主義の時代が形成され，これまでの公共性は，「私」と対立した形で「公」が存在し，私事を越えた問題に参加することが公共的関心を示すことであった。しかし，個人主義化が進んだ現在，「私」を活かして「公」を開く視点，つまり私的な行為の中に公共性を開く契機をみつけることが必要とされている。

　このような視点から公共性をみたとき，注目される活動として，1980年代以降，ボランティア団体やNPO，NGOの活動にみられるような住民サイドからの自発的支援活動の取り組みがある（「新しい公共」）。これらの活動に

は，自己実現という個人的で私的な動機が存在するが，活動それ自体が支援という形で他者への配慮につながっている点で，公共性の基礎になりうるものである。つまり，支援を行う当事者は，単に慈善行為や援助を目的としているのではなく，自分の生きがいや自己実現のためという動機が前提となっている。その意味では，私的な行動であるが，この私的性格は，被支援者の行為の質が改善され，被支援者がことがらをなす力を高めること（エンパワーメント）を前提としており，いわゆる利己的な行為でもない。私的な自己実現を行うことが，同時に，他者に対する気遣いや配慮となっているのである。

3．公共的領域における事業活動の事例

このような今田（2006）の主張は，ボランティア活動のような自発的支援の実践によってつくられる新たな公共的領域では，NPOなど組織は，営利企業の活動のようには市場競争を通じての収益獲得ができないという意味で，市場に依存することができないということを前提としている。しかし，後述する社会起業家による事業やソーシャル・エンタープライズ（SE）のような組織の活動は，この新たな支援を通じて私的なことを越えて他者につながるという形での行為であり，社会的なミッションの達成を目指すが，他方で，営利を追求する側面ももっている。

ここで，優れたビジネスモデルによって，社会的ミッションの達成と利益の獲得を両立させているSEの事例として，世界初のネット版マイクロファイナンスを行う組織であり，アメリカ・サンフランシスコに本部をおく，NPO法人Kivaをとりあげる。Kivaは，貧困の緩和を目標とし，小さな事業のために融資を必要としている起業家に，個人がインターネットで貸し付けを行う仕組みを提供するため，2005年10月に設立された。インターネット上で一口25ドルから融資できるので手軽に参加することができ，融資先のプロジェクトの様子が写真付きでインターネットを介してみることができる。100万人以上の有志が総額約5億ドルを貸付け，返済率は98.96％である[8]。

『社会起業家』の筆者である町田洋次は，Kivaの仕組みおよび成功要因に

ついて次のように説明している[9]。

まず，ビジネスの仕組みは，次の通りである。
① 事業計画の評価
発展途上国でマイクロファイナンスを行っている世界中のフィールド・パートナー（マイクロファイナンス機関：MFI）が，融資を希望する人々が作成した事業計画を厳選し，Kivaのウェブに掲載する。融資をしようか，と考えている人々がウェブに掲載されているさまざまな計画をみて，融資したいと思った計画にクレジットカードで貸付金を振り込む。
② 貸付
Kivaは，集めた資金を世界中のMFIへ提供し，ここからそれぞれの借り手に貸し出す。貸し手には利息は支払われない。
③ 事業記録と返済
MFIは返済金を集め，事業記録をつけてKivaへ返済する。借り手から支払われた利子はMFIの運営に使われる。
④ 回収と再貸付
資金はKivaより貸し手に返済されるが，貸し手はそのまま回収するか，再貸付するか，あるいはKivaへ寄付するかの選択肢を有する。
借り手は商店，農業，食品製造等のビジネスを行おうという人々である。必要な資金は数百ドルから1000ドルぐらいが多い。

さらに，町田は，このKivaの成功の要因について，次のように述べている。
① 貸し手と借り手をインターネット上で結びつけるインターネットソフト開発
② 貸し手を増やすマーケティング
③ 世界中に散らばっている確かな借り手探し
①および②については，シリコンバレーのIT企業が協力し，③は，途上国のMFIがパートナーとなって活動を行っている。
また，シリコンバレーのIT企業をはじめさまざまな分野の企業や財団等

の組織から，商品・サービスの割引サービスや無料ソフトウェアの提供，そして助成金や財政的支援といった幅広いサポートを得ている[10]。

町田は，支援企業にとって，Kivaへの支援活動がそれほど大きな負担とならず，無理なく行うことができること，また，IT企業で働く人々の感性とKivaの事業との相性の良さがKivaへの協力を実現させていると指摘している[11]。

この事例から，「私」を活かすことで「公」を開く支援型公共性の空間において，収益性を確保するための要因として次のようなことがあげられると考える。

まず，第1に，政府や行政の扱う意味での「大きな物語」とは異なるが，自分たちの力で「社会を変える」という「大きな物語」の枠組みを関係者たちが共有し，その上で個々の起業家や組織が「身近な物語」を作り出すことである。

第2に，それら大きな物語や身近な物語に関わることは，サービスの提供者やその支援者たちにとって，「良いこと，正しいことをしたい」，「他人のために何かを行いたい」，「社会を変えることに関わりたい」，「「ありがとう！」といわれることをしたい」というような欲求を満足させることができるという価値を得ていることである。

第3に，自分が支援する人々がどのような人であるか，時間とともにどのような成長や変化を生み出しているのかをみてとることができ，自分の提供した資金がどのように活用されるのかが不明な組織への寄付活動などとは根本的に異なることである。

第4に，Kivaのサイトでは，何人の貸し手がいて，何人の起業家に資金が提供されて，どのくらいの資金が世界中に提供されているかなど，刻々と変わる「今」の状況が開示されている。また，貸し手の紹介なども写真付で行われており，そこには，動機はさまざまだが同じ活動に参加している人々のコミュニティが形成されている。まさしく，支援型公共空間で行われる事業に協力することは，「私的なことを越えて他者につながる契機」(今田, 2006, p.15) をもった行為といえる。

第5に，この行為は，公共的領域を作り出す行為であるが，自己実現や存在価値の証明といった自分自身の利益を得る行為，つまり私的領域へ戻るという動きもそこでは起きている。つまり，「私」→「公」→「私」というサイクルが存在する。

　第6に，しかしながら，ここでいう「私」は，他者を犠牲にして自分自身が利益を得るような利己的な行為ではない。他者に対し，成長や生活の質の向上のような価値を生み出しながら利益を生み出し，組織の持続的成長をもたらす行為である。

　第7に，自由さ，気軽さの雰囲気がある。これは，公共的領域での活動において重要な点である。

4．「私」を活かして「公」を開く契機としてのCSR

　前述の社会起業家の活動などは，事業自体が公共的領域で行われているのであるが，企業のような自らのためにより多くの利益を獲得しようとする，全くの私的な活動を行う組織にとっては，この公共的領域との接触は，従来，社会貢献活動のような形で行われてきた。しかし，営利企業は，利益の獲得活動を行うのがその宿命であり，それを放棄して，常に，社会的課題解決を目標に活動することは不可能であると考えられてきた。

　しかし，「私」を活かして「公」を開く視点，つまり私的な行為の中に公共性を導く契機としてCSRが存在していると考えることによって，CSRの有する価値観に根ざした新たな経営を実践することができる。さまざまなステイクホルダーからの期待や要望に耳を傾け，事業を行う中でそれらに応え，社会をより豊かにしていく。まさに，CSR経営を通じて企業が公を開くことが求められているといえよう。

　それが可能となるのは，ステイクホルダーへの配慮を行い支援するという行為が，企業にとって，個人のボランティア活動でみられる自己実現のような利益獲得につながるということである。そうでなければ，持続的活動は期待できない。企業にとっての利益といえば，レピュテーションやよいイメージの獲得，株価の上昇やコスト削減等も想定されるが，最終的には，利益の

獲得である。したがって，経営戦略や組織の課題を考慮しつつ，公共的領域の中のどの分野での活動を行うか，どのステイクホルダーの要望に優先的に応えるか等という戦略的意思決定を行わなければならない。

なお，私益と公益については，第2章で詳しく論じる。

第6節 小　括

CSR経営では，企業はステイクホルダーとの関係を重視する。ステイクホルダー理論によると，経営者は，多元的ステイクホルダーの視点に立ち，すべてのステイクホルダーを平等に扱う必要があるとされているが，現実的には，それは難しい。したがって，企業の経営戦略や置かれている状況などを勘案し，優先順位をつけて各企業のCSR経営における中心的ステイクホルダーを決定する必要がある。その意味では，CSRは各企業の独自性や戦略性が重要であり，それが他社との差別化にもつながる。

企業の社会的責任の概念を歴史的にたどってみると，アメリカでは，大学等の教育機関で企業倫理の講義が積極的に行われてきたこともあってそれが実業界へも企業倫理が広まり，CSRよりも企業倫理が中心となっている。他方，ヨーロッパではCSRが重視されている。日本では，2003年がCSR元年といわれているが，江戸時代に現代のCSRの源流ともいえる精神が存在していたと考えられる。また，現在のCSRの広がりには経済同友会をはじめとする経済団体の積極的かつ先進的活動の影響も大きいといえよう。

「企業の社会的責任」と「企業倫理」の違いは，用語の意味としては，前者はステイクホルダーの期待に応えることであり，後者は，狭義では，公正かつ適切な経営を行うための組織内活動である。さらに，この2つのどちらが上位概念であるかということについては，論者によって意見が異なるが，「企業の社会的責任論の一部として企業倫理がある」という立場をとるキャロル（Carroll & Buchholty, 2003）は，企業は4段階の社会的責任を負っているとし，第3番目のレベルに倫理的責任を位置づけている。

また，CSR経営においては，公共的領域に営利企業として利益獲得を目

指しながら参加することになる。公共の利益と自己利益の融合は可能であり，そのためには，他者志向的価値観を有する必要がある。

　ナッシュは，自己利益志向型企業倫理である「啓発的自己利益」における倫理的問題点を指摘し，他者志向型倫理であり，企業とコミュニティが同時に繁栄することを目指す「契約倫理」を提唱する。

　では，他者志向的価値観に基づくCSR経営においては，実際のところ，企業は自社の繁栄，つまり，利益の獲得についてはどのような認識をもっているのだろうか。アンケート調査によると，現状では，CSRを通じて利益の増大を目指している企業は少なく，社会からの信頼の構築やリスク・マネジメントを期待する企業が多い。

　しかし，「新しい公共」の考え方では，「私」に対立した形で「公」があるのではなく，「私」の利益獲得を放棄せず，かつ，その行為が他者を傷つけるような利己的なものではない，とする。このような公共的領域での企業の活動として，CSR経営は存在している。

　また，KivaのようなSEでは，新たな公共性に基づく支援を通じてミッションの達成を目指し，同時に，営利を追求する側面も有している。

【注】
1）小林（1990）pp.135-136，および水尾（2000）pp.133-136参照。
2）新聞において「企業の社会的責任」に関する記事数が史上最高となったのが2003年であり，「CSR」を含む記事についても，この年に激増している。
　　また，リコー，帝人，ソニー，パナソニック，ユニ・チャーム，キヤノン等がCSR経営への転換を機関決定し，2003年になってCSR担当組織の設置やCSR担当役員の任命等，具体的なCSR経営を開始した（川村，2003，p.5）。このようなことから2003年を「CSR元年」とする主張がある。
3）2008年6月に実施した，CSR経営先進企業へのアンケート調査結果によると，企業がCSRと関係があると考えている項目については，第1位が「コンプライアンス」，第2位が「社会からの信頼の構築」であった。CSR経営実践によって変化や効果のあった項目については，第1位が「コンプライアンス」，第2位が「リスク・マネジメント効果」であった。また，今後，CSR経

営を実践することによって期待する効果については，第1位が「社会からの信頼の構築」，第2位が「リスク・マネジメント効果」であった（潜道，2009a, pp.67-68）。
4）2003年7月13日に，小林が行った日本取締役協会での報告を参照した。
5）経済同友会（2003）「欧州における企業の社会的責任」
（http://www.doyukai.or.jp/policyproposals/articles/2002/pdf/030204_0.pdf, 2012年2月26日）参照。
6）The Hershey Company の HP：「MILTON S. HERSHEY」（http://www.thehersheycompany.com/about-hershey/our-story/milton.asp, 2013年2月10日）参照。
7）構成員たちはその物語に共感し，偉大な創業者の創り上げた組織に自分自身が所属していることへの誇りを感じることによって，創業者の倫理的信念などが構成員たちによって記憶される。また，他のメンバーと共有する想像の世界という，ある特別のコミュニティに属していることの心地よさが創出される。このような影響力を行使できるのは，物語のパワーによる（潜道，2002, pp.14-15）。
8）Kiva の HP：http://www.kiva.org/
数字は，2014年2月5日に Kiva の HP を検索した際の最新のものである。
9）「町田洋次の社会起業家・エッセンス」（Kiva），2007年9月12日
（http://ameblo.jp/yymachida/entry-10046881461.html, 2011年2月2日）および Kiva の HP 参照。
10）Kiva の HP：（http://www.kiva.org/about/supportus/supporters, 2014年2月5日）参照。
11）9）を参照。

第2章 私益と公益の境界

第1節 問題意識

　政府や自治体がこれまでのような機能を果たすことができなくなり，それを補完するために，非営利組織（NPO）にその公共的問題解決の役割が期待されている。他方，CSR に配慮した経営を求められる企業もまた，しだいに多元化し，複雑化するステイクホルダーの抱える問題やニーズに耳を傾け，そのニーズに積極的に対応しつつ，社会の健全な発展を目指すという大きな公共問題に関わることを期待されている。

　本章では，このような変化と共に複雑化する経営環境のもとで，企業がCSR 経営を通じてその存続を保持し，成長していくためのひとつの指針として，地域社会における NPO や自治体，市民との協力関係を構築し，公共分野へ関わっている実態を考察する。

　まず，企業，NPO，市民，自治体（行政）のネットワークの中で，企業がどのような役割を果たし，どのようにして社会と自らの組織に価値を生み出していくのかについて論じる。

　続いて，アメリカ・ワシントン州シアトルにおける，企業と NPO をはじめとするさまざまなコミュニティを構成する組織との関係を示す。

　最後に，営利企業のような利益の獲得と NPO のような社会的ミッションの達成の両方を目標とする，ソーシャル・エンタープライズ（SE）について考察する。

第2節 ホーリズムの視点

1．多主体複雑系と自己組織性

　吉永良正は，『「複雑系」とは何か』の中で，複雑系を「無数の構成要素から成るひとまとまりの集団で，各要素が他の要素とたえず相互作用を行っている結果，全体として見れば部分の動きの総和以上の何らかの独自のふるまいを示すもの」と定義づけている（吉永，1996，p.15）。そして，このような複雑系の代表的な例である「生物」は，個体としてみても集団としてみても，その内部のさまざまなレベルで常に各種の相互作用を通じて自らを維持している。しかも外部に対して開かれたシステムである（吉永，1996，p.31）としている。

　今田高俊は，自己組織性を「システムが環境と相互作用する中で，自らの構造を変化させ新たな秩序を形成する性質」と定義づけている（今田，1986，p.176）。また，今田（1986）は，自己組織化の理論のポイントとして次の2点をあげている。第1は，自己がそのメカニズムに依拠して自己を変化させることであり，これは論理学的には「自己言及（self-reference）」の問題に関係し，社会科学的には「自省作用（self-reflexion）」の問題に関係している。第2のポイントは「ゆらぎ（fluctuation）」である。ゆらぎとは，既存の枠組み（制度や均衡状態）には収まりきらない，あるいは既存の発想では処理しきれない現象のことをいう（今田，1994，p.27）。複雑系においては，各要素の他の要素とのたえざる相互作用によって，ゆらぎが生じやすい状況が存在する。このゆらぎは，自己言及メカニズムが単純な循環論に陥ってしまうことなく，新たな構造の生成に導くものとして重要である。

　さらに，社会変動の場合，「社会」が変動するのに対し，自己組織性の世界では，「人間」が社会を作り変えていく（今田，1986，p.176）。つまり，自己組織性の理論では，行為者は，意味内容にまで介入して再解釈し，差異化をはかるというという有能さをもつ創造的個人なのである（今田，1986，p.212）。

現在の企業の経営環境は，複雑系の世界といえる。そこで，企業および企業を取り囲む環境を構成する要因を複雑系における主体（エージェント）としてその関係を考察するにあたり，「多主体複雑系理論（poly-agent systems theory）」について検討する[1]。この理論は，複雑系に関して，システム論に基づきアプローチしようとするものであり，従来のオープンシステム・パラダイムを補完する考え方である。ここでは，人間や組織・集団を典型的な例とする異質で複雑な意思決定主体が関与する状態をネットワーク的に相互作用するシステムとして捉え，その構造や相互作用を解明するための新しい思考の枠組みが示される。

また，この多主体複雑系理論は，「創発性（エマージェンス）」と「全体論（ホーリズム）」に関わる新しい理論でもある。ホーリズムは，システム論における最も大きな特徴であり，ものごとを基本構成要素に分解し，ものごとの性格をそれら基本構成要素の性質に還元して説明しようとする「要素還元主義」に対するアンチテーゼとして提唱され，「全体は部分の総和以上である」[2]がスローガンである。

この多主体複雑系理論には，①システムと環境の融合，②参照内部モデル，③ネットワークという3つの基本的キーワードがある。従来のオープン／クローズド・システムは，考察の対象としての「システム」とその周りを取り巻く「環境」という視点をもっていた。しかし，この理論では，環境は，客観的に外側に存在するのではなく，主観的知覚的な内部モデルとして意思決定する主体の中に認識され，意思決定や行動に際し，主体がこの内部モデルを参照する。ここで，内部モデルとは，主体が自らとの関係を含む周囲の状況を知覚し解釈した，自らの内部に反映した像（モデル）を意味する。つまり，システムと環境の明確な識別というより，むしろ環境とシステムの一体性・融合が強調されるのである。

このように，多主体複雑系の枠組みでは，意思決定主体を有機論的なもの，適応するものとして，そして世界をどのように考えていけば良いのかを学習し，内部モデルを書き換えていく主体として捉える。

この内部モデルは，学習するにつれて創発的に立ち現れ，いわばエージェ

ントの認識マップにおいてしだいに形を成していくものである。エージェントはお互いに出会って何かを学習するにつれて、しだいに賢くなっていく。このような人工知能を備えた適応的エージェントが多主体複雑系における決定主体の本質である。学習によりエージェントがどれだけ賢くなれるかは、エージェントが何を経験するかにかかっている。

　以上のような多主体複雑系理論は、企業が複雑な経営環境に対応していく際に、有効な示唆を与えると考えられる。しかし、どのようにしたら、エージェントの有効な出会いが可能となるのか、また、どのようにしたら、エージェントは有効な経験を獲得することができるのか。この点を考察するにあたっては、従来の組織デザインや組織文化の再検討が必要である。また、インターネットや電子メールなど、組織構造を超越した情報の流れを創造する情報技術を積極的に活用することもエージェントの出会いや経験を生み出すうえで有効である。

　では、この理論は実際にどのように機能するのであろうか。例えば、チェスのチャンピオンに挑戦するコンピューター・プログラムの場合、主体であるプログラム自身の打つ手をも含めて相手の出方を計算し、何手も先まで読み、逆に戻って、今、行うべき最適意思決定を下す。つまり、不確実性を縮減する努力をすることによって、最適解をみつけることができるのである。もちろん、人間というエージェントにとっては、計算速度や扱わなければならない情報量の膨大さの点でコンピューターのようにはいかないが、ある意思決定をしなければならないとき、それまでの経験から学習したことを用いてこれから起こりうることについてできる限りの代替案を想定し、それぞれを評価し、最適解を選択し、さらに、その選択を内部モデルに反映させるというシステムを構築することは可能である。その場合、周りの環境やエージェントがどのような行動をとるかということだけでなく、自分自身の意思決定や行動、およびそれらによって起こる他のエージェントの行動の変化も環境として考慮に入れる必要がある。このようなシステムにおいては、エージェントが他のエージェントとの多くの出会いを通じて得るさまざまな情報から学習し、知識を蓄積するという過程から「創発」が起こる。この創発が起

こるためには，エージェントは自由でなければならない。厳格に管理されていたり，支配されていたりする状況では創発は起こりにくい。

　コンピューターと人間との相違を考えたときに重要なのは，誤った意思決定を行い，勝負に負けたときの問題である。つまり，「失敗」したとき，コンピューター・プログラムと人間とはその後の戦い方に相違がある。多主体複雑系理論では，失敗も学習として内部モデルに反映させると考えられるため，コンピューター・プログラムの場合，それは，経験知として蓄積され，次回，同じ状況に出会ったときには前回とは異なる意思決定を積極的に行うというだけのことである。しかし，人間の場合，失敗したことの苦痛や将来の不確実な状況への不安等，感情的な部分が存在する。スポーツのトーナメントで勝てると思って戦った相手に負け，その後の試合では，その敗戦が後をひいて本来の力を出せずに終わってしまうことはよくあることである。したがって，企業組織のように感情をもつ人間を主体とする場合は，失敗の際の支援システムまでも考慮に入れた全体システムの構築が必要である。

２．多主体複雑系のネットワーク

　では，現実に，多主体複雑系が創り出す社会とはどのようなものだろうか。企業によるスポーツメセナ活動の側面をもつＪリーグ（日本プロサッカーリーグ）は，図表２－１に示されるように，Ｊリーグのクラブ，スポンサー企業，自治体，地域住民，サポーター，地域の高校や大学等を巻き込み，ひとつのネットワークを作りあげた[3]。その結果，プロのサッカー選手になるという機会と夢を子どもたちに与え，その他，コーチや解説者などの分野での雇用の創出を実現し，スポーツマネジメントというビジネス分野を確立し，いくつかの地域では，サッカーおよびその競技場，さらには合宿用施設などを中心として地域の活性化に役立てようとする動きもみられる。また，1997年に，東京電力，日本サッカー協会・Ｊリーグ，福島県の協力体制のもとに福島県楢葉町に設立されたナショナルトレーニングセンター「Ｊヴィレッジ」は，日本代表チーム等へトレーニング施設の提供を行っている。このセンターは，日本サッカー協会・Ｊリーグからノウハウなどの面での支

図表２−１　多主体複雑系ネットワークの一例：Ｊリーグとそのネットワーク

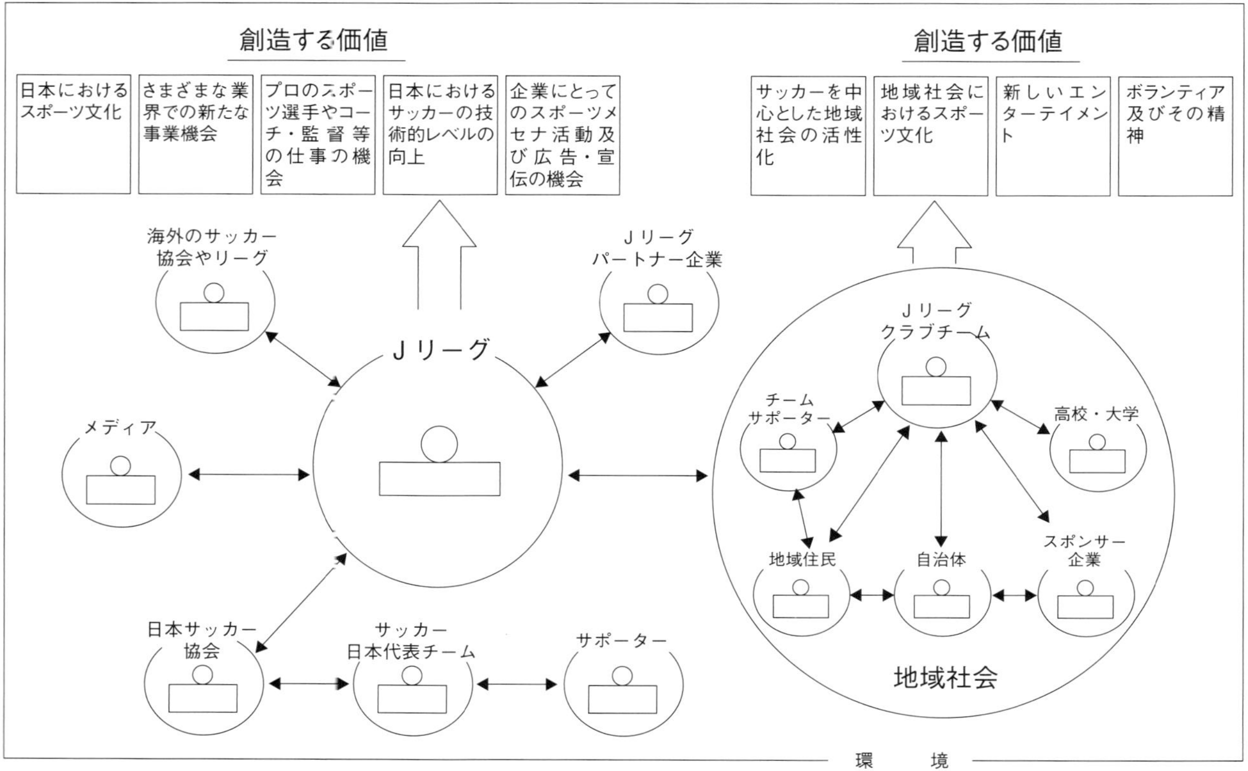
創造する価値
日本におけるスポーツ文化
さまざまな業界での新たな事業機会
プロのスポーツ選手やコーチ・監督等の仕事の機会
日本におけるサッカーの技術的レベルの向上
企業にとってのスポーツメセナ活動及び広告・宣伝の機会
創造する価値
サッカーを中心とした地域社会の活性化
地域社会におけるスポーツ文化
新しいエンターテイメント
ボランティア及びその精神
海外のサッカー協会やリーグ
Ｊリーグパートナー企業
Ｊリーグ
メディア
日本サッカー協会
サッカー日本代表チーム
サポーター
Ｊリーグクラブチーム
チームサポーター
高校・大学
地域住民
自治体
スポンサー企業
地域社会
環　境

援を得てその建設が実現した[4]。その他，Jリーグへの各方面からの支援も行われているが，一方では，Jリーグや日本サッカー協会へのサポーターや企業，自治体からの批判や，支援企業への株主や消費者からの批判，評価なども存在し，それらをフィードバックし，各エージェントは内部モデルの変更を行っている。

このように，Jリーグのチェアマン，企業のJリーグ支援担当者，地方自治体の町おこし担当者等のエージェントそれぞれが，他のエージェントからの影響を受け，学習し，自省しながら自己組織化し，また，自分自身をも含むより大きなネットワークからの情報によって，さらに学習し，同時に情報を供給する。そして，各クラブとJリーグとの試行錯誤によって獲得されたサッカークラブづくりのノウハウは，成功したクラブから新規加入クラブへ，あるいはJリーグから各クラブへと伝えられ，知識や情報の共有を土台にしてさらにより良いクラブ運営形態の模索を行っている。

当初は，Jリーグが指導し，各チームがそれを実践するという構造が存在したが，しだいにその構造は変化し，双方向のコミュニケーションを通じて新たな関係を構築し，そのネットワークも拡大している。このような状況において，多主体複雑系パラダイムは，企業，NPO，地域あるいは市民，自治体が創り出すネットワーク全体から創出される価値の創造活動へも適用することができる。

3．非営利組織とそれを支える市民社会

「市民」とは，経済的には，市場において自己の労働と財産を自律的に利用しうる「営業の自由」の担い手であり，政治的には，共同体の意思決定に参加しうる参政権の担い手であり，社会的には，「財産と教養」に裏付けられた一定の生活様式の担い手である（厚東，1993，p.586）。したがって，市民は，例えば，自己の意思で労働の場を選択することができ，また，非営利組織の活動へ寄付を行うことができる。さらに，国家や町のような共同体における政治の場での意思決定に参加でき，ボランティア活動を生活の一部にするというライフスタイル等を広めるリーダーとなりうる。

P. F. ドラッカー（Drucker, P. F.）は，社会における「市民性」の重要性を説くにあたり，「もし社会に市民性がなければ，その政治機関は，国家と呼ぼうが帝国と呼ぼうが，「権力」となるにすぎない。国民を結びつけるものは，権力だけとなる」したがって，「政治が機能しうるためには，市民性の回復が不可欠である」と述べている（ドラッカー，1993, p.288）。また，「市民性」を定義して，「国のために進んで貢献しようとする意志である」としている（ドラッカー，1993, p.286）。つまり，市民性をもった個人は，ボランタリー・アクションという自発性に基づいた活動を行うことが可能なのである。そして，そのような活動を行うセクターの組織化の原理が，自己決定に基づくネットワーキングである（佐藤，1996, p.3）。この市民性をもった個人の概念は，前述の自己組織化する社会において想定された有能な個人にも共通するものがある。したがって，市民性を備えた個人は，自由な発想でさまざまなことに挑戦し，アイデアを生み出し，社会を自己組織化させていく主体となりうるのである。

　さらに，ドラッカーは，アメリカにおいて，ボランティア活動が活発になった主たる要因は，「社会サービスの必要性が増したからでなく，ボランティアとなる人たちの側が，参加や貢献の機会，さらに貢献するコミュニティを求めたからであり，彼らは，貢献し，責任をもつことによって，「市民の誇り」を回復することができる」と述べている（ドラッカー，1993, pp.293-295）。とくに，アメリカなどでは，家族の機能の変化を背景として，心のよりどころとしてのコミュニティの存在はますます重要になってきている。このようにコミュニティを形成し，そこに参加することによって，心のよりどころを得たり，市民としての誇りを回復したりするという内発的報酬が，ボランティア活動を支え，また，その活動が非営利組織を支えている。

　この社会サービスを行う組織としての非営利組織は，以上のことからして，単に社会サービスを提供するとか，社会的課題解決の機能をもつということだけのために現代社会において重要なのではなく，個人と政府の活動を結びつける媒体として，また，内発的報酬を得ることのできる場として期待されるのである。つまり，個人は，市民性をもつことによって，投票と納税

以外に，社会に影響を与えたり，自ら進んで行動を起こしたりすることができるようになる。非営利組織セクターにおける市民たちの活動によって，政治の進む方向に影響を与えることができるようになるのである。一方，ボランティアにとって出入り自由なコミュニティである NPO において，彼らは市民としての誇りを獲得し，さらには，自己実現をしたいというニーズ，そして理念や信念や自らの理想像に従って生きたいというニーズを満たすことができる。

　この「市民性をもった個人」というのは，F. A. ハイエク（Hayek, F. A.）のいう「真の個人主義」と強く関係してる。ハイエクは，「個人主義」という言葉が濫用されているとして，「真の個人主義と偽りの個人主義」について論じている（ハイエク，1990, pp.5-46）。「真の個人主義」は，人間が望ましいと思うことが何であれ，それを得るために努力することを許される自由をもつこと，そして個人の知識には限界があるため，どんな人間もどんな集団もその限界ゆえに強制的で排他的な権力を制限されなければならないということを要求し，しかも自発的に作られる連合や組織を肯定する。また，「偽りの個人主義」が国家と個人のみを実在とみなし，他の中間的な形成物を抑制されるべきものとするのに対し，「真の個人主義」は，社会的交流の非強制的な慣習を人間社会の秩序ある活動を維持する上での本質的要素であるとしている。この自由と非強制的活動の重視は，まさに，人々が自由・対等の資格で，かつ自由意思に基づいて共通目的のために結集する非職業的組織である「ボランタリー・アソシエーション」（自発的結社）[5]の思想であり，個人の社会セクターへの積極的参加が存在する社会では，この「真の個人主義」が必要とされるといえる。

　さらに，この個人主義は，「個人の知識の限界をはっきりと意識する」と同時に，「自由な人間の自然発生的な協力は，個々人の知性が完全には理解しえないような偉大なものをしばしば創造する」としている。したがって，ここに非営利組織での参加者たちの心構えが示されていると同時に，組織において協働することの意義が明らかにされている。また，この主張は，前述の「全体は部分の総和以上である」ことをスローガンにし，「創発性」に注

目する多主体複雑系パラダイムが，NPOとそのボランティアとの関係に有効に適用されることを支持している。

　日本では，この個人主義および市民性が未発達のために，ボランティアやアメリカ型の非営利組織が生まれてこないという意見もある。しかし，東京湾にタンカーの油が充満したとき，多くの人々からボランティアとして働きたいという申し出が自治体にあったが，自治体側はボランティアが怪我をしたときの保険などが整備されていない現状を考慮し，自治体としては対応しきれないという判断からボランティアの申し出を断ったという[6]。つまり，「他の誰かの役に立ちたい」という気持ちは存在するが，受け入れる仕組みなどの未整備が日本におけるボランティア活動を不活発なものとしている側面もある。

4．自己組織化するシステムにおける「支援」

　ボランティアや非営利組織の活動は，前述のように，「権力」や「支配」，「管理」という思想の限界を示している。そこで，それに代わるものとして，「支援」というアクションを検討する。

　「支援」とは，他者の意図をもった行為に対する働きかけであり，その意図を理解しつつ行為のプロセスに介在して，その行為の質の改善，維持あるいは達成を目指す一連のアクションであり，「支援システム」とは，支援を可能ならしめる相互に関係づけられた資源とこれらを活用するためのノウハウの集合であり，支援状況の変化に応じて絶えず自己組織化するシステムである（今田，1997，pp.8-9）。

　支援システムの特徴は次の通りである。

　第1に，あくまでも被支援者（支援を受ける行為者）の置かれた状況に応じて自らを自在に変化（自己組織化）させることができなければ，効果的な支援は実現できない。つまり，構造が確定したシステムではなく，柔軟なシステムであることが必要である（今田，1997，p.9）。この柔軟性に関していえば，多主体複雑系パラダイムは，支援システムを包含することが可能といえる。

第2に，被支援者の意図の理解（意味解釈）に応じてそれに適したリフレクションを組織化する必要がある（今田，1997，p.9）。ここで，リフレクションとは，過去に経験したさまざまな出来事を振り返ることによって，そこに映し出される自分自身の姿を見つめ返すことであると考えられる。

　第3に，行為の目的の決定を，被支援者が主体的に行うということである（小橋・飯島，1997，p.23）。この点では，非営利組織とボランティアの関係は，相互支援型ということができる。なぜならば，組織の方はボランティアを必要としているが，つまり，彼らの労力や能力を得たいと考えているが，組織側は，その組織の目的というのを本来的にもっており，それに賛同するボランティアがそこに集まるのであり，ボランティア側も目的を事前に設定して参加している。つまり，NPOでの活動を通じて獲得したいと考えている他者からの感謝のような内発的報酬を期待している。

　第4に，相手を信用できなければ両者の関係が支援，被支援という関係にはならず，相手の自由を制限し，自律性を低くする統制，服従になる（難波，1997，p.50）。

　では，支援に関わる構成要素の特徴はどのようなものか。支援は自由主義的な行為であり，そこで想定される社会像は中央集権的な指令装置の存在しない，階層性や組織的固定的役割の存在しないフラットな社会像であるから，その構成要素は自律的であるといえよう。自律的であるということは，環境からの自由に基づいた自己の固有の価値基準をもち，その価値基準にのみ基づいて意思形成を行うことを含意する。それは，上からの社会価値というものからの離脱と同時に，支援行為と相互作用的に，他者の価値の認識・認容を可能とする（山本，1997，p.57）。したがって，地域やNPOへの支援を行う企業が環境と融合し，環境や経験から学習し，内部モデルを構築していくシステムは，自己の価値基準を自己組織化しているプロセスとも考えられ，その意味では，この企業と地域や非営利組織との関係は支援，非支援の関係を確立することが可能である。また，非営利組織がその本来の機能と思想を備えた自由な市民的活動を体現する組織であるならば，そして，地域住民あるいは個人の支援者が自律的であるならば，逆に企業が被支援者となる

こともある。ただし，支援が有効に機能するためには，他者を支配せず，他者に支配されない自由主体の相互不可侵性の原則が存在しなければならない。

5．「企業―非営利組織―市民―行政」の創造的ネットワーク

　企業，非営利組織，市民，行政のそれぞれが重要な結節点となったネットワーク関係が存在するとき，その中でそれぞれの構成要素が主体的な役割を担いつつ，相互作用によりそれぞれが多くの経験をし，学習する過程で，それぞれの内部モデルおよびそのネットワーク全体の内部モデルを変化させ，さらに自省作用が起こることによって，ネットワーク自体が自己組織化していく。そこでは新たな解釈がなされたり，新たなネットワークが構築されたり，新たな価値を生み出すことが可能である。図表2－2は，このネットワークのイメージを表している。

　例えば，前述のJリーグでは，設立当初，各種委員会を設置し，行政，財務関係，建築関係，研究調査機関などからの専門家を集めてサッカーやスポーツを取り巻く問題について意見交換を行っていた。このような委員会は，重要な情報の出会いの場となり，ディスカッションを通じて得られる成果がJリーグの方針に大きな影響を与え，それが各クラブ，ひいてはスポーツ全体，そして日本におけるスポーツ文化などへ影響を与えることとなった。つまり，委員会が人や情報の結節点として機能し，価値創造の源となったのである。

　また，大学や学会もこのネットワークの中のひとつのエージェントとして大きな役割を果たすことが期待される。多くの場合，企業においては，その知識やノウハウが組織内部に蓄積され，企業間で相互に提供されることはまれである。他方，大学や学会では，そこに集まる情報や知識が比較的オープンであり，企業をはじめとする他のエージェントがそこから有効な情報を得やすい状況にある。さらに，このようなネットワークを考えるとき，エージェント同士の出会わせ方，結び付け方ということが非常に重要であり，かつ難しい。大学や学会がこのような分野でどのようにその役割を果たすかとい

第 2 章　私益と公益の境界

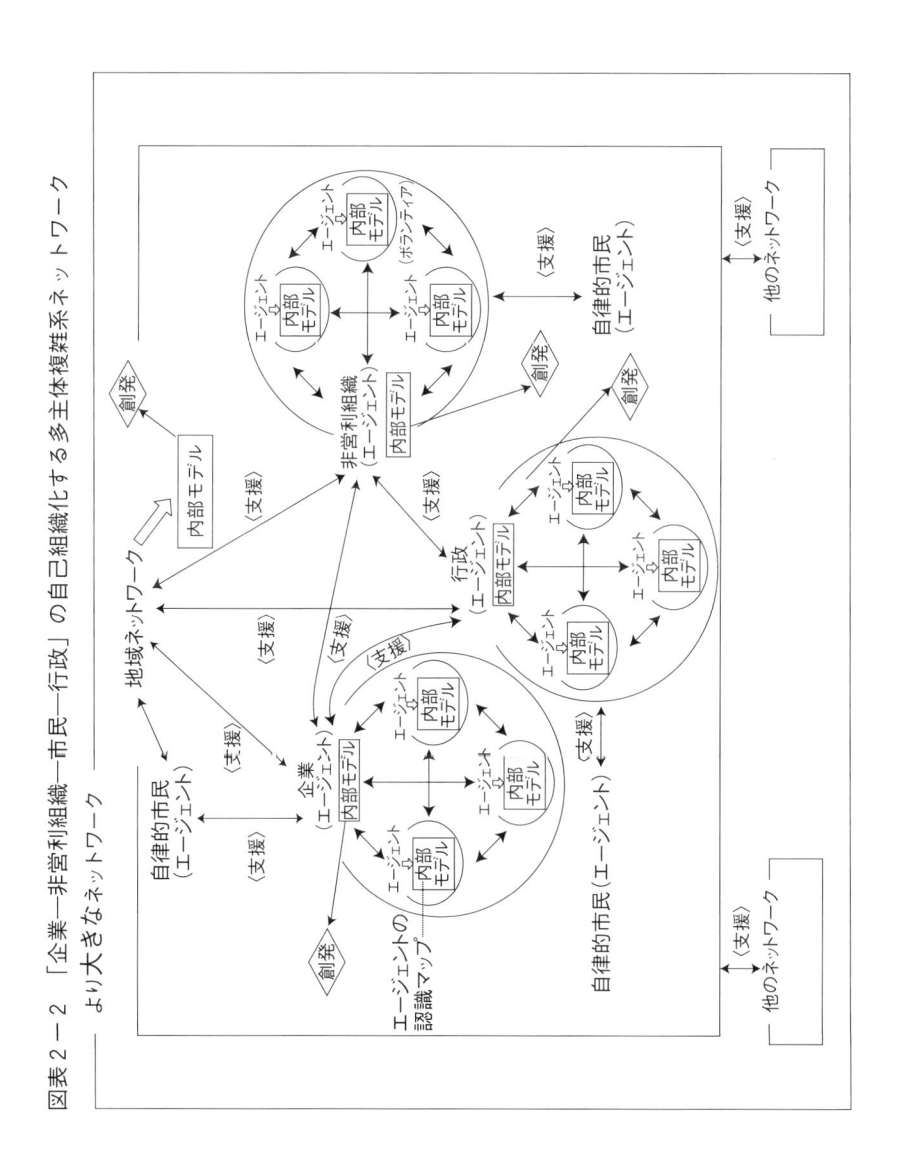

図表 2 − 2　［企業−非営利組織−市民−行政］の自己組織化する多主体複雑系ネットワーク
　　　　　　──より大きなネットワーク──

うことも検討されなければならない。

さらに，NPO をみる視点はいくつかあるが，そのひとつは，「それ自体が主体となって活動を担っていくとともに，社会参加活動への参加のチャンスを受け手と担い手である市民の間に介在してコーディネートしていく機能」というとらえ方がある（電通総研，1996, p.21）。したがって，NPO は，コーディネーターとしてのその本質的な機能をもってして，蜘蛛の巣のような複雑な種々の関係からなる社会においてそのすき間を埋め，また種々の関係を創造的に設計していく重要な役割を果たすことが可能であるといえよう。

以上のことから，複雑化する社会環境の中で企業が存続し，高い業績をあげていくためには，企業というひとつのエージェントはその力の限界を認識し，孤立したり，支配や管理を試みたりするのではなく，社会というネットワークの中で，自律的存在でありつつもネットワークの一員としての自覚のもと他のエージェントとの協働の過程で意思決定を行い，行動していくというシステムを確立することが必要である。とくに，NPO の活動，および NPO 組織の創り出すアソシエーションの社会は，企業の新しいシステムづくりにとって重要な意味をもつ。それと同時に，日本社会においては，個人主義という概念を再考し，その概念が新しい社会には不可欠であるという点を認識しなければならない。そのような条件のもとで，企業―非営利組織―市民―行政のネットワークは，社会に新しい価値を生み出していくことができるといえよう。

6．多主体複雑系ネットワークにおける CSR 経営

企業をホーリズムの視点からとらえたとき，企業の構成員としての経営者や従業員はそれぞれ全体を構成する部分として活動しているが，相互作用を通じて，部分がそれぞれ創造する価値の総和以上の全体としての価値を創造することが可能となる。もちろん，経営者の組織に対する影響力は他の従業員たちより大きなものとなる。しかし，経営者といえども組織においては，経営者個人の考えや発想のみで意思決定を行っているわけではなく，組織内

の常務会や取締役会，さまざまな部署の従業員たちとの相互作用があって最終的な意思決定を行っているのである。

その意味で，例えば，ある企業の企業倫理といったとき，それは組織全体の倫理を指しており，人格のない組織の倫理性を議論することの意味が問われることもあるが，多主体複雑系理論からすると，各エージェント同士の相互作用が起きた結果としての組織全体の倫理と個人である経営者の倫理は明らかに異なるといえる。経営者が望ましい意思決定を行うには，学習をする必要があり，そのためには，従業員を含む利害関係者との頻繁で深いコミュニケーションが必要となる。

さらに，ネットワークレベルで創造される価値を考えると次のようなことがいえる。

「企業―NPO―市民―行政のネットワークにおいて創造される価値」
　＞「企業が創造する価値＋NPO が創造する価値
　　　　＋市民が創造する価値＋行政が創造する価値」

また，CSR 経営では，企業を取り巻くステイクホルダーからの要請と期待を把握し，その課題を自社の問題として取り込み，解決していくことによって，新たな価値を創造し，ステイクホルダーとの間に信頼関係を構築することが求められている。これは，まさに，多主体複雑系の環境において，企業が他のエージェント（ステイクホルダー）とのコミュニケーションを通じて学習し，内部モデルを精緻化しながら創発を起こし，新たな価値を創造していくという過程に他ならない。また，その過程では，序章で述べた GRI や ISO（International Organization for Standardization，国際標準化機構）のような国際的な機関が CSR に関わるガイドラインを提供したり，サミットのような会議で環境問題に対応する取り決めがなされたり，企業不祥事が起こったりといった「ゆらぎ」が起き，企業と企業のステイクホルダーのネットワークや関係性をより大きくしたり，密接なものにしたり，あるいは，つながりを崩壊したりというような影響が与えられていく。

さらに，そのような協調行動としての CSR 活動により，社会の効率性を高めることが可能となり，社会の信頼関係，規範，ネットワークのような蓄

積された社会的仕組みが構築される。これが企業にとっての「社会関係資本（ソーシャル・キャピタル：social capital）」となり，この社会関係資本の構築，活用は企業の持続可能な発展に貢献するものであるといえよう。

この社会関係資本の理論については，R. D. パットナム（Putnam, R. D.）によれば，中核となるアイデアは「社会的ネットワークが価値を持つ」ということであるとしている。つまり，「社会的接触が個人と集団の生産性に影響する」ということである（パットナム，2006, p.14）。

また，パットナムは，社会関係資本の特性を次のように指摘している。第1に，市民が集団問題をより容易にすることを可能にする。第2に，コミュニティがスムーズに進むための潤滑油となる。第3に，自らの運命がたくさんのつながりをもっている，ということへの気づきを広げることによって人々の取り分を増やすことができる。第4に，社会関係資本を構成するネットワークは，目標達成を促進するのに役立つ情報の流れるパイプとしても働く。第5に，心理学的，生物学的プロセスを通じて，個人の生活を改善する。このように，パットナムは，社会関係資本は個人とコミュニティに多大な恩恵をもたらすとしている（パットナム，2006, pp.352-354）。

したがって，企業がステイクホルダーとの相互作用によって社会関係資本を構築することに成功すれば，企業は自身と社会の双方への価値創造が可能となるといえよう。

第3節　ミッションに基づくコミュニティ・マネジメント

アメリカのワシントン州シアトルには，ボーイング，マイクロソフト，スターバックス等の企業が本社をおいている。また，アメリカの他の地域と同様に，種々のNPOが，教育，ソーシャル・サービス，芸術・文化などの分野で大きな役割を果たしている。そこでは企業やNPO，そしてそこに住む市民や自治体が自らのミッションに基づいてコミュニティのために活動を行っている実態をみることができる。

一方，ドラッカーは，組織とコミュニティの関係について次のように述べ

ている。組織は，現在のような変化の激しい経営環境に対応するために迅速な意思決定を必要とされ，その意思決定は，ときには，コミュニティに雇用を依存する工場の閉鎖であったりする。そのことは，コミュニティにとってはアンフェアであるため，組織の意思決定とコミュニティの利害との間で衝突が起こる。組織の構成員はコミュニティの一員であるが，組織そのものはコミュニティに根づくことが必要であるにもかかわらず，コミュニティに埋没することなく，コミュニティを超越した存在でなければならない（ドラッカー，1998, pp.49-50）。

そこで，本節では，シアトルにおける事例を中心に，種々の組織や個人の支援関係を検討していくことによって，市場経済社会におけるコミュニティと組織とのコンフリクトを解決するひとつの方向性を提示する。

1．マネジメントにおけるミッションの役割

M. ヴェーバー（Weber, M.）は，『プロテスタンティズムの倫理と資本主義の精神』の中で，「[「職業」を意味する] ドイツ語の「ベルーフ」Beruf という語のうちに，また同じ意味合いをもつ英語の「コーリング」Calling という語のうちにも一層明瞭に，ある宗教的な—神から与えられた使命（Aufgabe）という—観念がともにこめられている」（ヴェーバー，1991, p.95）と述べている。ここでいう「ベルーフ」や「コーリング」には，「天職」という意味があるが，「ミッション（mission）」にも，「天職」，「使命」という同様の意味がある。

ヴェーバーによれば，プロテスタントのあらゆる教派の中心的教義が表出されているこの「天職」という概念は，世俗的職業の内部における義務の遂行を，およそ道徳的実践のもちうる最高の内容として重要視するものであり，その必然の結果として，世俗的日常労働に宗教的意義を認める思想を生んだ。これは，カトリックが修道士的禁欲を世俗的道徳よりも高く考えるという事実と対照をなすものであり，神によろこばれる生活を営むための手段はただひとつ，各人の生活上の地位から生じる世俗内的義務の遂行であって，これこそが神から与えられた「召命」Beruf にほかならないと考える

（ヴェーバー，1991, pp.109–110）という。

　NPOにおいては，「ミッション」が活動の中心となり，活動に従事する人々の凝集力の源泉となるものである。他方，企業にも，経営理念や目標，ビジョンなどと共に，ミッションを有する企業もある。通常，企業におけるミッションとは，経営理念と同様な意味でとらえられていることが多いが，本来，ミッションとは，前述のように，各自が自認している「天職」であり，神から与えられた「使命」であって，しかも「誰もがいずれかひとつの天職に召されている」（ヴェーバー，1991, p.127）のであるから，経営環境の変化等により自らのミッションを変更したりすることは，義務を放棄することになる。

　また，企業の場合，「ミッション」は，その企業が自ら定めた，社会に提供する価値を実現しようとする意思，あるいはステイクホルダーに対して経営者が社会的責任を果たすという意思表明を示すものであり，結果的に，企業の存在意義，事業，価値観，願望などを示している（アーサーアンダーセン，1997, pp.2, 31, 58）とする考え方がある。この考えに従うと，企業の場合，その中で多くの人々が働くわけであるが，ひとつの組織としてのミッションと，そこで働く従業員一人ひとりのミッションが同じ方向性をもたないケースもありうる。また，企業がミッションを掲げていても，実際にはそれとは異なった方向で自らの活動を行っている場合は，その企業は長期的に社会に受け入れられる企業にはなりえない。その意味で，企業はミッションを明確なものにし，顧客や従業員，株主，コミュニティのようなステイクホルダーに対して理解を求め，ステイクホルダーとのコラボレーションを目指すことが必要である。また，それを通じて，企業は社会との信頼関係を築いていくことが可能になる。したがって，企業にとってのミッションに基づいたマネジメントの価値は，ミッションを通じて社会とのコミュニケーションをはかり，信頼を獲得し，それを基盤として長期的利益の獲得を実現することにある。

　このように，営利企業にとってミッションの果たす役割は重要であるが，NPOの場合は，NPOが個人の意思（ミッション）を社会的な力にする仕組

みである（山岡，1997，p.39）という本質的な理由から，ミッションとはより密接な関係にある。しかし，長い間，NPO において，ミッションに基づくマネジメントという概念は存在しなかった。アメリカの場合，ガールスカウトや救世軍が「マネジメント」や「マーケティング」志向の経営手法を取り入れたことによって大きな成功を収め，NPO におけるマネジメントの重要性が注目されるようになった。しかも，営利企業とは異なり，売上げ・利潤といった明確な達成指標がないことが多い NPO の場合にこそ，ミッション・マネジメントの考えを用いた組織運営を行っていく必要性が高いと考えられている（アーサーアンダーセン，1997，p.57）。

2．オーケストラにおけるミッションの役割

そこで，まず，アメリカにおけるオーケストラの例を通じて，NPO のミッションの役割について考察する。

アメリカでは，1960年代半ばから80年代半ばに，舞台芸術の組織数，寄付額，観客数が急増した[7]。オーケストラの数も急増し，65年に58団体であったオーケストラ数が96年の段階で1000団体以上になった[8]。さらに，87年までに，舞台芸術のチケットの売上げがスポーツ・イベントの売上げを超え，また，55年に1500万ドルであった芸術分野への寄付が，90年には5億ドルにのばった。しかし，このような状況は長くは続かなかった。91年には，オーケストラの年間赤字額は2320万ドルになり，その後も増加した。多くの芸術分野の組織が多額の資金を要する作品を提供するようになり，また，管理部門のスタッフの数を増加させ，より多くの観客を収容できる新しい施設を建設したことは，これらの大きな赤字の原因となった。さらに，実際には観客数や年間チケット購入者は減少していたが，オーケストラ側が「観客も寄付も継続的に成長する」という楽観的な観測のもと，大規模な改革を怠ったことが経営状況の悪化に拍車をかけた。

この財政危機に際し，多くのオーケストラは，93年半ばまでに，コミュニティへのミッションを確立し，コミュニティとの関わりを深めるようになった。例えば，出先活動，教育活動等を熱心に行うようになったのである。ど

れだけコミュニティに対して奉仕できるかがその組織の活動の成功に大きく影響を及ぼす傾向がみられるようになった。

では、ここでの「ミッション」の役割とはどのようなものであろうか。ミッションを具体化し、実際の行動に対する指針・方針として明文化した「ミッション・ステイトメント（mission statement）」は、その組織によって追求される資質と達成レベル、そして種々のステイクホルダーへの目的をもった関与を示している。各組織メンバーは、ミッションを理解し、支持することが必要である。非営利の芸術組織は、自分たちの目的に基づき、ミッション・ステイトメントを確立することによって観客数を増大させることに成功すれば、助成金を得るために必要な手間のかかるプロポーザルを書く必要がなくなり、また、財団や企業からの寄付を得るための努力をする必要がなくなる。そして結果的に、より観客とのコミュニケーションに力点をおくことができるようになる。

3．事例：シアトル交響楽団

次に、ワシントン州シアトルにおけるシアトル交響楽団（Seattle Symphony）の事例に基づき、NPOのミッション・マネジメントについて考察する[9]。

シアトル交響楽団は、1903年に設立された、北西太平洋岸で最も古い主要な文化機関である。年間、100回以上のコンサートを行い、23万人以上の人々が鑑賞している。ミッション・ステイトメントは、「コミュニティの人々の文化的な豊かさの確立、教育、約束、喜びのために、際立った方法によって高品質のオーケストラ音楽を提供すること」というものであり、コミュニティへの貢献を強調している[10]。とくに、音楽を通じた教育活動には、Seattle Symphony's education and community programs を設け、小学校から大学までの学生への音楽教育およびコミュニティの人々へ音楽に関わるさまざまなプログラムを用意している。1995–96年のシーズンには、3万人以上の生徒が教育プログラムに参加した。この教育プログラムでは、生徒をコンサートに招待したり、作曲のためのワークショップを実施したりしてい

る。また，一般の観客向けには，コンサート当日，その日の曲や作曲家についてのレクチャーを行っている。さらに，オーケストラのメンバーが音楽教育のために地域の学校の教室を定期的に訪問している。このように，若い世代への音楽教育への貢献活動等を通じて，長期的視野に立ったNPOとしてのマーケティングを行っている。

財政状況については，"Seattle Symphony Annual Report 2006-2007 Season"[11]によると，2006-07年シーズンの収入は全体で，2221万6000ドルであった。これは，前年度の収入の1914万8000ドルと比較しても306万8000ドルの増加であり，増加の要因はチケットの売上げ増大である。収入の内訳で最も多いのは，チケットからの売上げとその他の料金収入で，55％を占めている。1995-96年シーズンでは，個人からの寄付が全収入の約60％を占めていたことからして[12]，その約10年の間，寄付に頼らない，事業からの収益の拡大を目指してきていることがわかる。

地域の企業からの支援については，シアトル交響楽団の場合，ボーイング社(The Boeing Co.) が支援のリーダー的存在となっている。ボーイングは，コミュニティへの貢献活動を，企業市民としての行動の長い伝統と強い関与の一部分と考えている。つまり，ボーイングの社員が働き，生活をするすべての地域でこのような活動に対し積極的な役割を果たすべきだという信念をもち，シアトル交響楽団へも長期的視点に立った関与を行っている。ボーイングは「良き企業市民」としての責任分野に関して，「安全な職場の提供と環境保護，ボーイングの従業員とその家族の健康と福祉を促進すること，教育およびその他の価値ある事に対し，人的あるいは財政的支援をすることによって，コミュニティの人々と活動していくこと」をあげている[13]。シアトル交響楽団への支援活動も，このようなCSRの方針にのっとった行動といえよう。

2006-07年シーズンのシアトル交響楽団への支援としては，ボーイングの他，マイクロソフト，デルタ航空などがコンサートの冠スポンサーとなる等，全体で30社以上の企業がパートナーとして支援した[14]。

スポンサーシップを通じて企業が得られる価値としては，次のような点があげられる。

① 支援する組織のもつイメージが企業のイメージを規定し，高め，修正する。
② パブリシティ効果や多くの広報活動の機会を得ることができ，その結果，広告費や販売促進費等を節約することが可能である。
③ コンサートの観客をはじめ，オーケストラのスタッフ，理事，寄付提供者へアクセスする機会を得る。
④ 寄付が課税控除の対象となる。

では，スポンサーシップを得るために，音楽分野のNPOはどのような点で強みをもち，それをアピールする必要があるのだろうか。音楽分野のNPOがもたなければならない強みおよび留意点としては，次のようなことがあげられる。

① 芸術のもつ感動，美しさ，高級感，および地域に根ざした親しみやすさを有するという組織イメージをもつ。そのためには，コンサートを社交場としての機能も兼ね備えたものにしたり，昼休みに無料コンサートを開いたり，子どもたちへ音楽指導を行ったりすることによって，人々にとって身近な存在となる。
② より多くの人々にその存在を認識させ，強いブランドを創造する。例えば，ラジオ局との提携，昼休みの無料コンサート，子どもたちへの音楽指導，有名演奏家を招いてのコンサート，新聞のコンサートに対する評価，低く抑えられたチケット価格，バラエティに富むシリーズ・コンサートの提供等が有効な方策である。
③ コミュニティをより住みやすく働きやすいところにするために貢献する組織であるということを強調し，地元の企業の信頼を得る。つまり，音楽の場合は，生活をより充実したものとしたり，生活レベルの向上に貢献したり，子どもたちにとってよい音楽環境を創造したりするといった点を強調する戦略をとることが必要である。
④ 多くの観客をもつオーケストラへの支援は，企業にとっては将来の大きな顧客グループを得るようなものであるという点をアピールする。

シアトル交響楽団の場合，企業からの寄付は，金融機関からのものが多い。
⑤ 地域の組織であるか，全国，あるいはグローバルな組織であるかということで支援を依頼する企業を選定する。シアトル交響楽団の場合は，地域を重視すると同時に国際的な活動も行っているため，地域の企業およびボーイングや航空会社などグローバルな活動を行っている企業にとっても魅力的な支援対象といえる。
⑥ よく知られ，カリスマ的存在の音楽ディレクターのようなリーダーがメディアの役割を果たす。

NPOによるこのような，コミュニティやスポンサー企業との支援関係を構築する手法は，企業のCSR経営にとって，次のような重要な示唆を含んでいるといえよう。
① ステイクホルダーに積極的に働きかけることによって，身近な存在と感じてもらうようになる。その結果，ニーズを発見しやすくなり，支援関係を構築することも可能となる。
② ステイクホルダーへの積極的働きかけは，強いブランドを創造する際にも有効である。
③ コミュニティでの自社の存在の正当性を構築することができる。
④ 自社の利益ばかりでなく，ステイクホルダーにとっての利益を考慮することが必要である。
⑤ 各ステイクホルダーに対し戦略的な対応を行うことが重要である。
⑥ カリスマ的存在のリーダーが，各ステイクホルダーとのコミュニケーションや信頼の構築を率先して行い，その実績を社内にも積極的に情報公開することが大切である。

NPOは企業と比較すると，一般的に事業から利益を生み出す能力は低いといえるが，それだけに，ステイクホルダーとの関係を重要視し，彼らのニーズを的確にとらえ，それに対応することで組織が必要とする資金や技術

やノウハウを獲得する方策を生み出している。このような独自の工夫は，現在，企業に求められている CSR においても大いに参考となる。その意味でも，CSR 経営においては，各企業内外における独自の経営環境および戦略を踏まえた取り組みを目指すべきであろう。

4．起業家のミッション

　ドラッカーによれば，中世の社会は，互いに競い合う独立した数百にのぼる政治的中心地からなる多元社会であった。しかし，その後，王，さらには国家が，それら無数のパワーセンターを征服し，19世紀半ばには，アメリカを除き，あらゆる先進国において中央集権国家が完全な勝利をおさめ，600年近くもの間，多元主義が廃止されていた。しかし，この50年間に組織社会における知識がますます専門化することによって，単一目的の専門化した組織が無数に存在することになり，社会の多元化が進んでいる。ここで問題となるのが，誰が共同の利益の面倒をみるか，誰が共同の利益を規定するか，誰が多元社会の諸々の組織の間でしばしば対立関係に陥る目的や価値のバランスをはかるか，誰がトレードオフに関わる意思決定を行い，何をもってそれらの意思決定の基準とするかという点である（ドラッカー，1998，pp.64-67）。つまり，今日の組織社会と資本主義は，企業間の競争をますます激化させ，世界的な企業合併ラッシュによりグローバル企業をさらに巨大化させる傾向を推進している。しかし，その巨大化した企業が利益を企業内に蓄積することに専心し，社会的費用を他に押しつけることになれば，コミュニティや社会はどうなるのか。したがって，多元社会においては，独立した組織の経済的能力をコミュニティや社会からのニーズにどのように結び付けるかということが重要になる。

　1984年，P. ブレイナード（Brainerd, P.）がシアトルに創設したアルダス社（Aldus Corp.）は，ディスクトップ・パブリッシング用のソフトウェアの「ページメーカー」で成功した企業である。1994年，ブレイナードはアルダス社をアドビシステムズ（Adobe Systems）へ52億5000万ドルで売却し，巨額の富を得た。そのとき，彼は，コミュニティへの責任があるという考えか

ら，得た資金をコミュニティへ還元するために，Social Venture Partners（SVP）という財団を創り，フィランソロピー活動を始めた。SVP には，マイクロソフトなど地域のハイテク分野の企業で働き，若くして富を得たサイバー・リッチ（cyber-rich）と呼ばれる人々がメンバーとして加わった。彼らの多くは，仕事にほとんどの時間を費やす毎日の生活の中で，生きる意味を見い出すために手にした富を他の人々と分かち合う生活を選択した人々である。

　SVP は，従来のビジネスで成功した人々がコミュニティの大学や病院などに寄付するという手法でなく，ベンチャー・キャピタルのように，資金を提供した組織に，計画した成果の説明責任を求める手法をとっている。SVPでは，支援候補の組織に何度も足を運び，説明を聞き，メンバーの間で何時間も討論した後に，「投資先」を決める。さらに，ベンチャー・キャピタルが，彼らの投資を成功させるために投資先のベンチャー企業へのアドバイスを積極的に行うのと同様に，SVP も会計や広報などメンバー企業の専門知識を活用して投資先組織への積極的な関与を行っている。つまり，SVPは，資金，リソース，経営における専門性を，長期的に地域の非営利組織に提供することで，非営利組織の組織能力と活動の継続性の向上をはかるモデルを確立した。そして，このモデルは，「ベンチャー・フィランソロピー」として知られるようになった。また，ブレイナードは，彼の意思を継ぎたいと考える人々を教育し，導くことが彼の「ミッション」であると考えているという[15]。

　その後，他の地域にもこのモデルが普及し，同様の活動が始まった。2001年には SVP International（SVPI）が創設され，06年10月に，SVP 東京がこのネットワークに加盟した[16]。14年2月現在，SVPI は世界に34の加盟団体と2700人以上のパートナー会員をもち，革新的な非営利組織に対する，専門性と資金の投資を通じた組織の強化と，そうした非営利組織に深く関わる個人のフィランソロピストとしての教育を目的に活動している[17]。

　このように，資金力や高度な知識をもつハイテク分野出身の若きフィランソロピストたちが，獲得した富や知識をコミュニティに還元し，コミュニテ

ィのニーズに応えていくという活動は，訪れつつある新しい多元主義の社会において組織のニーズとコミュニティおよび社会のニーズの間の摩擦を解消するひとつの有効な方策といえる。

5．ミッションを中心とする「富と能力の循環」

　アメリカのワシントン州シアトルの事例にみられるような企業，NPO，市民（個人）のコミュニティとの関わり方が示すものは，「富と能力の循環」のモデルである。コミュニティや社会のニーズをNPOが受けとめ，そこに企業が得た知識や能力や富を供給し，あるいは，直接，企業がその提供するサービスを通じて社会に貢献する。また，個人（市民）が仕事を通じて得た知識や能力や富をコミュニティに還元する。コミュニティはそのニーズを満たし，企業や個人はコミュニティや社会の一員として責任を果たすことによって，自信と誇りを得る。

　この循環のシステムを機能させているのが「ミッション」である。企業，NPO，そして個人がそれぞれ社会との関わりの中でミッションをもち，それを実現するために活動している。

　ほとんどの企業が，ミッションや企業理念を有しているが，日常の実務の中でそれを実践していると感じている従業員は少ないであろう。しかし，企業は，さまざまなステイクホルダーとの複雑な関係の中で事業活動を行っている。ステイクホルダーの繁栄なくして，企業の成長もない。したがって，企業は自らの利益のために，公益的な分野へ参入して活動を行うことも必要となる。

第4節　社会起業家とソーシャル・エンタープライズ

1．登場の背景

　CSRの世界的な潮流やBOPビジネスへの企業の関心の拡大等もあり，前述のような企業による公益的な分野での活動は増加しているが，他方，NPOの中には，その活動資金を寄付や補助金・助成金という不安定で減少傾向の

強い収益源に過度に頼ることなく，独自の事業を立ち上げ，成功させることによって安定した収入を得ていこうとする組織も少なくない。つまり，企業とNPOの活動が類似した側面をもつようになってきているということができる。そもそも，営利企業とNPOの違いは事業による利益の分配をするかしないかであるといわれる。しかしながら，組織の目的という面では，それぞれ「利益の獲得」と「ミッションの達成」であり，その点での相違は存在する。

ところが，近年，その利益の獲得とミッションの達成の両方を目的とする組織が登場している。それが，社会起業家が率いるソーシャル・エンタープライズ（SE）や社会的企業といわれる組織である。

まず，「社会起業家とはどのような起業家なのか」ということであるが，谷本寛治は，「解決が求められている社会的課題（例えば，福祉，教育，環境等）に取り組み，新しいビジネスモデルを提案し実行する社会変革の担い手」と定義している（谷本，2006, p.26）。また，谷本は，ソーシャル・エンタープライズを，事業型NPOや社会的課題の解決をミッションとするソーシャル・ベンチャーそして社会志向型企業などの総称としている（谷本，2006, p.2）。

では，一般的な起業家，および伝統的な寄付や補助金・助成金を主な資金源とする慈善型NPOなどとは異なる，社会起業家やSEが登場してきた背景にはどのような経緯があったのであろうか。

町田洋次は，社会起業家が台頭してくる時代背景について次のように言及している。イギリス経済は，19世紀に入って長期にわたり低迷し続け，とくに，1970年代のオイルショック以降，経済が悪化し，財政赤字が累積していた。そのため，マクロ公共政策と社会保障制度，そして税金による社会サービスの提供に支えられたイギリス型の福祉国家政策をこれ以上続けていくことは不可能となった。また，従来型福祉政策によっては，長期失業やドラッグ，家庭崩壊や教育問題等の社会問題に対処することはできなくなっているが，かといって，人々は福祉のためにより多くの税金を払うことには反対する。この状況を打破するには，従来とは異なる新しいアプローチが必要であ

り，社会変革により，新しい福祉の哲学と方法論，そして組織を作り出し，問題解決型の福祉システム，アクティブな福祉システムを構築しなければならなかった。79年に首相に就任したM. サッチャー（Thatcher, M.）は，福祉政策をスリム化し，国有企業を民営化し，徹底した規制緩和を行い，新たな価値の創造を民間の起業家に委ねることとした。その結果，96年頃から成果が現れ，経済の成長がみられるようになった。そのような変化の中で，政府の代わりに社会的課題を解決する担い手として登場したのが社会起業家である（町田, 2000, pp.43, 94）。

また，アメリカにも社会起業家に近い概念が存在した。アメリカでも，1980年代に，R. レーガン（Reagan, R.）大統領が規制緩和を行って，徹底的に小さな政府を目指した。その結果，地域の産業の衰退に歯止めをかけ，新しい産業への転換を図って都市を生き返らせることに成功した。その先導役が，「グラスルーツ・リーダー（grassroots leader）」といわれる市の経済開発局の幹部や地元商工会議所の幹部，大学の関係者，地元企業の経営者などである。彼らは起業家的なセンスをもち，一丸となって課題解決に取り組む。近年は，医療，教育，環境，麻薬，犯罪などの社会的課題を解決し，新しい社会システムを創造しようとしている。その核心は，起業家精神や起業家の方法論を社会的課題にも当てはめることにある（町田, 2000, pp.70, 95）。

また，谷本は，社会的ミッションをもった新しいスタイルの会社が，アメリカでは1970–80年代あたりから登場していることを指摘している。アメリカでは，60年代後半–70年代に広がった公民権運動，ベトナム反戦運動，消費者運動，環境運動などの動きが活発となり，産業社会や大企業体制のあり方を問い直し，個々の企業には社会的責任を問うという形で広がった。こうした動きに併行して，80年代頃から，その問われた社会的課題の解決をビジネスとして取り組んでいこうとする社会志向型企業が台頭している（谷本, 2006, p.10），と述べている。

日本においては，これまで社会的・公共的な課題に自ら積極的に関わっていくという風潮が乏しく，むしろ，政府が扱うべき課題という共通認識があった（土肥・唐木・谷本, 2006, p.208）。しかし，本来，政府任せという態度

第2章　私益と公益の境界

図表2－3　ソーシャル・マーケット生産額推計結果

		2003年	2015年推定結果
ソーシャル・マーケット	生産額（100万円）	74,675,962	120,842,710
	全体に占める割合	8.3%	11.4%
	対2003年伸び率	－	61.8%
全産業	生産額（100万円）	900,472,903	1,059,307,733

資料：UFJ総合研究所作成
出所：経済産業省（2005）p.222

は，政府への依存を意味するわけであるから，市民としての自由は制限されるという見方もできる（潜道，1995b，p.56）。

平成17（2005）年3月に発表された経済産業省「ソーシャル・マーケットの将来性に関する調査研究」報告書[18]では，日本におけるSE台頭の背景を次のように述べている。戦後の復興から高度経済成長時代においては公益は行政が提供し，私益は企業や個人が提供するという「主体論」による役割分担が存在していた。これは，工業化，産業化，大量生産を目的とした社会においては効率的な経済社会の運営方法であったが，現在は，少子高齢化，行政の財政悪化，社会の成熟化や経済のグローバル化に伴って，地域コミュニティ，家族，企業などを取り巻く環境の変化等の社会構造の変化がみられ，官，民の二元論的な枠組みに入りきらない中間領域が拡大し，また，その中間領域において，社会性と事業性を備えたSEがきめ細かいサービスを提供し，新たな市場が創出している。

2．ソーシャル・エンタープライズの現状と特徴

では，SEが市場とするソーシャル・マーケットの規模はどのような状況にあるのであろうか。前述の経済産業省大臣官房企画室による調査研究において，今後，日本において「ソーシャル・マーケット」[19]が拡大することが示されている。図表2－3にあるように，2015年には約120兆円と，03年の約1.62倍となることが予想され，この場合，国内全産業生産額に占める割合は，03年の8.3%から11.4%になる。また，今後は，社会構造の変化や社会

問題のさらなる多様化が予測され，社会益へのニーズが高まるとともに，行政からのアウトソーシングが進むことが予想され，ソーシャル・マーケットがさらに拡大すると考えられている。したがって，ビジネス領域として，この分野は企業にとって有望領域ということができる。

谷本は，SE として代表的な形態として次のものをあげている（谷本，2006, pp.12-13）。

① コミュニティ・ビジネス（community business）：地域の人々により所有・管理され，利益は地域に還元される事業体
② ソーシャル・ファーム（social firm）：障害者に雇用機会を与えることを目的とする事業体
③ 従業員所有会社（employee owned business）：従業員によって所有・管理される事業体
④ 媒介的労働市場会社（intermediate labor market company）：労働市場で不利な立場に置かれ排除されている人々に職業訓練となる雇用の場を提供し，一般の労働市場に戻れるよう支援する媒介的な役割をもつ事業体
⑤ ソーシャル・ビジネス（social business）：チャリティ団体が新たな事業体を立ち上げ，収益を得て，本業をサポートするもの

これらはすべてソーシャル・イノベーションを生み出す事業体であるが，一般企業による社会的事業（CSR）についても，社会的起業家精神をもったソーシャル・イノベーション創出活動として理解できる，としている。

さらに，SE は，以下のような基本的特徴を有しているとされている（谷本，2006, p.4）。

① 「社会性」社会的ミッション（social mission）：ローカル／グローバル・コミュニティにおいて，解決が求められている社会的課題に取り組むことを事業活動のミッションとすること。
② 「事業性」社会的事業体（social business）：社会的ミッションをわかりやすいビジネスの形に表し，継続的に事業活動を進めていくこと。
③ 「革新性」ソーシャル・イノベーション（social innovation）：新しい社

会的商品・サービスやその提供する仕組みの開発，あるいは一般的な事業を活用して，社会的課題に取り組む仕組みの開発。こういった社会的事業を通じて，新しい社会的価値を実現し，これまでの社会経済システムを変革していく可能性を示していくこと。

　また，斎藤槙は，社会起業家の特徴として次のような要件をあげている（斎藤，2004, pp.28-29）。
① 社会的な使命感をもち，事業を実践する過程では，巧みにビジネス・テクニックを応用する。
② アイデアや創造性にあふれた組織を作る。
③ 価値観を共有する組織と有機的に結びつき，相乗効果を考えながら，目的を達成するためのネットワークを実現する。つまり，パートナーシップを重視する。
④ 労働を収入の手段としてだけではなく，自己実現の手段でもあると考える。
⑤ 株主に対する責任を最優先課題とし，利益を上げ配当した従来的な企業の指導者とは異なり，事業所在地の地元住民から，発展途上国の国民までをステイクホルダーと見なす。
⑥ 長期的な効果を重要視する。

　これらの特徴は，明らかに，従来の大企業やベンチャー企業とその経営者たちが有する特徴とは異なり，また，事業の実践過程でビジネス・テクニックを活用するという特徴は，慈善型 NPO とも異なる側面を示している。

3．株式会社の限界とソーシャル・エンタープライズの意義

　近年，企業の公共分野での活動がより大きく期待されてきている理由として，政府の財政力不足や企業の社会に対する相対的影響力増大等がいわれるが，それだけではなく，企業のステイクホルダーへの意識や行動面での変化もその要因としてあげられよう。

　まず，人々の倫理度が向上していることがある。したがって，企業が反倫

理的な行動をとった際の，消費者やマスコミ，株主や取引先企業の反応は非常に早く，批判も厳しくなっている。また，就職希望者にとっても，企業の倫理性やどの程度社会的責任を果たしているかは，就職先企業を選ぶ際の重要な基準となってきている。さらに，天然資源の枯渇や自然環境の破壊などの問題は深刻となり，企業の行動を地球環境への負荷の側面から監視したり評価したりするNPOの活動も活発になっている。加えて，企業のCSR度を評価する国際的なガイドラインもいくつか策定され，それらに照らし合わせて企業が評価されるようになってきた。

　英米の場合，株式会社は，その出資者である株主が主権者であり，株主の委託を受けて企業経営の実務を担当している経営者が株主利益の最大化を企業行動の目的に据えて活動しなければならないとする「株主主権論」をとっている企業が多い。しかし，そのような考え方および実践の負の部分が表面化する事件が起こっている。アメリカでは，粉飾決算によって，2001年12月にエンロン社（Enron Corp.），2002年7月にワールドコム社（WorldCom Inc.）が会社更生法の適用を申請することとなったわけであるが，負債総額はそれぞれ400億，410億という巨額なものであった。また，エンロンの場合でいえば，1万2000人の社員が職を失い，彼らが同社株式により積み立てた年金が消滅した。一般株主の損失は700億ドルに達した。これらの大不祥事は，経営者の行動にみられる「人間は自己利益を極大化する」という人間観（吉森，2007，p.78）を支持する貪欲さと倫理観の欠如，コーポレート・ガバナンス体制改革の必要性，そして，株主主権論における最大利益追求型組織と現在の株式会社制度の限界を明確に示している。

　このように社会に大きな被害を与えることになるのであれば，企業は社会に存在する正当性を得ることはできない。少なくとも，しばしば，高株価政策を維持するために不正会計が行われたり，経営者の所有するストック・オプション重視の経営が行われたりするのであれば，株式会社という組織自体の存在が危機に瀕するであろうし，また，その組織と何らかの利害関係をもつステイクホルダーの被る被害も大きなものとなる。

　近年は，世界的に，年金基金をはじめとする機関投資家が株式会社に大き

な影響力を及ぼしており，経営者主権から株主主権への流れの移行が起こっているといえようが，その意味では，企業が健全な企業活動主体となるように導く，投資家の手腕と倫理性が強く求められる。しかし，機関投資家の企業への関わり方が，企業経営者を監視するというコーポレート・ガバナンスの担い手となるというのではなく，経営者と共に企業の戦略的意思決定に関与するという考え方で行動する「リレーショナル・インベスティング（Relational Investing）」（夏目，2006, p.79）を実践しようとする場合，「株主価値の最大化＝株価至上主義」の傾向が強くなることも考えられる。

　SEの増加は，このような株主価値の最大化を目指す従来の株式会社の限界がその要因のひとつとなっていると考えられる。しかし，ミッションの達成も利益の獲得と同様に重視する組織への投資は，期待できるリターンの大きさや短期的利益を犠牲にしても長期的な効果を重要視する姿勢をとることからして，投資家や金融機関にとって魅力的とはいえない。したがって，SEでは，従来の株式会社のように，IPOを目指す経営や組織の拡大化の方向性はとられにくい。とはいうものの，組織が存続し，成長し，そのミッションを持続的に達成していくには，組織の収益性は確保されなければならない。そのためにも，資金がSEへ流れる仕組みが必要となる。近年，日本でもNPOバンク[20]にみられるようなソーシャル・ファイナンスの活動が登場している。ソーシャル・ファイナンスは，経済性だけでなく，環境や倫理等の社会性も行動原理とする投資行動である「社会的責任投資（socially responsible investment：SRI）」のひとつの形態であるが，その特徴は，一般の金融機関がネガティブ・スクリーニングにより排除してきた対象（マイノリティや女性の経営する企業やNPO等）や社会的事業にファイナンスを行うというものである（唐木，2006, p.150）。

　その他，社会性に関わる企業の評価方法のひとつとして，「コーポレート・レピュテーション（corporate reputation）」がある。コーポレート・レピュテーションとは，消費者や従業員，あるいは投資家などのステイクホルダーからの評判を企業の重要な資産として定量化しようという動きであり，「ブランド価値」だけでなく，「評判」も重視しようという考え方を形成して

いる（青木，2006，p.93）。このコーポレート・レピュテーションは，社会に広く流通するものであるため，企業が主体的にコントロールする必要があるということで，「レピュテーション・マネジメント」（評判の管理）が経営課題のひとつとして認識され始めている。CSR 活動を積極的に行うことはコーポレート・レピュテーションを向上させることが想定される。したがって，CSR 経営には，レピュテーション・マネジメントの視点も必要とされるといえよう。

　また，組織の社会性を重視する金融機関が増加し，SE へ資金が流れるようになることは，前述のように，事業組織を持続可能な存在へと変革させ，ひいてはソーシャル・イノベーションを実現するためにも重要なことといえる。また，組織の社会性がより重視される社会では，企業と NPO，そして行政組織等の活動の境界，およびそれぞれの組織の社会における役割についての議論が必要となるであろう。

第 5 節　小　括

　システムと環境の融合，参照内部モデル，ネットワークという 3 つの基本的キーワードを有する多主体複雑系理論は，企業が複雑な経営環境に対応していく際に有効な示唆を与えると考えられる。つまり，複雑化する社会環境の中で企業が存続し，高い成果をあげていくためには，企業というエージェントはその力の限界を認識し，孤立したり，支配や管理を試みたりするのではなく，社会というネットワークの中で，自律的存在でありつつもネットワークの一員としての自覚のもと他のエージェントとの協働の過程で意思決定を行い，行動していくというシステムを確立することが必要である。その意味で，J リーグの事例にみられる企業―NPO―市民―行政のネットワークでは，それぞれのエージェントが他のエージェントからの影響を受け，学習し，自省しながら自己組織化し，また，自分自身をも含むより大きなネットワークからの情報によって，さらに学習し，同時に情報を供給するということが行われることによって，それぞれのエージェントおよび社会全体に新し

い価値を生み出している。

　また，CSR 経営は，ステイクホルダーとの相互関係が基盤となっているが，これは，まさに，多主体複雑系の環境において企業がエージェントとのコミュニケーションを通じて学習し，内部モデルを精緻化しながら創発を起こし，新たな価値を創造していくという過程である。

　さらに，アメリカのワシントン州シアトルの事例にみられるような企業，NPO, 市民（個人）のコミュニティとの関わり方が示すものは，「富と能力の循環」である。また，この循環のシステムを機能させているのが「ミッション」である。企業，NPO, そして個人がそれぞれ社会との関わりの中でミッションをもち，それを実現するために活動している。

　このように，企業が社会との関わりを重視する行動をするようになっているが，その目的は，利益の獲得であり，ミッションの達成という NPO の目的とは異なる。ところが，近年，ミッションの達成を目的としながら，利益の獲得も重視するという SE が増加している。

　SE は，社会性，事業性，革新性という要件を有する組織であり，パートナーシップを重視し，そこで働く人々にとっては自己実現の手段という特徴も有する。また，従来型の企業の経営者と異なり，このような組織を率いる社会起業家は，ステイクホルダーとしての株主や利益の獲得を最優先するということはない。したがって，長期的視点での成果を重視する傾向がある。しかし，この点は，投資家や金融機関にとっては魅力的な特徴とはいえない。SE へ資金が流れるようにするためには，ソーシャル・ファイナンスを実施する金融機関が増加することが必要であろう。また，このような社会性の重視は，一般の企業を持続可能な存在へと変革させ，ひいてはソーシャル・イノベーションの実現にもつながるといえる。

【注】
1）この多主体複雑系理論については，1998年に，東京工業大学の木嶋恭一研究室の HP に公開されていた情報を参照した。
2）南アフリカの軍人で政治家の J. C. スマッツ（Smuts, J. C.）が，1926年の著作

『ホーリズムと進化』の中で最初に使ったといわれる（M.M.ワールドロップ『複雑系』の訳者，田中三彦による「あとがき」，p.521）．
3) Jリーグ，および各クラブへのインタビュー調査に基づいている．
4) 1998年に行った東京電力からJヴィレッジへ出向している担当者，および東京電力福島立地環境担当者へのインタビューによると，東京電力がこの地にナショナルトレーニングセンターを建設した理由は，東京電力の発電設備の4分の1に当たる1500万kWを発電する原子力発電所が設置されている福島県の立地環境対策を行うという目的があったこと，そして，地域住民が誇りと感動を得る機会を創造したいという想いがあったということである．また，Jヴィレッジでは，各施設で地域住民を積極的に雇用し，地域での雇用の創出を図り，地域の宿泊施設等への経済的波及効果も生み出している．

　　その後，Jヴィレッジは，2011年3月11日の東日本大震災および東京電力福島第一原子力発電所の事故により，2013年6月30日までスポーツ施設としては全面閉鎖し，原発事故の対応拠点となっていた．2014年2月現在も，トレーニング施設としては活動を行っていない．
5) ここで，「自発的」とは，国家権力からの自由，利益追求活動からの自由，そして選択不可能な人間集団，例えば，血縁集団からの自由を意味する．したがって，国家，企業，家族そして個人が生活のために経済的報酬を得ている非営利的組織としての職業組織（学校や病院など）は，自発的結社ではない（佐藤，1993，pp.580–581）．
6) 1998年の川崎市へのインタビューより．
7) アメリカの芸術分野の非営利組織の状況に関しては，Scheff, J. & Kotler, P. (1996) "Crisis in the Arts: The Marketing Response," *Califorina Management Review*, Vol. 39, No. 1, Fallを参照した．
8) コミュニティ　オーケストラの数を含んでいる．
9) シアトル交響楽団の活動に関する情報は，1997年に実施した，当交響楽団のマーケティング担当者およびファンド・レイジング担当者へのインタビュー調査，およびHP（http://www.seattlesymphony.org/symphony/press/kit/sheet.aspx，1999年1月15日）における情報に基づく．
10) 2012年5月現在のミッション・ステイトメントには，コミュニティのみでなく，全国および世界の人々を対象としていることがうたわれている（http://www.seattlesymphony.org/symphony/press/kit/sheet.aspx，2012年5月10日）．

11) Seattle Symphony Annual Report 2006-2007 Season（http://www.seattle-symphony.org/_uploaded/pdf/AnnualReport/2006.2007_AR.pdf，2009年1月15日）。
12) チケットの売上および個人からの寄付，そして各種基金の他に，収入としては，助成金・企業からのスポンサーシップ・特別プロジェクトがあり，1995-96年シーズンの場合，これらの全収入に占める割合の合計は28％，2006-07年シーズンの場合は22％であった（シアトル交響楽団の雑誌 *Encore*, Vol.16 No. 5, 1997, p. 16参照）。
13) ボーイング社のHP：http://www.boeing.com/aboutus/culture/index.html#good，1999年1月15日，参照。
14) 音楽分野のNPOにおけるスポンサーシップと支援企業については，Seattle-Symphony Orchestra Marketing Plan for 1996-97 and 1997-98，および97年に実施したシアトル・シンフォニーのマーケティング／コミュニケーションズ担当ディレクターへのインタビュー調査の結果を参照した。
15) Social Venture Partnersについては，*The Seattle Times*, April 12, 1998を参照した。
16) SVP東京は，2005年に投資・協働先募集開始し，有望なソーシャルベンチャーに対する継続的な投資として，資金およびパートナーによる経営支援を提供を行っている。11年現在，投資先は累計で15団体に上っている。
  (SVPのHP：「投資・協働」http://www.sv-tokyo.org/investments/result/，2012年5月10日参照。)
17) SVP Network Office HP："Our Global Network"（http://www.socialventure-partners.org/network-office/who-we-are/our-global-network/，2014年2月10日）参照。
18) 経済産業省のHP：http://www.meti.go.jp/press/20050707007/050707social-market2.pdf，2010年1月21日，参照。
19) 経済産業省（2005）では，日本経済研究センターが発表した「第31回日本経済中期予測」を用いて，2015年におけるソーシャル・マーケットの経済規模（生産額）の予測を行っている。予測では，次の3つのケースが想定されている。ケース1は，同経済中期予測における年平均2％弱の成長が実現した場合。ケース2は，経済中期予測における第3次産業の実質産出額の推計伸び率が実現した場合。ケース3は，日本経済研究センターによる実質GDP成長予測に加え，社会における社会益の担い手としてソーシャル・エンタープラ

イズへの期待が高まる中，行政と市民が施策や取組みを積極的に実施している横浜市における1990～2001年の対家計民間非営利サービスの伸びがソーシャル・マーケット全体で実現する場合である。図表2－3では，2015年のソーシャル・マーケットにおける生産額の対2003年伸び率が3つのケースの中で最大になると予測されている，ケース3を取り上げて数値を示した（経済産業，2005，pp.217-222参照）。

20) NPOバンクは，市民が自発的に出資した資金により，地域社会や福祉，環境保全のための活動を行うNPOや個人などに融資することを目的に設立された「市民の非営利バンク」のことで，「金融NPO」，「市民金融」などとも呼ばれている。最初のNPOバンクは1994年に設立された「未来バンク事業組合」（東京都）であり，以後，全国各地に誕生している（全国NPOバンク連絡会HP：http://npobank.net/about_npobank.html，2014年2月10日，参照）。

第3章

CSRと利益

第1節 問題意識

「日本のCSR元年」といわれる2003年以降,CSR専門部署を設置したり,CSR報告書を発行したりする企業が増加している[1]。

では,日本企業のCSR活動の特徴はどのようなものなのであろうか。前述のように,日本企業のCSRの特徴として,利益の増大を目指している企業はあまり多いとはいえず,社会からの信頼の構築やリスク・マネジメントを期待している企業が多い。また,日本経済団体連合会(2005)「CSR(企業の社会的責任)に関するアンケート調査」においても多くの選択肢の中で,「コンプライアンス・法令遵守」が「現在最も優先的に取り組んでいる分野」(96.6%),「将来(2〜3年後)最も優先的に取り組んでいると思われる分野」(73.6%)の双方で最も大きな数値を得ている。

さらに,経済同友会が,2005年10月から06年1月にかけて,会員所属企業および会員所属企業以外の東証1・2部上場企業2697社(回答数:521社,回答率:19.3%)を対象として行った「企業の社会的責任(CSR)に関する経営者意識調査」(2006)では,02年と05年にCSRに含まれる内容について経営者に質問した結果を比較しているが,図表3−1に示すように,「法令を遵守し,倫理的行動をとること(法令遵守)」が,02年の81.4%(第2位)から05年では94.6%へと数値を伸ばしトップとなっている。つまり,少なくとも日本におけるCSR普及の初期の段落では,日本企業のCSR活動の中心は

図表 3 − 1　CSR に含まれる内容（60％以上の回答があった項目と順位）

2005年調査		2002年調査	
①法令遵守	94.6%	①商品・サービスの提供	93.1%
②商品・サービスの提供	91.4%	②法令遵守	81.4%
③環境	80.8%	③収益の確保と納税	74.9%
④収益の確保と納税	74.7%	④株主への配当	67.6%
⑤地域社会の発展への寄与	72.3%	⑤環境	61.9%
⑥人権	68.3%		
⑦株主への配当	66.9%		
⑧有害な商品・サービスを提供しないこと	65.1%		

出所：経済同友会（2006）「企業の社会的責任（CSR）に関する経営者意識調査」p.8

「コンプライアンス・法令遵守」分野であったといえそうである。

　日本においては，1980年代後半から90年代前半のバブル経済期において，企業による社会貢献活動（フィランソロピー）に対する関心が高まったが，その後，不況期に入り，その活動も減少した。さらに，96, 97年には，銀行・証券業界の反社会的勢力団体との癒着が頻発し，第 1 章でも述べたように，日本経済団体連合会（当時は経済団体連合会）は「新企業行動憲章」の改正等の対応を行った。その後も企業不祥事が続き，2003年に CSR 元年を迎える。このようなことからみても，日本企業にとっての CSR は信頼回復を目的とし，法令遵守やリスクに対する予防としてのリスク・マネジメントの意味合いが強くなる傾向にあるといえよう。

　しかし，本来，CSR 経営が目指す姿は，企業がさまざまなステイクホルダーを視野に入れながら，企業と社会の利益を高い次元で調和させ，企業と社会の相乗的発展を図る経営であり，CSR を事業の中核に位置づけ，将来の競争優位を獲得しようという能動的挑戦である（経済同友会，2004b, p.4）。

　前述の日本企業や経営者の回答は，このような CSR が目指す経営とは異なる姿勢を示している。コンプライアンスのような，受動的で直接的には利益につながりにくい活動として CSR 活動を行っていると考えられる。で

は，日本型CSRは企業にとって投資という，将来において利益を獲得するための行動ではなく，企業にとってのコストであり，企業活動を制約するものなのであろうか。このような状況を打破し，日本企業のCSR活動が，今後，収益性の向上と社会への価値の提供を両立することのできるCSRのレベルに到達する可能性はあるのだろうか。

このことを検討するため，本章では，第1に，CSR分野において先進的な取り組みを行っている企業（CSR度の高い企業）のCSR活動の状況を明らかにすることによって，日本企業における今後のCSR活動の方向性を探る。第2に，先進的な企業は，CSRと経営戦略との関係，およびCSRと利益との関係をどのようにとらえているのかを考察する。第3に，CSRと利益との関係をどのようにとらえている企業が，CSR活動からより多くの成果を生み出しているのかを明らかにする。第4に，CSR活動の成果に影響を及ぼす要因を特定する。

第2節　先行研究

1．受動的CSRと戦略的CSR

M. E. ポーター＆M. R. クラマー(Porter, M. E. & Kramer, M. R.)は，企業がCSRを推進し，企業の社会的影響力を分散させないためには，企業と社会の対立関係ではなく相互依存関係に注目しつつ，企業の戦略や事業とCSRを関連づける必要があるとしている（ポーター＆クラマー，2008, p.41）。その上で，自社の事業との関連性の高い社会問題を抽出し，その社会問題に取り組みながら社会的価値と経済的価値の両者を実現すべく活動を行う。その際，企業のCSR活動は，「周囲への迷惑を減らす」という「受動的CSR」レベルを超えて，「社会を良くすることで戦略を強化する」レベルである「戦略的CSR」を目指すべきであるとする(ポーター＆クラマー，2008, p.47)。

では，この「受動的CSR」とは具体的にどのような価値を生み出しているのであろうか。ポーター＆クラマーによれば，それはまず第1に，地域団体への寄付活動を行う等，「良き企業市民」としてステイクホルダーの社会

的関心事の変化に対応する活動によって，地域社会の信用を獲得し，自治体など各方面との関係も改善することが可能となり，また，従業員の誇りを創造することができる。第2に，日常の業務（バリューチェーンの活動）を遂行する際に，一般的な社会リスクや環境リスク，そして各企業の内部の事業活動の社会的影響を見極めることによって，事業活動の現実や未来の悪影響を緩和することができるということである（ポーター＆クラマー，2008，pp.47-48）。

このことからすると，例えば，近年，CSR報告書を作成する際に多くの企業が活用しているガイドラインであるGRIのCSR課題のチェックリストの他に，各企業は，自社のおかれている経営環境や自社独自の内部事情などを踏まえたチェックリストが必要であろう。また，ひとつの企業の中の各事業部，あるいは，職能ごとに抱える課題や目指す目標に従って，部署単位でCSR活動を考案することが大切であろう。所属するメンバー間での情報共有がなされることにより，よりCSR経営の目標達成に近づくことができるようになると考えられる。

他方，「戦略的CSR」は，企業の競争力向上と社会への価値提供の両方に資するイノベーションを生み出すようなCSRを示している。例えば，排ガス問題への対応としてのハイブリッドカー〈プリウス〉は，競争優位と環境保護を両立させる斬新な自動車開発の先駆けとなり，トヨタ自動車独自のポジションを築いた。また，マイクロソフトは，コミュニティ・カレッジへの投資によりコミュニティ・カレッジの体系的なITカリキュラムや指導者育成プログラムの欠如，古いIT機器等の課題を解決すると同時に，IT業界の慢性的労働力不足という課題を解決し，将来的に大きなメリットを得る道筋を創った。このように，自社の競争力につながるように競争環境に投資することで社会と共有できる価値が生み出され，企業の利益と社会の利益が相互に補強し合う，共生関係が築かれる（ポーター＆クラマー，2008，p.48）。

以上のようなCSRのあり方の相違から考えると，現在のところ，日本型CSRの特徴と考えられる信頼回復型CSRは，ポーター＆クラマーのいうイノベーションを生み出す戦略的CSRではなく，受動的CSRのカテゴリーに

属すると考えられる。

2．利益獲得に影響を与える CSR

　前述のように，戦略的 CSR の実践は，イノベーションを生み出し，そのことが企業の競争力の強化につながり，ひいては，企業の利益の増加を実現するというモデルを目指すものである。

　第1章で述べたように，谷本寛治は，CSR が利益と結びつくかどうかは，市場が CSR を評価するかどうかに依存し，1990年代以降，CSR を評価する市場の成熟化の方向へ向かい，それと共に「良い経営理論」を支持する研究が増加していることを指摘している（谷本，2004a，pp.20-21）。

　図表3－2は，ポーター＆クラマーの受動的 CSR および戦略的 CSR の考え方を土台とし，「良い経営理論」型の CSR を受動的 CSR と戦略的 CSR の間に位置づけ，CSR と利益の関係を分類したものである。

　コンプライアンスやリスク・マネジメントとしての CSR である「受動的 CSR」のレベルでは，企業の収益性や競争力の向上にはつながりにくいが，第2段階の「良い経営理論」の段階では，商品・サービスの安全性の確保や適切な価格の維持，配当の増大，ワークライフバランスの重視，取引先の利益への配慮，ゼロエミッションの実現等，「ステイクホルダーへの倫理的対

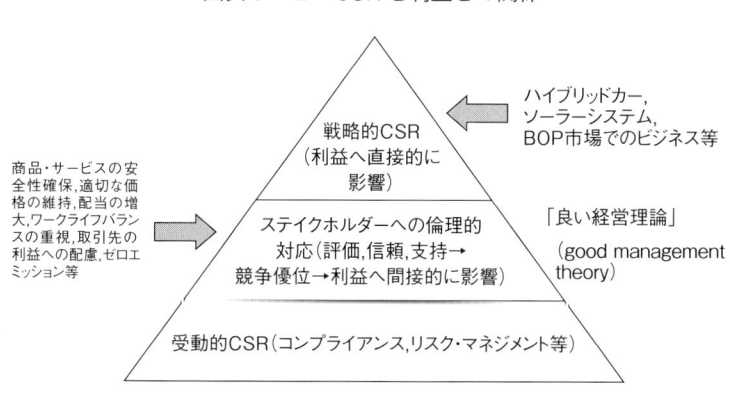

図表3－2　CSR と利益との関係

（ピラミッド図）
- 戦略的CSR（利益へ直接的に影響）← ハイブリッドカー，ソーラーシステム，BOP市場でのビジネス等
- ステイクホルダーへの倫理的対応（評価，信頼，支持→競争優位→利益へ間接的に影響）← 「良い経営理論」（good management theory）
  ← 商品・サービスの安全性確保，適切な価格の維持，配当の増大，ワークライフバランスの重視，取引先の利益への配慮，ゼロエミッション等
- 受動的CSR（コンプライアンス，リスク・マネジメント等）

応」がステイクホルダーに評価され，企業はステイクホルダーとの信頼関係の構築，支持の獲得を実現し，結果として，競争優位の確立が可能となる。つまり，このようなタイプのCSRは，利益の獲得に対して「間接的」な影響を与えることができる。第3段階の「戦略的CSR」は，前述のハイブリッドカーの例やソーラーシステム（太陽光発電）に関わる事業等があげられよう。また，所得階層を構成する経済ピラミッド底辺に位置する1人当たり年間所得が2002年購買力平価で3000ドル以下の世帯，約40億人の人々（経済産業省BOPビジネス政策研究会の定義）を顧客ととらえ，彼らのニーズに応えるビジネスを展開するBOP（base of the pyramid）[2)]市場を対象としたビジネスは，「BOPビジネス」と呼ばれる。このビジネスの特徴は，発展途上国の地域経済の発展や雇用の創出，病気の撲滅等，社会的課題を解決しつつ自社のビジネスの成功をも実現するというものである。このBOPビジネスも戦略的CSRのカテゴリーに入れることができると考える。

第3節 研究の方法

1．調査の概要

　日本企業の中にも，このような戦略的CSRを実践している企業はあるのだろうか。このことも含め，第1節で述べた検討課題への解答を得るために，先進的なCSR経営を行っている企業を対象としてアンケート調査（「CSRと経営戦略および利益との関係に関するアンケート調査」）を実施し，調査結果から分析を行った。

　調査方法は質問紙による調査であり，2008年6月にアンケート調査票を郵送した。調査対象は，『CSR企業総覧2008』（東洋経済新報社）より抽出した。『CSR企業総覧2008』では，企業のCSR度を「人材活用」，「環境」，「企業統治」，「社会性」の4分野に分類し，それぞれの分野を高い順から「AAA，AA，A，B，C」の5段階で評価している。本調査では，上記の4分野においてC評価がひとつもなく，B評価があっても1分野のみという，評価の高い企業611社を対象とし，各社のCSR担当部署に質問紙を送付

した。回収数は112で，回収率は18.3％であった。

２．質問項目の構成

まず，回答者の属性として，回答者の所属する企業の業種，回答者の所属部署名，CSR関係部署の設立年，CSR関係部署の会社全体の中の位置づけ，CSR関係部署の前身部署の有無，CSR関係部署の前身部署の名称，CSR関係部署を構成する正社員，派遣社員別社員数とその性別についての質問を行った。

続いて，企業のステイクホルダーとして，「顧客」，「株主」，「従業員」，「取引先」，「社会」[3]の5種類を設定し，それぞれに対して，各企業がどのような活動をCSR経営の一環としての活動と認識しているかを質問した。回答は，「そう思わない」＝1,「あまりそう思わない」＝2,「ややそう思う」＝3,「そう思う」＝4の4件法を使用し，各回答の平均値を計算した。また，CSR活動として実際に行われているのはどのような活動かを質問し，CSRに関する認識と実際の活動の差を表示した。回答は，「実施していない」＝1,「少し実施」＝2,「ある程度実施」＝3,「大いに実施」＝4の4件法を使用し，各回答の平均値を計算した。さらに，各ステイクホルダーに対する活動項目のうち，重視する項目を3つあげてもらった。

その他の質問項目は，CSR方針の決定者，CSRと経営戦略との関係についての考え方，CSR活動が企業のどのような活動や変化と関連性をもっているのか，CSR経営実践によって効果や変化のあった点，今後，期待する効果，利益とCSRとの関係に対する考え方，CSR経営を理解している従業員の比率，従業員にCSR経営を理解してもらうための方策，倫理的プリンシプルの有無，倫理的プリンシプルの内容等である。

第4節　単純集計による調査結果と考察

調査結果の考察は，データの単純集計および因子分析等の多変量解析によって行った。本節では，前者の単純集計による調査結果を示し，結果から明

らかとなった点について論じる。

1．調査結果
(1) 回答者の属性に関する質問[4]
「CSR関係部署の設立年」については，2005年，06年が多く，それぞれ，23％，22％を占めている。CSR元年といわれる03年より前（2002年以前）にCSR関係部署を設立していたという回答も14％あった（図表3－21参照）。

(2) ステイクホルダーへのCSR活動に関する質問
ステイクホルダーとして「顧客」，「株主」，「従業員」，「取引先」，「社会」を設定し，それぞれに対して図表3－3～12に示される質問項目について企業に質問した。

① 「顧客」に対するCSR活動に関する質問

図表3－3に示すように，CSR経営の一環として認識されている活動については，「商品・サービスについての問題点をも含む正確な説明」，「コンプライアンスの重視」，「品質の向上」，「不祥事が発生した時の迅速な情報提供と対応」，「商品・サービスの安全性の重視」が上位を占める。

CSR活動として認識している活動項目と実施している活動項目との間に差がみられるのは，「商品・サービスの安全性の重視」，「少し高価格でもエコロジーに対応した商品・サービスを提供」，「宣伝・広告を通じての商品・サービスの情報提供」，「信奉者（収益性の高い最高の顧客）へ特別なサービスの提供」である。

また，同じ質問項目で，重視している項目を3つ選択してもらった結果が図表3－4である。図表に示されるように，最も重視されているのは「品質の向上」であり，「コンプライアンスの重視」，「商品・サービスの安全性の重視」がそれに続く。その他はかなり数値が低くなる。

「ニーズに対応する新製品・新サービスの積極的開発」のような戦略的CSR関係の活動については，CSR活動としての認識は高いが，実施については多少低くなる。重視する項目の中では第4位であるが，「品質の向上」，

第 3 章　CSR と利益

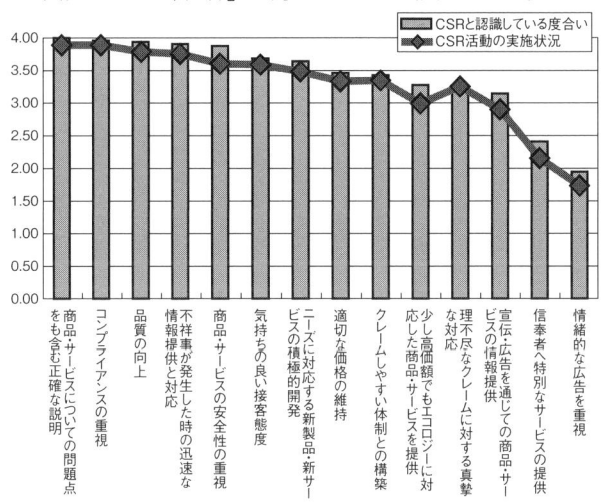

図表 3－3　「顧客」に対する CSR の認識・実施状況

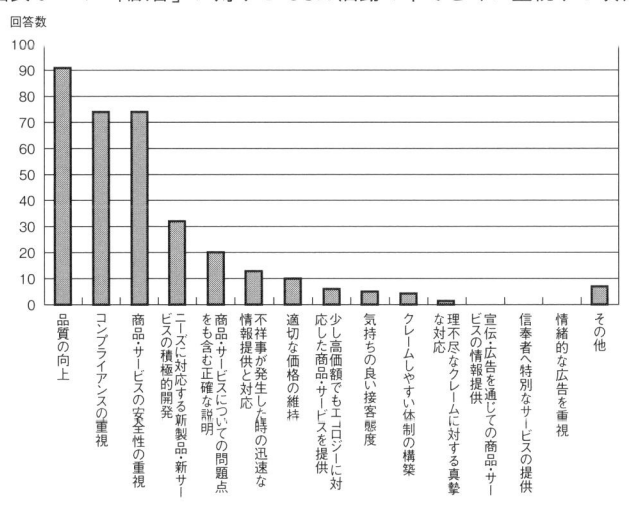

凡例：CSRと認識している度合い／CSR活動の実施状況

項目（左から）：
- 商品・サービスについての問題点をも含む正確な説明
- コンプライアンスの重視
- 品質の向上
- 不祥事が発生した時の迅速な情報提供と対応
- 商品・サービスの安全性の重視
- 気持ちの良い接客態度
- ニーズに対応する新製品・新サービスの積極的開発
- 適切な価格の維持
- クレームしやすい体制との構築
- 少し高価額でもエコロジーに対応した商品・サービスを提供
- 理不尽なクレームに対する真摯な対応
- 宣伝・広告を通じての商品・サービスの情報提供
- 信奉者へ特別なサービスの提供
- 情緒的な広告を重視

図表 3－4　「顧客」に対する CSR 活動の中でとくに重視する項目

回答数（左から）：
- 品質の向上：91
- コンプライアンスの重視：74
- 商品・サービスの安全性の重視：74
- ニーズに対応する新製品・新サービスの積極的開発：32
- 商品・サービスについての問題点をも含む正確な説明：20
- 不祥事が発生した時の迅速な情報提供と対応：13
- 適切な価格の維持：10
- 気持ちの良い接客態度：6
- 少し高価額でもエコロジーに対応した商品・サービスを提供：5
- クレームしやすい体制との構築：5
- 理不尽なクレームに対する真摯な対応：2
- 宣伝・広告を通じての商品・サービスの情報提供：0
- 信奉者へ特別なサービスの提供：0
- 情緒的な広告を重視：0
- その他：7

「コンプライアンスの重視」、「商品・サービスの安全性の重視」と比較すると、かなり数値が低い。また、「信奉者へ特別なサービスの提供」というマーケティング戦略上、重要な項目については、認識、実施共に数値が低く、重視もされていない。

② 「株主」に対するCSR活動に関する質問

CSR経営の一環として認識されている活動としては、図表3－5のように、「コンプライアンスの重視」、「不祥事発生時の迅速な情報提供と対応」、「会社の長期的成長」、「効率的なコーポレート・ガバナンス体制の構築」、「迅速な情報提供」、「利益の増加」が上位を占める。

CSR活動として実施している活動項目との数値の差については、「顧客」へのCSR活動についての結果と比較し、値の大きさに開きのある項目が多く、また、全体的に数値の差の幅が大きい。とくに、「会社の長期的成長」、「利益の増加」、「株価の上昇」、「配当の増大や配当率の向上」、「研究開発費

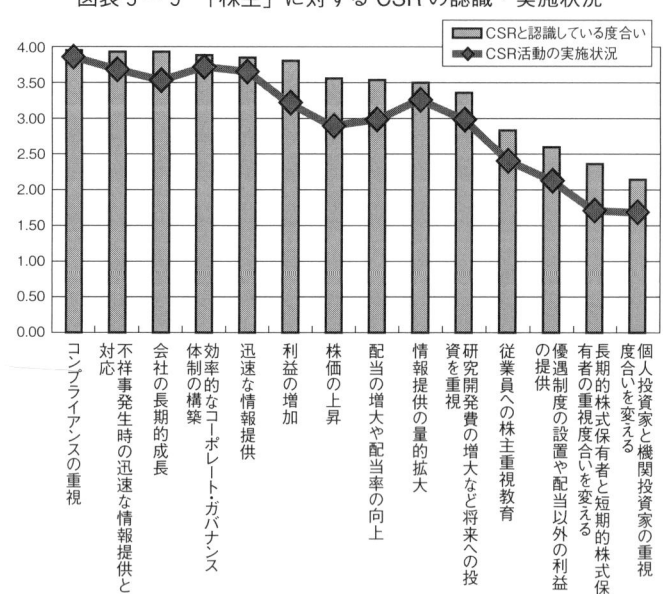

図表3－5　「株主」に対するCSRの認識・実施状況

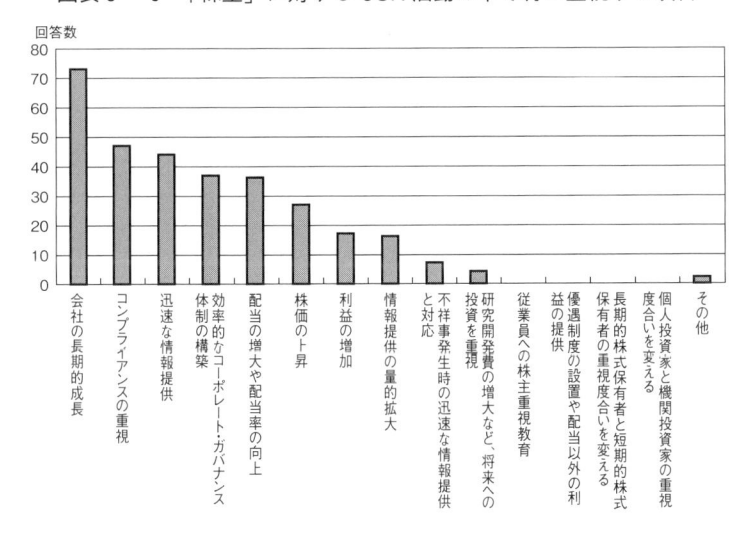

図表3－6 「株主」に対するCSR活動の中で特に重視する項目

回答数のグラフ（縦軸：0～80）：
- 会社の長期的成長：約73
- コンプライアンスの重視：約47
- 迅速な情報提供：約44
- 効率的なコーポレート・ガバナンス体制の構築：約37
- 配当の増大や配当率の向上：約36
- 株価の上昇：約27
- 利益の増加：約17
- 情報提供の量的拡大：約16
- 不祥事発生時の迅速な情報提供と対応：約8
- 研究開発費の増大など，将来への投資を重視：約5
- 従業員への株主重視教育：約5
- 優遇制度の設置や配当以外の利益の提供：小
- 長期的株式保有者と短期的株式保有者の重視度合いを変える：小
- 個人投資家と機関投資家の重視度合いを変える：小
- その他：約3

の増大など将来への投資を重視」，「従業員への株主重視教育」，「優遇制度の設置や配当以外の利益の提供」，「長期的株式保有者と（デイトレーダーのような）短期的株式保有者の重視度合いを変える」，「個人投資家と機関投資家の重視度合いを変える」はCSR活動としての認識に比べ，実施の数値がかなり低い。

また，図表3－6に示されるように，「会社の長期的成長」がCSR活動の中では最も重視されており，「コンプライアンスの重視」，「迅速な情報提供」がそのあとに続く。「株価の上昇」，「利益の増加」のような直接，利益の獲得につながる項目は，中位に位置している。

③ 「従業員」に対するCSR活動に関する質問

CSR経営の一環として認識されている活動については，図表3－7のように「会社の長期的成長」，「人権への配慮」，「内部告発制度」が上位を占めるが，その他の項目も大きな差はみられない。

CSR活動として認識されている項目と実施している項目が比較的大きな値の差を示しているのは，「ワークライフバランスの重視」，「仕事経験を積

図表3-7 「従業員」に対するCSRの認識・実施状況

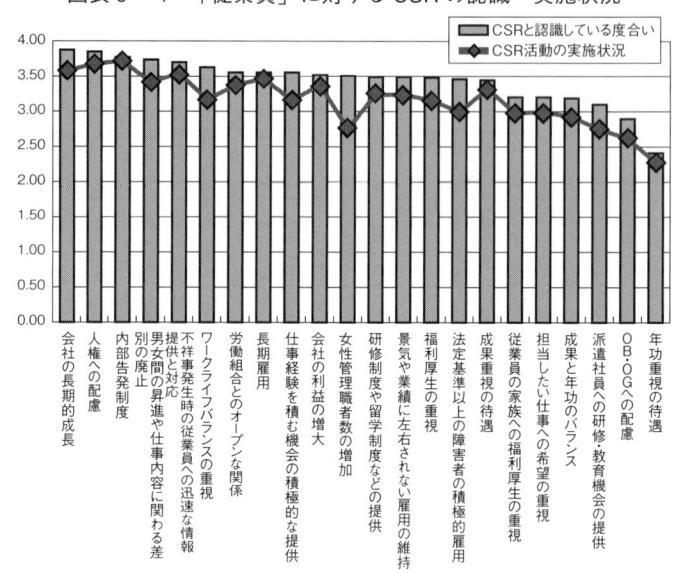

図表3-8 「従業員」に対するCSR活動の中でとくに重視する項目

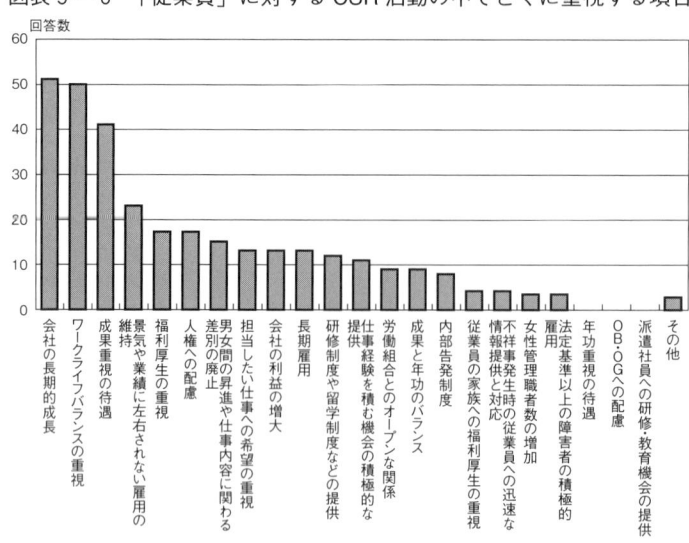

む機会の積極的な提供」,「女性管理職者数の増加」,「法定基準以上の障害者の積極的雇用」であり,中でも,「女性管理職者数の増加」での数値の差が大きい。

また,図表3－8に示すように,「会社の長期的成長」および「ワークライフバランスの重視」がCSR活動の中で最も重視されており,「成果重視の待遇」がそれらに続く。

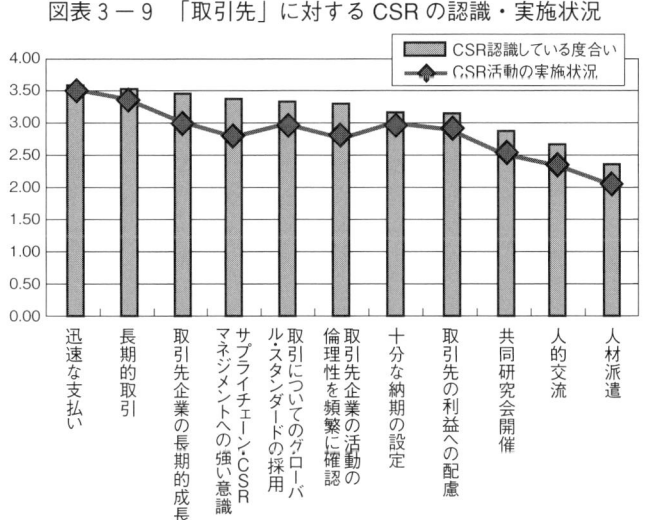

④ 「取引先」に対するCSR活動に関する質問

CSR経営の一環として認識されている活動としては,図表3－9に示されるように,「迅速な支払い」,「長期的取引」,「取引先企業の長期的成長」が上位を占めるが,その他の項目も大きな差はみられない。

CSR活動として認識されている項目と実施している項目との間に大きな差がみられるのは,「取引先企業の長期的成長」,「サプライチェーン・CSRマネジメントへの強い意識(海外調達も含む)」および「取引先企業の活動の倫理性を頻繁に確認」である。

また,図表3－10に示すように,「長期的取引」がCRS活動の中で最も重

図表3－9 「取引先」に対するCSRの認識・実施状況

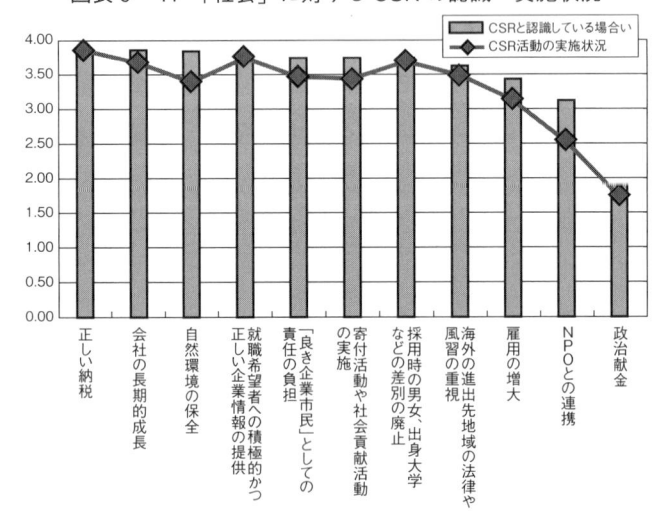

図表 3−10 「取引先」に対する CSR 活動の中でとくに重視する項目

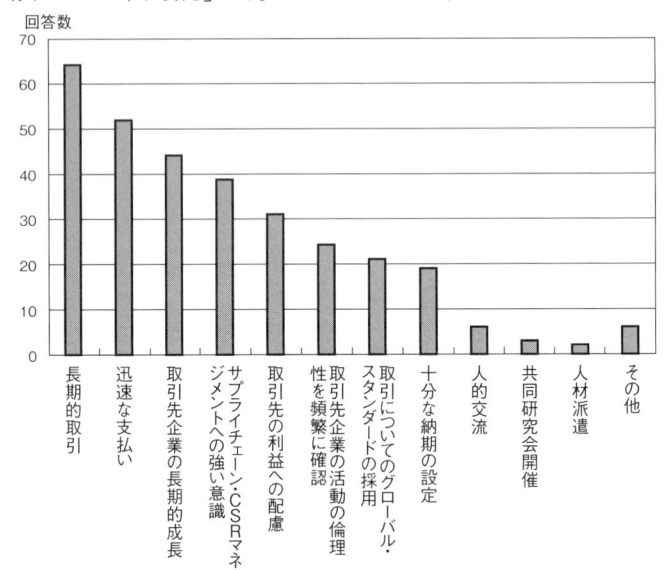

図表 3−11 「社会」に対する CSR の認識・実施状況

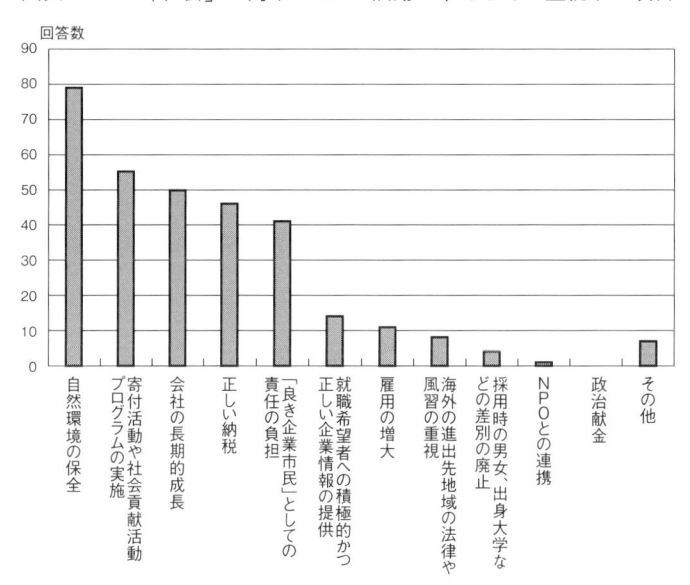

図表3-12 「社会」に対するCSR活動の中でとくに重視する項目

（棒グラフ：回答数）
- 自然環境の保全：約79
- 寄付活動や社会貢献活動プログラムの実施：約55
- 会社の長期的成長：約50
- 正しい納税：約46
- 「良き企業市民」としての責任の負担：約41
- 就職希望者への積極的かつ正しい企業情報の提供：約14
- 雇用の増大：約11
- 海外の進出先地域の法律や風習の重視：約8
- 採用時の男女、出身大学などの差別の廃止：約5
- NPOとの連携：約2
- 政治献金：0
- その他：約7

視されており，「迅速な支払い」，「取引先企業の長期的成長」，「サプライチェーン・CSRマネジメントへの強い意識」がそれに続く。

⑤ 「社会」に対するCSR活動に関する質問

CSR経営の一環として認識されている活動としては，図表3-11のように，「正しい納税」，「会社の長期的成長」，「自然環境の保全」等が上位を占める。

CSR活動として認識されている項目と実施している項目が大きな値の差を示しているのは，「自然環境の保全」および「NPOとの連携」である。「政治献金」は，CSR活動としての認識，実施共に数値が低い。

また，図表3-12に示すように，「自然環境の保全」がCSR活動の中で最も重視されており，「寄付活動や社会貢献活動プログラムの実施」，「会社の長期的成長」，「正しい納税」，「「良き企業市民」としての責任の負担」がそれに続く。

「就職希望者への積極的かつ正しい企業情報の提供」，「雇用の増大」，「採

用時の男女，出身大学などの差別の廃止」という採用に関する項目は，認識および実施については比較的高い数値を示しているが，重視の点では低い数値となっている。

(3) その他の質問[5]

その他の質問の目的は，CSR分野において先進的な企業が，CSRと経営戦略との関係，およびCSRと利益との関係をどのようにとらえているのか，また，CSRと利益との関係をどのようにとらえている企業が，CSR活動からより多くの成果を生み出しているのかを探ることである。

① 「CSRと経営戦略との関係」

質問は，「貴社においては，CSRと経営戦略とはどのような関係にありますか。当てはまる項目番号をすべて選び，番号に○印をつけてください（複数回答可）」である。

結果は図表3－13にみるように，「経営戦略を策定する際にCSRを取り込む」が66.4％で圧倒的に高い数値を示している。続いて，「経営戦略とCSR

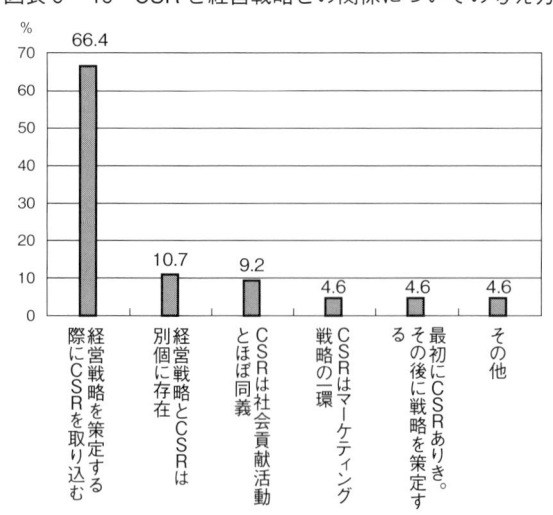

図表3－13　CSRと経営戦略との関係についての考え方

項目	%
経営戦略を策定する際にCSRを取り込む	66.4
経営戦略とCSRは別個に存在	10.7
CSRは社会貢献活動とほぼ同義	9.2
CSRは戦略の一環	4.6
CSRはマーケティング戦略	4.6
最初にCSRありき。その後に戦略を策定する	4.6
その他	4.6

※複数回答のため，合計は100％にならない

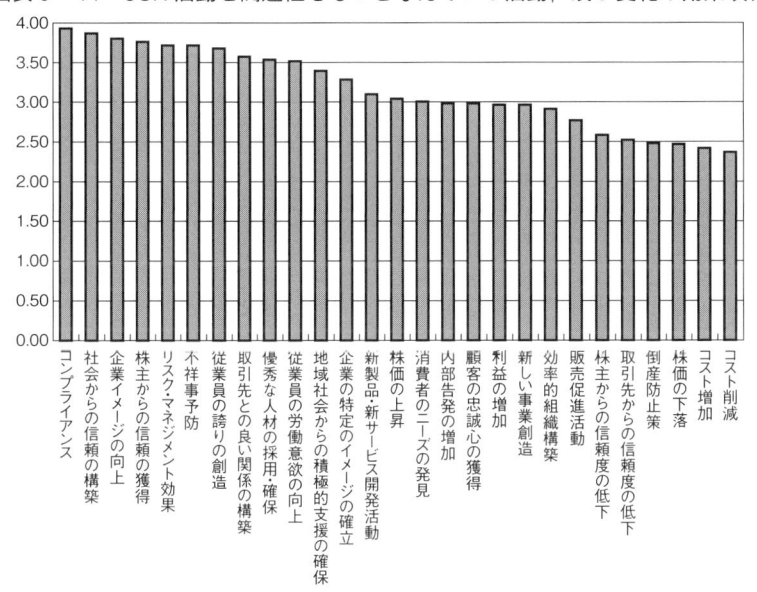

図表3−14　CSR活動と関連性をもつと考えている活動，及び変化や効果項目

棒グラフ（左から右へ降順）：コンプライアンス，社会からの信頼の構築，企業イメージの向上，株主からの信頼の獲得，リスク・マネジメント効果，不祥事予防，従業員の誇りの創造，取引先との良い関係の構築，優秀な人材の採用・確保，従業員の労働意欲の向上，地域社会からの積極的支援の確立，企業の特定のイメージの確立，新製品・新サービス開発活動，株価の上昇，消費者のニーズの発見，内部告発の増加，顧客の忠誠心の獲得，利益の増加，新しい事業創造，効率的組織構築，販売促進活動，株主からの信頼度の低下，取引先からの信頼度の低下，倒産防止策，株価の下落，コスト増加，コスト削減

は別個に存在」が10.7％，「CSRは社会貢献活動とほぼ同義」が9.2％，「CSRはマーケティング戦略の一環」が4.6％，「最初にCSRありき。その後に戦略を策定する」が4.6％であった。

　②　「CSR活動と関連性をもつと考えている活動，及び変化や効果」
　質問は，「貴社のCSR活動は，以下の項目とどのような関連性をもっているとお考えですか？　当てはまる程度をひとつ選んで，番号に〇印をつけてください」である。回答は，「関連性はない」＝1，「あまり関連性はない」＝2，「やや関連性がある」＝3，「関連性がある」＝4の4件法を使用し，各回答の平均値を計算した。
　結果は図表3−14に示されるように，「コンプライアンス」が第1位である。「社会からの信頼の構築」，「企業イメージの向上」，「株主からの信頼の獲得」，「リスク・マネジメント効果」，「不祥事予防」，「従業員の誇りの創造」がそれに続く。「株主からの信頼度の低下」，「取引先からの信頼度の低下」，「倒産防止策」，「株価の下落」，「コスト増加」，「コスト削減」等の項目

95

図表3-15 CSR活動を実践することによって生じた変化や効果項目

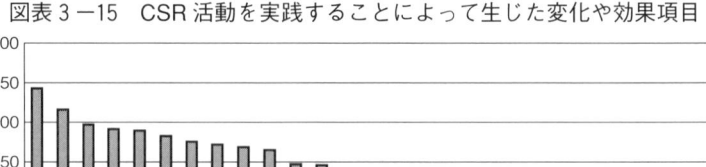

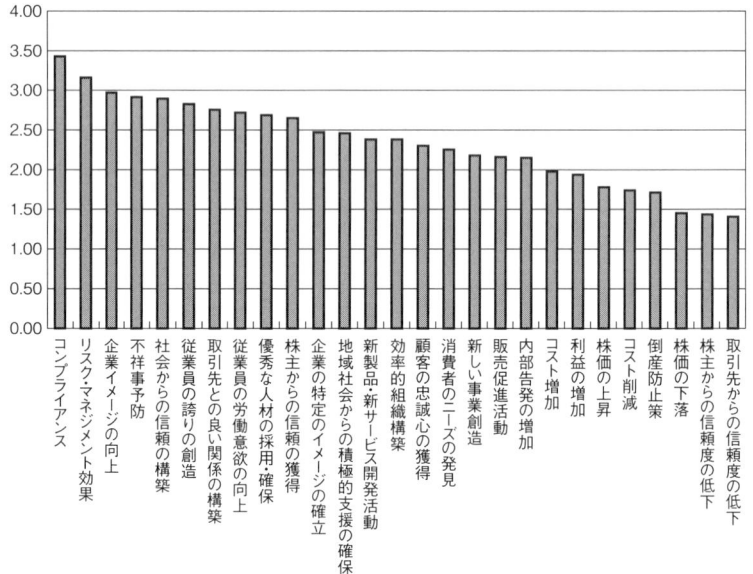

(棒グラフ、左から右へ数値が低くなる順に以下の項目が並ぶ)
コンプライアンス / リスク・マネジメント効果 / 企業イメージの向上 / 不祥事予防 / 社会からの信頼の構築 / 従業員の誇りの創造 / 取引先との良い関係の構築 / 従業員の労働意欲の向上 / 優秀な人材の採用・確保 / 株主からの信頼の獲得 / 企業の特定のイメージの確立 / 地域社会からの積極的支援活動 / 新製品・新サービス開発活動 / 効率的組織構築 / 顧客の忠誠心の獲得 / 消費者のニーズの発見 / 新しい事業創造 / 販売促進活動 / 内部告発の増加 / コスト増加 / 利益の増加 / 株価の上昇 / コスト削減 / 倒産防止策 / 株価の下落 / 株主からの信頼度の低下 / 取引先からの信頼度の低下

は下位項目となっている。

③ 「CSR活動を実践することによって生じた変化や効果」

質問は,「CSR経営を実践されるようになって,どのような変化や効果がありましたか? 以下の項目のそれぞれについて,当てはまる程度をひとつ選んで,番号に○印をつけてください」である。回答は,「変化,効果なし」=1,「少しあり」=2,「ある程度あり」=3,「大きな変化・効果あり」=4の4件法を使用し,各回答の平均値を計算した。

結果は図表3-15に示されるように,「コンプライアンス」が第1位である。「リスク・マネジメント効果」,「企業イメージの向上」,「不祥事予防」,「社会からの信頼の構築」,「従業員の誇りの創造」,「取引先との良い関係の構築」がそれに続く。「株主からの信頼の獲得」は第10位に位置し,「株価の下落」,「株主からの信頼度の低下」,「取引先からの信頼度の低下」等の項目は下位項目となっている。

④ 「CSR経営を実践することによって,今後,期待する効果」[6]

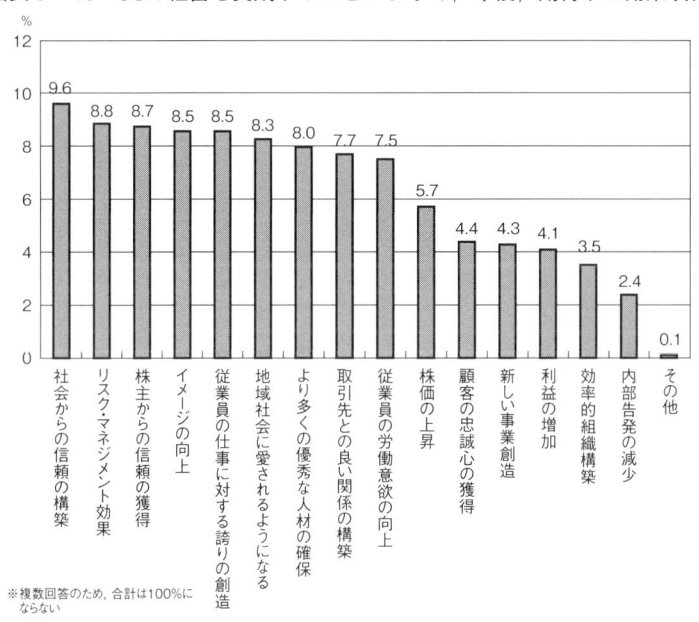

図表3−16　CSR経営を実践することによって，今後，期待する効果項目

項目	%
社会からの信頼の構築	9.6
リスク・マネジメント効果	8.8
株主からの信頼の獲得	8.7
イメージの向上	8.5
従業員の仕事に対する誇りの創造	8.5
地域社会に愛されるようになる	8.3
より多くの優秀な人材の確保	8.0
取引先との良い関係の構築	7.7
従業員の労働意欲の向上	7.5
株価の上昇	5.7
顧客の忠誠心の獲得	4.4
新しい事業創造	4.3
利益の増加	4.1
効率的組織構築	3.5
内部告発の減少	2.4
その他	0.1

※複数回答のため，合計は100%にならない

　質問は，「CSR経営を実践することによって，今後，どのような効果を期待していますか？ 当てはまる項目番号をすべて選んで，番号に〇印をつけてください（複数回答可）」である。

　結果は図表3−16に示すように，「社会からの信頼の構築」（9.6%）が第1位で，「リスク・マネジメント効果」（8.8%），「株主からの信頼の獲得」（8.7%）がそれに続く。「顧客の忠誠心の獲得」（4.4%），「新しい事業創造」（4.3%），「利益の増加」（4.1%），「効率的組織構築」（3.5%），「内部告発の減少」（2.4%）は下位項目となっている。

⑤　「CSRと利益との関係に対する考え方」

　質問は，「貴社においては，CSRと利益とはどのような関係にあると考えられていますか？ 当てはまる項目の番号をすべて選び，〇印をつけてください（複数回答可）」である。

図表3-17 CSRと利益との関係に対する考え方

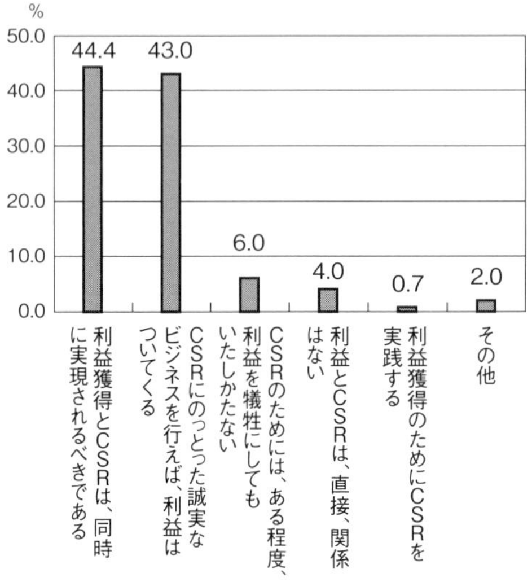

項目	%
利益獲得とCSRは,同時に実現されるべきである	44.4
CSRにのっとった誠実なビジネスを行えば,利益はついてくる	43.0
CSRのためには,ある程度,利益を犠牲にしてもいたしかたない	6.0
利益とCSRは,直接,関係はない	4.0
利益獲得のためにCSRを実践する	0.7
その他	2.0

※複数回答のため,合計は100%にならない

結果は図表3-17に示すように,「利益獲得とCSRは,同時に実現されるべきである」が44.4％で最も高い数値を示している。「CSRにのっとった誠実なビジネスを行えば,利益はついてくる」が43.0％で同程度となっている。「CSRのためには,ある程度,利益を犠牲にしてもいたしかたない」が6.0％,「利益とCSRは,直接,関係はない」が4.0％,「利益獲得のためにCSRを実践する」が0.7％であり,低い数値にとどまっている。

2.考　察
(1) ステイクホルダーに対するCSR活動に関する質問
① 「顧客」に対するCSR活動に関する質問

「商品・サービスの安全性の重視」,「コンプライアンスの重視」,「品質の向上」,「不祥事が発生した時の迅速な情報提供と対応」,「商品・サービスについての問題点をも含む正確な説明」等は,受動的CSRの範疇の活動といえる。しかし,「ニーズに対応する新製品・新サービスの積極的開発」のよ

うな戦略的CSR関係の活動は，実施面が認識面より多少低くなるものの，重視する項目については第4位である。現在の重視度では，「品質の向上」，「コンプライアンスの重視」，「商品・サービスの安全性の重視」，「信奉者へ特別なサービスの提供」と比較するとかなり数値が低いが，認識については第1位の「商品・サービスについての問題点をも含む正確な説明」と比較して大きな差はなく，今後，伸びてくる可能性もあるといえよう。

　また，「顧客」以外の他のステイクホルダーに対するCSR活動に関する回答でも同様の傾向がみられるが，すべてのステイクホルダーについてCSR活動としての認識や実践と重視する項目の順位が一致していない。この相違が何を意味するのかは今後，検討を要する点である。

②　「株主」に対するCSR活動に関する質問

　CSR活動として認識している項目と実施している項目との結果の差については，「顧客」に対するCSR活動と比較し，差のある項目が多く，また，全体的に差の幅が大きい。株主に対するCSR活動の難しさが表れているといえよう。例えば，「株価の上昇」や「配当の増大や配当率の向上」等はCSR経営の一環として認識されているが，現実には，実現されにくい状況が示されている。

　また，CSR活動として認識している上位項目として，「利益の増加」があげられている。しかし，これは，実施している活動項目との差の大きな項目でもある。CSR活動を直接的な利益の増加に結びつけようという認識はあるが，実践は難しいということを示していると考えられる。

③　「従業員」に対するCSR活動に関する質問

　CSR活動項目の中で重視する項目については，「会社の長期的成長」，「ワークライフバランスの重視」，「成果重視の待遇」の順で数値が高かったが，「ワークライフバランスの重視」は，認識と実施の差が大きい項目であり，今後，企業が積極的に実施していきたいと考えている項目であるといえよう。「女性管理職者数の増加」については認識と実施の差が大きく，重視での順位が低い。ダイバーシティを重視する企業もあるが，状況の変化には時間がかかるといえよう。

「内部告発制度」については，認識においては第3位であるが，実践は最も高い数値を示している。重視項目順位では第15位であり，企業としては，十分制度が整い，上位項目と比べるととくに重視する必要がないという判断がある可能性がある。「人権への配慮」については，認識では第2位であるが重視項目内では第6位であり，上位項目と比べると数値も低くなっており，現在の状況で十分であるという認識があると考えられる。

　報酬制度に関係のある「成果重視の待遇」，「成果と年功のバランス」，「年功重視の待遇」については，認識している度合いでは3項目とも下位であるが，その中の順位としては「成果重視の待遇」，「成果と年功のバランス」，「年功重視の待遇」の順となっている。重視項目の中では，「成果重視の待遇」が第3位となり，成果重視の報酬制度が，今後さらに，CSR活動として実践されていく可能性を示している。

　④　「取引先」に対するCSR活動に関する質問

　現状では，「サプライチェーン・CSRマネジメントへの強い意識」及び「取引先企業の活動の倫理性を頻繁に確認」の項目は，CSR活動として認識している項目と実施している項目との間で大幅な差を示しているが，重視項目では，これらは第4位，第6位であり，数値面でも上位項目と比べるとかなり差がある。したがって，今後，これらの面でのCSR活動が増加していくかどうかは不明確であるが，とくに，「サプライチェーン・CSRマネジメントへの強い意識」は，企業のグローバル戦略に関わる項目として重要であると考えられる。

　また，「取引先企業の活動の倫理性を頻繁に確認」についても，「サプライチェーン・CSRマネジメントへの強い意識」と同様に，企業の社会的責任の範囲が拡大する今日，環境変化への対応として重視するべき項目であるが，現状では，まだ，実施面は認識面との差が大きく，また，重視面でもそれほど高いレベルにはない状況である。

　⑤　「社会」へのCSR活動に関する質問

　「正しい納税」が認識項目の中で第1位となっている。「正しい納税」は，前述の受動的CSRにおけるコンプライアンスに近い項目という見方もある

が，コンプライアンスが法令遵守を超えた倫理的側面も含んでいる概念であると考えると，「正しい納税」は当然の義務であり，CSRの枠外という考え方もできよう。

また，認識と実施の差が大きい「自然環境の保全」が，重視項目では「寄付活動や社会貢献活動の実施」や「会社の長期的成長」より数値が高く，自然環境保全に対する重視度が高いことがわかる。

「NPOとの連携」もCSR活動としての認識と実施の差が大きい項目であるが，重視する項目の中では低い数値となっており，現状からは，今後，積極的実施がなされる可能性が低いと考えられる。

(2) その他の質問

① 「CSRと経営戦略との関係」（複数回答可）

「経営戦略を策定する際にCSRを取り込む」と回答した企業が多いことから，多くの企業が「社会を良くすることで戦略を強化する」レベルである「戦略的CSR」に到達する可能性があるといえよう。

第2位の「経営戦略とCSRは別個に存在」と考える企業は，CSR活動を熱心に行っても，直接的に企業側の利益につながらない可能性が高いと考えているといえよう。しかし，このような考え方に立ったCSR活動はまとまりがなく分散的になり，ステイクホルダーにとっての印象も断片的なものとなる危険もある。

第3位は「CSRは社会貢献活動とほぼ同義」であるが，社会貢献活動はCSRの一形態であると考えられるが，それがCSRのすべてではない。例えば，顧客に提供する商品やサービスの問題点を含む正確な説明を行うことや価格を適切なものに維持すること，株主のために迅速に財務情報を提供すること，研究開発費を増大させることで将来への投資を行うこと，従業員に対してワークライフバランスを重視した対応をすること，人権に配慮すること，取引先への迅速な支払いや利益への配慮等は，すべてCSR活動といえるが，社会貢献活動の範疇には入らない。したがって，「CSRは社会貢献活動とほぼ同義」と考えている企業は，限られた分野のCSR活動を行う可能性があり，また，その活動は，企業の経済的価値を創造することには直接的

にはつながらず継続的な活動とはならないことも考えられる。

② 「CSR活動と関連性をもつと考えている活動，及び変化や効果」

日本の社会事情を反映する，「コンプライアンス」や「社会からの信頼の構築」，「企業イメージの向上」等が上位を占めており，現状では，CSR経営において先進的な企業においても受動的CSRに属する成果を獲得するにとどまっているといえよう。

③ 「CSR活動を実践することによって生じた変化や効果」

上位を占める「コンプライアンス」，「リスク・マネジメント効果」，「企業イメージの向上」，「不祥事予防」，「社会からの信頼の構築」，「従業員の誇りの創造」，「取引先との良い関係の構築」等は，図表3－2における「受動的CSR」および「ステイクホルダーへの倫理的対応」に属する成果であるといえよう。

日本においては，不祥事の多発によるステイクホルダーからの不信感の増大，国内外での競争の激化，敵対的買収への懸念，機関投資家をはじめとする株主の発言力の増大，資源高問題，世界的な金融危機等によって，企業の経営環境は厳しいものとなっており，企業としてはステイクホルダーの信頼を確保し，予測不可能なリスクから自らを守るための方策をとる必要があるといえる。

このようなことからCSRは，企業にとっては，「受動的CSR」及び「ステイクホルダーへの倫理的対応」を中心とした活動となっていると考えられる。

④ 「CSR経営を実践することによって，今後，期待する効果」

今後，期待する効果についても，前述のような受動的CSR効果項目が上位となっている。その意味では，今後も現在のような「受動的CSR」及び「ステイクホルダーへの倫理的対応」中心のCSR活動が実施される可能性がある。

⑤ 「CSRと利益との関係に対する考え方」

日本企業のCSR活動は，既述のように現在も今後も「受動的CSR」及び「ステイクホルダーへの倫理的対応」が中心であることが示されているが，

多くの回答企業が「利益獲得とCSRは，同時に実現されるべきである」あるいは「CSRにのっとった誠実なビジネスを行えば，利益はついてくる」という項目を選択していることから，利益獲得を意識したCSR活動を実践する意思がみられるといえよう。

では，「利益獲得とCSRは，同時に実現されるべきである」と「CSRにのっとった誠実なビジネスを行えば，利益はついてくる」の相違点は何かということであるが，両者の間には，成果の獲得までの時間的相違があると考えられる。前者は，CSR活動の成果としての利益獲得をかなり短期的視点でみているのに対し，後者は，利益獲得については長期的視点でみているということである。この違いが実際の成果（利益）の獲得にどのような影響を与えるかについては，後述の因子分析結果の考察において論じる。

ビジネスにおける政府の役割や消費者の役割・責任等に言及しているD.ボーゲル（Vogel, D.）は，「企業の社会的責任と収益の関連については，決定的な結論はでていない」（ボーゲル，2007, p.53）と述べている。さらに，ボーゲルは，「企業が財務的に成功を収めているのは，他社よりも責任を果たしているからだともいえるし，企業が責任を果たしているのは他社よりも財務的に成功を収めているからだとも言える」（ボーゲル，2007, p.58）と，CSRと利益との関係の方向性が不明確であることを指摘している。

3．単純集計からの結論

以上のことから，回答のあった日本のCSR度の高い企業は，コンプライアンスのような受動的CSR課題に成果を出し，そのレベルは達成している企業が多いといえる。また，今後も，受動的CSRやステイクホルダーへの倫理的対応中心のCSRを実践していくようにみられる。

しかし，CSRと経営戦略との関係では，現在は全体的に戦略的CSR課題より受動的CSR課題へ熱心に取り組み，成果をあげているものの，66.4％の企業が「経営戦略を策定する際にCSRを取り込む」という回答があったことから，今後，戦略的CSRへ進んでいく可能性もあるといえる。

さらに，CSRと利益との関係については，「利益獲得とCSRは，同時に

実現されるべき」あるいは「CSRにのっとった誠実なビジネスを行えば，利益はついてくる」と考えている企業が多い。このことから，利益に直接影響を及ぼすCSRへの認識は多くの企業が有していると考えられる。

第5節 「CSRと利益獲得との関係」に対する考え方と成果との関係

前節では，利益獲得とCSRとの関係に対する考え方について，「利益獲得とCSRは，同時に実現されるべきである」，「CSRにのっとった誠実なビジネスを行えば，利益はついてくる」という2つの回答が第3位以下の回答を大きく引き離し，それぞれ，44.4%，43.0%であることを述べた。また，両者の相違点として，前者はCSR活動の成果をより短期的視点でとらえているのに対し，後者はより長期的視点でとらえているということを指摘した。では，このような相違は，成果（利益）の獲得にどのような影響を与えているのであろうか。

この点を検討するため，まず，前節で示した「CSR活動を実践することによって生じた変化や効果項目」（図表3－15）について因子分析を行った。結果は，図表3－18の通りであり，3つの因子が抽出された。そして，それら因子のうち，第1因子を「ステイクホルダーへの対応」，第2因子を「業績」，第3因子を「HRM及びリスク予防」とした。これらの因子について，「利益獲得とCSRは，同時に実現されるべきである」と「CSRにのっとったビジネスを行えば，利益はついてくる」という利益獲得に対するそれぞれの考え方との関係をみるために，因子得点によって比較した。

その結果，図表3－19に示すように，「利益獲得とCSRは同時に実現されるべき」と回答をした企業はそのように回答しなかった企業より，「ステイクホルダーへの対応」，「業績」，「HRM及びリスク予防」のすべてに関して因子得点が低いことがわかる。つまり，「利益とCSRは同時に実現されるべき」と回答した企業は，CSR経営による成果が出ていないという回答が多かったと推測できる。他方，図表3－20に示すように，「CSRにのっとったビジネスを行えば，利益はついてくる」と回答した企業はそのように回答し

図表3−18　CSR活動を実践することによって生じた変化や効果項目の因子分析

	因子負荷量		
	1 ステイクホルダーへの対応	2 業績	3 HRM及びリスク予防
企業イメージの向上	0.869	0.485	0.447
社会からの信頼の構築	0.859	0.489	0.683
地域社会からの積極的支援の確保	0.848	0.513	0.549
株主からの信頼の獲得	0.804	0.468	0.657
顧客の忠誠心の獲得	0.803	0.585	0.644
取引先との良い関係の構築	0.742	0.547	0.712
企業の特定のイメージの確立	0.694	0.475	0.423
優秀な人材の採用・確保	0.691	0.639	0.677
新製品・新サービス開発活動	0.633	0.821	0.456
利益の増加	0.558	0.811	0.561
消費者のニーズの発見	0.724	0.768	0.487
株価の上昇	0.501	0.768	0.462
新しい事業創造	0.575	0.741	0.496
販売促進活動	0.587	0.718	0.327
倒産防止策	0.248	0.688	0.479
コスト削減	0.320	0.671	0.260
リスク・マネジメント効果	0.572	0.359	0.830
従業員の労働意欲の向上	0.738	0.519	0.807
不祥事予防	0.508	0.535	0.779
従業員の誇りの創造	0.696	0.500	0.769
コンプライアンス	0.381	0.332	0.753
効率的組織構築	0.499	0.698	0.742
内部告発の増加	0.418	0.378	0.559
固有値	11.488	1.804	1.324
寄与率（％）	49.9	7.8	5.8

因子抽出法：主成分分析　回転法：プロマックス法

図表3−19 「利益獲得とCSRは,同時に実現されるべき」という考え方と「CSR活動を実践することによって生じた変化や効果」(3因子)との関係

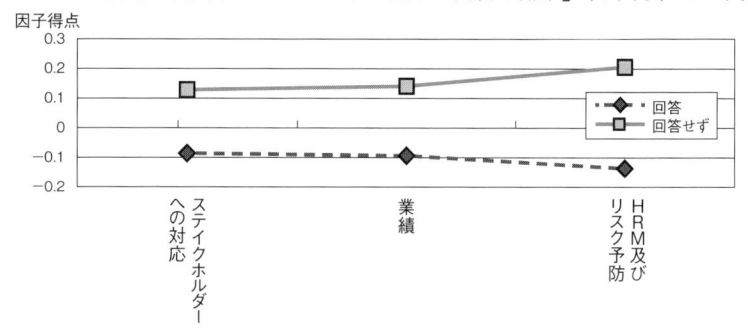

図表3−20 「CSRにのっとったビジネスを行えば,利益はついてくる」という考え方と「CSR活動を実践することによって生じた変化と効果」(3因子)との関係

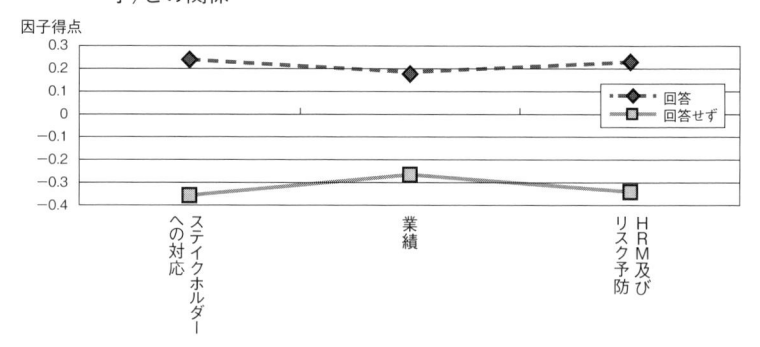

なかった企業より,「ステイクホルダーへの対応」,「業績」,「HRM及びリスク予防」のすべてに関して因子得点が高い。つまり,「CSRにのっとったビジネスを行えば,利益はついてくる」と回答した企業は,CSR経営による成果が出ているという回答が多かったと推測できる。

　これらから,「長期的視点」でCSRの成果をとらえている企業の方が,「短期的視点」でとらえている企業より,CSR経営の成果をより多く獲得する傾向が強いと推測される。

第6節 CSR活動の成果に影響を与える要因

1．CSRへの取り組み期間の相違

　前述のように,「長期的視点」でCSR経営の成果をとらえている企業の方がより大きな成果を得ているということは,それらの企業は成果に対する評価を下すまでに,CSR活動をより長期間継続しているということが考えられる。このことは,「CSR活動を行っている期間」と成果の間に何らかの関係がある可能性を示唆しているのではないだろうか。そこで,このことを検証するために,「CSR関係部署の設立年」と「CSR活動を実践することによって生じた変化や効果項目」(図表3－15)との関係を考察する。

　図表3－21は,調査対象企業のCSR関係部署の設立年の内訳である。CSR元年といわれる2003年の翌年から大きく増加し,06年までに,85％の企業がCSR関係部署を設立している。まず,これらの回答を「2002年以前と03年」,「2004～05年」,「2006～08年」の3つの設立年のグループにまとめた。次に,項目は「CSR活動を実践することによって生じた変化や効果項目」であり,それぞれに対して「変化・効果なし」＝1,「少しあり」＝2,「ある程度あり」＝3,「大きな変化・効果あり」＝4の4件法で回答してもら

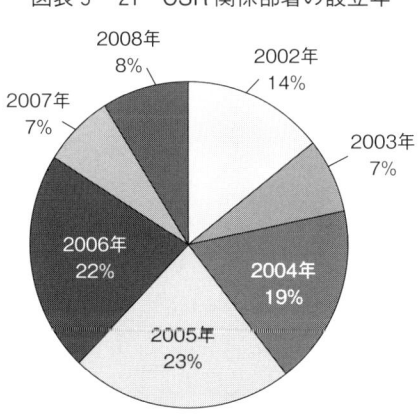

図表3－21　CSR関係部署の設立年

- 2002年　14%
- 2003年　7%
- 2004年　19%
- 2005年　23%
- 2006年　22%
- 2007年　7%
- 2008年　8%

図表3－22 「CSR関係部署の設立年」と「CSR活動を実践することによって生じた変化や効果項目」との関係（平均値の比較）

		2002年以前と2003年	2004～2005年	2006～2008年	
1	新しい事業創造	2.15	2.48	1.90	＊
2	企業イメージの向上	3.00	3.19	2.70	＊
3	企業の特定のイメージの確立	2.80	2.50	2.30	
4	販売促進活動	2.15	2.30	2.05	
5	コスト削減	1.63	1.78	1.75	
6	コスト増加	1.84	1.90	2.08	
7	コンプライアンス	3.53	3.40	3.38	
8	新製品・新サービス開発活動	2.55	2.57	2.12	
9	消費者のニーズの発見	2.32	2.45	2.03	
10	株価の上昇	1.63	1.89	1.75	
11	株価の下落	1.32	1.45	1.53	
12	社会からの信頼の構築	3.00	3.12	2.60	＊
13	株主からの信頼の獲得	2.80	2.80	2.44	
14	株主からの信頼度の低下	1.21	1.38	1.60	
15	顧客の忠誠心の獲得	2.40	2.45	2.13	
16	地域社会からの積極的支援の確保	2.45	2.75	2.15	＊
17	取引先との良い関係の構築	2.75	3.00	2.49	＊
18	取引先からの信頼度の低下	1.40	1.38	1.43	
19	優秀な人材の採用・確保	2.81	2.90	2.43	＊
20	リスク・マネジメント効果	3.24	3.33	2.90	＊
21	従業員の労働意欲の向上	3.00	2.85	2.43	＊＊
22	従業員の誇りの創造	3.05	3.00	2.53	＊＊
23	効率的組織構築	2.52	2.45	2.25	
24	利益の増加	1.95	2.05	1.83	
25	倒産防止策	1.57	1.78	1.75	
26	不祥事予防	2.95	3.02	2.80	
27	内部告発の増加	2.38	2.26	1.95	

注：＊＊p＜0.01，＊p＜0.05

っているが，その数値を3つの設立年のグループごとにそれぞれ平均値を算出した。その結果は，図表3－22に示す通りである。

さらに，F検定を行ったところ，図表3－22に示されるように，「従業員の労働意欲の向上」，「従業員の誇りの創造」に1％水準で有意差がみられた。長期間，CSR活動を実施することと従業員というステイクホルダーに

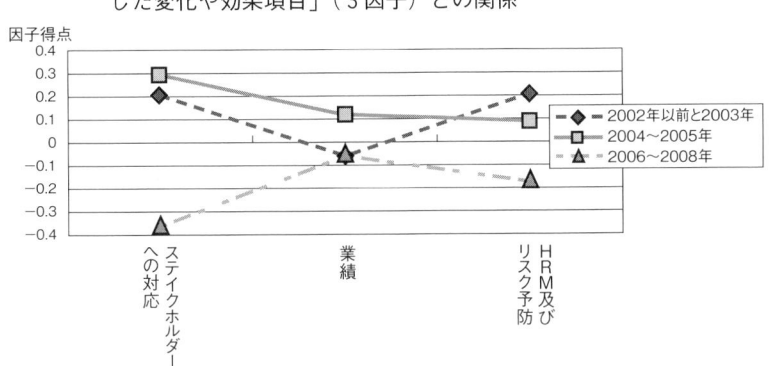

図表3−23 「CSR関係部署の設立年」と「CSR活動を実践することによって生じた変化や効果項目」（3因子）との関係

因子得点軸の値：0.4, 0.3, 0.2, 0.1, 0, −0.1, −0.2, −0.3, −0.4

凡例：
- ◆ 2002年以前と2003年
- ■ 2004〜2005年
- ▲ 2006〜2008年

横軸項目：ステイクホルダーへの対応、業績、HRM及びリスク予防

おける変化や効果の間に関係性がみられることを示唆している。その他，「新しい事業創造」，「企業イメージの向上」，「社会からの信頼の構築」，「地域社会からの積極的支援の確保」，「取引先との良い関係の構築」，「優秀な人材の採用・確保」，「リスク・マネジメント効果」に5％水準で有意差が出ている。

また，前述の「ステイクホルダーへの対応」，「業績」，「HRM及びリスク予防」という3因子と「CSR関係部署の設立年」との関係は，図表3−23に示す通りである。「HRM及びリスク予防」因子については，「2002年以前と03年」が最も因子得点が高いが，「ステイクホルダーへの対応」及び「業績」因子については，「2004〜05年」が最も因子得点が高い。つまり，「HRM及びリスク予防」分野の活動については，より長期的な活動によってCSRの成果を獲得することが可能であると推測されるが，「ステイクホルダーへの対応」及び「業績」に関わるCSR活動については，より長期的に活動することによって，より多くの成果を獲得できるとはいえないことが推測される。

以上から，CSR活動に「より長く取り組む」ことによってすべての成果が同様に増大するわけではないということがわかる。他方，図表3−23では，「HRM及びリスク予防」に関するCSR活動が長期的に取り組むことによってその成果が増大することが示されているが，図表3−22に示す結果か

らも，HRM に関連する「従業員の労働意欲の向上」,「従業員の誇りの創造」が１％水準で有意差を示しており，５％水準ではあるが「リスク・マネジメント効果」についても有意差が出ている。さらに，平均値をみると，「従業員の労働意欲の向上」と「従業員の誇りの創造」については，CSR 関係部署の設立年がより古い方が値が大きい。これらのことから，「HRM 及びリスク予防」分野については，より長期的視点をもって取り組むことが成果となって表れることが推測される。

２．成果に影響を与えるその他の要因

　CSR 関係部署の設立が早い企業では，「HRM 及びリスク予防」分野での CSR 活動の成果がみられた。たしかに，「長く取り組むこと」自体が，成果に影響を与えている可能性はある。しかし，より長く取り組む過程で成果に影響を与える他の要因が存在することも考えられる。例えば，企業が CSR 活動により長期的に取り組む過程で「CSR 経営についての従業員の理解度」等は向上するように考えられる。このような要因が，成果の大小に影響を与えることはないのであろうか。

　図表３－24は，「CSR 経営を理解している従業員の全従業員に対する割合」を示している。「80％程度の従業員が理解している」企業が32％で最も

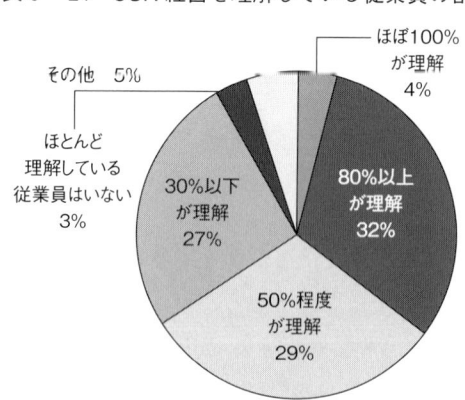

図表３－24　CSR 経営を理解している従業員の割合

- ほぼ100％が理解　4％
- その他　5％
- ほとんど理解している従業員はいない　3％
- 30％以下が理解　27％
- 80％以上が理解　32％
- 50％程度が理解　29％

多く,次に「50%程度の従業員が理解している」企業が29%,「30%程度の従業員が理解している」企業が27%と続いている。その他,「ほぼ100%の従業員が理解している」と回答している企業が4%,逆に,「ほとんど理解している従業員はいない」と回答している企業も3%あった。そこで,まず,これからの回答を「80%以上の従業員が理解している」,「50%程度の従業員が理解している」,「30%以下の従業員が理解している」の3グループに分類

図表3－25 「従業員のCSR経営についての理解度」と「CSR活動を実践することによって生じる変化や効果項目」の関係（平均値の比較）

		80%以上が理解している	50%程度が理解している	30%以下が理解している	
1	新しい事業創造	2.61	1.87	1.78	**
2	企業イメージの向上	3.22	2.94	2.59	**
3	企業の特定のイメージの確立	2.81	2.35	2.09	**
4	販売促進活動	2.26	2.16	1.97	
5	コスト削減	1.76	1.74	1.63	
6	コスト増加	2.00	1.87	1.97	
7	コンプライアンス	3.66	3.32	3.19	*
8	新製品・新サービス開発活動	2.64	2.35	2.00	*
9	消費者のニーズの発見	2.43	2.20	1.97	
10	株価の上昇	1.76	1.67	1.74	
11	株価の下落	1.41	1.50	1.40	
12	社会からの信頼の構築	3.14	2.87	2.47	**
13	株主からの信頼の獲得	2.80	2.63	2.32	
14	株主からの信頼度の低下	1.21	1.50	1.45	
15	顧客の忠誠心の獲得	2.59	2.17	1.94	*
16	地域社会からの積極的支援の確保	2.74	2.48	1.94	**
17	取引先との良い関係の構築	2.97	2.83	2.25	**
18	取引先からの信頼度の低下	1.36	1.45	1.23	
19	優秀な人材の採用・確保	2.95	2.55	2.34	*
20	リスク・マネジメント効果	3.35	3.10	2.88	
21	従業員の労働意欲の向上	3.11	2.52	2.31	**
22	従業員の誇りの創造	3.27	2.61	2.34	**
23	効率的組織構築	2.59	2.23	2.06	*
24	利益の増加	2.19	1.71	1.66	*
25	倒産防止策	1.86	1.61	1.56	
26	不祥事予防	3.18	2.97	2.41	**
27	内部告発の増加	2.24	2.26	1.87	

注：**p＜0.01，*p＜0.05

し，この３つのグループのそれぞれの回答者による「CSR 活動を実践することによって生じる変化や効果項目」（図表３－15）への回答の平均値を算出した（図表３－22と同様に，４件法を使用）。その結果が図表３－25である。

また，F 検定を行ったところ，図表３－25に示すように，「新しい事業創造」，「企業イメージの向上」，「企業の特定のイメージの確立」，「社会からの信頼の構築」，「地域社会からの積極的支援の確保」，「取引先との良い関係の構築」，「従業員の労働意欲の向上」，「従業員の誇りの創造」，「不祥事予防」の９項目に１％水準で有意差がみられた。これらの有意差の出ている項目数は，「CSR 関係部署の設立年」と「CSR 活動を実践することによって生じた変化や効果項目」の検定結果の２項目より多い。また，５％水準で有意差の出ている項目を含めても，「CSR 関係部署の設立年」の方は９項目であったが，「従業員の CSR 経営についての理解度」の方は15項目である。これらのことから，「従業員の CSR 経営についての理解度」は，「CSR 活動への取り組み期間」よりも，CSR 活動による成果へ大きな影響を与えていることが推測される。

さらに，「従業員の CSR 経営についての理解度」の方においては，第２節において述べた「戦略的 CSR」に関係する，「利益の増加」，「新製品・新サービス開発活動」，「顧客の忠誠心の獲得」等，「CSR 関係部署の設立年」

図表３－26　「従業員の CSR 経営についての理解度」と「CSR 活動を実践することによって生じた変化や効果項目」（３因子）との関係

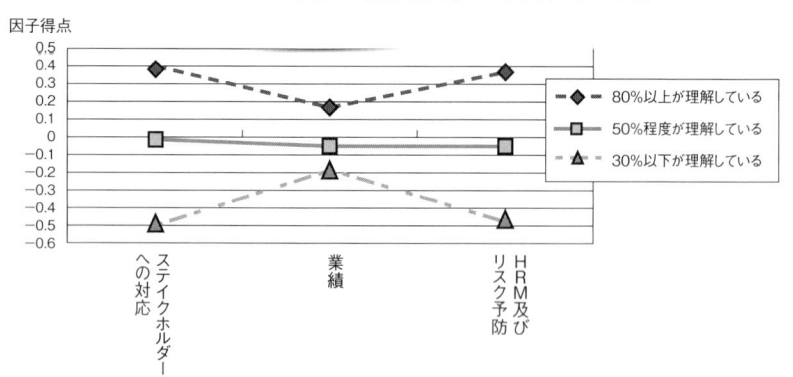

の場合の検定では有意差が認められなかった項目も有意差が出ている。

　加えて，図表3－26は，「従業員のCSR経営についての理解度」と「CSR活動を実践することによって生じた変化や効果項目」（3因子）との関係を検定した結果であるが，「80％以上が理解している」は，「ステイクホルダーへの対応」，「業績」，「HRM及びリスク予防」の3因子すべてに対して最も因子得点が高い。

　この分析結果と前述の図表3－23に示した結果から考えて，「CSR関係部署の設立年」よりも「従業員のCSR経営についての理解度」の方が，「CSR活動を実践することによって生じた変化や効果」との関係が強く表れているということができる。つまり，「長期的にCSR活動に取り組むこと」より「従業員のCSR経営についての理解度の向上」の方がCSR経営の成果により大きな影響を与えていると推測される。ただし，従業員の間でCSR経営が理解・浸透するための時間の必要性という意味では，より長期的にCSR活動に取り組むことが重要であるといえよう。

3．従業員のCSR経営についての理解度

　では，「従業員のCSR経営についての理解度」に影響を与える要因は何であろうか。それが明らかとなれば，その要因を促進することによって，CSR活動による成果をより多く獲得することが可能となるであろう。

　まず，各企業で行っているセミナー等，CSRを従業員に理解してもらうための活動の実施状況は，図表3－27に示す通りである。「新人研修としてセミナーや研修会を開催」が最も多く23.7％であり，次が「社長のスピーチやメッセージ」で23.5％である。

　図表3－28は，これらの結果と「従業員のCSR経営についての理解度」との関係を示している。「80％以上が理解している」場合と，「50％程度が理解している」場合，及び「30％以下が理解している」場合との差が最も大きいのは，「e-learningによる学習機会の提供」である。また，「CSRに関する試験実施」もその差が大きい。この2つの活動の共通点は，従業員がより自発的および積極的にCSRの理解をしようとする姿勢の存在である。つま

図表3-27 従業員にCSR経営を理解してもらうための活動

活動	%
新人研修としてセミナーや研修会を開催	23.7
社長のスピーチやメッセージ	23.5
ハンドブック作成・配布	17.0
階層別などのセミナーを定期的に開催	13.7
e-learningによる学習機会の提供	8.6
メールマガジン発行	8.1
CSRに関する試験を実施	1.3
その他	4.0

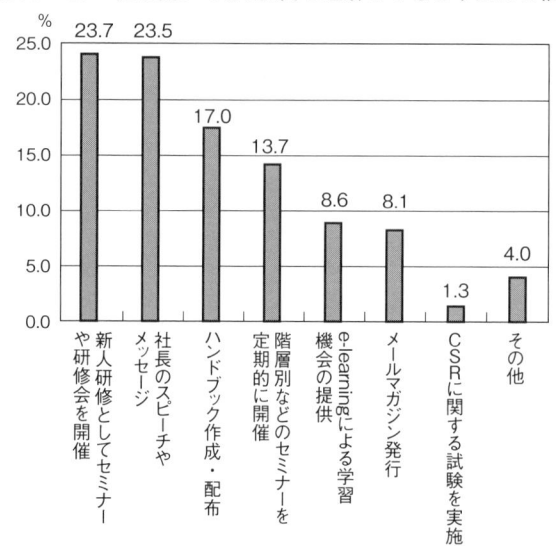

※複数回答のため,合計は100%にならない

図表3-28 「従業員のCSR経営についての理解度」と「従業員にCSR経営を理解してもらうための活動」との関係

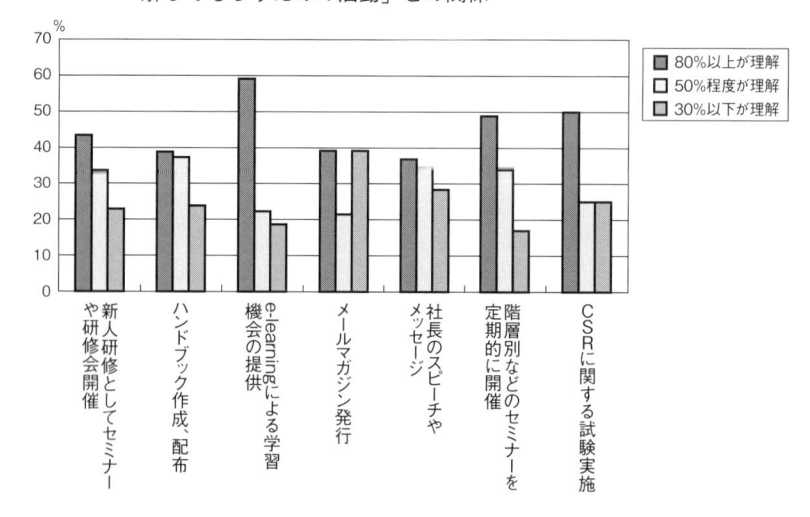

活動	80%以上が理解	50%程度が理解	30%以下が理解
新人研修としてセミナーや研修会開催	43	33	23
ハンドブック作成・配布	39	37	24
e-learningによる学習機会の提供	59	22	18
メールマガジン発行	39	21	39
社長のスピーチやメッセージ	36	35	28
階層別などのセミナーを定期的に開催	48	33	16
CSRに関する試験実施	49	0	24

り，組織から一方的に情報を伝達するだけでは従業員の理解度はある程度までしか向上しないのであろう。従業員に自発的及び積極的にCSRを理解してもらうための方策を構築し，理解度を向上させることが必要である。

第1章で述べたように，「社会的責任」の概念は，本来，ステイクホルダーや社会からの期待や求めに従って対応するという受動的な側面をもっており，その内容は可変的で現実適応志向である。それに対し，「倫理」は，すべての責任に関わる規範原則としての意味合いがあり（梅津，2006，p.166），社会からの期待以前に存在していなくてはならないものである。その意味で，企業における倫理の存在は各企業がCSR経営を行う際，大きな影響を与える可能性がある。

そこで，「従業員のCSR経営についての理解度」へ影響を与える要因として，「創業者の経営哲学」や「カリスマ性のあるトップマネジメントの経営哲学」等，組織における「倫理的プリンシプル（原則・原理）」に注目し，組織内におけるその有無と「従業員のCSR経営についての理解度」との関係を考察する。

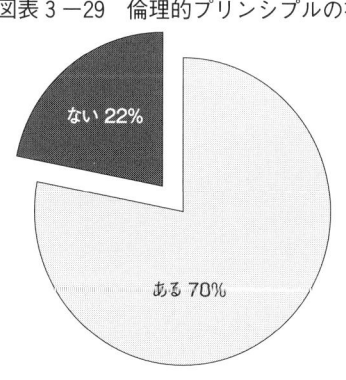

図表3－29は，各企業の「倫理的プリンシプル」の有無についての調査結果であるが，78％が「ある」と回答している。次に，「従業員のCSR経営についての理解度」と社内における「倫理的プリンシプルの有無」との関係については図表3－30の通りである。社内に倫理的プリンシプルが存在してい

図表3－29　倫理的プリンシプルの有無

（ない 22%／ある 70%）

図表3-30 「従業員のCSR経営についての理解度」と「社内の倫理的プリンシプルの有無」の関係

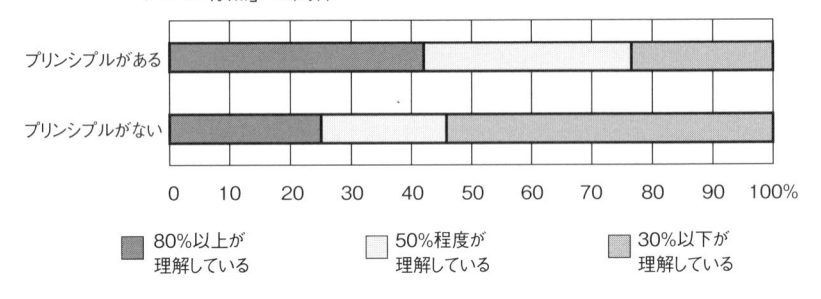

- 80%以上が理解している
- 50%程度が理解している
- 30%以下が理解している

る場合,「80%以上が理解している」割合,及び「50%程度が理解している」割合が大きく,両者を合わせると,80%近くになる。他方,倫理的プリンシプルが存在していない場合は,「80%以上が理解している」割合,及び「50%程度が理解している」割合を合わせても50%弱である。このことから,「倫理的プリンシプルの有無」は,「従業員のCSR経営についての理解度」に影響を与えていると推測される。

第7節 従業員に対するCSR活動と利益の増加との関係

1．5つのステイクホルダー別CSR活動の成果

前述のように「従業員のCSR経営についての理解度」がCSRの成果に大きな影響を与えるとすると,企業にとって,各ステイクホルダーへのCSR活動がすべて同じ意味をもつのではなく,例えば,従業員へのCSR活動が他のステイクホルダーへのCSR活動より,成果,とくに利益の増加へ大きな影響を与えている可能性があるのではないだろうか。この点を検証するために,「CSR活動を実践することによって生じた変化や効果項目」のうち,顧客,株主,従業員,取引先,社会というステイクホルダー別の項目からそれぞれ,「顧客の忠誠心の獲得」,「株主からの信頼の獲得」,「従業員の労働意欲の向上」,「取引先との良い関係の構築」「社会からの信頼の構築」を選び,これらの項目と「利益の増加」との関係を分析する。

これら5つの変化・効果の項目を独立変数,「利益の増加」を従属変数として重回帰分析を実施し,図表3－31に示すような結果を得た。モデル1は,有意差が出ていない。モデル2とモデル3は共に有意差が出ているが,自由度調整済み決定係数がモデル2は0.362であり,モデル3は0.315である。したがって,自由度調整済み決定係数の数値の大きいモデル2では,「従業員の労働意欲の向上」及び「顧客の忠誠心の獲得」と「利益の増加」との関係性がより強いことが推測される。このうち,「顧客の忠誠心の獲得」は,売上げの増加につながり,組織に利益の増加をもたらすことが考えられる。他方,3つのモデルに共通して,「従業員の労働意欲の向上」の標準化係数の値が他のステイクホルダーに対するCSRの成果の値より大きいことから,「従業員の労働意欲の向上」が「利益の増加」に,より大きな影響を与えていることがわかる。このことからステイクホルダーの中でも従業員への配慮が利益の増加と強い関係を有していることが推測される。したがって,次に,「従業員の労働意欲の向上」を取り上げ,労働意欲の向上に影響を与える要因について検討する。

2．従業員に対するCSR活動と労働意欲との関係

　図表3－22及び3－25における項目の中に「従業員の労働意欲の向上」が

図表3－31　5つのステイクホルダーの変化・効果項目と「利益の増加」との関係

	モデル1		モデル2		モデル3	
	標準化係数	t値	標準化係数	t値	標準化係数	t値
（定数）		－.020		.734		0.729
従業員の労働意欲の向上	0.255	1.978	0.339	2.956**	0.568	6.722**
顧客の忠誠心の獲得	0.232	1.803	0.325	2.832**		
取引先との良い関係の構築	0.149	1.255				
株主からの信頼の獲得	0.046	0.312				
社会からの信頼の構築	0.039	0.247				
自由度調整済み決定係数	0.361		0.362		0.315	

注：＊＊$p<0.01$, ＊$p<0.05$

図表3-32(a) 従業員に対するCSR活動と労働意欲との関係

労働意欲の変化： 「公正さ」や「安定」の項目		ある程度変化・効果あり, 大きな変化・効果あり		変化・効果なし, 少し変化・効果あり		平均値の差
		平均値 (A)	標準偏差	平均値 (B)	標準偏差	(A)−(B)
1	法定基準以上の障害者の積極的雇用	3.28	0.85	2.49	0.93	0.80**
2	男女間の昇進や仕事内容に関わる差別の廃止	3.57	0.74	3.17	0.86	0.40*
3	会社の利益の増加	3.52	0.62	3.15	0.89	0.37*
4	人権への配慮	3.77	0.50	3.51	0.64	0.26*
5	内部告発制度	3.84	0.45	3.61	0.59	0.23*
6	労働組合とのオープンな関係	3.50	0.76	3.21	0.95	0.29
7	会社の長期的成長	3.65	0.60	3.44	0.59	0.21
8	不祥事発生時の従業員への迅速な情報提供と対応	3.58	0.67	3.39	0.74	0.19
9	長期雇用	3.52	0.62	3.34	0.79	0.18
10	景気や業績に左右されない雇用の維持	3.28	0.71	3.12	0.93	0.16

注：**$p<0.01$，*$p<0.05$

図表3-32(b) 従業員に対するCSR活動と労働意欲との関係

労働意欲の変化： 評価・報酬制度の項目		ある程度変化・効果あり, 大きな変化・効果あり		変化・効果なし, 少し変化・効果あり		平均値の差
		平均値 (A)	標準偏差	平均値 (B)	標準偏差	(A)−(B)
11	成果と年功のバランス	3.03	0.80	2.78	0.88	0.25
12	年功重視の待遇	2.26	0.75	2.22	0.65	0.04
13	成果重視の待遇	3.35	0.75	3.32	0.72	0.04

注：**$p<0.01$，*$p<0.05$

あるが，この項目に対する回答のうち，「変化・効果なし」と「少し変化・効果あり」を「変化・効果なし，少し変化・効果あり」とし，「ある程度変化・効果あり」と「大きな変化・効果あり」を「ある程度変化・効果あり，

図表3−32（c） 従業員に対するCSR活動と労働意欲との関係

労働意欲の変化： 福利厚生の項目		ある程度変化・効果あり，大きな変化・効果あり		変化・効果なし，少し変化・効果あり		平均値の差
		平均値(A)	標準偏差	平均値(B)	標準偏差	(A)−(B)
14	福利厚生の重視	3.34	0.70	2.93	0.75	0.41**
15	従業員の家族への福利厚生の重視	3.16	0.73	2.76	0.77	0.41**
16	ワークライフバランスの重視	3.32	0.70	2.95	0.80	0.37*
17	OB・OGへの配慮	2.71	0.88	2.54	0.95	0.17

注：**$p<0.01$，*$p<0.05$

図表3−32（d） 従業員に対するCSR活動と労働意欲との関係

労働意欲の変化： 仕事自体あるいはキャリア形成の項目		ある程度変化・効果あり，大きな変化・効果あり		変化・効果なし，少し変化・効果あり		平均値の差
		平均値(A)	標準偏差	平均値(B)	標準偏差	(A)−(B)
18	女性管理職者数の増加	3.00	0.88	2.32	0.85	0.68**
19	仕事経験を積む機会を積極的に提供	3.37	0.79	2.80	0.81	0.57**
20	研修制度や留学制度などの提供	3.42	0.76	2.90	0.80	0.52**
21	担当したい仕事への希望の重視	3.16	0.81	2.71	0.75	0.45**
22	派遣社員への研修・教育機会の提供	2.87	0.87	2.50	0.78	0.37*

注：**$p<0.01$，*$p<0.05$

大きな変化・効果あり」とし，それぞれと，従業員に対するCSR活動項目との関係を平均値の差の検定（t検定）によって検証した。結果は図表3−32（a）〜（d）の通りである。

　図表3−32（a）では，CSR活動の中でも「「公正さ」や「安定」の項目」と労働意欲の関係を示している。ここでは，「法定基準以上の障害者の積極的雇用」，「男女間の昇進や仕事内容に関わる差別の廃止」，「会社の利益の増加」，「人権への配慮」，「内部告発制度」において有意差がみられた。図表3−32（b）では，「評価，報酬制度の項目」に着目している。ここでは，有意差はみられなかった。図表3−32（c）は「福利厚生の項目」であるが，ここでは，4項目のうち，「福利厚生の重視」，「従業員の家族への福利厚生

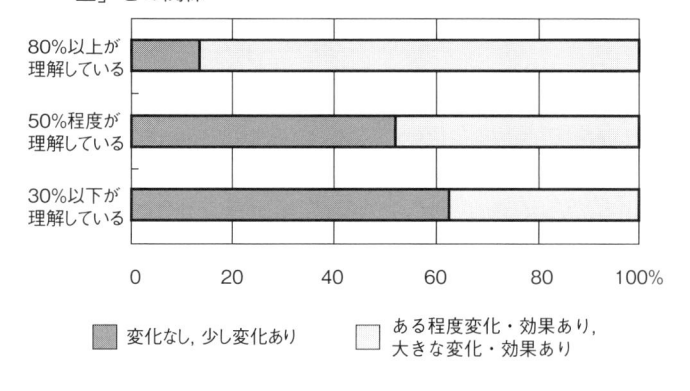

図表3－33 「従業員のCSR経営についての理解度」と「従業員の労働意欲の向上」との関係

の重視」,「ワークライフバランスの重視」の3項目に有意差がでている。図表3－32（d）は,「仕事自体あるいはキャリア形成の項目」であるが, 5つの項目すべてに有意差がみられる。とくに,「女性管理職者数の増加」,「仕事経験を積む機会を積極的に提供」,「研修制度や留学制度などの提供」,「担当したい仕事への希望の重視」の4つの項目で1％水準で有意差がみられる。また, 5％水準で有意差のでている項目が「派遣社員への研修・教育機会の提供」となっている。

　以上のことから,「「公正さ」や「安定」」の一部,「福利厚生」,「仕事自体あるいはキャリア形成」に関するCSR活動は, 労働意欲と何らかの関係が存在するといえる。他方,「従業員の評価・報酬制度」に関するCSR活動は, 労働意欲との関係性が強いとはいえない。

3．「従業員のCSR経営についての理解度」と「従業員の労働意欲の向上」との関係

　では, 前述の従業員によるCSR経営に対する理解度は労働意欲へ何らかの影響を与えているのであろうか。図表3－33から, 従業員が80％以上の理解度を示している場合, 労働意欲は「ある程度変化・効果あり, 大きな変化・効果あり」が90％近いことがわかる。50％程度の理解度の場合,「変

化・効果なし，少し変化・効果あり」と「ある程度変化・効果あり，大きな変化・効果あり」が約50％ずつである。理解度が30％以下の場合，「ある程度変化・効果あり，大きな変化・効果あり」が40％弱である。

　これらのことから，従業員のCSR経営に対する理解度が高くなればなるほど労働意欲が向上することが推測される。

第8節　分析結果のまとめ

　「利益獲得とCSRは，同時に実現されるべきである」と「CSRにのっとった誠実なビジネスを行えば，利益はついてくる」という，利益獲得とCSRの関係についての考え方の違いは，前者より後者の方がCSR経営による成果が大きいということが推測される結果を得た。そこで，後者の方が成果が大きい理由を探り，CSR活動の成果に影響を与える要因を特定することを試みた。まず，「利益獲得とCSRは，同時に実現されるべきである」と「CSRにのっとった誠実なビジネスを行えば，利益はついてくる」という項目の違いは，成果を得るまでに要する時間のとらえ方の違いでありCSR活動を行う期間が成果の大小に影響を与えるのではないかと考え，CSR関係部署を設立してから経過した期間の違いからそれを検証した。結果としては，「HRM及びリスク予防」分野の項目については，設立してから何年経っているのか，つまり，長期間CSR活動を行っていることが成果の大小に影響を与えていると推測される結果を得たが，その他の「ステイクホルダーへの対応」及び「業績」分野については，より長く活動を行うこととの関係はみられなかった。

　この結果を受け，次に，CSR活動をより長期間行うこと自体ではなく，行っていく過程で生じる何かが成果に影響を与える可能性を探るため，「従業員のCSR経営についての理解度」に着目し，成果との関係について検証を行った。その結果として，この理解度については，「ステイクホルダーへの対応」，「業績」，「HRM及びリスク予防」という3因子すべてについて，より多くの人々が理解しているケースほど大きな成果が現れていることが明

らかとなった。このことから，CSR経営を従業員に理解させる活動を促進することがCSR経営からのより大きな成果を獲得することにつながるのではないかということが考えられる。

さらに，従業員のCSR経営に対する理解度を向上させる方策としては，CSRについてのセミナーや社長のスピーチのようなツールが一般的には考えられるが，その他の要因として組織の規範としての「倫理」に着目した。そして，「倫理的プリンシプルの有無」が従業員のCSR経営理解度向上に影響を与えるかどうかについて考察したところ，組織における倫理的プリンシプルの存在が理解度の高さと関係性があると推測される結果を得た。

加えて，「従業員の労働意欲の向上」が「利益の増加」に，より大きな影響を与えていることが推測される結果が示された。利益の獲得のために労働者に無理な労働をさせたりすることは，従業員の労働意欲を減退させ，結果的には，利益の減少につながる可能性もある。また，「法定基準以上の障害者の積極的雇用」をはじめとする組織の「「公正さ」や「安定」の要因や「福利厚生」の要因，そして，「仕事自体あるいはキャリア形成」の要因が，労働意欲の向上により大きな影響を与えていることが明らかとなった。

ここで，「仕事自体あるいはキャリア形成」というのは，「仕事経験を積む機会を積極的に提供」，「研究制度や留学制度などの提供」，「担当したい仕事への希望の重視」といった従業員自身の能力開発や仕事自体に関わる要因である。他方，「年功重視の待遇」や「成果重視の待遇」のような「評価・報酬制度」は労働意欲の向上へ影響を与えないと推測される結果を得たが，第9章で詳しく論じるように，フロー体験を伴う労働において，人々は仕事自体に楽しさを感じ，そこから内発的報酬を獲得し，満足を得ることが可能になる。したがって，従業員へのCSRを考慮する際，給料やボーナス，地位という外発的報酬への配慮だけでなく，仕事自体から得られる内発的報酬にも注目し，各従業員が何を望んでいるのかを理解する必要があろう。

また，近年，先進的なCSR経営を実践する企業は，すべてのステイクホルダーへのCSRを同列に考えるのではなく，さまざまなステイクホルダーのうち何を優先するか，優先順位を決定するようになってきているが，前述

のような CSR と利益の関係を考慮すると，従業員への CSR を，より重視することに大きな意義があると考えられる。

さらに，従業員の CSR 経営に対する理解度が高くなればなるほど労働意欲が向上するということが推測される結果を得たが，第 7 章で CSR 経営の事例として取り上げる積水化学では，環境，CS 品質と共に人材を CSR の 3 大テーマとしてあげており，従業員に対するさまざまな研修の機会を提供している。その中で，「CSR 研修」も重視している。このことは，利益の増加に何らかの影響を与える可能性があるといえる。積水化学では，顧客及び社会の環境負荷低減に貢献できる製品として「環境貢献製品」を生産し，年々，製品全体に占める売上高比率が上昇しているが，このような製品が生まれてくる背景には，地道な CSR 研修を通じて，従業員一人ひとりが自社の CSR 経営を理解しているという要因が影響していることも考えられる。

第 9 節　小　括

CSR 経営を実践する日本企業の特徴としては，図表 3 − 2（CSR と利益との関係）における「受動的 CSR」→「ステイクホルダーへの倫理的対応」→「戦略的 CSR」という CSR の 3 段階の 2 段階目まで，つまり，「受動的 CSR」および「ステイクホルダーへの倫理的対応」レベルの活動を行っている企業が多いということがいえる。近年，国際的な CSR のガイドラインに沿った活動を行う企業も増加しているが，本来，CSR は，各企業の経営戦略に対応した独自の活動が期待されている。それは，CSR がステイクホルダーからの声に耳を傾け，彼らのニーズをくみ取り，それを自社の事業分野に導入して新たな事業展開を試みると同時に社会的課題を解決するというものである。また，事業活動との関係で CSR を捉える以上，利益の獲得を前提にすることが期待され，そうでなければ継続的な活動とはならないであろう。その意味で，CSR は企業にとって戦略的な発想で捉えられるべきである。

2008 年に実施した先進的な CSR 経営を行っている日本企業を対象に行っ

たアンケート調査からも，受動的な CSR 課題に成果を出している企業が多いといえる。しかしながら，「経営戦略を策定する際に CSR を取り込む」という回答が多かったことから，今後，戦略的 CSR を実践するようになる企業も増加すると予想される。また，多くの企業が，CSR を通じて利益の増加を図るということに対する認識は有しているということが推測される。

さらに，CSR 経営に対する従業員の理解度が利益の増加に大きく影響を与えることが推測される結果が示された。また，その理解度に大きく影響を与えるのが，組織内に「倫理的プリンシプル」が存在することである可能性がある。

また，従業員の理解度が利益の増加に影響を与えるということは，企業として，配慮すべき数多くのステイクホルダーへの優先順位をつける際に考慮すべき要因となるといえよう。本アンケート調査で取り上げた5つのステイクホルダーの変化・効果項目と「利益の増加」との関係を調べたところ，従業員への配慮の項目として選んだ「従業員の労働意欲の向上」と「利益の増加」との関係性が，他のステイクホルダーへの配慮として選んだ項目と「利益の増加」との関係性よりも強いことが推測される結果が示された。

さらに従業員への CSR 活動の中でも，「「公正さ」や「安定」」に関わる活動の一部，「福利厚生」に関わる活動，そして，「仕事自体あるいはキャリア形成」に関わる活動が，「従業員の労働意欲の向上」へ何らかの影響を与える可能性が大きいことが推測される。また，従業員の CSR 経営についての理解度の高さが労働意欲の向上に影響を与えることも推測される結果が示された。

これらのことからは，企業が利益の増加を目指す CSR を実践する際，自社の経営戦略や組織能力等の組織内環境を考慮することが重要であるが，どのステイクホルダーを対象としたどのような活動が利益の増加に影響を与えるのかを考察することも重要であることを示しているといえよう。

【注】
1）谷本寛治は，日本においては企業がまったく自主的に CSR に取り組み始めた

わけではなく，CSR の議論が高まってきた背景には，アメリカ，EU における CSR の議論や取り組み，持続可能な発展を求めるグローバルな潮流があると指摘している（谷本，2004b, p.9）。
2) C. K. プラハラード（Prahalad, C. K.）は，Prahad（2005）（スカイライト コンサルティング（2005））において，"bottom of the pyramid" と表現している。
3) ここで，「社会」は，地域社会や一般的な社会を意味している。
4) 紙面の都合上，本文では，本章の研究目的に必要な調査結果のみ取り上げる。本文に示す調査結果以外の質問項目に対する調査結果については，次の通りである。

「回答者の所属部署」は，CSR 部が約50％近くを占めている。その他の回答が37.7％を占めているが，内訳をみると，総務関係，経営企画関係，広報関係の順で数値が高かった。

「CSR 関係部署の位置づけ」については，「事業部と同列であるが，特定の事業部には属していない本部スタッフ部門」が57.1％を占め，第１位である。第２位は「社長あるいは担当役員が委員長となっている委員会」で，17.0％であった。

「CSR 関係部署の前身部署の有無」については，「あった」，「なかった」がそれぞれ，51％，49％であった。

「CSR 関係部署の前身部署の名称」は，「環境保全部」が30.1％で最も多く，「広報部」（12.3％），「コンプライアンス部」（8.2％）がそれに続いている。

「CSR 関係部署の専任スタッフ数」については，男性正社員および女性正社員の平均人数が，それぞれ，4.11人，1.61人であり，男性派遣社員および女性派遣社員の平均人数が，それぞれ，0.07人，0.41人であった。男性正社員数では，最小は0，最大は42であった。また，回答企業のうち，12.5％の企業に専任スタッフがいない（派遣社員を含む）。
5) 本文に示す調査結果以外の質問項目については，次の通りである。「CSR の方針の決定者」については，「社長」に対する調査結果が35.0％で最も多く，「CSR 担当役員」が29.9％で続く。

また，「CSR 経営について理解している従業員の割合」，「CSR 経営浸透のための方策」，「倫理的プリンシプルの有無」，「倫理的プリンシプルの内容」の調査結果については，第６節にて論じる。

6）この「CSR経営を実践することによって，今後，期待する効果」と次の「CSRと利益との関係に対する考え方」については，第1章で取り上げたが，図表を示し，再度，ここで取り上げる。

第4章 江戸期のCSR

第1節 問題意識

「CSRの源流は江戸時代にある」という主張がある。それは，江戸時代においては，武士道にみられる「世のため，人のために貢献すること」の重要性を強調する価値観が存在したこと，石門心学が説く，職務に精励することが社会的信頼や評価につながるという考えが広まったこと，さらに，浄土真宗の信徒には，M. ヴェーバー (Weber, M.) の「プロテスタントの倫理」と同様の世俗内禁欲がみられることなど，その主張を支持する要因が存在するからである。また，近江商人の「売り手よし，買い手よし，世間よし」の「三方よし」の精神は，江戸時代におけるステイクホルダー・マネンメントともいえるものであり，ここに, CSR経営を構築する手がかりを得ることができよう。

そこで，本章では，まず，江戸時代の事業において大きな成長をとげ，当時は「本間様には及びはせぬが，せめてなりたや殿様に……」と歌われた山形県酒田市の豪商・本間家を事例として，江戸時代のCSR経営を考察する。その後，現代の日本企業の礎ともなっていると考えられる江戸時代の商家の経営倫理や価値観を，商家において女性が果たした役割や活躍の意義の側面を中心に検討する。そのために，はじめに，現代社会において根強く残るビジネス場面における男女間の不平等がどのような経緯で生まれてきたのかを明らかにする。次に，男女の社会的不平等傾向を強化する機能を果たしてきた「家父長制家族＝家」の存続を重視する日本的社会風土が商家および

商家の女性たちにどのような影響を与えてきたのかを考察する。さらに，江戸時代の商家における女性の役割がどのようなものであったのかについて論じ，その女性が果たした役割と現代のCSRを組み込んだ新しい日本型経営の関係を明らかにする。

第2節　本間家にみるCSRと企業倫理

1．CSR経営型ビジネスモデル

　2005年3月に，山形県酒田市の豪商本間家に関する現地調査を行った。現地でのヒアリング，および現地で収集した資料・文献などから，酒田市の本間家にみられた江戸時代のCSR経営について考察する。

　酒田市は古代城柵の城輪柵跡があることから，平安時代には出羽国府が置かれたとされ，当時の出羽国の政治的中心で中央とのつながりも強かったと考えられている。また，古代の街道や駅などが設置され文化的にレベルの高い地域である。さらに，酒田市には古くから奥州藤原氏の家臣36人の子孫と呼ばれる「酒田三十六人衆」が自治組織を作り上げ，そのメンバーの中には鐙屋や本間家といった日本有数の豪商に育っていった者もいた。寛文12（1672）年に西回り航路が整備されると，酒田港は北前船の寄港地になり，最上川舟運の発展に伴って内陸部の米や紅花や青苧といった商品作物も一手に取り扱うようになり飛躍的に繁栄した[1]。

　この繁栄の一翼を担った豪商は，自らの商売のみの成功に努力するだけでなく，地域社会のために貢献するという，現代のCSR経営の源流をみるような活動を行っていた。中でも，豪商・鐙屋惣左衛門は，寛永年間には，三十六人衆の筆頭に数えられ，井原西鶴の『日本永代蔵』に「北の国一番の米の買い入れ，惣左衛門という名を知らざるはなし」と書かれるほど，全国でも有数の米問屋だった。

　その後，明治維新までの250年間，庄内藩の藩主がこの地域を治めたが，酒田は三十六人衆が団結して揺るぎない自治体制を敷き，一貫して自由な町人の町を維持した。酒田三十六人衆は酒田町組という町組織を掌握し，町政

を担当していた。彼らは藤原氏の武士であるという誇りをもちつつも，武士になろうという野心はなく，町人を通した。これに対して庄内藩では，彼らに名字，帯刀を許し，宅地に対しては無税とした[2]。

　このように，豪商を中心とする民の自律的組織によって地域の運営を行っていくという伝統が根付いている地域であるということから，酒田においては，商人が常に地域社会を身近なものと感じ，「地域の発展なくしてはビジネスの発展もない」という意識のもと，地域の繁栄とビジネスの繁栄の両立を目指して商売を行っていたと考えられる。

　鐙屋と同様に酒田三十六人衆の一角をなす「本間家」は，江戸時代初期，米相場の投機で巨万の富を得た大地主で，他に北前船交易の盛隆もあり三井家，住友家に劣らぬ大商家であった。また，その財力を基盤として金融業も行っていた。その本間家の中興の祖といわれるのは3代本間光丘（享保17（1732）年～享和元（1801）年）である。とくに，風の強い酒田おける田畑への風砂の害やまちの火災の被害を防止するために60余年の年月をかけ，砂防植林という公益に資する事業を行ったことは有名である。

　光丘は，その他にもさまざまな社会的事業に着手し，成功を収めた。例えば，冬になると失業する港湾作業員を動員し，砂防植林や最上川改修工事を事業化したり，冬場を乗り切る蓄えをもたない者には，無尽講を利用して融資したりするなど，弱者救済事業を行った。その背景には，「金は金を生む，徳は得を生む」という現代における戦略的倫理性を含む経営哲学があったという。

　また，廻船問屋仲間たちに，それぞれの力に応じて出資額を負担してもらい，それをもとに基金をつくり，この基金から融資を受けて商人仲間が事業を行うという事業資金積立制度を創設した。このことがその後の本間物産等の事業組織形成につながった。

　さらに，光丘は，藩の財政改革の仕事も依頼され，また，財政的に困窮した藩主にも多額の献金を行ったが，その際，農業の安定化が財政改革に不可欠ということで，飢饉対策として庄内の8カ所に巨大な倉庫を建て，籾米を備蓄するという備荒貯蓄事業や，それまでの代官所の高利に代わり，低利で

融資を行う（五分利）金融業を行った。このことによって，藩の財政支出は削減され，農民は低利で金を借りることができ，本間家は新しい顧客を獲得することができるようになった。加えて，結果として，天明の大飢饉の際にも，庄内藩はひとりの餓死者もだすことなく乗り切ることができた。

　このように，光丘は，金融事業（貸付）の場合にも，常に，借り手（顧客）の立場に立った商売を行ったことから，光丘の事業に対しては人々が感謝と尊敬を示した。さらに，光丘は，本業の商売においても偉業を成し遂げ，2代光寿から引き継いだ財産は田地で350俵，現金で1000両であったのに対し，一代50年間で田地1万6000俵，現金13万両，貸金5万4781両，銀5万貫にし，全国長者番付に名を連ねるほどの大地主・大商人となったのである。成功の要因のひとつとして，藩財政の困窮救済などに協力した結果，庄内藩が東北有数の富裕藩になり，そのことから本間家が東北諸藩に対する大名貸し事業を行うことになったことがあげられる。

　また，農民や町人に対しても，社会事業を行いながら貸金制度を確実に進めるなど，ステイクホルダーへの配慮を示すことによって信頼関係を構築し，その後，長期的に大きな利益を生み出すシステムを確立していった。

　さらに，光丘は，献金や貸金もただ金を提供するだけではなく，そこから必ず大きな利益をあげる仕組みを作り上げていくのである。ここに，光丘のCSR経営の本質がある。つまり，社会的活動も，最終的には経済的利益をあげることを目指し，それを実践している。しかし，同時に，社会や地域の中で商売をさせてもらっているという意識を常にもち，周りの人々の利益も配慮し，彼らが安定した生活ができるような状況を作って，そこからさらなる商売を行うという姿勢である。その姿勢は，長期的利益を目指すものであり，社会の発展と共に自らの事業も発展させていこうとする現代のCSRの価値観が存在する。

２．地道な商売

　光丘の叔父にあたる本間宗久は，相場の神様とまで讃えられ不朽の名声を博した。8代将軍吉宗の治世であった享保9（1724）年，日本屈指の穀倉地

帯・出羽で生まれ，23歳のとき，本間家の養子となった。光丘の父である光寿が病身であったことから，宗久が経営者として光寿の代行を務めたり，財産の管理を任されたりしていた。しかし，光寿の死後，光丘が家督を相続して3代目となるとき，光丘と宗久との間で財産の処置に関して意見の齟齬が生じた。光丘の地道な商売と利殖で財産を成すという方針は，宗久のような相場師的な発想や経営方針とは相容れず，対立したのである。

　宗久は，酒田において商いで利をあげるには，地形的にみて米しかないと考え，米の売買による投機を行った。宗久の戦略は，毎年の記録を集積し作柄の豊凶など需給の分析を最重要視するという理論的な分析によるものであった。意思決定に優れ，勝負の急所をとらえ，今でいう統計学的手法によって冷静に判断した。その結果，一時は，宗久の財力は光丘も及ばないほどであったが，最終的には，地道な蓄財をした光丘の勝利となった。

　このように，良質なサービスや商品を通じて社会に便益を提供することによって地道に利益を積み上げていくという光丘の経営姿勢は，崩壊の危機に瀕し，株主や取引先企業に多大な損害を与えるリスクを低める意味で，倫理的であるといえる。

3．グループ組織力の重視

　光丘が活躍した時代は，不況と経済的抑圧の時代であったが，光丘は，経済や数学に秀でた才能を活かし，優れたアイデア創造力を駆使しながら，努力と倹約も忘れない姿勢をもって社会からの信頼を確立していった。その結果，一代にして財を成しただけでなく，何代も続く家業の安定的，永続的発展を実現するシステムを作ったのである。そのシステムのひとつとして，「代家経営システム」がある。これは，本家が16の分家を指導・統括し，本間家全体としての組織力を発揮できるようにする仕組みである。

　しかしながら，このシステムにおいて，分家は本家と同等の地位や財産をもつことは許されず，もし，そのような兆候が見えた場合は，直ちに義絶という，出入り禁止の措置がとられた。このようにして，光丘は強固に本家を守る体制を作り上げた。

光丘は，優れた経営者であったといえるが，自分ひとりの力を過信することなく，本家の当主を中心とする強い絆で結ばれたグループの組織力を重視した。そのことにより，本間家は江戸中期から昭和初期まで，200年以上にわたり，代を重ねるたびに身代を増やし発展し続けることができた。

4．経営者の育成

　では，なぜ，光丘は社会の信頼を獲得するための社会的視点をもちえたのであろうか。光丘は少年の頃から，覚寿院賢秀という優れた修験者を師匠として経史を学び，大きな影響を受けた。人生の早い時期に良い指導者に出会えたことが後の彼の経営哲学に大きな影響を与えたといえる。

　また，2代光寿の決定で，光丘が19歳のときに，大商人であり学者であった播州姫路の豪商・奈良屋権兵衛こと馬場了可のもとに送られ修行をしたことも大きな要因となったと考えられる。了可は，関西の学者とも交流が多かった。光丘が了可のもとで，4年間，奉公人として働く中で，了可は師として光丘に聖人の道を説き，人間の在り方を教え，修養研学にあらゆる便宜をはかった。

　さらに，光丘は，文化支援の側面でも実績を残している。酒田は芭蕉来遊以来，俳諧が盛んな地であり，光丘の活躍した時代も俳諧が商人の間で人気があった。光丘も号を其山と称して，美濃派の俳句を学んでいた。その精神は，子の光道にも受け継がれ，江戸時代中期～後期の俳人，常世田長翠が酒田を訪れたとき，光道は長翠の晩年まで酒田で世話をしたという。このような芸術家へのパトロネージの精神は，本間家では光丘に始まるといわれている。

5．公益の思想

　本間家は現在，財団法人を設立し，本間美術館，旧本邸，本間家別館を所有している。本間美術館は，本間家4代当主光道が，文化10（1813）年，本間家の別荘として建築した建物であるが，光道は，丁持（ちょうもち：港湾で陸揚げ，運送，船積みをする労働者）たちの冬期失業対策事業としてこの建

物を築造した。また，美術館の設立は，戦後まもなくの昭和22（1947）年であるが，設立の目的は，戦争で荒廃した人心を励まし芸術文化の向上に資することであった。このような背景をもつ本間美術館は，「公益」の精神を今に伝えている。また，美術館の所蔵品のほとんどが，大名から本間家への贈答品と言われている。

さて，本間家の家訓は，「質素・倹約」である。その家訓に従って生活していたことがわかるものに，雛人形がある。豪華な雛人形を所有することは，当時，家の成功の証であった。しかし，本間家の雛人形にはあまりきらびやかなものはない。このことも，「金はあっても，生活は質素・倹約」という姿勢を保っていた本間家の思想を表している。

さらに，旧本邸における各部屋の位置をみると，当主の部屋が一番奥の日当たりの悪い小さな部屋であることがわかる。家族や奉公人にのみ質素・倹約を強制するというのではなく，自らの姿勢として実践していた本間家の当主の伝統がうかがえる。

近江商人の伝統的特徴として，「利益三分主義」があるといわれているが，後述する伊藤忠および丸紅の創業者である初代伊藤忠兵衛は，この利益三分主義をとり，商売によって生み出した純利益は「本家納め，本店積立金，店員配当」の3つに分け，その配分は5：3：2としていたという。本間家の場合，「利益の三分の一を生活費に，三分の一を貯蓄に，残りの三分の一を地域のために使う」というルールがあった。公益を重視し，自らが存在し商売の中心地としていた酒田のために利益を活用していたのである。

6．ビジネスによる地域の倫理性の創造

本間家にも危機があった。しかし，光丘が作り上げた公益に配慮し，かつ本業をおろそかにしない，どちらかというと啓蒙的帰結主義の経営姿勢がその危機を救い，200年以上にわたり，ビジネスを存続させることができた。

光丘が父光寿から商いを引き継いだとき，すでにある程度の財産はあったものの，それはまだまだ小さいものであった。光丘が家督を相続したとき，彼の心の中には，ベンチャー企業の社長のような決意があったのであろう。

ベンチャー企業も，起業後数年間のアーリーステージの時期は，資金や人材が不足しており，ステイクホルダーへの配慮を行う余裕もない。しかし，想像力をもってステイクホルダーのニーズに気づこうとしなければ，経営のバランスを見失い，大きな失敗につながる。

　酒田市を訪問した際に出会った人々は皆，訪問者に対してオープンであり，ホスピタリティに優れた感覚をもっていると感じた。本間家をはじめとする公益を重視した酒田の豪商たちの思想が地域の品格を高めているといえよう。また，平成13（2001）年には，酒田市に，資本や市場の原理と公益とが調和した地域や社会の創造を志向する新しい公益モデルについて学ぶ東北公益文化大学が設立された。このような大学が酒田という地に設立されたのも，公益の祖といわれる本間光丘をはじめとする地域の生んだ豪商たちの功績によるところが大きい。

　このように，ビジネス活動が地域に倫理性を根づかせ，そこから社会を変革していこうとするエネルギーを長年にわたって発するシステムを作り上げるという酒田の事例は，今後の企業の役割や存在の正当性を考える上でも貴重な示唆を与えているといえよう。

第3節　日本における「家」と女性

　原始時代においては，日常活動の効率性から，男は狩猟や漁撈，そしてそれらのための道具製作を行い，女は植物採集，育児，食物加工，土器製作，水汲み，衣類製作を担当するなどと一応の労働の分担はあったものの，そのことによって男女の間の優位性は生まれてはおらず，男女の社会的地位はほぼ対等であったという（義江，1993a，p.10）。しかし，弥生時代・古墳時代になって，集団間の戦争が始まり，戦争を主導する男性の社会的優位が現れてきたこと，さらには，食料獲得のための生産労働が体系化される中で，集団間の調整や組織化を必要とする活動や新しく取り入れられた技術などに男性が多く関わっていたことから男女の役割に変化が生じ，女性の社会的地位が低下する方向へ傾いていった（今井，1993，p.26）。

義江明子（1993d）によれば，日本において男性優位の方向が体制的に決定的になったのは，7世紀末以降の律令制国家確立によってである。日本は中国の男権・父系主義の律令国家体制による統治方式を学び，支配層の内部に芽生えつつあった男性優位・父系主義を庶民にまで強力に行きわたらせた。この律令制国家体制によって，政治の世界において官職は男性に独占されることとなり，政治的地位をもつものがそれをテコに私的に集積した土地の法的所有権を握ることになったのである。また，律令国家においては，「戸」を編成し，男性を戸主に据え，この戸主が公的な貢納責任を負い，実際には女性労働で作られた布製品や精米もすべて家族内の男性の名で納められるようになった。その後，中世において，租税が土地を単位にかけられるようになったとき，女性が所有している土地であっても公的台帳には男性名で登録されることになる。こうして，公的地位から女性が排除され，8，9世紀以降，私有化が進む中，男性が所有を独占して家族の支配者となる「家父長制家族＝家」が，しだいに上層貴族階層から庶民上層にまで及んでいく。このことが，男女の社会的不平等の出発点となるのである。

　「「倫理」とは，個人にして同時に社会（「間柄」）であるところの「人間」の存在の普遍的理法である」（小牧，1986，p.144）とし，間柄概念のもとに倫理学を展開した和辻哲郎は，著書『風土』において「家」に関して次のように述べている。「家」は，アラビア・アフリカ・蒙古などに広がる砂漠的人間にとっての「部族」，ヨーロッパの牧場的な人間にとっての「ポリス」に対応するものである。日本人は昔から，「家」，すなわち，世間＝「外」とは区別される「内」において，しめやかな情愛に根ざす結合を享受してきた。内においては「へだて」がなく，共同の敵に対して団結し，共同の力をもって自分自身の命を守ろうとする。人々は喜んで自己を埋没し，自己の権利を主張しなかったため，思いやりやいたわりなどの繊細な心情が発達した。したがって，「家名」のためには勇敢に命をも捨てることができたのである。この「家名」は家長をも犠牲にし得るものであり，「家」は祖先をも含む家族の全体性，およびその「全体性が個々の成員より優先される」ことを明示している（和辻，1979，p.198）。

しかし歴史をふりかえると，中世において戦国大名が覇権を争う時代以降，武家においては，君主に対して軍事的勤めを果たすことが何より優先されるという価値観が存在するようになり，個々の家や家族へ尽くすことを優先した行動はとりにくくなる。また，その変化は，軍事的勤めを担うことのできる男子の優位を決定的なものとし，さらに，家長である男が，家の外からの権威に支えられる形で家の中の人々を支配する家父長制が強化されていくのである（久留島，1993，p.106）。

　ただし，ひとくちに「家」といっても，江戸時代において，徳川の武家支配が鼓吹した儒教的な「家」と商家の「家」とは同一視できない。能力によって転落も繁栄もした商人社会においては，独自の規範をもって柔軟に状況に対応していたといえる。実際，商家の場合，家の盛衰によって転出入が頻繁に起こり，また，家内部の成員の移動も激しく，家長の親族成員にしても生まれてから死ぬまで生家にとどまる者はわずかであったし（中野，1981，pp.792-793），父系血統の長男子たる生得的地位が相続者を決定するというわけでもなかった（中野，1981，p.798）。このような能力主義的経営理念を有する商家において重視されたのは「才覚」や「根気辛抱」であり，そのような資質を有する人物を，商売を支えうる人材として相続人に選ぶ必要があった。そこで，商家においては，男性に適格者が存在しない場合，女性が家計の維持者となる比率も高かった。このような商売や相続の世界の状況に対し，女性の町政への参加は道が閉ざされており，女性の政治参加を拒む江戸時代の社会のしくみを見ることができる（久保，1993，pp.152-153）。

　さらに，女性の商売や相続への参加は，前述の和辻の説における「内における「へだて」のなさ」が，実力主義という意味合いにおいて商家において貫かれていることを示しているといえる。また，相続人に選ばれなかった者にとっても，自分自身を守ってくれる家を存続させるためには，たとえ女性であっても，真に能力のある人間に家を相続させた方が良いという合理的判断がなされていたといえよう。

第4節　女性の仕事と教育

　では，前述のような価値観を有する江戸時代において，女性の仕事はどのようなものがあったのであろうか。また，女性がそのような積極的な役割を果たすことが可能となった背景にはどのような要因があったのであろうか。

　まず，大きな要因として，鎌倉時代末から南北朝時代（14世紀）の1世紀近くにおよぶ南北朝動乱を境にして，武家と民衆が新勢力として躍り出てきたことがあげられよう。自由な民衆の働く場が広がり，女商人たちも活躍の場を得るようになった。彼女たちは，食料品や衣料品，紅やおしろいなどの商いを行い，中には商人のトップの役職につく者もいた。この時代は，商人の他，職人の世界にも女性が数多く登場し，主に衣料関係の製造を行った。

　その後，江戸時代後期になると，女性の地位に大きな変化が見られるようになる。ひとつは，武士社会の考え方が庶民の上層部に浸透し，名主など村役人層や豪商たちの家では，武家と同様に家督を継ぐ男子を生むのが妻のつとめであり，夫は「主人」，長男はそれに準ずるものとみなされるようになる。もうひとつの変化は，家業としてではなく，雇われて働いたり，物売りを行ったり，賃縫いや賃洗濯を行うことによって家計をたてる女性が現れたことである。

　その他，江戸時代全般を通しての女性の職業といえば料理屋の仲居や，旅芸人や町芸者など芸を売る仕事，音曲・茶の湯・生け花・手習いの師匠といった芸事を教える仕事，大名や公家，商家などへの奉公，子守，乳母，針仕事，産婆，さらには18世紀になると髪結いの仕事を行う者も出てきた。女性経営者も登場し，例えば，井原西鶴の『西鶴織留』（1991）には，近江八幡の扇屋の妻で蚊帳の製造に携わり，縫い子を80人，蚊帳にへりやへりの小さな輪などをつける女性を50人抱える経営者の話が伝えられている[3]。彼女は商売の才覚があり，蚊帳の製造に携わる前にも，貧しい人には「利益を構わずたっぷりと計る」というような配慮も行うことによって，酒や米を販売する商売を成功させた。その後，近江八幡名産の畳表を売ることにより大商人

となり，蚊帳の製造を始めたのである。その他，染織分野においては，女性によって独創的な技術的発明がなされた。

このような女性の活躍の背景には，女性に対する教育の広がりの結果としての知的水準の向上がある（原田他，1983，pp.4-5）。上層および中層の商家の女性たちは，幼児期から読み書きを習い，相当の教育を受けていた。茶道や華道を学ぶ者もあり，和歌を詠み和文を綴り，読書を楽しむ者もいた。これらの活動や宗教活動に参加することなどによって，女性たちは，「家」の枠を超えた社会的つながり（ソーシャル・ネットワーク）を有することができたのである。また，裁縫や礼儀作法，家事など当時の商家の女性たちが身につけるべきとみなされたものは家庭内で教えられることが多く，母や祖母たちの果たす役割が大きかった。下層商家の女性たちは，手習い・音曲を幼少のときに学んだり，武家奉公で教養を身につけたりした。また，それらを指南することで生計を立てる者もいた。

さらに，儒教的な『女大学』[4]に書かれているように，家を守ることを第1の務めと心得ていた江戸時代の女性にとって，旅へ出ることは大きな夢であった。女子の場合，男子のように講中として共同体を背景に旅行に行くのではなく，裕福な町人と豪農を中心に個々の家で，伊勢詣，熊野詣，大阪見物などへ行かせていた。また，大阪には，女子のための中等教育センターがあり，寄宿舎生活を送りながら，多くの若い女性たちが，共に琴や三味線，裁縫等の修行を行った。このようなセンターを中心に，大阪周辺の豪農・商家の女性たちが家や身分の壁を超えて交流することによって人的ネットワークも形成された。旅行や寄宿舎生活はかなりの額の投資であったが，女子が親元を離れて多くの人々と交流を深めながら学ぶことが意義あることという考え方が商家や豪農に存在していたことがわかる。

とはいうものの，女性の旅は容易なものではなかった。関所を通るためには，身分，身許，同行人数，乗り物の数，出発地，行き先，旅の目的等を細かく記載する「女手形」の携帯が必要であり，また，男性にもまして厳重な検問がなされた[5]。さらに，女性の場合，難所を通るために必要な馬や籠，川を渡るための蓮台等のための費用や設備の整った宿に泊まるための費用，

さらには，荷物持ちのための人足の費用等がかかり，男性の旅と比べると出費が多かったといえる。

　しかし，江戸後期にもなると，町人階級の主婦たちの中には，自らの意志によって寺社仏閣参詣や物見遊山の旅を行う者も出てきた。彼女たちは，気の合った仲間と一緒に，数カ月から数年という長い旅を楽しんだ[6]。このように町人階級の主婦たちが長旅に出かけられるようになったのは，町人階級が富を蓄積し，経済的には武士階級をはるかにしのぐようになり，かつ，彼女たちが男性と同様に家業に参加し，奉公人の世話から大家族の管理をはじめ家内の切り盛りをするという重要な役割を果たしていたからである。とくに，夫に先立たれたが家業を守り，子女を養育した老後においては，家の中での地位が高かった。経済力と家庭内における地位の高さは，必然的に女性の行動の自由へとつながったのである。

第5節　商家の合理的価値観

　前述の家の相続方法などから，江戸時代の商人は武士とは異なる価値観を有していたと考えられるが，その価値観とはどのようなものであったのだろうか。

　R. N. ベラー（Bellah, R. N.）は，その著書『日本の近代化と宗教倫理』において，江戸時代の社会構造における価値体系を分析しているが，そこで彼は，「経済価値」，「政治価値」，「文化価値」，「統合価値」の4つの価値体系のうち，近代日本を特徴づける要素として，「政治価値」の優位性をあげている。「政治価値」は，「遂行」と「個別主義」を重視するという日本社会の特徴が結合することによって生まれており，ここでの中心的関心は，「集合体目標」にある。つまり，目標達成の次元がとくに重要であり，「忠誠」が第1の美徳である。「遂行」は「業績本位」と同様に，「資質」や「所属本位」と対をなすものであり，つまり，何であるかということや何に所属しているかということは優先されず，さらには，どんな身分かということよりも，何をなすか，目標を達成できるかどうかが第一義となる。目標達成に役

立つ遂行のみが真に効力をもつ。したがって，非常に重要な代表の役にある者や集合体の長でさえ，目標達成のために働いている従属者となるという考え方である。

政治価値に対して高度な関心をもつ社会では，支配と被支配の関係が「働くこと」よりもはるかに重要であり，権力が富よりも重要である（ベラー，1966, p.32）。つまり，政治的価値に優位性のある江戸時代の日本社会は，必然的に競争的になる。後述するように，男性は女性と比較したとき，競争や権力を重視する特徴があるといわれており，江戸時代の日本社会は，男性的特徴が強調された時代であるといえよう。

また，江戸時代においては，家長でさえも彼らが個人として経営の主体でありえたのではなく，家によって制度的に規制される存在であったことから，家業の管理者である家長によって代表される「家による経営」が営まれていた（中野，1981, pp.791, 793）。したがって，商家や職人の家において，跡継ぎの子どもに才能がなかったり，性格的に問題があったりすれば，勘当したり才能のある人材を養子として迎えたりした。前述の和辻のいう「全体性が個々の成員より優先される」という主張に符合する行動をとっていたことになる。このようなことから，江戸時代の日本における「忠誠」は，受動的な側面ばかりでなく，能動的な奉仕や遂行を伴うものであったといえる（ベラー，1966, pp.42-44）。

さらに，この家を構成していたのは，家長とその親族関係者たち，および住み込み奉公人たちであり，つまり家は「親族的家成員」と「非親族的家成員」を共に含んでいた（中野，1981, p.793）。商家で働く最高位の支配人は番頭であり，番頭は主人に直属する最高位にあって，事業に対してだけでなく，家庭内の経済に関しても最大の責任が与えられた。もし，主人が身勝手な行動をしていれば，番頭はそれを制止し，家業の格式を維持する義務があった。つまり，遂行価値が身分価値よりも優位にあったのである（ベラー，1966, p.85）。この背景には，親族的成員も非親族的成員もその家の成員として，それぞれの受け持つ役割地位において，家自体の存続繁栄という目的の継続的遂行のために献身させようとする家制度の本質が存在する（中

野，1981，p.793）。つまり，和辻のいう「内の中では「へだて」がない」という特徴がこのような遂行価値重視の側面にも表れている。

　しかしながら，遂行価値が重要視されるといっても，それが普遍的に貫かれたわけではなかった。例えば，江戸時代の商家では，正規の奉公をせずに，成年に達してから雇われた店員に「中年」という地位があったが，この中年は信頼に欠ける存在とみられ，重要な責任ある仕事は任されず，番頭の地位への登用も閉ざされていた。商家におけるこのような，従業員に対して平等にチャンスを与えずに当初から個別に扱いを変えるという考え方は，「個別主義」的であるといえる。この「個別主義」と対をなす「普遍主義」の考えでは，与えられた目標に最高度の能率と最小限のエネルギーをもって到達することを重要視するため，中途採用であれ，生え抜きであれ，結果を出せば登用するということになろうが，江戸時代においては，個別主義的な考え方が，普遍主義的な考え方に優先していたといえる（ベラー，1966，p.86）。その意味で，現代の中途採用者を組織の重要なポストに据えるという人事政策は，日本において大きな価値観の変化を示しているということができる。

　また，商家の内部において，行為を支配する非常に重要な概念は「奉公」である。この奉公の意味するものは，子どもの親に対する孝行，召使の上位者や主人に対する忠誠を尽くす奉公などである（ベラー，1966，p.185）。そして，この奉公は「祖先の恩に対する返礼としての労働」をも含む概念である。したがって，祖先を辱めることにつながる，家の名誉を汚すことや家業を衰えさせることなどはしてはならないことなのである。このような考えのもと，「家」はそれ自体，半ば「神聖な実体」となった（ベラー，1966，p.186）。

　この家に対する考え方に支えられ，商人たちは利益獲得活動を自己正当化することに成功した。江戸時代において，伝統的な儒者は，「立派な人間は義をまもり利をすてるが，一方，商人は利をまもり義をすてる」と主張した。また，仏教徒は，「貪欲」は基本的な罪のひとつであり，商人の利益追求欲と密接に結びついているものと考えた（ベラー，1966，p.180）。このような社会的風潮の中，神聖化した家を守り，発展させていくために利益獲得

活動を行っているのだと考えることは，商人たちにとって，自己の活動を正当化するのに大きな役割を果たしていたと考えられる。つまり，個人が自己の欲求を満足させるための「利己的利益追求主義」志向の活動ではなく，むしろ，「家族利益主義」志向の活動を行っているのであるという考えに支えられながらビジネスを行っていたといえよう。

加えて，この家の名誉を守るという態度は，正直，品性，および信用の高い水準を強化することに役立ち，商家界における全体的な倫理度のレベルアップにつながり，さらには，各商家間に一種の信頼を生み出す結果にもなった（ベラー，1966，p.186）。

また，江戸時代において，近江商人に熱烈な信者を獲得した浄土真宗では，商業にしろ工業にしろ，需要者に物品を供給するという他者の利益獲得に貢献することによってその報酬としての利益を得るとしている。したがって，獲得した利益は正当化されるべきものであるという考えを示した（ベラー，1966，p.180）。しかも，浄土真宗では，職業は，自己の封建領主に対するよりも，主として，阿弥陀仏への義務としての報恩とみなされる。つまり，宗教的義務は君主に対する政治的義務より優位性を保っていることを示している（ベラー，1966，p.183）。

ヴェーバーは，西欧においても，資本主義以前の社会においては，営利を自己目的とする行為は根本的には「恥ずべきこと」であった，と述べている（ヴェーバー，1991，p.83）。しかし，第2章でも示したように，ヴェーバーは，「近代の資本主義が利潤追求という明確な特徴をもって発展していった背景には，プロテスタントの信仰において，労働者たちの職業が神からの召命としての「天職」であり，われわれが現世において果たすべく神から与えられた使命であるため，勤勉は神の意思に報いることであるという認識があり，したがって，勤勉の結果として得られるビジネスにおける利益獲得活動が個々人によって義務として意識され，正当化されるような風潮が存在していた」（ヴェーバー，1991，p.85）と述べている。このようなプロテスタンティズムについての説に基づき，ベラーは，浄土真宗が，「西欧のプロテスタンティズムに対する日本における最も類似性をもつ形態であり，かつ，その

倫理はまた，プロテスタントの倫理に最もよく似ている」ことを指摘している（ベラー，1966, p.184）。

たしかに，江戸時代の商家の人々の商人倫理は「勤勉と節約」が強調されたものであり，この「勤勉と節約」も，初期のプロテスタンティズムの職業倫理である「世俗内禁欲主義」と類似する側面がある。しかし，神聖な実体としての家を強調し，家業の維持に対する多大な関心をもつという宗教的精神性は先例に従うことを奨励することにつながり，結果として家業の新しい分野への拡大や革新的な挑戦という攻めの経営を抑制することにつながるともいえるのではないだろうか。

そのことを考察するために，近江商人であり，熱心に浄土真宗を信仰していた，現在の総合商社伊藤忠商事および丸紅の創業者である初代伊藤忠兵衛[7]の信仰と経営を取り上げる。

伊藤忠商事と丸紅の事業活動は，初代伊藤忠兵衛が，兄・伊藤長兵衛と共に，安政5（1858）年に，近江麻布の「持下り」（商品携帯出張卸販売）を開始したことに始まる。忠兵衛が九州への持下り商いをしていたころ，福岡にある真宗西本願寺派の古寺・万行寺の住職より仏の教えを受けたことから，仏教的な慈悲心を組織の経営理念に取り入れたり，従業員や得意先に対しても法話会への参加を促したりすることによってその理念を伝えた。

忠兵衛の行動で仏教的な慈悲心の表れと考えられる例としては，従業員に対しては，主従の関係というよりも家族主義的な共同経営者として遇する姿勢をとったり，1と6がつく日の月6回，全店員参加のすき焼きパーティを催したり，芝居や相撲見物，納涼舟遊びなど，数々の行事を催したりして従業員を慰労したことなどがあげられる。このような配慮は，従業員のモティベーションや結束力を高めたと考えられると同時に，従業員の人格形成に役立ったと考えられる。さらに，近江商人を特徴づける「売り手よし，買い手よし，世間よし」の「三方よし」の実践や「商売で嘘をつくな」という教えも，この宗教的慈悲心からきていたとされている。

さらに，忠兵衛は，西本願寺の財政面に参与する勘定役に就任し，貧者や孤児の救済や学校への補助などを事業とする大日本仏教慈善会の創立にも関

わった。また，西本願寺の有力な信徒のひとりとして，信者間の相互救済を図る真宗信徒生命保険事業への出資を行った。この事業の戦略的目的は，キリスト教の慈善活動を活用した伝道活動を参考にし，西本願寺教団が仏教慈善活動を行うためのファンドを保険会社が拠出することであった。この他，西本願寺の信用力を活用して預金を集めることを計画した起業銀行へも出資している（小川・深見，2006, pp.58-61）。

　このように，忠兵衛は，浄土真宗を信仰する者が多いといわれる近江商人の中でも，とくに熱心な信徒といえ，また，西本願寺などからの信頼も厚かったといえよう。この宗教とのつながりが，本業における強い組織文化の形成やステイクホルダーとしての他の組織との強力なネットワークや信頼の形成に寄与していたという可能性もある。

　他方，革新性についていえば，忠兵衛は，明治5（1872）年に，「店法」を制定し，経営理念を表したが，この店法において，従業員の義務と権限を明文化し，若い店員に至るまで，それぞれのもつ能力を引き出すという倫理的人事戦略を打ち出した。これは，人を信じ，有能な者を思い切って登用する人材育成方針であり，初代伊藤忠兵衛の生涯にわたる重要な事業経営精神であったといわれる。また，「会議制度」の採用など民主的経営ともいえることを実践したり，高等教育を受けた学卒社員を入社させたりすることなども行い，当時としては画期的な試みを次々と実現し，経営の合理化と組織化を図った。

　このように，ヴェーバーによって「プロテスタンティズムの倫理と資本主義の精神（Die protestantische Ethik und der 'Geist' des Kapitalismus）」の論文（1904-05年）が著される約30年前に，日本においては，すでに，宗教の教理に根ざした倫理的経営が実践されていたことになる（丹羽，2010, p.79）。さらに，初代忠兵衛が近江商人の共有する精神を表現したといわれる「商売は菩薩の業，商売道の尊さは，売り買いの何れをも益し，世の不足をうずめ，御仏の心にかなうもの」（丹羽，2010, p.83）というメッセージは，まさしく，ヴェーバーのいうプロテスタントの仕事に対する考え方と同様であり，資本主義の中核に関わる考え方といえよう。

以上のことから，近江商人の信仰心と経営の革新性はそれぞれが独立に存在する特徴というよりは，むしろ，宗教の教理を活用して組織文化の醸成や従業員の人材教育を行い，そのことによって従業員と経営者の信頼関係を構築し，従業員の組織への凝集性やモチベーションを高めることを可能にしている。さらに，倫理的かつ民主的な組織運営が他社ではなしえなかった革新的経営につながったといえよう。このような経営における倫理性と革新性の相互関係は，現代のCSR経営が目指すステイクホルダーと企業の双方への価値創造にも通じるものである。

　また，忠兵衛をはじめとして近江商人たちが信仰心を強くもった理由のひとつとして，商売の成功は非常に難しいものであり，ときには人間の能力や努力を超えたところで勝敗が決まるという謙虚な姿勢があり，だからこそ，信仰を通じて御仏の助力を得ようという考えがあったのではないだろうか。このような姿勢が，成功したときも自分の力だけではなく，御仏の助力あってこそという思いに至り，慢心を抑制する力にもなっていたと考えられる。

第6節　ジェンダーの視点からみた女性の特徴

　では，このような価値観をもつ江戸時代の商家のビジネスに，女性の能力はどのように生かされていたのであろうか。本節では女性のもつ特有の能力を明らかにするために，女性と男性の間の違いを，C. ギリガン（Gilligan, C.）やL. コールバーグ（Kohlberg, L.）の道徳性の発達理論を中心に論じる。

　ジェンダー（gender）とは，「人間の生物学的・解剖学的性別（sex）にしたがって，男女それぞれにふさわしい行動・態度・心理的属性などの類型（男らしさ／女らしさ）として社会的・文化的につくられた性別―社会的・文化的性別―」（有賀，2000, p.17）である。

　それでは，男性が男性らしいパーソナリティを形成し，女性が女性らしいパーソナリティを形成するのはなぜなのだろうか。

　ギリガンは，著書『もうひとつの声』において，女性の道徳判断は従来の男性中心主義の発達理論の枠組では計れない異なるファクターが基本となっ

ており，従来の発達モデルとは異なる「もうひとつのモデル」が存在するということを報告している。そしてその中で，道徳性の発達に関連した性差については次のように述べている。男女いずれの場合も，3歳になる頃までに性のアイデンティティを確立する。その3年の間，主に子どもたちの世話をするのは母親であり，その母親が少女に与える影響と少年に与える影響は異なる。つまり，女性である母親が，自分の娘を自分に近く自分の延長と感じることにより，少女の方も自分自身を自分の母のように感じ，愛着の経験をアイデンティティ形成の過程と融合させていく。その結果，少女は，他人の要求や感情をあたかも自分のことのように感じる「共感」能力をもつ基盤を有することとなる。他方，自分の息子に対して，母親は自分と対置する男性と感じながら接するため，少年は，男らしさを発達させ，男性であるというアイデンティティを獲得する際，母親を自分自身から切り離し，自分自身を個別化し，少女の場合と比べてより防衛的な自我境界をもつようになる。また，少女は，同性の親によって育てられることから，非常に幼い頃から，少年と比べて外界から分化されていると感じることは少なく，より外部の客観的世界とつながり，関係があると感じている（ギリガン，1986，pp.6-7）。したがって，男性は，人間関係において困難をおぼえがちであり，一方，女性は個別化において困難をおぼえがちとなる。

　また，ギリガンは，小学校期の子どもたちの遊びの様子を観察したJ. レバー（Lever, J.）の研究を紹介し，少年は少女に比べて理にかなった議論を楽しみながらケンカを解決することができるので，遊びが長く続くと述べている。つまり，少年は遊びの規則に従うことを通じて，遊びから多様な人々からなる大きな集団の活動を円滑に行うのに必要な独立心と組織能力の両方を学び，その過程で，競争というものにも対処できるようになる（ギリガン，1986，pp.9, 11）。それに対し，少女たちの遊びは，より親密な小さな集団の中で行われたり，仲のよい親友同士二人きりでみんなの知らない場所で行われたりすることが少なくない。少女は，遊びの継続のためにケンカを解決する規則の体系を苦心して作り上げるよりは，むしろ人間関係の継続を優先させる（ギリガン，1986，p.11）。

少女の，そのようなケンカを避け人間関係を重視する傾向は，社会的に従属的であり，自立的に考えることが苦手で，はっきりした決断のできないという道徳的弱点として一般的に受け取られることがある。例えば，コールバーグは，人間の道徳性の発達段階を次のように定義している。

第1段階—物理的な結果によって行為の善悪を判断する「罰と服従への志向」
第2段階—人間関係を取引の場のようにみる「道具主義的な相対主義志向」
第3段階—善い行為とは他を喜ばせたり，助けたりすることであり，他者から肯定されるようなことであるとする「対人的同調，あるいは「よいこ」志向」
第4段階—権威や固定された規則，そして社会秩序の維持を指針とする「「法と秩序」志向」
第5段階—正しい行為を，一般的な個人の権利や社会全体によって批判的に吟味され一致した規準によって定められる傾向があるとする「社会契約的な法律志向」
第6段階—正しさは，論理的包括性，普遍性，一貫性に訴えて，自分自身で選択した「倫埋的原埋」に従う良心によって定められるとする「普遍的な倫理的原理の志向」（永野，1985，pp.22-23）。

　このようなコールバーグの道徳性の発展段階に，女性の特徴をあてはめると，女性の人間関係を重視するがゆえに自立的に意思決定することができないという特徴ゆえに，女性の道徳性が第3段階にとどまり，多数派の意見に同調してしまい，自発的な道徳原理を採用することができないという否定的な評価が下ることになる。しかし，ギリガンが指摘するように，コールバーグの調査は少年ばかりの集団を被験者にして構成されているのにもかかわらず，その理論を一般化して女性にもあてはめようとするのには問題があろう（ギリガン，1986，p.24）。ギリガンの主張のように，女性には男性とは異な

る道徳性の発達段階があるのではないかという立場に立つと，女性は他人が必要としていることを感じたり，他人の世話をする責任を引き受けたりすることができるという，「他人を思いやる能力」に長けているという肯定的な見方もできることになる。

　また，この「他人を思いやる能力」は，相手の声に耳を傾け，自分だけの狭い考えに固執することがなく，多様性を受け入れ，自分の判断に他人の視点を含みこむことができるという資質にもつながり，それらは，現代の組織の中で必要とされ，賞賛されるべき能力である。しかし，そのような能力をもった女性は，実際のところ，「自分の心身の力を他人の欲求（必要性）を満たすために使う」という「ケア」の役割（内藤，1994，p.79），中でも，家庭や職場においては，とくに妻やアシスタントとして男性の世話をするという役割を社会的に課せられているケースも多い。しかも，その役割の価値が低く評価されているという問題も存在する。

　さらに，J.ピアジェ（Piaget, J.）によれば，少年は，規則を作ってそれに従おうとするが，少女は，規則に対して，より「実際的な」態度を示し，「規則は遊びに役立つかぎりにおいてよいものとみなしている」という（ギリガン，1986，p.10）。このように，少女は，規則に対して寛容であり，好んで例外を作り出したり新しい制度をたやすく受け入れたりする傾向が強い。したがって，ピアジェが道徳性の発達には不可欠とみなしている規則感覚は，少女は少年と比べてずっと発達が遅れてしまっていることになる（ギリガン，1986，p.10）。

　しかし，現在，起こっている企業の不祥事などの例をみると，単に，規則に従っていれば回避できるというものでない場合もある。倫理的問題を抱えた各事業の担当者たちは，自分たちが関係する，顧客，社内の同僚や上司，株主，取引先，地域社会などの各ステイクホルダーへの責任感の間で葛藤し，問題を解決するために規則を確認したところで，解決ができない複雑な状況に陥ることも多いであろう。このような場合，男性が得意とする，規則や上司の指示に従ったり，形式的で抽象的な考え方に依存したりするよりも，ギリガンのいう「前後関係を考えた物語的な考え方」（ギリガン，1986，

p.25)が必要とされることになる。そこでは，女性の得意とする，より文脈的な判断の仕方と，責任と人間関係への配慮が重要な要素となるのである。女性は，他者への思いやりを基盤として，自分自身の意思決定によって何らかの影響を受けるすべての人々に対して配慮しようと試み，彼ら全員を傷つけずに意思決定を行うためにはどのようにしたらよいのかについて苦悩するのである。

　このような女性にみられる，原理や規則を機械的に適用するのではなく，今ここで現に起こりつつある状況を主体的に考え，その場その時の状況に相応しい意思決定するという態度は倫理的であるということができる。そして，そのような場合の倫理は，道徳的判断は個々の状況や文脈に沿ってなされるべきであるとする「状況倫理」に関わっているといえる。状況倫理を重視する場合，大前提となる原理は，認識し，かつ意思決定主体が状況の中で自己の自由を保持しつつ良心的に責任をもって意思決定を行うことである。また，この状況倫理に関して，小原信は，「客観的で普遍妥当性をもつ原則とか法則を強調するカントの倫理学とは大きな隔たりがある」ことに言及している（小原，1974, p.34）。その側面から考えると，カントの倫理は，規則感覚の発達している男性からの共感を得やすい可能性があるといえよう。

第7節　商家における女性の役割

　では，江戸時代の商家において，上記のような特徴をもつ女性はどのような役割を果たしてきたのであろうか。

　妻としての女性は，夫に対する無口と服従という姿が想像されるところであるが，実際は単に夫のかざりものではなく，上流階級においてさえも，妻は家計のやりくりと家族の義務について，厄介であるが非常に大切な責任を果たすものと期待された。妻はしばしば，勤勉であり，かなりの計画力と組織力をもっていた。したがって，実際には，強い権力を行使し，ときには，「玉座の陰の権力」であった（ベラー，1966, pp.82-83）。

　では，商家に嫁いだ女性たちの仕事とはどのようなものであったのであろ

うか。豪商に嫁いだ女性たちは，直接，店の仕事に携わることはほとんどなく，むしろ，従業員たちを陰で管理したり，冠婚葬祭をはじめとする家同士の交際を行ったり，勤め上げて別家となった奉公人やその家族への配慮をしたり，親戚づきあいのための行事を取り仕切ったりしていた（林，2001, p.297）。

　他方，上中層町屋の女性の場合，主婦として多かれ少なかれ家業に携わっていた。例えば，店の忙しいときの手伝いや夫の帳面づけ・照合の手伝い，奉公人の祝儀包み作りの手伝いなどを行っていた（林，2001, p.288）。

　では大店の嫁となった女性の仕事はどのようなものであったのだろうか。以下に，三井家，住友家，そして前述の伊藤家の例を取り上げる。まず，三井家であるが，江戸時代，「越後屋」として呉服屋を営んでいた三井家の2代目，三井高俊の妻殊法は，夫が連歌や俳諧，遊芸などの趣味にふけっていたため，夫の代わりに商売を行った。しかも，夫が44歳で病死したため，その後，店を一手に引き受け質屋も営んだ。同業者より利息を安くしたり，自ら店に出て接客を積極的に行ったり，使いの者への気配りまでも熱心に行ったりしたことから，商売は繁盛した。また，物には命があり，どんな物でも最後まで使うという信念から不用品の再利用を心がけるなど，日常のすべてに無駄がなかった。

　さらに，子どもたちへの教育にも熱心で，とくに重視したのは，人間としての思いやりをもつことであり，人と人との関係，あいさつ，言葉づかい，礼儀を教えた（永畑，1999, p.37）。商売の実地教育にも熱心であったため，子どもたちも若いうちから商売に成功した。また，息子の嫁への教育にも成功し，息子の三井高利の妻かねは，奉公人への心遣いもきめ細やかであり，夫の商売を陰から支えた。このように，やさしさをもつかねであったが，有能な子どもたちの中にあって，店をつぶし，多額の損害を親族に与えた五男に対しては冷淡であったという。このことから，彼女が優しさの中に厳しさや合理性を合わせもつ女性であったことがわかる。この合理主義が子孫に家訓となって引き継がれた。そこでは，「きちんと自分を律することができる人には情をかけるが，そうでない人間は商人として相手にしない」という原

則が貫かれている。こうして，三井家の商家としての思想の根本を形作った殊法やかねの道徳的教育が子どもや息子の嫁，さらには孫たちに忠実に受け継がれ，現在の三井を築いていったのである（西岡，1993，p.52）。

次に，住友家について述べる。住友家は，元禄年間に別子銅山の経営に着手し，それが世界最大級の産銅量を誇る銅山に成長し，重要な輸出品として日本を支えることになったが，その住友家の場合も，代々女性がその事業精神を子どもや嫁たちに伝えている。住友友芳は，早くに父友信が隠居したことにより，弱冠16歳で家督を継ぐことになった。友芳は，元禄4（1691）年に開発した別子銅山より銅山史上未曾有の産銅量を得ることができ，さらには，備中の吉岡銅山の事業が大成功を収めたことなどにより，近世前期における住友家の最盛期を築くこととなった（住友修史室，第7輯，1956，p.8）ことから，その功績は高く評価され，「中興の祖」と呼ばれている。友芳の四男で，若年より和学を志し，和歌を学んだ入江友俊が両親のすばらしさについて記した『後のかかみ』において，友芳は，「資性敦厚，孝悌友愛の徳を備え，慈悲心深く，倹素にして衆と苦楽を共にし，よく使用人の心腹忠誠を得ていた」と記されている（住友修史室，第7輯，1956，p.8）。

しかしながら，友芳の功績は，隠居中とはいえ，優れた才幹をもち実質上の偉大な仕事をしたといわれる父友信の力に負うところも少なくなかったといわれている。友信の母春貞は，神意にかなうような和歌を詠む人物であった（住友修史室，第4輯，1952，p.13）。その春貞に信仰のあるべき姿とそれに伴う処世術をわかりやすく説いたのは，初代文殊院政友である（住友修史室，第3輯，1952，pp.1-3）。政友は，弟子や子孫のために，釈迦如来の信仰に基づいた教えや商売上の心得なども懇切に説いたものを書き残し，住友家の堅実な家風を構築した人物であるが（住友修史室，第4輯，1952，p.12），春貞に対しては，慈悲心の大切さ，知恵や福徳を身につけることの大切さを述べた遺誡を送っている（住友修史室，第3輯，1952，p.4）。とくに女性の春貞に対してこのような遺誡を残しているということは，住友家を支える当主の教育をつかさどる役割を果たすのは母親であり，その母親に大きな期待をしていたということの表れであろう。

住友家では，4代友芳の先妻（上林とき）および後妻（中西ねい）も，従業員全員に対していたわりの心をもって接したため，従業員たちも彼女たちに従った。そして，友俊は，生みの母であるねいについては，夫の友芳が早くに亡くなったため，その後，子どもたちの父親代わりも務め，人としての生きる道を子どもたちに教えたことなどの逸話を中心に，その優れた人物像に関して『後のかかみ』に書いている（住友修史室，第7輯，1956, pp.5-9）。

　さらに，前述の初代伊藤忠兵衛の妻・八重[8]は，明治5（1872）年，忠兵衛が大阪・本町に初めて店を出して以来，大阪店で使う米やたばこの選定，味噌や梅干しの漬けこみ，ふとんの打ち直し，店員の着物や下駄の調達というような裏方的な仕事はもちろん，近江麻布の仕入れの指揮から弁当の準備まですべてひとりで取り仕切っていたという。また，新入店員の教育を担当し，行儀作法やそろばんなど，店員として必要な教育を行い，一人ひとりの性格や能力を見極め，それぞれの力量，適正に応じた配属先を考え，初代忠兵衛に進言した。さらに，初代忠兵衛の死後，息子が2代忠兵衛を継いだが，継承直後，八重は息子に役職を与えず，「丁稚奉公」からスタートさせたという。

　この伊藤家および三井家の例からは，商家においては，神聖化した家の存続のシステムの中に女性もプレーヤーとして組み込まれ，家の存続・発展という遂行価値が先代の息子という身分価値よりも優位とする考え方が，母親としての女性にも浸透していたことがわかる。

　また，これらの事例における女性たちの考え方や行動は，前節のギリガンの理論における，男性は独立心と組織を運営する能力を有し競争にも対処できるようになるのに対し，女性は，むしろ人間関係の継続を優先させるという主張に反するように思える。つまり，八重の場合，母－息子という人間関係より，息子の，事業の競争に打ち勝ち，家を守るための家長としての能力育成を優先させたといえる。したがって，コールバーグの道徳性の発達理論の最高位である第6段階の論理的包括性，普遍性，一貫性に基づく「普遍的な倫理的原理の志向」を身に付けていたと考えられる。

　しかし，通常の「商家の奥様」の枠を超え，夫と共にビジネスを行ってき

た女性の場合，激しい競争による家の衰退や断絶，同族内部の勢力均衡の変動，本家断絶による末家の分散的孤立などが起こりうる商売の難しさを実感し，夫の亡き後，家長として一家，そして従業員の生活を支えていかなければならない子どもの立場に共感し，思いやった結果として，家長に必要な能力を身につけさせることが本人のためであり，また，家のためでもある，という「ケア」の視点からの判断だったということもいえよう。また，通常の継承者とは異なる道を子どもに歩ませたケースについても，女性特有の，原理や規則を機械的に適用するのではなく現在の状況に合った意思決定をするという特徴と合致しているといえる。

　さらにこれらの例からは，商家における女性たちの中には，直接，家業に関わる仕事の一部を担うだけでなく，子どもや従業員への教育を通じて各家の独自の事業精神や人間として生きていくための道徳心を植えつけていくという重要な仕事に携わっていた人々もいたことがわかる。また，その女性たちは，家同士の付き合いにおける細やかな心遣いを怠らず，従業員や家族への慈悲心や配慮を忘れることなく，子どもや従業員へ商家の人間としての正しい生き方を示すということなどを通じて，組織の倫理的側面を支える役割を果たしていたといえよう。

第8節　小　括

　原始時代においては，男女間の性差が労働の場で問題とされていなかったが，日本においては，律令制国家確立を契機とし，また，「家父長制家族＝家」によって強化されながら男性優位の社会が構築され，現代に至っている。

　日本における家は神聖なものであり，メンバーは家名を汚すことなく守らなければならないものとされてきた。この家を守るために，江戸時代の商家では，遂行価値や個別主義を重視した。そのため，能力のある女性の場合，夫や息子と共に，あるいは，彼らの代わりにビジネスの中心的な役割を果たした。

本章では，三井家，住友家，伊藤家という江戸時代から続く商家における女性の活躍を取り上げたが，彼女たちに共通する，女性特有の道徳性に基づく顧客や従業員に対するきめ細やかな心遣いや他人を思いやる共感能力，主体的に状況をとらえ適切な意思決定を行う能力などは，その家の家風や商売の仕方に活かされ，代々伝えられていった。彼女たちの教えが商売を発展させ，幾度となく襲ってきた危機を救う一助となったということができよう。
　ダイバーシティが企業の戦略として注目される今日，殊法や春貞や八重のような道徳心をもった女性の能力を再評価し活用していくことは企業にとって必要であろう。とくに，ステイクホルダーのニーズを吸い上げてそれに対応しつつ，「環境」，「社会」，「経済」という「トリプルボトムライン」における成果を生み出し，ステイクホルダーに独創的な価値を提供していこうとするCSRを組み込んだ新しい日本型経営を目指すにあたり，女性特有の共感能力，人間関係構築能力，文脈や状況に沿った判断能力は，従来の男性的勝利至上主義型経営戦略やビジネスモデルに欠けている部分を補完し，競争力を強化する意味でも大きな価値を有しているといえる。
　また，本間家の公益を重視する経営や近江商人にみられる「三方よし」の考え方は，まさしく，現代のステイクホルダーへの配慮を基盤とするCSR経営と同様の特徴をもっているといえる。本間家をはじめとする酒田の商人の場合，奥州藤原家の子孫という誇りをもった商人たちによる自治の精神が根底にあり，地域社会と一体化した商家のビジネスが地域社会を発展させ，そのことによって，ビジネスが発展するというビジネスモデルが存在した。近江商人の場合，宗教に支えられた倫理観が組織内および組織外のステイクホルダーとの信頼関係を構築し，その関係を基盤として革新的な経営を実現させたといえよう。
　これらのことから，江戸時代の優れた商家の経営者は，単に，事業を成功させて利益を得ることによって家を守ろうとしていたのではなく，社会や仏の前で謙虚な姿勢をもち，それらの「声」を体感しつつ，勤勉さをもって事業を行うことによって利益を獲得し，家が守られるのだということを理解し，行動していたと考えられる。

現代においても，会社を家として捉え，従業員や役員は団結してその家を守ろうとする。それは，結局，構成メンバー一人ひとりの個人を守る行動でもある。しかし，度重なる不祥事とその対応の意思決定からもたらされる悲惨な結末は，その家化した企業のあり方そのものの限界を示しているようにも思える。

【注】

1) 山形県の町並みと歴史建築 HP：「酒田市・歴史・観光」（http://www.dewatabi.com/syounai/sakata.html，2012年2月27日）参照。
2) 三十六人衆を中心に誕生した自由都市酒田
（http://www.36nin.jp/explanation.html，2012年2月27日）参照。
3) 『西鶴織留』「本朝町人鑑」の「所は近江蚊屋女才覚」で語られている（野間校注，1991，pp.337-342）。
4) 貝原益軒の『女大学』は，寺子屋などで女子用の教科書として使用された「女書」のひとつで，女書の中のロングセラーとなった本である。ここでいう「大学」とは，教育機関としての大学ではなく，儒教の経書のうちの四書のひとつである。
　妻は夫と夫の親に仕え服従する者であるという秩序を保つことを最重要とし，女性の行動や妻としての務めについて19カ条にまとめられている。後に，福沢諭吉は，『女大学評論』の中でこのような女性観を批判している。
　しかし，石川松太郎編『女大学集』によれば，『女大学』自体は，貝原益軒撰『和俗童子訓』の中の「教女子法」の一部を取り出して他の誰かが作った本である可能性があるという。その理由のひとつとして，貝原は，万物のうちにあって人間を人間たらしめる「人間性」の尊厳を強調し，貴賤・貧富・性別にかかわらず，すべての人間を一貫させる価値平等観をもっていたとされ，『和俗童子訓』において，「天下の民は我と同じく，天地の子なるゆえに，即ちこれが我が兄弟なり」と記しているが，『女大学』では，そのような人間の価値平等観が捨象されているということが指摘されている（石川，1977，pp.311-313）。
　また，この貝原の価値平等観は，福沢諭吉『学問のすゝめ』の「天は人の上に人を造らず人の下に人を造らず」というフレーズに表れる価値観と同様のものと考えられる。

5）しかし，「女かくれ道」といわれる，関所を通らず街道を離れた脇道を通るルートが存在し，「関所抜け」が一般的に行われていた。その際，男の案内人が同行したが，この案内人は，難儀に遭遇したときの交渉をする役割も果たしていた（神崎，2004，p.156）。
6）宝永2（1705）年4月21日から1カ月間，京都所司代が洛中通過の参詣者数を調査した数字によると，5万1563人中，女性が2万1218人であったという（今野，1993，pp.85-86）。
7）伊藤忠商事株式会社HPにおける「歴史・沿革」の「初代伊藤忠兵衛」，および丸紅株式会社HPにおける「沿革」の記述を参照した。
（http：//www.itochu.co.jp/ja/about/history/first/，2012年2月27日）
（http：//www.marubeni.co.jp/company/history/index.html，2012年2月27日）
8）伊藤忠商事株式会社HPにおける「歴史・沿革」の「初代忠兵衛の妻 八重夫人」の記述を参照した。
（http：//www.itochu.co.jp/ja/about/history/yae/，2012年2月27日）

第5章 明治期のCSR

第1節　問題意識

　倫理体系には，行為者自身が善い人であるとか悪い人であるとか，彼らの性格的特性がどのようなものであるかということに注目し，善き性格をもつ人，つまり，徳を備えた人による意思決定を重視する「徳倫理学」(virtue ethics) がある。これは，「最大多数の最大幸福」をスローガンとし，ある行為が道徳的であるか否かがいかなる結果が生じるかに依存している「功利主義」や，行為や判断の背後にある善意志（善意）のみがすべての倫理的行為の正当化の根拠であるとする I. カント（Kant, I.）の「義務論」などは異なる体系といえる。

　この徳倫理学では，人間のさまざまな実践上の機能や能力や性格の優秀さを評価し，「卓越 (perfection or excellence)」の観念を，徳を評価する基準とする（塩野谷，2002，pp.124-125）。また，この倫理学を特徴づける重要な論点は，「知性」の役割である。徳の概念は，プラトンとアリストテレスに代表されるが，アリストテレスにおいては，徳（$αρετη$, aretê, アレテー）は倫理的徳（卓越）と知性的徳（卓越）の両方を含む（塩野谷，2002，p.125）。この徳の特徴は，CSR 経営における顧客との強い信頼関係を構築すること，最高の技術力を目指すこと，品質の高い製品やサービスの提供を目標とすること，従業員の福祉を重視すること，株主を大切にすること，といった「質の高い経営」の要素を形作る基盤であるといえよう。

さらに、アリストテレスは、徳は、感情でも生得的能力でもなく、むしろ適切に訓練され、内省を繰り返しながら評価し、構築し、身につけていくものであり、その結果が個人の一部となるとしている（ビーチャム＆ボウイ、2005, p.55）。いわば、徳は、「行為の習慣づけ（エトス）」（梅津、2002, p.74）によって生じるのであり、「倫理的習慣形成」といえるものである。この徳をもった人は、何らかの行為を実践するとき、道徳的に相応しい欲求をもつ。これは、単なる義務の規則に従うというようなものとは異なる。したがって、道徳的に相応しい欲求をもち何らかの行為を実践する場合と、ただ義務に従うという場合とは、結果的には、同様に道徳的に正しい行為を行うかもしれないが、義務に従う場合は、行為者が内省しつつ自らの卓越さを評価し構築していくという過程を経てはいないことから、徳倫理学の立場からは不十分なものとなる。つまり、欲求が正しくなければ、徳の必要条件が欠けていることになる（ビーチャム＆ボウイ、2005, p.56）。
　このように、徳とは、義務論的規則や常識道徳、社会通念として横行している価値基準や権謀についての処世術のような、容易に得られるものに自分を合わせることなく、事柄の本質を探究し絶えず自らに問いかける魂の知的活動であるといえる。そして「美徳」とは、この徳のもつ「卓越性」に合致する場合に使用される用語であり、それに反するならば、「悪徳」となる（桑原、2008, p.220）。
　さらに、徳の有する卓越した能力や性格の優秀さは、利己主義的な行為者個人の利益ばかりでなく、共同体全体の利益への貢献欲求を創造する。しかも、徳倫理が問題にするのは行為の評価ではなく、行為者の倫理的「心の習慣」がその基盤にあるかどうかということである。そして、その倫理的習慣のある人が行為をしたとき、それは、行為者個人の利益や善となるだけではなく、共同体全体への利益や善となることが可能となる。この善は、共同体主義を徳の倫理学として展開しようとする、A. マッキンタイア（MacIntyer, A.）がいうところの、実践に参加する共同体全体にとっての善である「内的善」[1]（マッキンタイア、1993, p.234）である。例えば、環境保全という社会問題に対して、エコカーを市場へ提供するという場合、自動車メーカーにと

って売上から得る利益は私的な財産や所有物となる「外的善」[2]であるが，従来の自動車の使用時と比べて二酸化炭素の排出量が削減されることは，自然環境保全という公共的利益を社会にもたらしているという意味で「内的善」となる。

　資源高や地球環境の破壊問題ということが地球規模の深刻な社会問題となっている今日，企業が外的善を獲得し成長を続けるためには，まずは内的善，つまり社会の共通善を創り出し，排除性も競合性ももたないという内的善の特徴（マッキンタイア，1993，p.234）を活用し，顧客や地域社会や従業員，競合他社，株主といったステイクホルダーからの支援や協力も獲得しながら信頼関係を構築し，そこで初めて外的善の創出を行っていくという姿勢がCSR経営には求められよう。

　そのためにも，経営者の美徳，ひいては，従業員全体の美徳を創り出すための方策が必要である。CSR経営もその基盤には，「倫理的な心の習慣」を有する人々が存在しなければならない。制度や義務を整備してそれを守らせようとしても徳はつくられないのであり，CSR経営には，美徳のもつ「自発的倫理性」が必要である。

　現代のさまざまな社会問題の中でも，近年，偽装をはじめとする食品関連企業の度重なる不祥事が発生し，食の安全に対する社会的信頼が喪失し始めている。そこで，本章では，まず明治時代の食文化について述べる。次に，独自の視座により食のもつ価値について探求した専門家たちの主張を示し，論じる。その後，明治時代に創業され，現代まで繁栄を続けている食品関連企業として，日清製粉（明治33（1900）年創業。当時，「館林製粉株式会社」），木村屋總本店（明治2（1869）年創業。当時，「文英堂」），人形町今半（明治28（1895）年創業）の3社を取り上げ，それらの企業がどのようにして人々の信頼を獲得し，現在まで会社を持続させ，成長させてきたのかということについて，美徳の視点から検討を行う。

第2節　時代背景

　明治維新以降，日本社会に起こった大きな変化のひとつとして，世襲的な身分序列に従わない，個人の能力と高いモチベーションによる立身出世が可能となったことがあげられよう。このことは，人々を解放的な気分にさせ，希望を抱かせ，平等の意識や向上心を大きくさせた。そして，向上心は教育を重視する人々を増加させ，また，そのことが日本社会に大きなエネルギーを創り出したが，同時に生まれた「競争」の要素は，これまでの国や家のような集団を重視し，集団内の秩序維持のために「和」を保つことが尊ばれる日本社会にとって，関係を損ない傷つけるという意味で好ましくないものであったであろう。しかし，当時，ヨーロッパ諸国による植民地化の危機や産業技術面での遅れ等の問題を抱えていた日本にとっては，西洋の列強に並び追い越し，急速に工業化や近代化を推進するために乗り越えなければならない社会変革として扱われていたのである。

　前章でR. N. ベラー（Bellah, R. N.）などの所説により検証したように，日本では江戸時代から遂行価値（業績主義）と個別主義が重視されていたが，この個人的業績主義とそれを支える教育熱によって，明治期には多くの企業家が生まれた。しかし，彼らの多くは幕藩封建体制の国や郷土，家のような社会関係を維持し続け，国が行おうとしている，国民が豊かで幸せな生活を享受できる近代国家の構築の目標に貢献することを企業家としての目標とすることができた。つまり，個人的な「金儲け」のみが経営目標となるのではなく，そこには公共の利益拡大への貢献という志の高さが存在した。

　その一方で，「容認された競争」可能な社会における勝利至上主義のもと，反倫理的行動をとる企業も少なくなかったと考えられる。企業社会は，新しい価値観の導入，文明開化のもとでの海外の商品や文化の輸入，幕藩体制の崩壊による重要顧客の喪失などの要因により混乱したが，この混乱に乗じて顧客や取引先を騙して利益を上げようとする企業も存在したのである。

　また，文明開化の結果，日本社会に新しい衣食住の習慣がもたらされた。

とくに，食生活では，天皇の肉食，政府・知識人の西洋料理キャンペーン，そしてその反動による反西洋食騒動へと進む，大きな変革が起こった時代である。庶民は，そのような変化に戸惑いながらも，やがて，自分たちの口に合う牛鍋，あんパン，ライスカレー，コロッケ，とんかつなどを生み出していく。中でも，和洋折衷型のあんパンは，西洋料理にはなくてはならないパンを食べる習慣を普及させることに大きく貢献した。

第3節　食生活

1．文明開化と食の西洋化

　明治元（1868）年，徳川幕府による政治が幕を閉じ，明治天皇を中心とする新政府が発足した。明治政府は富国強兵・殖産興業を柱とする政策を打ち出し，西洋諸国と比べて劣っている科学や技術のレベルを向上させるために，それらの国々の文化や技術を積極的に取り入れ，交通，通信，教育，政治などの分野で矢継ぎ早に政策を打ち出していったが，体格や体力の面での劣等感を払拭するため，食の分野でも西洋化を積極的に進めた。

　江戸時代には，たびたび肉食禁止の命令が出され，一般の人々が牛肉を口にすることはあまりなかったとはいうものの，実際には猪，鹿，狸のような肉は，わずかながら人々に食べられており，また，17世紀に，現在の長崎県平戸や長崎が貿易港になると，貿易商人や蘭学者など西洋人と接触した人々によって西洋料理も食べられていた。その他，彦根藩（現在，滋賀県）では牛肉の食用が認められており，人々は味噌漬けや干し肉などにして牛肉を食していた。

　江戸時代も後期になると，禁止令も効果はほぼなくなり，江戸には，牛肉を売る店も登場した。1850年代になると，倒幕を目指した薩摩藩や長州藩，土佐藩などの武士たちが，積極的に西洋人との交流を図ったことから，長崎ではいくつかの西洋料理店が開業した。また，福沢諭吉は『福翁自伝』の中で，安政4（1857）年に，大坂（大阪）で鶏肉屋や牛鍋屋へ行ったことを述べている。開国後は，文久2（1862）年に横浜に牛鍋屋が開店し，慶応3

(1867)年には，東京で各国公使館に届けるため，牛肉店が開店した。

　明治時代になると，肉料理がより一般的になった。明治5（1872）年に，肉食奨励のため，明治天皇が初めて牛肉を食べたこともあり，庶民の食生活に牛肉が入り込んでいった。洋服を着て，帽子や洋傘をもち，ランプのもとで牛鍋を食べつつビールやシャンパンという新しいアルコール飲料を飲む。これが，文明開化の象徴的光景であるが，「牛肉を食べぬ奴は文明人ではない」という風潮のもと，うわべだけで西洋文明崇拝し，西洋熱に浮かされた人々も多かったのである。しかし，このようなブームを経て，西洋の食材はしだいに家庭料理に浸透していく。

　肉を食べるという習慣の広まりの大きな要因は，日本人が西洋人に比べて体格が劣っていることを問題視した明治政府が，食生活を見直して西洋の食材である肉を食べることを奨励したことによる[3]。例えば，「ビーフヂ（ジ）ェリー」という牛肉のエキスを抽出してゼリー状にしたものは，アメリカからの輸入品であったが，これは，今でいう栄養食品のようなもので，薬局で売られていた。このように，明治時代における肉食の普及は「体に良い」ということがキーワードとなっていたが，仏教の肉食禁止の戒律からの解放という要因もあった。

　食品だけでなく，ラムネやサイダーのような炭酸を含む新しい飲料が欧米から入ってきたのも明治時代である。炭酸水は胃腸にもよく衛生的などと広告され，少しずつ飲用者が増えた。衛生面を強調した広告がなされたのは，人口の集中により都市では質の良い水が入手しにくくなってきたことによって，「衛生的」であるということが人々にとって重要な関心事となったためであろう。コーヒーについては，江戸時代に長崎・出島のオランダ人にたちによって日本に伝えられていたが，明治になって，洋食店が食事の後に客に出すようになった。牛乳は，明治7（1874）年頃には飲用が広まり，14（1881）年には，東京で，一般家庭への牛乳配達が始まった。牛乳は体に良いものとされていたが，味が嫌いな人々もいたようである。しかし，30年代には各地にミルクホールができ，しだいに広く普及していった。

　調味料に関しては，塩，しょうゆ，みそ，みりんなど，日本の伝統的な調

味料に加えて，明治時代にはソースなど外国のものが取り入れられていく。その一方で，日本発の世界的な調味料もこの時期，登場した。明治41（1908）年に発売された化学調味料（グルタミン酸ソーダ）である。このうま味調味料は，科学者・池田菊苗博士が湯豆腐のダシ用昆布のうま味の正体がグルタミン酸であることを発見したことから生まれる。池田は，うま味調味料グルタミン酸ナトリウムの製造法特許を取得し，味の素の創業者である鈴木三郎助がその特許を共有して事業化を推進した。味の素（当時，「鈴木商店」）はその後，大正6（1917）年にニューヨーク事務所を開設し，日本発の調味料の海外進出を成し遂げた。

　そもそも池田がこの研究に取り組んだのは，飽食の時代とは程遠い明治時代の粗食をおいしくすることで消化吸収を良くし，当時の日本人の貧弱な栄養状態を改善したいという強い想いからだった。つまり，この調味料の発明は，食の側面から人々の健康状態を改善しようという深い倫理的徳（美徳）をもって達成された池田の研究成果であり，その信念を共有し，製品の中にその想いを受け継いでできた味の素グループの志である「佳良にして廉価なる調味料を造り出し滋養に富める粗食を美味ならしむこと」にもつながる。

2．『食道楽』にみる食の意義

　明治年間で，東京の中流家庭で嫁入り道具とするのが流行したといわれるものに，大衆に人気を博したベストセラー小説『食道楽』がある。これは，『報知新聞』の記者であった村井弦斎（1863-1927）が，明治36（1903）年1月2日から12月27日までの間，1日も休まずに『報知新聞』に連載した小説である。そのテーマは，食生活の重視，台所と台所道具の改善，栄養学・生理学・衛生学等の科学知識の重要性など，非常に多岐にわたっている。

　明治30年代になると次第に家庭にも西洋料理が普及し始めたが，弦斎は，一般の人にはまだまだ珍しかったはずのフランス料理の数々やパン，ケーキ類なども含め，和洋中合わせて600種類以上もの料理について説明し，また，中には作り方について詳説したものもあり，読者に多くの知識を提供し

た。書中の料理で最も多いのは日本料理だが，西洋料理や食材についての記述も数多くみられる。例えば，カツレツ，ライスカレー，チーズ料理，牛の尾，兎のシチュー，牛肉の食頃，食パンの製法，ワッフル，カステラ，珈琲ケーキ，林檎のパイ，ビスケット，アイスクリーム，ドロップス，牛乳の良否などの項目がある。

弦斎の姿勢は，従来の日本人の食生活を栄養面から見直してその欠陥を補うために西洋料理を取り入れ，新しい材料と新しい味を広めようというものであり，啓蒙的である。また，本書は，商人の反倫理的ビジネス慣習に対する示唆，食物の性質や食品に対する注意，病人の食物調理法，歯の掃除，食品の成分の分析，料理の教授法等，料理のレシピ本を超えた食に関する総合的なマニュアルとなっている。

さらに，弦斎は，付録（『食道楽』）として「西洋食品価格表」[4]を示しているが，そこには，タピオカ，サーディン，ロブスター，マトンロース，カレンズ，プラム，レモンピール，トマトジャム，レモンエッセンス，フレッシュクリーム，ポートワイン等，現代でもそれほど一般的とはいえない食品の価格があげられている。

弦斎は若いときから発明や科学の進歩に強い関心をもっており，とくに鋭い先見性があったということ，また，この小説が啓蒙的要素を含んでいたことなどを考慮すると，このような西洋の食材が，当時，一般の家庭に普及していたとまではいえない。しかし，「西洋食品価格表」に付記されているように「横浜の五十九番館を始め京浜間のおもなる食品屋で取り調べたもの」ということであることから，少なくとも明治末期には，このような西洋の食材が店で売られ，当時の人々の食生活に浸透し始めていたといえよう。

3．食の安全

弦斎は，この価格表に付記して，「食品もよく択んで買わないと悪い品物を押付けられます」（村井（上），2005，p.550）と，商人の倫理的でない行為に対して消費者に啓蒙的指摘をしている。

また，この商人の倫理に反する行為に関しては，弦斎は『食道楽』で「商

人の嘘」という項目をたて記述している。要約すると「今の世は，商人の言葉ほど信用のできないものはなく，何でもその場限りの嘘をついて平気でいる。商人は，客にすきあらば少しでも儲けようという浅ましい根性の持ち主である。客に対して親切という心は少しもない。親切義のない商人から決して物を買う気にならない。それは，食料品ばかりでなく，すべての店でいえることなので，一々，自分でその品物を検査しなければならない。とくに食品は，不衛生なものでも平気で売る商人から買った場合，非常にからだに危険である。何とか政府で取り締まる方法はないものか」という内容である。

　明治時代においては消費者が商品の価格比較を行ったり，自分が必要とする機能を有する商品の存在を知ったりすることなどは容易ではなかったであろう。また，西洋食品に関してはそれほど扱っている商人も多くなく，競争も激しいとはいえなかったであろう。したがって，消費者はビジネス側が提供する商品を，それが相場より高額であっても，あるいは質的にレベルの低いものであっても，ほとんど気づかずに購入していたと考えられる。その意味で，弦斎のこの連載小説は「目利き」の情報発信であり，消費者にとって商人との情報の非対称性を解消し，消費者の権利を確保するのに大いに役立つものであったといえよう。

4．パン食の流行と小麦

　『食道楽』には，「パン料理50種」という付録がついている。弦斎は，「わが国の家庭にも近頃は食パンを用いることが大層流行して中流以上の人は朝の食事をパンと牛乳で済ませる人も多いようです。西洋料理の献立にも必ずパンが入要ですし，旅の弁当にもサンドウィッチを携える有様ですから誰でもパンのことをよく知っていなければなりません」(村井（下），2005，p.499) と述べている。

　パン屋が東京に初めて登場したのは明治2 (1869) 年である。したがって，明治末期には，家庭でパンを焼いたりパンを使ったさまざまな料理を作ったりする人々も増えてきたのであろう。

　『日清製粉社史』によると，小麦粉の消費量は，明治28 (1895) 年におい

て960万3000袋であったのに対し，大正14（1925）年には2645万6000袋と，30年間で約2.75倍になっているのである。また，小麦粉の用途別消費については，昭和10（1935）年には43％が製麺用，12％が製パン用であったのに対し，10年後の昭和20（1945）年には製麺用は25％に減少し，製パン用は45％まで増加している。しかし，当時の日本の小麦はパンの製造に適したものではなかった。日本の小麦は粘着力が強く，うどんをつくるのには適していたが，パンや菓子には粘着力が弱くよく膨れる，細かい粉のものが適しているため，パンをつくる場合はアメリカのメリケン粉（小麦粉）が必要であった。

後述するように，小麦粉への需要が拡大し，製パン用小麦粉の需要が拡大する予兆がみえた明治時代後期に，日清製粉グループ創始者の正田貞一郎は輸入小麦粉のレベルにまで国内の小麦粉のレベルを上げようと，欧米の製粉機を導入し，積極的イノベーションを続けた。正田貞一郎の事業への志の背景には，当時のこのような日本社会におけるパンの需要の増大とそれに伴う日本の小麦粉の課題が存在していたといえる。

5．正しい食生活のすすめ

前述のように，村井弦斎は食生活を栄養面からみており，西洋料理をも含む600種類以上の料理を紹介し，人々の食生活の改善を行おうとした。食品分析表がない時代に「日用食品分析表」を示し，また，料理名で引ける「料理法索引」も掲載している。

さらに，近年，ブームになっている「食育」が，すでに『食道楽』に「食育論」として取り上げられている。智育，体育，徳育という教育体系3つの基本との関連で，「体格を善くしたければ筋骨を養うような食物を与えなければならず，脳髄を発達させたければ脳の栄養分となるべき食物を与えなければならん」，したがって「体育の根源も食物にあるし，智育の根源も食物にある」（村井（下），2005，p.202）と，食に関する知識を習得し，食を自ら選択する判断力を身につけるという食育の大切さを語っている。さらに，付録として書かれている「病人の食物調理法」では，病人にとっての食物の重要性を述べ，「病気によっては食物療法ばかりで癒る種類がたくさんありま

す。如何なる病気も食物の影響を蒙らないものはありません」(村井 (下), 2005, p.513) と151種類の食物を提示している。

このように，弦斎は多くの人々に食に関する教訓を与えたが，弦斎の他に明治の食生活・食文化の形成に大きな影響を及ぼした人物として，美食家・陶芸家として知られる北大路魯山人がいる。魯山人は，明治16 (1883) 年に生まれ，古美術店の共同経営者等を経て，大正10 (1921) 年に，会員制食堂である「美食倶楽部」を設立した。

魯山人は，料理研究を次のようにとらえていた。「同じ費用と手間で人より美味しいものが食べられ，物を生かす殺す道理が分り，材料の精通から偏食を免がれ，鑑賞も深まり，ものの風情に関心が高まり，興味ある料理に，生き甲斐ある人生が解る」(北大路, 1995, p.13)。つまり，「幸せな人生を送るためには，美味しい料理を作り食するということが必要である」ということである。魯山人は，日本料理を中心とした料理の作り方，材料の説明，料理の食べ方，料理への心構えについて述べている。また，魯山人は書や絵を描き，古美術を愛する芸術家であったが，料理と食器の調和の中に日本の美学を盛り込むという，いわば，料理を芸術作品にまで高めるという創造活動においては食器も重要な役割を果たすと考え，料理に合った食器を創作した。

魯山人のこのような食に対する姿勢は，弦斎の「健康志向」とは異なる印象を受けるが，料理，とくに日本料理を「美」という世界に結びつけ，優れた絵画や音楽を味わうような高いレベルの人生の満足を得るための道を示すということは，「精神的健康のための食」の追求ということができよう。このような魯山人の世界は，現在の高級グルメ志向の原点になっているという見方もあるが，魯山人が提唱したのは，けっして贅沢をすることではなく，素材の良さを十分に引き出した料理，美味しいと思える料理を食べることの人生における重要さである。

弦斎や魯山人が活躍した時代より少しさかのぼるが，ここでフランス人の美食家で，食について科学的に研究して「食聖」と称されたJ. A. ブリアーサヴァラン (Brillat-Savarin, J. A.) を取り上げる。1755年，ブリアーサヴァラ

ンは，フランスのリヨンとジュネーヴをつなぐ街道の途中，ブルゴーニュ地方にも程近い街，ベレー（Belley）で生まれた。この地域は，昔から趣味としての料理が発達し，食料品の名産地としても有名である。ブリア-サヴァランは，『美味礼讃』（原標題は，『味覚の生理学，或いは，超越的美食学をめぐる瞑想録；文科学の会員である一教授によるパリの食通たちに捧げられる理論的，歴史的，時事的著述』）を書いているが，彼はこの著書の中で，料理法を説いているわけではなく，われわれの生き方について述べている。味覚，美味学，食欲，食物，揚げ物の理論，渇き，飲料類，消化，休息，食卓の快楽，グルマン，グルマンディーズ，肥満，やせすぎ，断食，消耗，料理店主などについて論じ，また種々の料理や食材，とくに，ポ・ト・フー，フォンデュ，七面鳥，トリュフ，砂糖，コーヒー，チョコレート等の考察を行っている。

　これらは，結局のところ，われわれ人間の幸福のための料理の芸術性についてであり，食こそ精神生活の根源であることを説いた点では，魯山人の考えと類似点がある。ブリア-サヴァランは，弁護士になるための勉強をしていたが，音楽も熱心に学び，ヴァイオリンを得意としていた。この芸術への造詣という点でも魯山人との共通点がある。また，彼は，「新しい御馳走の発見は人類の幸福にとって天体の発見以上のものである」，「教養のある人にして初めて食べ方を知る」，「国家の盛衰は国民の栄養のいかんによる」などの格言を残しているが，栄養としての食の重要性についての視点は，まさに，弦斎の視点と共通している。

　さらに，ブリア-サヴァランは，フランス革命を経験し，フランス革命の「自由・平等・友愛」を基本精神とする近代市民主義を柱とする新しい息吹が感じられる時代を生きた人物である。当時のフランスにおいては，一部の特権階級によって支配されてきた時代が終結し，幕開けした市民の時代において，人々が自由にビジネスを始めたり消費を行ったりして，生活を満喫しようという活気ある機運があったのであろう。このような，ある側面では浮足立った雰囲気が存在していた社会において，ブリア-サヴァランは『美味礼讃』の原標題を「パリの食通たちに捧げられる理論的，歴史的，時事的著

述」としているように,食の面から一石を投じ,人々に本来あるべき生活の仕方,生き方について警告しようとしたという見方もできる。また,ブリア-サヴァランの「理性的」な分析は,実は,この時代の理性を絶対視する風潮にも合致したものであったといえよう。他方,弦斎や魯山人は,明治時代という明治維新で始まり,その後,政治,経済,教育,軍事,文化等,さまざまな分野で文明開化が遂行された時代(小林,2008, pp.16-17)を生きた人々である。明治時代はフランス革命後のフランス社会と同様に,近代的合理主義的精神を柱とした新しい時代であり,家柄ではなく能力によって仕事の成功が得られる平等な社会において企業家が出現し,経済も急速に拡大し,人々の食生活も豊かになっていった。そのような時代において,弦斎や魯山人も,ブリア-サヴァランと同様に,食の本質を問いただし,人々に警告を発していたと考えられる。

　以上3人の食の達人たちの食に対する視点は,われわれが現代の食品に関わる問題を考えるにあたり,多くの示唆を与えるものである。われわれは,食物の体に与える影響や食物のもつ価値を認識する必要がある。そのような観点からみて,食品を提供する企業の,近年の不祥事は深刻な問題を抱えているといえる。

第4節　食品企業の戦略的企業倫理

1．日清製粉グループ[5]

(1) 創業者・正田貞一郎によるCSR経営

　日清製粉の創業者である正田貞一郎の生家である正田家は,始祖の六三郎が群馬県館林で商人となり,米穀商を営むに至った。その名声は江戸,大阪まで聞こえるほどであったという。明治6 (1873) 年,3代正田文右衛門は,米穀商は投機的で子孫に残すべき事業ではないと考え,当時,懇意にしていた千葉県野田町の醸造家・野田醤油(現・キッコーマン) 2代茂木房五郎に相談し,醤油醸造業を始めた。房五郎は文右衛門に「経営指導書」(原材料の配合など細かく説明) を贈るなどして支援した。

正田貞一郎は，4代目当主正田作太郎の長男として明治3（1870）年，横浜で生まれたが，父が病気で26歳で他界した後，郷里の館林で祖父の文右衛門に育てられた。明治24～33（1891～1900）年，貞一郎は醤油醸造に携わり，経営の近代化に努力した。明治28（1895）年に文右衛門が死去した後，明治33（1900）年に，館林で日清製粉の前身「館林製粉株式会社」を設立したが，明治41（1908）年には，「日清製粉株式会社」と合併し，社名を「日清製粉株式会社」とした。

　貞一郎が創業した当時，小麦粉の輸入量が増加していた。国内でも原料の小麦は生産されていたが，伝統的な水車製粉による国内粉は，機械製粉の輸入粉に品質面で劣っていた。館林は，水車製粉が盛んな土地であったが，貞一郎は「機械製粉にすれば，輸入粉に負けないはず」と考え，近代的な機械製粉事業を起こしたのである。当初は，技術者もいない状況ではあったが，アメリカのアリス・チャルマー社（Allis Chalmers）から製粉機を購入し，カタログを解読しながら取り付け，明治34（1901）年に工場の運転を開始した。

　創業から13年経った大正2（1913）年，日清製粉はすでに国内トップクラスの製粉会社になっていたが，貞一郎は変革の精神をもって，約4ヶ月の欧米視察を行った。帰国後，ドイツでみた機械を導入し，生産性の向上を図った。さらに，翌年には，原料・生産について綿密な科学的研究の重要性に着目し，研究所を開設した。また，大正15（1926）年には，イギリス・マンチェスターで目撃した製粉工場の岸壁に大型汽船が横付けになり原料小麦を真空吸揚機で自動的に吸い上げるシステムを鶴見工場に導入し，その後，それは満州・北支市場など海外進出の拠点となった。そして，昭和3（1928）年には，莫大な投資を行って東洋最大の工場を建設し，国内第1位の製粉会社となった。貞一郎のこの積極的意思決定には，明治時代を生きた人々の，「「国家」をもまた作り変えることができる」という実感が息づいている。

　さらに，M&Aにも積極的で，戦前まで多数の企業合併を行った。その背景には，「主食である小麦を安定供給したい」という想いもあったという。また，生産地，輸入港，消費地に工場を分散して，原料事情などの変化や天災によるリスク分散を図るとともに操業度を平均化することで製造原価を低

減し，市場への長期安定供給の実現に努力した。その結果，大正12（1923）年の関東大震災時にも価格を据え置くことができたのである。

また，日清製粉は第二次世界大戦で多くの工場を喪失したが，昭和24（1949）年には戦前レベルに戻った。その間，24時間フル稼働体制で戦後の食糧不足解消に貢献したという。

このような貞一郎による企業運営には，顧客や社会のニーズを機敏にとらえつつ，それを戦略策定につなげ，社会と企業の相乗的発展を目指す現代のCSR経営と同様の思想に基づいた戦略的意思決定をみることができる。

また，明治維新を境に，日本は「富国強兵」・「殖産興業」を目指して農業社会から工業社会への転換が本格化するが，このことに関連して，J. ヒルシュマイヤー＆由井常彦は『日本の経営発展』において，近代資本主義の精神といわれるプロテスタント，とくにピューリタンの倫理を基盤とした西洋の工業化と明治期の日本の工業化を比較している。前者は，キリスト教徒が個人として絶対者たる神に相対し，個人こそが救済されるべき存在であるとされる。社会は個々人にとって副次的な存在でしかなかったため，進歩が「見えざる神の手」による普遍妥当の法則となったとしている。他方，日本の場合は，目に見えない抽象的な法則ではなく現実の「世のため人のため」という直接的な社会関係や人間関係が依然として価値観の根底に存在し続たため，国家，郷土，家のような社会関係に不可分に依存したとしている（ヒルシュマイヤー＆由井，1977，pp.187-188）。つまり，明治時代のCSR経営思想の背景には，日本の伝統的な「社会と人間関係の結合を重視する価値」の倫理が存在していたと考えられる。さらに，自己の事業の将来と日本の将来が不可分であるとの信念，情熱，愛国主義，ナショナリズムを明治の企業家たちが有していたことも，貞一郎のような明治の企業家が社会との関わりを積極的に実践する要因となっていたと考えられる。

(2) 私益と公益の融合

館林製粉の創業時の経営基本方針は，「工業会社としての立場を貫き，企業としての社会的責務を果すとともに，工業的付加価値を高めていく」というものであった。この基本方針の背景には，小麦が国際相場商品であったこ

とから，投機的な利益の追求をいさめる意味合いもあった。相場から原料を安く買い付ける機会は求めるが，それを工業化によって競争力のある製品に加工し，市場への安定供給を図る。つまり，企業としての利益はあくまで工業化による加工利益に求めるということを宣言しているのである。

　貞一郎の経営哲学は，昭和25（1950）年の創業50周年記念式典の「正田貞一郎談話」によく表れている。それは「儲けるだけでは神様がお許しにならない。事業をやる以上は社会に奉仕する，株主のために尽くす，社員の幸福増進についても十分に考えておくべきものと思います」というものである。このように，常にステイクホルダーへの配慮を念頭におき，自社のみが儲けることを考えると事業は決して長続きしないと考えた。「信を万事の本と為す」という社是は，彼のそのような経営哲学を示している。

　また，顧客に対しては，安価で高品質な製品を供給するために，原料である小麦をできるだけ安価に入手する努力を行った。さらに，商標登録に旭，鶴，亀のマークを使用し，小麦粉の品質を等級で表示することによって品質保証を行った。加えて，付加価値の高い商品づくりのために，国内外の情報収集・分析を行う調査部門を早くから重視していた。その結果，昭和の初めには，農林省が「小麦のことなら日清に聞け」というほどになった。

　このような貞一郎の経営哲学とそれに基づいた行動は，自社の繁栄が社会全体の繁栄にかかっていること，そして，顧客の支持を得られなくなれば，自社の成功はないことを改めて認識する必要性を感じさせるものである。また，ステイクホルダーへの配慮を重視する行動は，近江商人の「三方よし」との類似性もあるといえよう。両者とも前述の共同体全体にとっての善である内的善の達成により外的善をも達成している。そして，それらの善が達成されるのは，ビジネスの実践者たちが事柄の本質を探究し，魂の知的活動を行うという美徳を備えているからであろう。

2．木村屋總本店

(1) 歴史にみる成功要因

　2011年現在，国内パン市場はメーカー出荷金額ベースで1兆3810億円の規

模をもつが[6]，製パン業界では，大手メーカーを中心にきびしい価格競争が展開されている。その中にあって，明治2（1869）年創業の木村屋總本店[7]がどのような姿勢で顧客と向き合い，発展してきたかをたどる。

木村屋總本店の歴史は，木村安兵衛が東京芝日陰町（現在のJR新橋駅西口広場あたり）に「文英堂」というパン屋を開業したところから始まる。安兵衛は江戸お蔵番や江戸市中警備を行う武士であったが，明治維新後，失職し，新政府が開設した「授産所」という職業訓練所に事務職として勤務するようになった。そこで，安兵衛は「パン屋」という職業に出会う。

ところが，店を立ち上げたもののその年の暮れに火災にあい，翌年，京橋区尾張町（現在の銀座5丁目）にて再スタートする。屋号も改め「木村屋」とした。店の近くには海軍操練所や海軍寮，陸軍操練所があり，そこではパンが一部給食として取り入れられていた。このとき，安兵衛と息子の英三郎（二代目）は操練所の教官や学生たちと知り合いになり，それが縁で明治5（1872）年，木村屋は海軍兵学校の前身「攻玉社」[8]の御用達となった。このような「出会い」を大切にしてきたことがその後の成功の大きな要因になる。

木村屋として再スタートした頃，すでに東京市内にはパン屋が数店舗開店していた。例えば，築地精養軒ホテルの製パン部，つたもとパン，三河屋などである。しかしながら，まだこの頃は，「パンを好む人は珍しい人」といわれる程度であり，広くパン食が庶民に浸透していたわけではなかった。

その後，英三郎は，食パンに砂糖を加えた「菓子パン」を発売し，好評を得，また，明治7（1874）年に「酒種あんぱん」を考案し，これが大ヒット商品となる。このあんぱんは，明治天皇にも献上され，その後，木村屋は宮中御用商に加わることになる。さらに，明治10（1877）年には，西南戦争の軍用パンの製造に加え，警視庁から依頼を受けた兵糧パンの製造によって注文が増大した。加えて，木村屋分店第1号が誕生し，その後も分店が増加していった。明治時代においては，軍からの注文は食品の普及および需要量の拡大へ大きな影響を与えた。例えば，負傷兵の回復のために牛肉が軍に採用され，そのことが牛肉の普及につながったように，パンについても上述の西

南戦争の他，日清戦争においても陸軍の食料として乾パンが使われたりしたことが，日本社会でのパンの需要を拡大していったと考えられる。

このように，この時期，軍への商品の供給が増加したため木村屋は工場を新設したが，それとともに従業員数も大幅に増加したため，英三郎の弟の儀四郎（三代目）のアイデアにより組織の再編を行うことになり，製造・技術と営業・販売の責任者を決め，各部門の分業体制を整えた。結果として，そのことが売上の急上昇につながった。

英三郎は研究熱心であり，かつ品質管理を重視するタイプであったため，木村屋が東京市内のパン屋でトップの地位を確保するようになったとき，英三郎は日本のパン業界における指導的立場となった。その後を継いだ儀四郎は，行動派マーケティング担当者としての役割を果たしていた。儀四郎は，木村屋の全国展開を目指し，各地に支店を開店していく。

儀四郎は店舗づくりと並行して，地域の各店舗でパンづくり講習会を行った。これは，パンを売るだけでなく，日本全国のすべての人々にパンを食べてもらいたいという大きな夢の実現のためでもあった。この点は，明治の企業家の特徴ともいえる「自らが新しい世界を作っていく」という高い志をもつ企業家の精神の表れといえよう。しかし，この講習会はそのような社会的貢献だけでなく，木村屋の宣伝となり，ひいては全国制覇への道につなげようという経営戦略に基づく活動ともなった。

さらに，木村屋のパンの品質と技術の統一を図るため，進出した地域の店舗の職人を定期的に本店の職人が巡回指導する活動も積極的に行った。また，パン職人の大半はその地域の住民から採用することとし，最終的に，経営権もかれら職人に譲るという手法をとった。このように，木村屋は地域社会や従業員への配慮を行いつつ，老舗としての誇りに基づいた品質管理戦略を展開するという，CSR経営を行っていたのである。

(2) 高い志が導く経営戦略

木村屋のブランドが確立するのに伴い，無許可で木村屋の看板を掲げるニセモノもでてきた。そこで，木村屋は全国展開の後，食品として最重要事項といえる品質管理を徹底するため，有資格者に認定証の授与を開始し，ま

た，各店舗の味・質・量を統一するためのルールを策定した。それは，「今後も直営店数は増加するであろうが，孫店にはいっさい関係しない」というものである。その代わり，直営店とした店舗には「味や品質へのこだわり，暖簾の遵守」を徹底させることとした。

この意思決定に基づき，他の製パン企業が第二次世界大戦後に大規模工業化によって製パン事業を行い一挙に生産力を拡大させたとき，木村屋は同様の行動をとらなかったのである。その結果，手間と時間はかかるが高品質の酒種あんぱん製造におけるコア・コンピタンスを確立することができた。その背景には，パンという食べ物を日本全国の人々に食べてもらいたいという，公共の利益に貢献しようという高い志があったのである。食の安全・安心が問われる現代社会に企業がさらなる成長を実現するためには，創業者の安兵衛にみられる明治初期の士族の強固な意志と規律，そして父の気質を受け継いだ息子たちの向上心と社会性に根ざした美徳に学ぶ点が多いといえよう。

3．人形町今半
(1) 歴史と経営理念
高級すき焼き店として有名な人形町今半[9]のルーツは，明治28 (1895) 年，高岡伴太郎が本所吾妻橋に開店した牛めし屋（牛丼屋）である。その後，分離独立により，今半本店，浅草今半（株式会社今半），今半別館，代々木今半，人形町今半の5つの会社・グループになっている。

江戸時代には建前としては獣肉食の禁忌が守られたが，ペリーの来航以後，外国人の居留地で牛肉の需要が生まれ，東京芝の白金に屠牛所を設けて牛肉の供給が行われた。この牛肉納入業者が牛鍋屋を始めたとも言われている。明治に入ると廃用牛を用いて，ねぎと共に煮る牛鍋や野菜や白滝等と共に割下で調理するすき焼が一般大衆にも広まり始めた。また明治19 (1886) 年には牛肉が軍隊の食糧になり，日清・日露戦争から帰還した兵士たちにより一般の消費が著しく拡大した[10]。明治維新直後の「近頃のはやりもの」の中でも，牛肉は豚肉，西洋料理と共にベストスリーに入っている。

その人気に支えられ，牛鍋屋は次々とオープンし，明治6（1873）年頃には，神田界隈に74軒，明治10（1877）年頃には，東京に558軒あったという。牛鍋には並と上の2種類あり，並はタレで煮込み，味噌を入れて味をつけた。上は熱した鍋に牛脂をひき，その上で上肉を焼き，特性のタレをつけて食べた。

このように，東京を中心とする地域で急激に需要が拡大したことから死んだ牛や老衰のために硬くなった肉などを政府の認可のない非正規ルートで地方から東京に持ち込む業者も現れた。そのような状況の中，安全で新鮮な牛肉を使用しているということをアピールするため，当時，政府が認可した牛肉の食肉工場があった今里村（現在の芝白金付近）にちなんで「今」という字を店名に使用する牛鍋屋もあったという。今里村の牛肉は，今でいうところのブランド牛肉であったわけだ。「今半」の「今」も当時のブランド牛を表すものである。

大正元（1912）年，浅草雷門に，2代目の高岡耕治が相澤半太郎と共に「今半」を開店する。その後，昭和3（1928）年，「今半」から分離独立して「浅草今半」が開店した。当時，浅草で食べる牛鍋は江戸っ子が好む粋な味の代表とされていたが，この粋な味を「家庭に持ち帰りたい」という顧客の要望をヒントに，浅草今半3代目の高岡元一が研究を重ね，昭和20（1945）年に「牛肉つくだ煮」が誕生した。昭和27（1952）年，浅草今半は，人形町に「浅草今半 日本橋支店」を開店する。この店が，昭和31（1956）年，「人形町今半」として分離独立する。

独立後，人形町今半は，当時の社長の高岡陞を中心としてすき焼き専門店として事業展開を行うが，過去の成功に安住することなく，設立から3年後の昭和34（1959）年には，現在のケータリングサービスにつながる，お弁当の配達を始める。この「すき焼き弁当」配達事業は，「忙しくて店には食べに行けない」という顧客の声に応えたものである。どじょうの柳川鍋をヒントに，土鍋に入れた温かいままのすき焼きを配達する。同時期に精肉の販売も開始した。すき焼きを食べた顧客からの「このおいしい肉を，家でも食べたい」という声に応えたものである。

人形町今半で使用している肉は「黒毛和牛のメスのトップクラス」という決まりがある。仕入れ担当者の目利き力によって選ばれた，肉の品質の高さによって「今半ブランド」を築きあげてきた。この牛肉とブランド力を活用し，現在，すき焼き，しゃぶしゃぶを中心とした飲食部門を中心とし，精肉，弁当，ケータリングサービス，惣菜，すき焼きの割下や焼き肉のタレ，ドレッシングなどの販売等の事業を展開している。地域的には，東京以外に名古屋と博多への店舗展開を図っている[11]。また，すき焼きの割下は，欧米・アジアなど海外でのシェアも伸ばしている。

しかしながら，数々の挑戦の中には失敗もあった。例えば，喫茶店とクレープレストランの展開，30店を超える百貨店に出店した惣菜事業，変わり寿司の店や廉価版すき焼き店などである。このような失敗から，以下のことを学んだという。

・人形町今半は，牛肉の店である。本業を離れたものは成功しない。
・顧客が人形町今半に求めないことは，やっても成功しない。わが社は，「お客様第一主義」を経営理念とし，お客様に奉仕することを使命とする。お客様の声に応える形で展開している事業は成功するが，売り手の都合や思惑が先行する事業は失敗する。
・牛肉を極める。ただし，牛肉だけに依存してはいけない。

同社は，創業当時からの「お客様第一主義」という経営理念を会社全体に浸透させるため，『人形町今半のこころ』という小冊子を平成16（2004）年に作成した。そこでは，例えば，「マニュアルは最低限。最高は私が作る」など，日々の行動に直結できる言葉によって経営理念が語られている。人形町今半では，このような冊子の配布をはじめとして人材育成を積極的に行っている。その理由は，顧客満足を実現するためには，直接，顧客に接する従業員一人ひとりが「お客様第一主義」を理解する必要があり，そのためには人材育成が経営戦略のキーとなるという考えがあるからである。

SAS（スカンジナビア航空）グループの最高経営責任者であったJ. カール

ソン（Carlzon, J.）は，その著書である『真実の瞬間（The Moments of Truth）』において，「従業員が顧客に接する最初の15秒間でその企業の成功が左右される」というサービス戦略の重要性を主張し，そのために，現場に権限を委譲し，従業員の仕事への意欲を駆り立て，サービスの質を向上させることが大事であると語っている（カールソン，1990, p.6）。人形町今半の目指す人材育成は，まさしく，この15秒間の従業員による質の高いサービスを行える人材を育成するということであろう。

(2) 美徳に基づくリスクマネジメント

　平成13（2001）年9月，農林水産省より，BSEの疑いのある牛が発見されたという発表があり，10月に食用牛の全頭検査が導入されるなどの対応がなされた。このBSE問題の時期は牛肉の消費が激減し，業界全体の売上が減少したが，とくに，精肉の販売や焼肉店などでは売上が大きく落ち込み回復までに長期間かかった。人形町今半も一時，売上が3割くらいに減少した。人形町今半は，それまで近江牛を専門に扱っていたが，その時期より，近江牛の価格が高騰したため方針を変更し，近江牛以外の国産牛も扱うことにし，原産地へ仕入れ担当者が出向いて判断して購入を決める体制に移行した。この意思決定は，「創業以来の厳選した高品質の牛肉を提供する店として顧客からの信頼を裏切らないためにはどうしたらよいか」という考えからなされたものである。結果として，1年も経たないうちに業績は回復し，最終的には前年を上回る実績となった。

　このように，大きな危機に直面したとき，結果的にその後の事業活動に価値をもたらす意思決定を行っている点が，成功の要因になっているといえよう。このような意思決定が行えるのは，伝統を守るべき部分と経営環境の変化に応じて積極的に変えていこうとする部分が明確になっているからである。例えば，同社が顧客にもたらしている価値は，常に，高品質の肉が提供されるという安心感であり，人形町今半への信頼である。その部分は環境変化に遭遇しても守らなければならない部分である。顧客が「信頼する人形町今半が選んだ肉だから購入する」と考えてくれているという自信があるならば，産地や肉自体のブランドの変更は可能ということになる。結果的に，こ

の自信と信頼関係によって，企業と顧客にとってのコスト拡大を回避することに成功したのである。そしてこの自信と信頼を獲得できたのは，牛肉を極め，顧客を理解しようとしてきた卓越性の存在にあるといえよう。

　以上のように，人形町今半は，伝統に支えられた高品質の商品とサービスの提供で顧客の信頼を強固なものとしてきたが，近年は，サービス業における「人」という経営資源の重要性に重きを置き，労働環境の整備や人材育成，さらには，エンパワーメントを中心とした人的マネジメントを行うことによって，職人の能力，サービスの質，戦略構築能力，組織としての凝集力の向上を目指している。この人的資源への投資は，いわば，行為の習慣づけによって従業員に徳を身につけてもらうことにつながる。そして企業は，その徳を身につけた従業員に対して，義務や規則に従うだけではない，自発的倫理性を日常業務に発揮して顧客との信頼関係を築くことを期待できるといえる。

第5節　徳倫理が支える老舗の経営

　正田貞一郎は，先進的な海外企業の技術を積極的に学ぶことによって，輸入粉に負けない製品を自社で生産することを目指し，情報収集をし，実験室を設置してさらにレベルの高い製品の開発をするなど，知性的徳を有していたといえる。

　また，ステイクホルダーの利益をも考慮しつつ，自社の事業展開を行うという，社会への責任に根ざした経営（CSR経営）を実践しており，自社の利益と共同体全体の利益の融合を図っていた。その意味で，貞一郎の経営者としての美徳が，明治においてCSR経営を実現させていたといえよう。

　木村屋總本店の創設者木村安兵衛とその息子たちの仕事への情熱，高い志は，正田貞一郎と共通する部分がある。彼らのひたむきさが品質の保証を実現し，食の安全・安心という価値を消費者へ提供することを可能にしていた。さらに，成功してもさらなる目標を目指して努力を続ける経営者の卓越性に基づいた徳倫理の存在が，従業員や顧客との信頼関係構築に貢献してい

たといえよう。

　人形町今半の場合は，食材に関わるリスクマネジメントにおいても，伝統に培われた顧客との信頼関係を重要視した意思決定が成功につながっている。顧客第一主義の姿勢，つまり，「顧客の声を聞く」という「心の習慣」がこのような環境変化における正しい対応を導き出している。

　これら3つの老舗企業に共通するのは，本業の核となる商品を極めようとする姿勢である。それはまさしく卓越を求める欲求であり，この卓越性が共同体（社会）全体の利益創造へ，大きく貢献している。また，倫理的徳としての卓越性がステイクホルダーの声を聞く姿勢を生み出し，結果として多角化や品質・サービスの向上という知性的徳としての卓越性を備えた組織へと企業を導くのである。

第6節　小　括

　倫理体系のうち，徳を備えた人による意思決定を重視する徳倫理学を取り上げ，美徳の視点から明治時代に創業した食品企業の戦略的倫理性を考察した。

　明治時代には，日本では，西洋諸国の文化や技術が積極的に取り入れられたが，食の分野でも西洋化が進んだ。庶民の食生活に西洋料理や西洋の食材が浸透した要因としては，牛鍋のように，文明開化の象徴といわれるような料理の社会的ブームの影響もあったが，西洋人に比して体格が劣っている日本人は食生活を見直して西洋の食材を食するべきであるとして，明治政府がそれを推進したこともあげられる。

　このように，日本社会に新しい食材や新しい料理，そして新しい食文化が広まる過程で，悪徳商人による悪質な商品を消費者に売りつけるような行動もみられるようになった。村井弦斎は，著書『食道楽』を通じて，消費者に食材に関する正しい情報を提供し，また，消費者に対して商人の反倫理的行動について警告を発している。弦斎の食に対する視座は，従来の日本人の食生活を栄養面から見直して，その欠陥を補うために西洋料理を取り入れると

いうことを基盤とし，料理のレシピの他，病人の食物調理法，食品の成分分析，食育論等，啓蒙的内容となっている。

弦斎の他に，明治時代の食文化形成に大きな影響を及ぼした人物として，美食家・陶芸家として知られる北大路魯山人がいる。魯山人は，日本料理を「美」の世界に結びつけ，おいしい料理を食することが高いレベルの満足を得ることにつながり，そのことが人生においていかに重要かということを主張した。

また，日本でいえば江戸時代に，著書『美味礼讃』を著したフランス人の美食家・ブリア-サヴァランは，食こそ精神生活の根源であると説き，魯山人と同様に人間の幸福のための料理の芸術性について述べている。ブリア-サヴァランは，栄養としての食の重要性についても論じているが，この点は，弦斎と共通するものがある。

彼らの食に対する視座は，現代の食品企業による度重なる不祥事にみられる，食の有する人間の健康や精神生活，さらには，その芸術的側面がもたらす人間の幸福という価値への軽視の姿勢への反省を促す意味でも重要である。

現在，食の安全・安心を確保するための方策として，トレーサビリティや食品表示ウォッチャー制度が実施されている。しかし，これらの試みは，企業側が提供する情報に基づいているため，企業の倫理性が前提となっている。また，食の安全に関しては，消費者の食に対する知識や限りある資源としての認識も必要である。

顧客の健康や生命に直接，影響を与える商品を扱うために，さまざまな企業の中でも顧客の信頼を獲得するのが難しいといえる食品企業のうち，明治時代に創業し現在まで，その事業を維持し，成長させてきた企業として，日清製粉，木村屋總本店，人形町今半を取り上げた。これら3社に共通するのは，経営者の有する倫理的徳と知性的徳である。さらに，自社の利益の獲得を目指しながらも，共同体全体の利益への貢献意欲も有しており，その貢献意欲がステイクホルダーとの間の信頼関係の構築に寄与し，それを基盤として自社の利益の獲得が可能となるという連鎖が存在しているといえる。

【注】
1）A. マッキンタイアは,「徳」を次のように定義している。「徳とは, 獲得された人間の性質であり, その所有と行使によって, 私たちは実践に内的な諸善を達成することができるようになる。またその欠如によって, 私たちはそうした諸善の達成から効果的に妨げられるのである」(マッキンタイア, 1993, p.234)。
2）外的善は, 富, 権力, 名声, 社会的地位, 影響力などを指す。これらは, ある人が所有すると, 他の人が得ることができなくなったり, 得られる部分が少なくなったりするものである。そのため, 獲得する際に競争が生じる。
3）福沢諭吉は,「我国民肉食を欠て不養生を為し, 其生力を落す者少なからず。即ち一国の損亡なり」と肉食のすすめを説いた(「筆洗」『東京新聞』2011年6月16日, 朝刊)。
4）西洋食品価格表は, 穀類, 野菜類, 魚類, 獣肉類, 菓物類, 香料薬味類, 飲料, 生肉類に分類され, 各食品について, 原名, 訳名, 数量, 価格が記載されている。生肉類については, 部位の名称が提示され国内価格とアメリカ価格が表示されている。また,「西洋食器類価格表」を示し, 鍋や皿, スプーン, ナイフ, フォーク, 薬味入れのような食器類の詳細な分類を説明し, 価格を提示している。読者は, このような情報を通じて食に関わる正しい知識を得ることによって自分で食品を選択し, 正しい判断力をもって健全な食生活を実現し, 健康の確保を図ることができたといえよう。加えて, 本小説は食文化の創造や継承に大きな役割を果たしてきたと考えられる。
5）日清製粉グループについては, 以下を参照した。
正田貞一郎小伝刊行委員会編（1965）
日清製粉株式会社社史編纂委員会（1955）
日清製粉株式会社編（1985）
日清製粉グループ HP：http://www.nisshin.com/company/group, 2008年1月16日
6）矢野経済研究所が2012年12月〜2013年2月にパン・調理パンの製造・卸メーカー, 主要ベーカリー等を対象として実施した調査による（矢野経済研究所, 2013, p.1）。
7）木村屋總本店については, 以下を参照した。
大山真人（2001）
木村屋總本店 HP：

「沿革」　http://www.kimuraya-sohonten.co.jp/new/kim06101.htm, 2008年2月10日
　　「企業理念」　http://www.kimuraya-sohonten.co.jp/new/kim06401.htm, 2008年2月10日
8) 福沢諭吉，新島襄，中村正直らと並ぶ明治の教育者のひとりである近藤真琴（1831－86）が文久3（1863）年に創立した，数学・オランダ語・航海術などを教授する蘭学塾である。
9) 人形町今半については，以下を参照した。
　　人形町今半HP：
　　　「今半物語」　http://www.imahan.com/company/story.html, 2008年2月10日
　　　「人形町今半のこだわり」　http://www.imahan.com/guide/kodawari.html, 2012年2月28日
　　　「Business Story」　http://www.imahan.com/recruit/business_story/index.html, 2012年2月28日
　　　「社長メッセージ」　http://www.imahan.com/recruit/2012/top_01.html, http://www.imahan.com/recruit/2012/top_02.html, 2012年2月28日
　　　「人形町今半物語」　http://www.imahan.com/recruit/2012/monogatari-index.html, 2012年2月28日
　　　「人形町今半の「これから」について」　http://www.imahan.com/recruit/2012/about_02.html, 2012年2月28日
　　浅草今半HP：「会社案内」　http://www.asakusaimahan.co.jp/company.html, 2012年2月28日
10) 全国肉用牛振興基金協会HP：「肉用牛の歴史」　http://www.nbafa.or.jp/mame/ikou.html, 2012年2月28日，参照。
11) 2014年2月現在の状況。

第6章 大正期のCSR

第1節 問題意識

　大正時代（1912～26年）は，15年間という短い期間ではあったが，造船業・繊維業・製鉄業，化学工業等が急速に発展し，大きく日本の産業社会が変化した時代である。また，第一次世界大戦や労働争議，成金の出現と没落，そして関東大震災等，さまざまな出来事が起き，景気の乱高下も激しい時期であった。

　現代，とくに近年は，企業は金融危機や為替変動，グローバル競争，環境保全対策，大震災とその後の復興対応等，大正時代と同様，大きな経営環境の変化に直面している。このような状況において，企業を成長させ競争優位を確立する要因は何であろうか。

　この問いへの答えを模索するにあたり，本章では，まず，大正時代の社会の特徴を考察し，そのような特徴を有する社会の中で活躍した企業経営者の根底を流れる思想について検討する。その後，大きく社会が変動した大正時代に創業し，その時期に現在までの発展の基礎を築いた企業の多い製菓企業および製菓産業をとりあげ，競争の中で実践されたであろうプロダクト・イノベーションやプロセス・イノベーションの観点から企業発展の要因を探る。また，そのイノベーションが倫理的視点からどのような意味をもつのかを考察し，現代の社会において必要とされる企業のイノベーションの根底に潜む倫理性を明らかにしたい。

第2節　経営環境と時代の精神

1．経営環境

　明治時代は，近代日本を建設するスタートの時期であり，勤皇思想や国家主義が大きな柱となっていた。しかし，明治20年代後半から，国家としてさまざまな制度が整い，また，日清・日露戦争の勝利によって国際社会において国としての自信も芽生えてきたことから，国の大改革や戦争による緊張が緩み，肩の力が抜け，大正時代においては，人々が自由を謳歌できる時代の雰囲気があった。さらに，次なる目標として「社会」や「個人」の在り方に目が行くようになっていた。

　大正3（1914）年には第一次世界大戦が勃発したが，この時期は，日本の経済にとって非常に大きな転換期となる。戦争が始まり，イギリス，ドイツといった欧州の国々は，当時，日本が輸入していた機械や鉄鋼，化学品等を輸出する余裕がなくなり，また，それまで日本のライバル国としてアジアの国々へ輸出していた綿製品等も輸出できなくなり，日本企業はアジア向けの綿製品の輸出が増大し，欧州諸国の植民地へも販路を広げていった。さらに，日本は，それまで欧州から輸入していた製品を自国で生産することになり，諸工業の勃興が起こった。その上，このような日常消費物資ばかりでなく，欧州からは戦争に必要な軍需品の注文も殺到したことにより，輸出の飛躍的な増大が実現し，日本は債務国から債権国へと変貌したのである。

　このように，大正時代において，日本では多くの企業が創設され，明治時代の「富国強兵」，「殖産興業」のスローガンに牽引される「政商」の時代から，個人が自分の商才で成功できる時代に移行し，船，鉱山，薬品，肥料等の分野で多くの「成金」を生み出した。

　しかし，大戦が勃発して2年後の大正5（1916）年頃から国内諸物価が急激に高騰し始め，翌6（1917）年には米価も投機や売り惜しみで跳ね上がった。加えて，米の生産が停滞し供給不足に陥った。そのような状況下において，買占めで巨利を得ようとする米商人達の行動によって，大正7（1918）

年には「米騒動」が起こるに至った。また，この年，第一次世界大戦の休戦条約が結ばれ景気は後退したが，アメリカの好況に支えられて日本の絹等の輸出は好調だった。ところが，大正9（1920）年に株価の大暴落があり，不況に陥り，それに追い討ちをかけるように，大正12（1923）年9月1日に関東大震災が起き，その後，慢性不況が続く。

　このように，大正時代の企業経営を外から概観すると，景気の暴騰と暴落が短期間のうちに起こり，相場の乱高下もあり，多くの大成金が生まれると同時に多くの没落もあったわけだが，企業の経営者の視点からみると，この時代は昭和4（1929）年の世界恐慌，それに続く昭和恐慌（昭和5～6（1930～31）年）への道を歩み始めていた時期であり，世界の政情や経済の動向を見据え，国内産業の拡大や技術革新を目指しつつ，顧客の創造を行い，労働争議にも対応するという，現代の社会と比較しても非常に難しい舵取りを迫られた時代であったといえる。

2．大正教養主義

　では，この大正時代という難局を乗り越えた企業経営者の特徴はどのようなものであったのか。大正時代の旧制高校をその発祥とする「大正教養主義」の思想からその特徴を考察してみよう。

　竹内洋によれば，「大正教養主義」とは，哲学・歴史・文学など人文学の読書を中心にした人格の完成を目指す態度である（竹内，2003，p.40）。また，この教養主義は政治を軽視し，文化を重んじるという非政治的傾向をもっていた。

　この教養主義の源流は，『武士道』[1]の著者として知られる新渡戸稲造が第一高等学校校長として赴任し，学生たちに人格の修養を説き，そのための方法として西欧の古典的な文芸・思想の著作を読ませる等の教育を実践したことにある。そして，新渡戸の弟子である，阿部次郎，安倍能成，和辻哲郎，河合栄治郎らが「教養主義者」といわれる一群の人々であり，彼らが本や言論を通じて広く世間に広め，大きな影響を与えた。

　このような教養，つまりは，学ぶことを通じて人格を鍛錬することを重要

視する時代の雰囲気は，ビジネス界においても「人格者にならなければ経営者になれない」という考え方を広め，自分自身を救うにあたって，まずは，すべての他者を救済しなければならないとする大乗仏教の思想にみられるような「日本型利他主義経営」につながっていった。現在も丸の内の文化遺産的なビルに本拠をおく「日本工業倶楽部」は，このような思想を有する当時の有力実業家により「工業家が力を合わせて，わが国の工業を発展させる」ことを目的として大正6（1917）年に創立された。実業家たちは，個々の企業の発展のために努力するだけではなく，「日本の工業のために尽くす」という目標をもっていたと考えられる。関東大震災の際には，日本工業倶楽部を設立することに尽力し，倶楽部の初代理事長に就任した，三井合名会社理事長の団琢磨をはじめ，古河財閥の3代目当主の古河虎之助，大日本麦酒社長の馬越恭平等，当時の企業経営者たちが復興再建の陣頭に立ち指揮した。

大正6（1917）年に設立されたこの日本工業倶楽部は，日清・日露戦争の二度の勝利を通じてしだいに力をつけてきた工業資本家のプライド，および商業者が中心の商業会議所での工業を尊重しない気風への反発心が，その設立に大きな影響を与えたといってよい（古賀，2000，p.161）。商業会議所は，明治10（1877）年に，渋沢栄一を中心とする財界人によって設立された商法会議所にそのルーツがあるが，商法会議所が商業者と工業資本家の両方を包含する産業界の団体であったのに対し，東京商業会議所として再スタートする際に，会員資格が「商業者」とされ，工業資本家が排除されたのである。

また，商法会議所の設立の背景には，日本政府が経済界の世論づくりのために政府主導の経済団体を設立しようという意思があったが，日本工業倶楽部は政府の影響を排除し，財界の自主独立の初の純民間団体という特徴をもっていた（古賀，2000，p.162）。その後，昭和21（1946）年，経済団体連合会（経団連）が誕生するが，その設立には第二次世界大戦後の戦後処理問題を抱えた日本政府の意向が強く打ち出された背景がある。

さらに，日本工業倶楽部の活動目的が工業に関する調査研究や工業の知識普及等，工業発展に必要と考えられることを行うというものであったのに対

し，経団連は，日本の政策に対する財界全体からの提言および発言力の確保を目的としている。また，そのためにシンクタンク機能を有し，かつ，政策を実現するための圧力団体機能も持ち合わせている。近年は，CSRや企業倫理に配慮した経営を熱心に推進し，NPO（非営利組織）との連携も主張し始めている。さらに，経済問題と労働問題が密接不可分の課題となったことから，経団連は，平成14（2002）年には日本経営者団体連盟（日経連）と統合し日本経済団体連合会（日本経団連）となり，産業界をあげた取り組みを行っている。

第3節 日本の洋菓子の歴史と製菓産業の発展

1．洋菓子の草創期

このように，どちらかというと明治時代とは異なる利他主義的な精神を備えた企業人たちが活躍した大正時代であったが，この時期に発展の礎を築いた製菓企業の経営者たちも例外ではなかった。本節では，まず，日本における洋菓子の歴史にふれ，続いて，製菓産業の形成と発展について述べる。

日本の洋菓子の歴史は，16世紀にキリスト教（カソリック）を布教するために日本へやって来た宣教師たちによってもたらされた南蛮菓子から始まる。16世紀後半には，スペインやポルトガルからカステラ，コンペイトウ，カルメ焼き，パン等が輸入された。江戸時代末期には，横浜に外国人居住区ができ，そこで発行された新聞には，横浜元町で店を営む中川屋嘉兵衛がパン，ビスケット，ボットル（バター）販売の広告を3回にわたって掲載している（『万国新聞紙』慶応3（1867）年3月号，6月号，慶応4（1868）年3月号）。

その後，明治6（1873）年には，岩倉具視をはじめとする一行がパリのチョコレート工場を視察した。また，明治政府は産業を興す政策のひとつとして，明治10（1877）年，第1回内国勧業博覧会を開催した。お菓子の部門ではコンペイトウ，カステラなどに混じってパン，菓子パン，ビスケットなども出品された。この博覧会では凮月堂の菓子が鳳紋賞を受賞した。凮月堂の

記録によると，明治も末になると実にさまざまなお菓子がつくられており，近年，小麦粉を使用した洋菓子（パティスリー）の店には欠かせない商品となったマカロンも当時，高級菓子として販売されたという。

　その他，明治7（1874）年，村上光保が東京の麹町山元町にて日本で初めての洋菓子専門店，村上開新堂を開店する。明治時代には，村上のような先駆的な洋菓子製造家ばかりでなく，大使館で働くコックたちが日本に洋菓子を伝えるのに貢献した。また，明治8（1875）年には，米津凬月堂が機械を使用した本格的なビスケットの製造を開始した。

　大正時代になると，前述のように，日本は第一次世界大戦がもたらした好景気に沸き戦争成金を輩出したが，この好況に支えられてそれまで在日外国人や一部の特権階級のものだった洋菓子も大衆的な嗜好品として普及し始めた。さらに，第一次世界大戦後，捕虜として日本に連行されてきていたドイツ人のひとりであるカール・ユーハイムが銀座のカフェー・ユーロップで働き始めたが，彼は，大正8～9（1919～20）年頃には，お菓子をバター・クリームで仕上げるようになり，それ以降，バター・クリームが日本で普及し，日本の洋菓子製造に大きな影響を及ぼすことになる。

　大正12（1923）年の関東大震災は，洋菓子店の罹災等，悲惨な影響を洋菓子業界に及ぼしたが，他方，洋菓子の技術者が地方に分散し，洋菓子技術が全国に波及するという現象も起きた[2]。

2．製菓産業の発展

　このように，大正時代には，好景気を背景に洋菓子がしだいに大衆の嗜好品になっていくが，それ以前に，小規模だった洋菓子産業を一挙に拡大させたのは，明治32（1899）年，アメリカにおいて手工業的な洋菓子製造法を取得して帰国した，森永太一郎が創業した森永製菓（当時，森永西洋菓子製造所）であった。明治時代にはビスケットとドロップで，大正時代にはキャラメルとチョコレートで人気を集めた。その他，明治期には，43（1910）年に，藤井林右衛門が横浜元町に，不二家の前身である洋菓子店を開店した。その後，大正時代に入り，5（1916）年に，濱口録之助が明治（明治製菓）の

前身，東京菓子株式会社を創立し，社長となった。大正10（1921）年には，江崎利一が栄養菓子「グリコ」を創製し，江崎グリコの前身である合名会社江崎商店を設立する。

　現在，製菓業界を構成する大企業といえるこのような企業の他，中村屋やコロンバン，米津風月堂等の企業が，大正年間に現在の礎を築いた。その背景には，大正時代においては，日本の製菓産業はまだまだ規模も小さく，欧州各国の製菓企業が東南アジア諸国に輸出していた菓子類が年間総額1000万円にのぼっていたのに対し，日本の輸出額は5万円程度であった。しかし，前述のように，第一次世界大戦が勃発し，欧州からの菓子類の供給が全面的に途絶え，そのことが日本の製菓産業を発展させる契機となったといえる。

　とはいうものの，日本の製菓産業を発展させた要因は，そのような企業外部の経営環境の変化ばかりではなかった。大正初期は大戦の影響で砂糖事業の業績が好調であったが，砂糖製造企業の中には，得た収益を当時，大きな利益を生み出していた海運事業に投資するケースも多かった[3]。しかし，明治製菓の前身の東京菓子の大株主であった明治製糖の社長・会長を務めた相馬半治は，国産菓子の輸出によって国家に貢献しようと考えた。相馬が後年，還暦を迎えたのを記念して上梓した『還暦小記』の中でも，「明治各社は，それぞれの事業を通じ，国家または社会民衆のために出来る限り奉仕せんことを期している」と述べている。

　前述の森永太一郎は，「業容を伸長し，輸出および海外進出を果たし，外貨を獲得して国家国益に貢献する」（森田，2000，p.18）という夢をもっていたという。また，森永製菓において森永の片腕であった松崎半三郎も，当時，現在と違って菓子商の社会的地位は非常に低く，何とか菓子もひとつの事業として世間から認められるようにしたいと念願し，「紡績事業や機械工業や，製粉業や，ビール製造業と肩を並べうる独立の事業として国家に貢献し大衆の利益に寄与するために，製造の機械化によってコストを下げ，日用品として国民生活の必需品とし，海外へ輸出することによって外貨を獲得するようにしなければならない」と語ったという（森田，2000，p.20）。

　このような菓子事業に関わる人々の製菓産業の発展に対する強い想いと国

家や日本国民全体への貢献という志の高さが，わが国の製菓産業の発展に大きく貢献してきたと考えられる。これらの人々は，先に述べた教養主義者の特徴を有し，各種の社会貢献を通して，東日本大震災でもその復活が注目されている日本型利他主義経営を後世に伝える役割を果たしたといえよう。

第4節 イノベーションと企業倫理

1．イノベーションとは何か

現代の企業が持続的に成長するためには，イノベーションが重要な鍵となるといえるであろうが，大正時代に飛躍的に発展した製菓企業において，どのようなイノベーションが行われていたのであろうか。製菓企業におけるイノベーションを考察するにあたり，まず，イノベーションとは何かということについて述べ，また，イノベーションを支える要素のひとつとして倫理性をとりあげ，それらの関係について検討する。

J. A. シュムペーター（Schumpeter, J. A.）は，『経済発展の理論』においてイノベーション（新結合の遂行：Durchsetzung neuer Kombinationen）が非連続的にのみ現れることができ，また事実そのように現れる限り，発展に特有な現象が成立するとし，この概念には次の5類型があることを提示した（シュムペーター（上），1977, pp.182-183）。

① 新しい財貨あるいは新しい品質の生産
② 新しい生産方法の導入（科学的に新しい発見に基づく必要はなく，また，商品の商業的取り扱いに関する新しい方法も含む）
③ 新しい販売先の開拓
④ 新しい仕入先の獲得
⑤ 新しい組織の実現（独占の形成や独占の打破）

このようにシュムペーターは，技術的あるいは科学的な新発見を伴う，消費者にとっての新製品の開発のみをイノベーションとしているわけではない。

また，P.F.ドラッカー（Drucker, P. F.）は，イノベーションを「消費者が資源から得られる価値や満足を変えること」と定義している（ドラッカー（上），1997, p.49）。つまり，利用の方法を見つけイノベーションが経済的な価値を与えることによって，それまで資源として認識されていなかったものが資源となる。したがって，イノベーションは，資源を創造するのである。購買力は経済にとって最も重要な資源であるが，購買力もイノベーションによって創造される。また，既存の資源から得られる創出能力を増大させるのもイノベーションである。さらに，ドラッカーもシュムペーターと同様に，「イノベーションは，技術に限ったものではない」とし，学校や大学，官僚機構，銀行，労使関係のような社会的機関における「社会的イノベーション」をも含むが，これが発展するためには，文化的な根が必要とされるとした（ドラッカー（上），1997, p.48）。

　ドラッカーは，起業家として成功するためには価値を創造し，社会に貢献することが必要であり，その価値とはすでに存在するものの修正や改善ではなく，単なる素材を資源に変えたり，新しいビジョンのもとに既存の資源を組み合わせたりすることによって生み出されるものとしている。つまり，イノベーションとは新しい価値を生み出すことであり，そのことによって，社会に貢献するという倫理性を含んでいる概念であるといえよう。

　また，ドラッカーは，イノベーションのための7つの機会として，「変化」の存在を示す次のような7つの事象をあげている（ドラッカー（上），1997, pp.52-53）。

① 予期せぬ成功，予期せぬ失敗，予期せぬ出来事のような予期せぬことの生起
② 現実にあるものと，かくあるべきものとのギャップ
③ ニーズの存在
④ 産業構造の変化
⑤ 人口構造の変化
⑥ ものの見方，感じ方，考え方等，認識の変化
⑦ 新しい知識の出現

前半の4つは産業や社会的部門の内部の事象であり，後半の3つは企業や産業の外部における事象である。ドラッカーはこれらの7つを，信頼性と確実性の大きい順に並べている。つまり，⑦に示されるような発明発見，とくに科学上の新しい知識は，イノベーションの機会として信頼性が高いわけでも成功の確率が大きいわけでもなく，逆に，①のような日常業務における予期せぬ成功や失敗のような平凡で目立たない変化から生まれるイノベーションの方が，失敗のリスクや不確実性ははるかに小さく，信頼性と確実性は高いとしている。

　前述のシュムペーターの述べるイノベーションの5類型は，新しい価値を生み出すために組織が行っている実践であるが，ドラッカーのいうこれら7つの機会は，その実践がなされる背景に存在する変化ということができよう。

　また，ドラッカーは，イノベーションを成功させるためには次の3つの条件が必要だとしている（ドラッカー（上），1997，pp.222-223）。

① イノベーションは，意識的かつ集中的な仕事であり，勤勉さと持続性，献身を必要とする
② イノベーションは，強みを基盤としなければならない
③ イノベーションは，経済や社会を変えるものでなければならない

　このような条件は，他の仕事が成功するための条件とほとんど変わらないように思える。しかし，ルーティン・ワークにおいて経験が成功への大きな要因となるものとは異なり，イノベーションは初めての考え方や初めてのアイデアを必要とすることが多いため，他の仕事より知識と能力の果たす役割が大きいといえよう。

2．産業の発展段階におけるイノベーション

　では，ここで，ドラッカーの示す産業内部の変化のうち，「産業構造の変化」に注目して，生起するイノベーションの種類をみてみよう。つまり，産

業の発展段階という軸でイノベーションをみたとき，その現れ方は一様ではない。土屋守章は，W. アバナシー（Abernathy, W.）の「生産性のジレンマ」モデルによって，このことを説明している（土屋，1994, pp.90-91）。

例えば，産業の生成期においては，製品コンセプトがメーカーにとってもユーザーにとっても明確になっていないため，さまざまな実験的な新しい製品モデルが出現する。また，多くの小企業が新しいアイデアを盛り込んだ新製品をもってその産業に参入する。アバナシーは，この段階を「プロダクト・イノベーション」の時代としている。この生成期の後，しだいに製品についてメーカーとユーザーの間で共通のコンセプトが固まり，それまでの実験的モデルの成果を取り入れた「ドミナント・デザイン」という傑作が出現する。その後，その製品の市場は急速に拡大し，この産業内の企業間の競争は，その製品をいかに低コストで生産するかで争われることになる。この段階は，「プロセス・イノベーション」の時代である。そして，この工程革新に成功した企業が生き残り，大企業により寡占が形成される。しかし，技術革新は他社に模倣されるため，他社に先駆けて技術革新に大きな投資を行ってもそれほど大きな競争優位を確立できない。また，技術革新の激しい分野においては，投資を行っても回収する前に次の技術革新が起こり投資した資金が後からは回収不能なサンク・コスト（埋没費用）になってしまう可能性も高くなる。その結果，技術革新の成果の採用を意図的に行わない，また大きな費用を必要とする技術革新を行わないという企業が増加する。しかし，ドラッカーのあげる7つの機会のうち，①予期せぬことの生起，および②のギャップ等を活用して，小さな費用ですむ工程の工夫・改善は行われる。この小さな工夫・改善を積み重ねる技術革新である「インクリメンタル・イノベーション」の結果，生産性は高まるが，努力に比して競争を有利に展開するというようなメリットが減少するため，その産業内での技術革新に対する熱意が低下する。この現象がアバナシーの「生産性のジレンマ」である。

製菓産業では，前述のように，明治32（1899）年に創業した森永製菓が，明治時代にビスケットとドロップを発売して人気を博した。その後，明治41（1908）年には，佐久間惣治郎が佐久間惣治郎商店[4]を創業したが，それまで

のドロップが水飴を材料とした溶けやすいものであったのに対し，酸味料と砂糖を使うことで溶けにくくしたものを発売して「ドロップス革命」を起こした。また，明治43（1910）年創業の不二家は日本で最初にショートケーキをつくった。大正時代になると，森永はキャラメルやチョコレート，そして明治はキャラメル，ビスケットに続き，大正15（1926）年には，ロングセラーとなるミルクチョコレートを発売している。これらの企業の他，前述のように，江崎グリコ，中村屋，コロンバン，米津凮月堂といった企業がさまざまな新しい製品を発売し大正期に現在までの発展の礎を築いたことから，このころまでのイノベーションの主流は「プロダクト・イノベーション」であったといえよう。

　しかし，例えば，現代のチョコレート産業をみると，マーズ，ハーシー，ネスレ・コンフェクショナリー，ゴディバ[5]等の外国のチョコレートメーカーが日本市場に進出すべく継続的努力を行っているが，日本のチョコレートメーカーは，アメリカや欧州市場への輸出等，本格的海外進出を行っているとはいえない。また，日本を代表するチョコレートメーカーは，多数の類似した商品で国内市場を満たし，どの商品も非常に小さい市場シェアしか得ていない。例えば，1991年，森永は1年間に32種類の新しいチョコレート製品を発売し，42種類の製品の発売打ち切りを行った（ポーター&竹内, 2000, pp.135-136）。つまり，これまでは既存商品をベースとして，商品の形や名前，パッケージ等に微細な変更を加えるという，「インクリメンタル・イノベーション」を行ってきたのである。他方，ドラッカーのいう，新しい価値を生み出し，経済や社会に変化をもたらすというイノベーションは稀であり[6]，欧米のメーカーおよび国内のメーカーの製品の模倣戦略をとっているといえよう。まさしく，「生産性のジレンマ」の状態である。

3．イノベーションの倫理

　では，このイノベーションという行為は，倫理的側面からはどのように評価されるのであろうか。イノベーションにおける倫理性について考察するにあたり，まずは，企業が展開する市場競争と倫理との関係を論じる。

近年の金融危機や弱肉強食の企業間競争をみたとき,市場競争は参加企業の動機があまりに利己的であり,物質主義や拝金主義に基づいたビジネスパーソンたちの狂乱であるいう,市場競争の負の側面への批判にもうなずけよう。しかし,経済と倫理の関係について論じた著書の中で塩野谷祐一は,「競争は,人間本性に内在する自愛心,活動意欲,自律,自己実現,自己発展のあらわれであって,社会にとって活力の源泉である」とし,「競争の基礎となる進取,向上,勤勉,慎慮といった自己愛の徳目は,それ自身としての善であり,競争が「自由」を基礎としてこれらの徳目を育成する側面を,競争の最も内面にある倫理的特質とみなすことができる」(塩野谷,2002,p.170)と,競争の意義を指摘している。ここで,「自由」とは,経済の世界においては経済的拘束からの自由をもたらすことを意味し,財や技術や組織の「革新」のことを指す(塩野谷,2002,pp.45-46)。つまり,企業がイノベーションを行うために努力することは,倫理的な行いであるということになる。

 さらに,塩野谷は,市場における取引は「相互協力」の関係であり,その競争には「市場ルール」が存在するとしている。たしかに,市場競争に参加する企業はルールを認識した上で活動し,そのルールに反した行動をした場合には罰則が科せられる。そのようなルールがあるからこそ市場取引には信頼関係が構築され,また,その明文化したルール以外にも倫理に基づいた暗黙のルールが存在し,相互協力も実践されるのである。さらに,塩野谷は,人々は企業をはじめとする組織体ないし共同体に属しており,そこでは経済目的以外の目的を追求することも可能であることも指摘しているが,CSRに関わる企業のさまざまな活動や社会問題を解決することを事業とするソーシャル・エンタープライズや社会起業家の活動は,まさに,そのことを実証している。

 前章で述べたように,A.マッキンタイア(MacIntyre, A.)は,何かを実践(practice)し成功するとき,人は,名声,地位,貨幣,権力等の「外的善」,および成果の卓越性や人生のすばらしさという「内的善」を得るとしている。そして,外的善は個人の所有物になり,勝者と敗者の区分をつくる

が，他方，内的善は実践に参加する共同体全体にとっての善（共通善）であり，個人の業績は共同体全体を豊かにするものであるとしている。企業がイノベーションを通じて，既存の商品・サービスや作業プロセス，マーケティングやロジスティクス等に対して創造的破壊を行い，その代わりに共同体にとって何らかの価値が付与されるであろう新しいものを創造する場合，企業は，そのイノベーションが成功し業績を伸ばすことができれば，利益やレピュテーションのような外的善を獲得し，他方，顧客や社会に新たな社会的価値という内的善を提供することとなる。

　このように，競争には，その動機の倫理的側面やルールに基づいた相互協力という側面，社会的価値創造の側面があるが，これらに加えて，塩野谷は「卓越性を追求する典型的な行為は企業者のイノベーションであって，生産物・生産方法・生産組織などのイノベーションを追求する競争は経済の最もダイナミックな原動力である」（塩野谷，2002，pp.177-178）と，イノベーションを追求する競争について述べている。卓越については前章でもふれたが，塩野谷は，「「卓越（perfection or excellence）」とは，人類の遺産として残るに値する質の高い学問，芸術，思想，文化，生き方，アイデンティティに存在する価値であり，この卓越の概念がギリシャ的伝統の倫理学における「徳」である」（塩野谷，2002，pp.5, 43）としている。また，自分自身が他の人々からの尊敬に値するためには，公共的および私的空間における社会的実践の場を通じてこの卓越の基準を充たすように努力する義務を負うという（塩野谷，2002，p.305）。したがって，企業が社会から信頼され，存在価値を認められ，支援されるためには，究極の存在になるための努力，つまりは企業活動を通じてイノベーションを実践し，卓越の基準を達成する努力をしなければならないという「イノベーションの倫理」が存在しているといえる。

第5節　明治グループにみるイノベーションと企業倫理

1．東京菓子の創立

　本節では，大正時代に企業が設立され，現在まで菓子事業，健康事業，薬

品事業を発展させてきた明治グループの事例を，イノベーションと企業倫理の観点から検討する。

前述したように，大正5（1916）年10月，株式会社明治の前身である東京菓子株式会社（資本金100万円）が濱口録之助により創立された[7]。続いて同年12月，後に東京菓子と合併することになる大正製菓株式会社（資本金150万円）が，明治製糖株式会社社長の相馬半治によって創立された。

明治製糖は明治39（1906）年創業で，当時，日本の植民地下にあった台湾において粗糖業の基盤を確立し，内地においては製糖業も兼営していた。業績については，第一次世界大戦の影響による砂糖景気で順調に利益をあげていた。このような状況下において，明治製糖首脳部は，前述のように目先の利益よりも砂糖消費の促進を図り，砂糖加工業を発展させ，国産菓子の海外進出によって国家に貢献すべきだと考え，菓子事業に乗り出したのである。その設立の趣意は東京菓子にも共通していた。また，東京菓子と明治製糖は，同じ製菓事業が分立して経営されるより合併した方が将来の発展に有利であるという結論に達し，大正6（1917）年3月に東京菓子と大正製菓が合併し，新しい東京菓子株式会社（資本金公称250万円，62万5000円払い込み）が誕生した。その後，大正13（1924）年に，社名を明治製菓株式会社に変更した。また，平成21（2009）年，明治製菓は明治乳業と共に共同持株会社「明治ホールディングス株式会社」を設立し，経営統合した。その後，明治乳業との間で事業再編が行われ，平成23（2011）年4月より，菓子事業は明治ホールディングス株式会社傘下の株式会社明治の事業として運営されることとなった。

東京菓子が設立された大正6（1917）年当時，わが国の製菓事業は企業としての規模も小さく技術も低レベルであり，家内工業の域を出ない状況だった。会社組織になっているのは森永製菓および東洋製菓の2社くらいで，しかも，この2社も資本金は東京菓子と比較すると小規模であり，払い込み金額で，それぞれ，50万円，16万円であった。

前述のように，菓子類は，欧州各国の企業がアジアへも積極的に輸出していたが，第一次世界大戦が勃発したことによって欧州各国からの菓子類の供

給が全面的に途絶えた結果，わが国の製菓企業の事業が発展する機会が到来した。しかしながら，第一次世界大戦終結後，経済は恐慌状況に陥った。明治製菓社史編集委員会編『明治製菓の歩み：創立から50年』の「事業成績一覧表Ⅰ」によれば，明治は昭和2（1927）年までは売上高，当期利益金とも低迷しており，減資や無配の時期もあった。また，創業当初は，不況のような外的経営環境の影響ばかりでなく，組織内部でも，未経験分野への進出ということで，技術および販売，マーケティング分野で多くの困難を乗り越える必要があった。しかし，その後，業績が向上し，とくに，昭和12（1937）年に始まった日中戦争を契機として海外進出が積極的に行われるようになった。

　第二次世界大戦中は食品関連企業にとって厳しい時代であり，大戦後も，戦災工場の復興をはじめとする数多くの難局を打開しなければならなかったが，明治は幾多の挑戦の中から新製品を生み育て，ペニシリン等の薬品部門へも進出することになる。折しも，経済社会の復興と繁栄時期において，わが国は菓子・食品・薬品が必要とされており，同社は昭和30年代，40年代に，企業として飛躍的な発展を遂げることとなる。

２．日本型利他主義経営

　株式会社明治の発展における初期の立役者は，明治製糖の社長であった相馬半治である。相馬は，明治2（1869）年に愛知県に生まれた。32（1899）年に，文部省の留学生として砂糖と石油の研究のために欧米に3年間留学し，帰国後，台湾総督府の技師として蔗糖の改良に携わった。この経験から39（1906）年，明治製糖の創立に加わった。その後，高度な合理的経営能力を活かし，同社を大企業に育て上げることに成功した。その過程で，前述のように，砂糖のさらなる販売および国家への貢献を実現させるため，第一次世界大戦の影響による砂糖景気の利益を，当時，大きな利益が見込まれた海運事業ではなく，製菓企業の設立に投資するという意思決定を行った。重役会を動かし製菓企業設立を決めさせたのは，相馬のビジネスに対する考え方の中に，「己の事業を通じて，国家に貢献し，社会に奉仕したい」という国

家的見地に立った信念，つまりは共通善および前述の日本型利他主義経営を追求する姿勢があったからであろう。それが，その後の消費者に対する奉仕の精神を表す「買う気でつくれ明治」という社内の合言葉につながり，ひいては，現在の明治グループ理念体系における「経営姿勢」の次のような「5つの基本」[8]の①や②に表れている。

5つの基本
① 「お客さま起点」の発想と行動に徹する。
② 「高品質で，安全・安心な商品」を提供する。
③ 「新たな価値創造」に挑戦し続ける。
④ 「組織・個人の活力と能力」を高め，伸ばす。
⑤ 「透明・健全で，社会から信頼される企業」になる。

また，相馬は，「私の仕事に対する主義は（略）熱誠，努力，実践，勤倹になると同時に，どこまでも産業の合理的経営を行わんとするもの」という，卓越を目指す姿勢があり，それが日々の実践におけるイノベーションを生み出したと考えられる。これは，5つの基本の②～④にあたる。このように，相馬の経営信念は，現在の明治グループを支える指針として生き続けている。

3．チョコレートにおけるイノベーション

株式会社明治は，大正6（1917）年に，キャラメル，キャンデー，ビスケットの発売からスタートするが，翌大正7（1918）年には，チョコレートを発売する。その当時は，大正9（1920）年には，松竹キネマ，大正活映，帝国キネマといった映画の製作会社が設立され，常設映画館も増加した（翌年には全国で694），華やかな日本映画史の幕開けの時代であった。また，大正14（1925）年に，ラジオ放送が開始され，大正15（1926）年には，「日本放送協会」や「新交響楽団」（後のN響）が設立されたり，雑誌『アサヒカメラ』が創刊されたりしたが，これらの社会的および文化的イノベーションが創り

201

だす大正末期のモダンな風俗文化は，チョコレートの需要を急激に拡大させた。そして，大正15（1926）年には，現在も販売されているロングセラー「明治ミルクチョコレート」が発売される。

　しかし，わが国のチョコレート製品の発達と普及は，ビスケットやキャンデー類と比べると比較的遅い。その原因のひとつが，原料のカカオ豆に高率の関税がかかっていたため，チョコレート製品の大部分が外国からの輸入であったことである。昭和4（1929）年4月以降，関税撤廃により，原料を有利に輸入することが可能となり，その結果，わが国のチョコレート工業は飛躍的に躍進した。

　そして，昭和30年代，チョコレートが菓子消費のトップに立つ。昭和35（1960）年に種類別消費（小売金額）で第7位であったチョコレートは，昭和38（1963）年には和菓子と肩を並べてトップへと大躍進した。さらに，昭和40（1965）年には，昭和30（1955）年からの10年間で菓子全体の伸び率が約2倍であったのに対して，チョコレートは約7倍となり，菓子の全国消費額4200億円のうち，620億円を占めた。このうち，明治の製品は38％を占め，トップメーカーとしての地位を堅持した。

　この30年代の明治製菓によるチョコレートの躍進の要因のひとつは，緻密なマーケティング活動である。例えば，商品については，市場のニーズを把握するため販売会社の明治商事と合同で市場調査委員会を発足させた。昭和32（1957）年に発売した「ミルクチョコレートデラックス」は，従来のチョコレート色の包装による薄型チョコレートの枠を破って，黄色を基調とした明るいイメージを創出する包装で中身は厚型とした。これを契機として，チョコレートの包装はカラフルなものが主流となった。さらに，販売力を強化するために小売店や卸売を組織化し，また，月刊PR紙『フレンド明治』を創刊し，商品知識の普及や経営相談，店員講習会等を実施している。加えて，昭和36（1961）年に発売した7色の「マーブルチョコレート」は，マーブルキャンペーンとして，当時としては珍しい5秒スポットの集中方式のテレビコマーシャルを行った。このコマーシャルは高く評価され，多くの賞を受賞した。また，日本発の連続長編アニメ『鉄腕アトム』の独占提供も，

マーブルキャンペーンのひとつとして行われた。このキャンペーンでは,『鉄腕アトム』のシールをマーブルチョコレートに封入し大反響を得,さらに昭和38（1963）年には,アトムシールのプレミアムキャンペーンを行い空前絶後の記録を示すほどの反響を獲得し,後のシール・ワッペンブームのさきがけとなった。

このように,明治は,顧客を起点とする視点でさまざまなマーケティング・イノベーションを行い,チョコレートの価値,ひいては菓子の価値を創造してきた。その根底には,大正時代の創立者の相馬の国家のためという,外的善のみでなく共通善をも考慮した,また,常に前進しようとする教養主義や卓越の精神が存在していたといえよう。

高度化した資本主義経済が確立されている現代の日本社会においては,企業家も大正時代のような海外の企業との格差を埋めなければならないという国家的危機感を感じることは少ないといえよう。つまり,現代は企業家にとって,大きな物語を描くのが難しい時代であるといえる。したがって,相馬のように,国家のため,産業振興のためという高い志は持ちづらい。しかし,卓越の基準を満たす努力を行い,不断のイノベーションを実践していかなければ,企業は社会からの尊敬や信頼を獲得できないであろう。

また,大企業の内部組織が官僚化して創造的破壊の機会を喪失し,イノベーションが起こりにくい環境に陥ることは,資本主義の停滞につながる。現代の企業家たちは,厳しい難局をがむしゃらに乗り越えてきた大正時代の企業家たちの,自由でイノベイティブ,かつ利他主義的な行動や意思決定から学ぶべきことが多いと考える。

第6節　小　括

明治時代と比べると,大正時代は国の大改革や戦争による緊張が緩み,人々が自由を謳歌できる雰囲気が社会にあったといえる。そのような社会において,第一次世界大戦が始まり,欧州の国々が日本やその他アジアの国々へ機械や鉄鋼,化学品,綿製品等の輸出を行う余裕がなくなったことが契機

となり，日本では，諸工業が勃興した。多くの企業が創業され，明治時代の「政商」の時代から個人が自分の商才で成功できる時代に移行し，「成金」も生み出された。しかしその後，国内の諸物価が急高騰し，景気の後退や労働争議への対応が迫られ，さらには，関東大震災も起き，慢性的不況に陥る。

このような時代において企業家を支えた思想のひとつとして，「大正教養主義」がある。この思想は，旧制高校を起点としており，主に人文学の読書を中心にした人格の完成を目指す教育が実践され，学ぶことを通じて人格を鍛錬するという特徴を有する。ビジネス界においてもこの教養主義の思想に影響を受けたと考えられる企業家による「日本型利他主義経営」が実践された。また，そのような思想を有する実業家を中心に，「日本工業倶楽部」が創設され，個々の企業の発展のみならず，「日本の工業発展のために尽くす」という姿勢がその活動を支えた。

この時期に発展の礎を築いた製菓企業の中にも，利他主義的な精神を兼ね備えた経営者が存在した。日本では，第一次世界大戦がもたらした好景気によってそれまで特権階級のものだった洋菓子が大衆的な嗜好品として普及し始めた。とくに，森永太一郎が創設した森永製菓は，キャラメルやチョコレートの発売等で，それまで小規模だった洋菓子産業を一挙に拡大させた。

この製菓産業の発展には，第一次世界大戦による欧州からの菓子類の供給が途絶えたこと，さらには，当時の菓子事業に関わった人々の菓子産業の発展に対する強い想いと国家および日本国民全体への貢献という志の高さの存在が影響を与えていたと考えられる。このような企業家たちの行動にも前述の大正教養主義の影響がうかがえ，また，社是などにより日本型利他主義経営を後世に伝える役割を果たしたと思われる。

現代の企業が持続的に成長するためには，イノベーションが重要な戦略となるといえようが，大正時代に飛躍的に発展した製菓企業においては，当初は，多くの企業が新しいアイデアを盛り込んだ新製品をもって産業に参入するプロダクト・イノベーションが起こっていた。しかし，しだいに，大きな変革はみられなくなり，既存の商品に微細な変更を加えるというインクリメンタル・イノベーションへと移行していった。

また，イノベーションの倫理的側面からの評価については，塩野谷によると，競争の基礎にある「自由」が倫理的特質であり，自由とは革新を指しているため，企業がイノベーションを行うために努力することは，倫理的な行いということになるという。また，マッキンタイアの唱える善の理論に従うと，企業がイノベーションに成功し業績を伸ばすことができれば，外的善を獲得し，また，その新たな製品やサービスが共同体にとって何らかの価値を付加されたものである場合，共通善も創出することになる。さらに，イノベーションというより優れた製品や・サービスを生産しようとする姿勢は，卓越の視点からも評価されるものである。

　最後に，株式会社明治の発展における，初期の立役者といえる相馬半治は，事業を通じて国家に貢献し，社会に奉仕する，という信念をもっており，日本型利他主義経営ともいえる倫理的経営を実践した。その相馬の経営姿勢は，顧客を起点とし，新しい価値創造のために常に挑戦する現在の明治グループを支える指針となっている。また，このような指針が，菓子業界や菓子全体の価値の創造につながっていると考えられる。

　大正時代は，さまざまな出来事が起き，企業にとっても舵取りの難しい時期であり，その意味で，現代の企業経営が学ぶべきことの多い時代であるといえる。

【注】
1)『武士道』は，明治41（1908）年に出版された（丁未出版社）。
2) 近年，洋菓子やデザートをつくる職人の名称としてフランス語のpâtissier（パティシエ）という言葉が用いられるようになってきている。フランスでパティシエとして仕事をした経験のあるシェフの永井紀之は，著書『パティシエ』において，「日本では，菓子職人は「夢を売る仕事」といわれる。つまり，日本では，日常とかけ離れたものとしてフランス菓子がとらえられてるのだと思うが，自分にとってはお菓子は日常そのものであり，毎日の生活の上にあり，人々の暮らしとともにあるものだ」としている（永井，2004，pp.114－115）。実際，フランスでは，お菓子は贈答品としてではなく，自分のために買うことがほとんどであり，ホールケーキを購入して家族で食事の後に食

べることが多い。したがって，フランスでは，地方の町に行っても，おいしいお菓子屋が必ずあり，人々の生活のすぐそばにお菓子屋があるという（永井，2004，pp.114-115）。

3）第一次世界大戦中は，交戦各国の船舶はことごとく御用船となり，当時，世界一の船舶市場といわれたロンドンに船がなくなると，すぐに神戸に船の注文が来た。そこで，戦争が始まったとき，4500トンの汽船一隻を契約して船会社を運営していた神戸の内田信也は，翌々年には16隻の船をもち，60割配当という空前の記録をつくって世間を驚かせたという（今井，2008，p.14）。

4）佐久間製菓株式会社とサクマ製菓株式会社の2社は，どちらも佐久間惣治郎商店を前身企業としている。

5）武田尚子によると，自営業的に営まれているクラフツマン的工房で地元の人々向けにショコラティエが職人技でつくっているチョコレートが，1950～60年代に，巨大な資本力をもった多国籍企業による家族経営の店や会社の買収を通じてグローバル市場で販売されるようになっていったという。ゴディバは，26年，ブリュッセルで創業された家族経営の店だったが，60年代に，アメリカのキャンベル・スープ社の社長が突然，店を訪ねてきて，店ごと買いたいという交渉を始め，76年に，キャンベル・スープ社が全権を保有するようになったという（武田，2010，pp.192-195）。

6）カカオは，赤道の南北緯度20度以内，年間平均気温27℃以上の，しかも年間を通じてその上下する範囲がごく狭い，高温・多湿な地方で栽培される熱帯植物であり，産地は，西アフリカ，東南アジア，中南米である（日本チョコレート・ココア協会HP：「カカオの栽培地域」 http://www.chocolate-cocoa.com/dictionary/cacao/characteristic.html，2012年2月26日）。

　このようなカカオ栽培地域における生産者の立場を尊重し，生産者，輸入業者，製造メーカーの間の公正な取引によって生産されたことを保証する「フェア・トレード」に対する認識が，チョコレートにおいても少しずつ広がってきており，消費者にとってもチョコレートは決して安価なものではなくなりつつある（武田，2010，p.196）。つまり，このフェア・トレードは，生産国の経済や社会に変化をもたらすイノベーションにつながる活動であり，消費者の意識変化もこのイノベーションを成功させる一要因といえる。

7）明治製菓，東京菓子，明治製糖，相馬半治については以下の資料を参照した。
上野雄次郎編（1936）

明治製菓四十年小史編集委員会編（1958）
　明治製菓社史編集委員会編（1968）
　明治製菓株式会社社史編集委員会編（1997）
　明治製菓株式会社社史編纂委員会編（2007）
　森田克徳（2000）
　野村ホールディングス，日本経済新聞社「先駆者たちの大地―明治製菓株式会社　創業者　相馬半治」http://manabow.com/pioneer/meiji/index.html，2010年1月10日
8）明治ホールディングスHP：「明治グループ理念体系」（http://www.meiji.co.jp/corporate/about_meiji/philosophy/，2012年2月15日）参照。

第7章 現代のCSR

第1節 問題意識

　第二次世界大戦後,「奇跡の復興」を成し遂げたといわれる日本企業は,1970年代,80年代に海外に工場や営業所を設立し始め,先進的な電気製品,オートバイ,時計,カメラなどの製品を通じて,その高品質で繊細な技術力を世界にアピールした。その成功の秘密は,終身雇用制,年功序列,企業別組合という3要素に求められ,日本的経営の「三種の神器」と呼ばれている。とくに,80年代は,日本企業にとっての黄金期といわれるが,その後,バブル経済が崩壊し,日本経済は長い低迷期に突入する。それと共に,日本的経営や日本型経営システムのような日本発の企業経営に関わる特徴に対する評価も低下した。そしてそれ以降,日本企業の経営の特徴を踏まえた,新しく,かつ世界に発信できるような日本型経営といわれるものは登場していない。

　しかし,グローバル競争時代に入り,グローバルな競争力をつける必要のある日本企業には,新しい日本型経営が求められているのではないだろうか。また,グローバル競争時代の日本型経営とはどのような特徴をもつものであろうか。従来型日本型経営や日本的経営にはなかった特徴で,現在のような世界的CSRの潮流の時代において取り入れなければならない要素として考えられるのは,経営戦略の土台となる基本理念や企業ビジョン,企業文化などにCSRが組み込まれているということであろう。

　さらに,このCSRが組み込まれたCSR経営の特徴としては,社会的責任

のどの分野を企業経営に取り込み,注力するか,また,どのような形でどこまで責任を果たすか,といった各企業の経営戦略に関わる意思決定が含まれることである。

では,どのようにしてそれらを決定するのであろうか。まずは,社会やステイクホルダーからの要請や期待に気づき,当事者の立場に立ったとき,それらが重要な問題であるという「共感」が必要であろう。経済同友会(2008)「価値創造型CSRによる社会変革—社会からの信頼と社会的課題に応えるCSRへ—」では,「企業からの行動」と「社会からの発想」を同時に満たす,「価値創造型CSR」を提唱している。これは,企業に,企業からの発想を超えてよりよい社会の構築のために,自社の事業活動との関連性を発見し,社会的価値の創造活動を行っていくことを期待した考え方である。そのためには,社会からの要請と期待を直視するための感受性を磨くことが必要であるとしている(経済同友会,2008,p.2)。

そこで,本章では,まず,企業がCSRに基づいた経営活動を行う際に重要な役割を果たすと考えられる企業の「共感力」について考察する。次に,CSR経営の事例として,積水化学工業株式会社の取り組みを取り上げる。同社は,『ニューズウィーク日本版』の2007年度「企業の社会的責任ランキング」において世界で第47位に選ばれ,「働きやすい会社」調査のランキングでは第15位にランクされた。その背景には,トップマネジメントのCSRへの強いコミットメントや先進的なCSR経営の実践があると考えられる。そこで,同社がどのような社会的課題や社内的問題を自社のCSRのテーマとしてとりあげ,それをどのような組織やリーダーシップで解決しようとしているのか,また,社会にどのような価値を生み出そうとしているのかを考察する。

第2節 「共感」に基づく経営戦略

1.「共感」とは何か

M. H. デイヴィス(Davis, M. H.)は,共感について,次のように説明して

いる。「この「共感」という言葉は，ドイツ美学で使われた感情移入（Einfühlung）という用語からきており[1]，観察者が観察している対象に自分自身を投影する傾向を示している[2]。また，「同情」とは異なり，より積極的な試みであり，意図的で知的な努力をすることで他者の「内側」に入っていったり，相手とつながりをもとうとしたりすることを示している」（デイヴィス，1999, pp.5-6）。

　共感についてはこの他にも種々の定義がある[3]。デイヴィスは，現在，多くの理論家たちのとる定義として，M. L. ホフマン（Hoffman, M. L.）による定義を紹介している。ホフマンの理論的枠組みは，まず，子どもたちは，自他の区別の感覚のない段階からスタートして，自分が個人的な苦痛を感じることで他人の苦痛に反応する段階へと発展し，次に，自我についての認知的感覚が成長することにより，自己中心的な苦痛と他の人びとについて経験するより複雑な苦痛との両方を感じることのできる進んだ段階へと移っていく。つまり，他者の立場に立って，世界がどのように見えるかを想像する能力である「認知的な役割取得」[4]のスキルが発達するにつれて，他者の苦痛からもたらされる苦痛の感覚が生じ，そのことが他者に対しての同情あるいは配慮の感覚といったものとなるとしている。したがって，共感は「自分自身の立場よりも他の誰かの立場により適した感情的な反応」であるといえる（デイヴィス，1999, pp.10-11）。

　このような他者の思考や感情を理解する能力と傾向，そして他者の経験についての感情的な反応性は，共感の領域の多くの部分を構成していると考えられている（デイヴィス，1999, p.237）。また，この共感は，「愛他的な行動を直接，生み出す中心的なメカニズムのひとつである」（デイヴィス，1999, p.31）。したがって，共感する能力が十分発達していない人間の場合，愛他的行動・利他的行動も生み出されにくい傾向があるといえる。また，他者の考えや情動を想像したり，推測したりする役割取得によって生じる他者に対しての反応は，家族との密接で確かな対面による接触の経験や弱者や無力な人々の状況を知らせるショッキングなニュースを知ることなど，特定の状況的な文脈から出てくるものであり，この「状況の強さ」が共感的反応の強度

に影響する。加えて、見る側と相手との間にある類似性の程度も共感の度合いに影響を及ぼす。つまり、類似性の度合いが高くなれば共感的反応の強度も高まるのである（デイヴィス, 1999, p.17）。したがって、本人の能力の程度のみならず、この状況的な条件が整わない場合も、愛他的行動・利他的行動が表れにくいといえる。

また、利他的行動が生じる理由を探すアプローチとして、遺伝子の観点からの考察がある。R. ドーキンス（Dawkins, R.）は、『利己的な遺伝子』において、動物にみられる利他的行動を次のように遺伝子淘汰説から説明している。「われわれの遺伝子は競争の激しい世界を場合によっては何百万年も生き抜いてきた。このことは、われわれの遺伝子になんらかの特質があることを物語っている。私がこれから述べるのは、成功した遺伝子に期待される特質のうち最も重要なのは無情な利己主義である、ということである。この遺伝子の利己主義（gene selfishness）は、個体における利己主義を生み出す。しかし、いずれ述べるように、遺伝子が個体レベルにおけるある限られた形の利他主義を助長することによって、最もよく自分自身の自己的な目標を達成できるような特別な状況も存在するのである」（ドーキンス, 1991, p.17）。つまり、利己的自然淘汰の本質は、個体の生存よりも遺伝子の生存にある。働きアリや働きバチがひたすら女王の子孫のために働くというような、一見、「道徳的」な利他的行動は、実は、自分と同じ遺伝子をもつものだけが生き残ることを「考えている」利己的な遺伝子によって司令された完全に利己的な行動に他ならない、という主張である。

それでは、利己的な遺伝子と共感との関係はどのようなものであろうか。前述のように、共感が「愛他的な行動を、直接、生み出す中心的なメカニズムのひとつである」ならば、最終的には自己の利益につながることを意図するような利己的な遺伝子による、ある限られた形としての利他主義に基づく行動であるにしろ、共感する能力を有する人間は、その能力によって愛他的な行動を引き起こされることになる。では、どのようにして共感する能力が得られるのだろうか。

ひとつには、生物的能力というような、人間の生得的な、他者に対して感

情的に反応する能力の存在がある（デイヴィス，1999，p.32）。その他，学習歴をもったり，役割取得のような共感に関連した過程に関わりをもったり，共感に関係する感情的反応を経験したりという個々の経験が，共感する能力の獲得に個人差として表れる（デイヴィス，1999，p.16）。とくに，両親の特徴や行動という環境的な要因は重要な役割を果たす。例えば，親密で安定した家族に育てられた子どもは，一般的にいって，他者に対して高い感情的反応性を示すが，これは，この子どもたちの情動的な要求が満たされていて，その結果，自分のことだけに関心が向くことが少ないからである（デイヴィス，1999，p.237）。したがって例えば，中学生たちが高齢者に対して攻撃的になるという場合[5]，それは，その中学生たちが何らかの理由で役割取得能力が欠如しており，他者としての高齢者の感情や状況を理解できないということや，家庭が不安定で自分自身の情動的な要求が満たされていないことから他者志向的な心の余裕がなく自己中心的な行動が表れやすいということが考えられる[6]。

　デイヴィスは，共感のもつ特徴を考えるにあたっての包括的精神に関して，次のことを述べている。「共感の問題は，……個人を他人から，自我を他者から区別する境界に位置している問題である。自分中心的な関心は置いておいて，他の人々の見方を受け入れる能力は，それぞれ別の実体を持ち，そうでなければ孤立してしまう人々を，たとえ一時期であっても，考え方や感情，目的を共有することで結び付ける橋のような役割をするのである。このように気持ちがかよい合うことで，もっとも称賛に値する人間的な活動が可能になる。こうした活動は，まったく自分勝手なものから自分勝手でないものへとぼくらの動機づけを変えていくものだし，本当に気高い目的を達成する機会をぼくらに与えてくれるものである」（デイヴィス，1999，p.259）。

　このように，共感の利他的思考や行動，および心のネットワーク構築への影響力は，「公共」領域の課題解決方法を考える際の手がかりを提供しているといえよう。

2．「想い」を共有することの意義

　「共感」が，以上のように考えや感情，目的を共有することで人々を結び付ける橋のような役割をするものであるとすると，企業の「想い」や「ミッション」，「企業理念」，「企業ビジョン」に共感する人々をその企業の支援者とすることができるのではないだろうか。つまり，企業の想いとして「地球環境問題に積極的に取り組む」というテーマがあるとすると，そのメッセージを知った人々の中には，自分の考え方や価値観と類似すると感じ，情動的な反応としてその企業に対し好感を示すような行動をとる人もいるであろう。

　アメリカをはじめとする国々には，地球環境保全，人権擁護，動物愛護，食品添加物の問題，農薬や化学肥料の被害，暴力，社会的弱者の救済などの社会的課題への問題意識をもち，その気持ちを経営理念やミッションに反映させ，ビジネスを通じて社会を改革しようとする企業が数多く登場している。その背景には，社会変革のムーブメントを感じ取り，消費者がそのムーブメントの影響を受けて購買に対する意識や態度を変化させていくという確信を抱くことにより，自社の商品やサービスにその変化を反映させていこうとする経営戦略がある。他方，もともと問題意識をもっており，それを自らのビジネスを通じて社会に明示し消費者を啓蒙していこうとする，より積極的な姿勢をとる企業もある。

　これらの企業の多くは，上述のような種々の「想い」を，商品やパッケージのデザイン，店舗の内装やロケーション，リサイクルへの積極的な行動，ポスター，品揃えなどを通じて具現化している。また，いつ，いかなる理由であれ，返品・交換に応じる保証をし，求められれば購入時の代金を返却する，リファンド制度のような顧客志向の制度を打ち出す倫理的姿勢を通じて，顧客や社会に対して経営理念の実践を明示している企業もある。

　さらに，このような「「想い」を売る会社」の中には，従業員の労働意欲や創造性を引き出し，高業績につなげることに成功しているケースも少なからずみられる（森，1998, pp.6-7）。このことは，企業の社会戦略が消費者に対する効果のみならず，従業員に対しても何らかの有効性をもっているとい

うことを示しているのかもしれない。

　以上のように，企業は社会に文脈（コンテクスト）を提供し，社会を触発したり，挑発したりすることによって支援者を獲得していく。つまり，消費者と「想い」という情報を共有することによって，消費者の共感を獲得し，共感を共有する。このような相互関係のネットワークが「私たちの場」を，そしてソーシャル・キャピタルを創造していくことが企業にとっての戦略となる。その際，企業のトップマネジメントは，企業活動を通して体現すべき哲学やビジョンを確立し，その想いを従業員と共有し，さらに社会と共有することが重要な意味をもつ。また，それを実践するためには，トップマネジメントは，人々に「語りかける能力」，社会の声を「聴く能力」，時代の流れを「感じとる能力」等が必要とされるが，それら能力を支えるために，トップマネジメントには社会性や倫理性が備わっていることが不可欠であるといえる。

3．マーケティング戦略における「共感」軸

　では，企業のマーケティング戦略の中で，共感はどのように作用するのであろうか。

　「品質の良いものを提供するだけでは，売れない時代」においては，真の顧客志向が求められる。では，具体的には，どのようにして顧客の生活に密着した深いレベルの情報が得られるのであろうか。おそらく，それは，企業が顧客や社会のもつ時代の気分や時代感覚といったものを体得することであろう。つまり，社会や時代に対して「共感」する能力が求められているのである。したがって，マーケティング担当者は，組織の中から消費者たちをながめるというのではなく，組織の外に出て，消費者の立場で社会を感じるという，役割取得が必要である。そこで感じた情動から新しいニーズを発見することによって，これまで発見できなかったニーズをマーケティング戦略につなげていくことが可能となる。このことは，市場調査を基礎にした市場ニーズに基づくマーケットイン，およびメーカーのシーズに基づくプロダクトアウトという従来のマーケティング理論を脱し，メーカーがユーザーとし

て実体験し，自らのフィールドに基づいて事業・製品開発を進める新しい方法論が必要とされていることを示している（武井，1997，p.298）。

近年，BOP（base of the pyramid）という世界の人口の半数以上にのぼる低所得層を対象にしたビジネスの発展がみられる。このビジネスの特徴は，貧困層固有のニーズを見つけ出し，そのニーズを満たすための製品・サービスを，これまでとは異なる方法で提供し，利益をあげると共に，貧困層の削減や貧困社会の抱える社会的課題の解決に寄与するということである（菅原，2009，pp.1-2）。このビジネスの場合，提供する商品やその提供方法などを考える際，企業の社員たちは，市場を創造しようとする農村などで実際に生活をし，人々のライフスタイルや日常の在り方を観察する。そして，どのような商品に対して潜在的ニーズがあり，どのような形態で提供すれば人々が購入するのかを研究するという。これは，企業内の仕事でいえば，マーケティング活動ということができるであろうが，担当者は，現地の人々の生活の仕方を体験し，各家庭や地域社会の抱える課題などを知ることによってその地域や地域の人々への共感が生まれ，役割取得によって「自分だったらこのようなものが必要でこのような価格だったら買いたい」という具体的なアイデアが出てくるのであろう。そのような過程を経て当該地域にとって適切なマーケティングや販売の方法が創造されていくのだと考えられる。

また，ブランド資産の側面からすると，消費者が企業の活動や商品に対して共感することが，ブランドのプレミアム・イメージを生み出す源泉となる。このブランド・イメージはブランド資産を構成する一要素となるため（小川，1994，p.22），消費者の間に共感を生み出す企業の活動がブランド資産を高めることにつながる。さらに，資産が高まることによって，企業が次のようなメリットを得る（恩蔵，1997，p.183）。

① マーケティング効率の向上
② プレミアム価格の設定による大きなマージンの獲得
③ 流通業者の協力を得やすくなる
④ 競争優位の源泉の獲得

加えて，共感するというのは，きわめて個人的で，暗黙的な体験であり，

それを組織の戦略として活用するためには，組織の他のメンバーにも理解できる形に変換する必要がある。M. ポラニー（Polanyi, M.）は，言語や具体的な形や概念で表現された知識を「形式知」とし，それに対して，言語化したり，概念を他人に伝えたりすることが難しい，個人的な知識を「暗黙知」と呼んでいるが，野中郁次郎・竹内弘高は，この「暗黙知」と「形式知」の相互交換によって，知識創造が行われるとし，「共同化」，「表出化」，「連結化」，「内面化」という4つの変換の類型を示している。「共同化」は，メンタル・モデルや技能などの暗黙知を創造するプロセスであるが，ここでは言葉によらず，観察，模倣，練習などによって，暗黙知の共有化が行われる。この共有化は，企業内部でも，企業と顧客の間でも起こる。企業が自社の事業に顧客を巻き込んで，新しい役割分担と関係および「場」を構築し，「顧客とのコラボレーション」によって継続的な顧客との関係を構築していくという場合などにも暗黙知の共有化が起こる。次に，「表出化」は，暗黙知を明確なコンセプトに表すプロセスである。つまり，「暗黙知」が「形式知」へ移行する段階であり，ここが知識創造プロセスの重要なポイントとなる。共同思考としての「対話」に促進されて，コンセプトが創造されていくのである。「連結化」においては，形式化されたコンセプトを組み合わせてひと

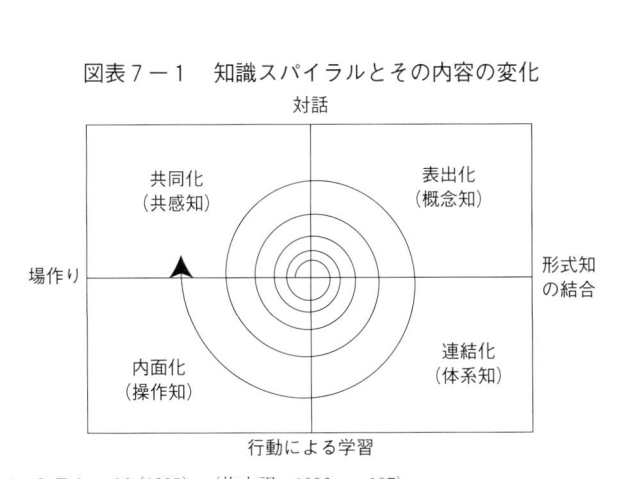

図表7－1　知識スパイラルとその内容の変化

（対話／場作り／形式知の結合／行動による学習　共同化（共感知）／表出化（概念知）／連結化（体系知）／内面化（操作知））

出所：Nonaka & Takeuchi (1995) （梅本訳, 1996, p.107)

つの知識体系を創り出す。「内面化」は，例えば，個人的な体験が，「共同化」，「表出化」，「連結化」を通じて，技術ノウハウのような形で「暗黙知」として内面化されるプロセスである（野中・竹内，1996, pp.92-105）。

図表7-1は，暗黙知の共有化を目指す共同化によって「共感知」(sympathized knowledge) が創られ，その他，表出化，連結化，内面化という知識変換モードによってそれぞれ，概念知，体系知，操作知という知識が創造されることを示している。異なった知識内容は，相互に作用し合いながら知識創造のスパイラルを形成する。例えば，消費者の生活に根ざした情報に関する共感知は，共同化と表出化を通して新製品についての明確な「概念知」となる（野中・竹内，1996, pp.106-107）。つまり，企業のマーケティング担当者は，顧客や消費者，あるいは社会や時代そのものに関する深いレベルでの情報を「暗黙知」のレベルで共有し，その後，漠然としたイメージや想いをコンセプトのような形で煮詰めたり，数量的なデータを読み込んで仮説をまとめ上げたりする（岡本，1999, p.28）ということが行われ，暗黙知が形式知へ移行する。

暗黙知や共感知を重視する背景には，これまでの20世紀型工業社会における，量産システム，マスメディア，「均質な」消費者という前提が崩れ，カスタマイゼーションやインタラクティブ・メディア等を活用して個別の生活者へ対応するというような新しい視点が必要とされていることがある。ここでは，マーケティングや広告の役割も変化し，関係（コミュニティ）を創るマーケティングや深い情緒，評価を共有するための広告が有効となる[7]。広告は，広い範囲に伝達可能というメリットをもっているが，他方，企業から消費者への一方通行の情報伝達になってしまうというデメリットもある（沼上，2000, p.28）。しかし，現在は，マスコミュニケーションや一方通行のコミュニケーションから個別性や双方向性が重視されるコミュニケーションへの変革期にある。したがって，時代に即した新しい広告を創造していく上でも，共感という人と人をつなぐツールの役割は，今後，ますます重要になるであろう。

4．HRM戦略における「共感」の軸

次に，共感が人的資源管理（HRM：human resource management）戦略においてどのような役割を果たすのかについて検討する。

ドラッカーは，20世紀最大の出来事として，「先進社会における労働力人口の肉体労働者から知識労働者への重心の移動」をあげている。その知識労働者は，今日，アメリカでは全労働人口の40％を占めるに至っており，今や，企業にとっての唯一の意味ある競争力要因は「知識労働の生産性」であるという。知識労働者は，高度に専門化した「知識」という生産手段を携帯し組織から組織へと移動するため，彼らの帰属先は雇用主たる組織ではなく，自らの専門領域となる。しかも，彼らが，明日の組織の形態や組織の盛衰を決定するという（ドラッカー，2000, pp. v-ix）。そうなれば，企業としては優秀な知識労働者をひきつける魅力をもち，彼らの貢献に報い満足を与えるべく，リテンション（retention）を考慮に入れた組織変革を行うよう努めなければならない[8]。

他方，近年では，大企業といえども，倒産やリストラクチャリングなどによって，そこで働く労働者たちと組織との伝統的な「信頼」[9]に基づいた関係は変化しつつある。従来は，企業による安定雇用の保障に対して労働者は「組織への忠誠心」をもって企業に仕えてきた。そして，その忠誠心に支えられた「企業コミュニティ」が絆となってきたわけであるが，信頼関係が崩れたとき，その絆も消滅する。では，このような変化の激しい経営環境において，高度な専門知識を有し，組織の経営資源として不可欠な知識労働者をひきつけ，彼らから組織への貢献を獲得するために，企業は，「企業コミュニティ」に代わるどのような絆を労働者との間に構築することが可能であろうか。

C．ヘクシャー（Heckscher, C.）は，数年間にわたり，デュポン，AT&T，GM，ダウケミカルなど8企業における14組織について，職場におけるダウンサイジングによる従業員の意識の変化や行動，業績への影響に関して調査を行った[10]。とくに，最近のリストラクチャリングにおいてターゲットとされる中間管理者に焦点をあてているが，結果は，ダウンサイジングやレイオ

フの後でも，彼らの多くは，依然として従来のような，組織と運命を共有するという意識に基づいた忠誠心をもっているということであった。しかし，ヘクシャーは，「この強く揺ぎない忠誠心は何の助けにもならない」と指摘している（ヘクシャー，1995, p.14）。

その理由を考察するにあたり，まず，このような中間管理職の多くがもち続ける忠誠心が労働者および企業にどのような利益をもたらすのかについて論じる。労働者の立場からすれば，それは，企業コミュニティに参加できるということと雇用の安定である。一方，企業の観点からすると，労働者による無条件の，疑うことのない服従であり，そのことによって，組織全体を成功させるための感情的な絆が生まれる（ヘクシャー，1995, p.40）。また，「忠誠」とは，「なんらかの大義への自発的，実践的な完全な献身」[11]であるとすれば，組織は，忠誠心によって，労働者からの自発的で誠実な協力を獲得することができる。この労働者の協力へのモティベーションは，自分の仕事以上のことをするという実質的な利益を企業に与えることになる。とくに，変化が激しくスピーディな意思決定が求められる今日のような環境のもとでは，より現場近くで変化を肌で感じ，戦略を発想し，ネットワークを適切に構築することが期待される中間管理職の役割は大きい（金井，1999, p.192）。その意味でも，組織にとって，中間管理職の忠誠心は重要である。

人間の行動が利己的な遺伝子によって支配された限定的な利他主義に立脚しているとすると，労働者の組織への盲目的な忠誠心，および企業の温かいコミュニティや安定した雇用の提供という，一見，「道徳的」な利他的行動は，実は，労働者と企業との間の生き残りをかけた利己的行動による合理的取引ということもできる。

この企業側の安定雇用と引き換えの労働者による忠誠心に基づいた協力は，契約書の中に記述されているものではなく，企業と労働者との「心理的契約（psychological contract）」ということになる。したがって，企業側と労働者側との力関係によって，ときには，労働者が企業に振り回されるということもある。

さらに，企業への忠誠心を共有することで労働者同士の信頼感が醸成され

ることも,企業にとっての利益となる(ヘクシャー,1995,p.47)。この信頼感は,労働者にとって,温かく親身な支援を受けられる企業コミュニティをより快適なものとする。同時に,そのことは集団に対して各成員が魅力を感じてひきつけられている程度である「集団凝集性」[12]を高くする。凝集性が高いほど,組織において,基準や規範に従い同調する人が多くなる。したがって,目標の達成に障害が少なくなり,生産性や効率の向上に貢献する(田尾,1999,p.141)。

では,どのような要因が凝集性を高めるのであろうか。田尾雅夫は,以下の5点をあげている(田尾,1999,pp.142-143)。

① 相互作用を重ねるほど魅力を感じあうことになるので,相互作用を行う機会が多くなるよう,メンバーが近接する関係にあること
② タスクが相互依存的であり,コミュニケーションの機会が多くなること。相互依存的であると,目的について合意ができやすく,また,コミュニケーションの機会が増えると,互いを理解できるようになる
③ 集団の外に競争相手がいること。外に競争する相手がいると,内側の人たちが一致団結しやすくなる
④ メンバーが互いに価値観や態度,背景要因において大きく相違せず,等質的であること。このことは,相互作用を促進する
⑤ 成功経験を共有すること。成功しないまでも,嫌いなことや不快なことを一緒に経験しないことは互いの魅力を低下させない要因である

しかしながら,「忠誠心」は,時として企業を危機に陥れる。企業はその変化を受け入れ積極的に自らを変革していく必要があるが,安定を望む企業コミュニティはその変化を受け入れたがらない。理由や証拠に基づかず組織への熱狂的な忠誠心を有する労働者は,実際に直面している問題を認識できない傾向がある。例えば,ヘクシャーによれば,調査を行った管理職のほとんどが,市場や競合状況についてあまりよく理解しておらず,また,自分の職務については理解していても,自分の仕事を全体の戦略の中に位置付けて理解してはいなかった(ヘクシャー,1995,p.15)という。信頼感と安心感

を強調する温かいコミュニティの中で，社会への共感能力をもたない，内向きで排他的なコミュニティメンバーとなっているのである。彼らは，その企業にとって最善のことをしようとするが，そのことが，職場のコミュニティの安定を守る方向性をもっている場合，変化の激しい経営環境のもとでは，逆に，企業に危機をもたらす結果につながることもある。

さらに，忠誠心は，他のコミットメントすべてに優先する（ヘクシャー，1995, p.139）という。したがって，組織への忠誠心の強い従業員は，深く組織にコミットし，自己を企業と一体化しているために，企業が危機に陥った場合，その変化に機敏に適応できない。

このような伝統的な忠誠心に基づいたコミュニティの限界から，ヘクシャーは，組織とそこで働く人々との新しい関係を提案する。それは，「目的を共有するコミュニティ」（ヘクシャー，1995, p.188）と呼ばれるもので，ここでは，企業と労働者が温情的依存関係によって結ばれるのではなく，経営戦略や競争環境への共通の理解をベースとするミッションの共有によって結ばれる。

この新しいコミュニティをもつ企業では，労働者は，現在のミッションを達成することに打ち込む。その労働者たちは，企業のミッションに共感し，自分自身のプロフェッショナル（professional）としての知識や技術を通じて，その組織の一員としてミッション達成に貢献しようとするのである。つまり，彼らのアイデンティティは，彼らを雇用している企業の社員という意識からではなく，彼らの職務・役割意識から生まれている。彼らは，組織の中で，自律性が大きく，プロフェッショナルとしての目標や個人の目標を達成することに努めており，これらの目標と組織への貢献が同時に達成できないのであれば，「退出」（辞職）する。つまり，一生，ひとつの組織で働くことを重要視していない。個人と組織との関係は，プロジェクトあるいはミッションの枠組みによって定義された一時的なものとされ（レスター，2000, p.235），そこには，プロジェクトベースのコミットメントが確立している。コミットメントは組織への忠誠心ほどの拘束力はないが，プロフェッショナルはミッションの実現のために協力する。組織が労働者を，突然，リストラ

する場合には,組織は別の仕事を見つけることに協力する(レスター,2000, p.237)。また,プロフェッショナルは組織以外にも強いコミットメントを有するものがあるが,それでも自己中心的ではなく,働いている企業に対して献身的で,他の労働者と協力して企業の目標やミッションの実現に貢献する(レスター,2000, p.322)。

では,プロフェッショナルは,なぜ,このような行動をとるのであろうか。また,プロフェッショナルが組織以外にも強いコミットメントを有するものとは何であろうか。

これらの問いへの答えは,プロフェッショナルとはどのような特徴をもつ人々なのかを考察することによって見い出すことができそうである。

プロフェッショナルは,ある職業領域に従事する個人を示すが,まずプロフェッション(profession),つまりその職業領域の有する特徴を明らかにしよう。"profession" という言葉を英和辞典で引くと,まず,最初に,「公言,告白,宣言」という訳が示されている。その他,「信仰告白,告白した信仰」,「知的職業」であるという説明がある[13]。つまり,神や信仰と職業が何らかの関係があると考えられるが,profession と呼ばれる職種は,その行為が相手にとって重大な影響ないし結果をもたらすために重い責任を負う職種を示し,だからこそ,「宣言」することが必要であり,誓いを立てる職業としての神学・法学・医学の3職業を指すようになった。そして,その後,「(頭脳を用いる)専門的職業,知的職業」を意味するようになった(平野,2002, p.58)。神学・法学・医学も専門的職業や知的職業も,高度な知識や技術を獲得するために教育や訓練が必要であるといえる。また,中世ヨーロッパでは,キリスト教の教理に基づき,「社会の利益(公共の利益)」に貢献することを神の前に誓う行為こそが profess(profession の語源である動詞)であり,それを行って初めて社会に認知された職業人になれるとされた。ここから,公共の利益を守るような職務に携わる人々,あるいはそういった職業群のことを profession と呼ぶようになったという主張もある(平野,2010, pp.231-232)。

つまり,プロフェッショナルは,所属組織へのコミットメントの前に,公

共の利益への貢献という神との約束を守ることへのコミットメントが存在し[14]，自分たちの職務や社会において果たすべき役割への責任感と高度の知識や技術を獲得するために教育や訓練を受けているという誇りを感じている。したがって，プロフェッショナルは，自らの仕事そのものへのコミットメントを有し，プロジェクトの成功のためにできるだけの協力をするが，組織の意思決定であっても，プロフェッショナルとしての信念や責任感に反することに対しては組織への従属的な行動はとらないといえる。

さらに，プロフェッションについては，以下の要件があげられる（寿里，1993, p.1288）。

① 長期の教育・訓練，資格と能力の検定
② 公的に認定された自律的組織の形成や内部統制
③ 標準化困難な専門的営為を通じ依頼者の信託に対する高度の専門的組織による普遍主義的サービスの自律的提供
④ 私的・公的な福祉の実現を第一義とする職業倫理
⑤ 結果として高い社会的地位と威信，あるいは所得の獲得と保持

これらのうちの④にも示されるように，プロフェッショナルとは自己中心的な価値観を脱却し，公共の利益に寄与する人々であることがわかる。

また，『「良い仕事」の思想』において勤勉倫理に代わる自己実現願望の限界を超える新しい仕事倫理について考察した杉村芳美は，プロフェッショナルが仕事に求めるものは，将来の仕事のための経験や訓練，そして，楽しさややりがいである。そして，その基盤にあるのはプロフェッショナルがもちうる，冷静な自己分析に基づいた自分自身の能力に対する自信，つまり「有能感（self-efficiency）」（藤田，1999, p.172）である。このような労働倫理は，労働自体に意味と満足を求めるものであり，労働を尊いこととして受けとめ労働に励むことを望ましいとするプロテスタンティズムに由来する勤勉倫理と対照的な性格をもつと指摘されている（杉村，1997, p.32）。

組織への根拠のない熱狂的な忠誠心に代わって登場する，このコミットメントとミッションの結合を有する組織と個人の関係は，個人の欲求とそれより大きな組織のミッションや目標とのバランスをとり，他のメンバーと協力

しながら，そのミッションの実現を目指す。

　このことを組織のプロセスの中でもう少し詳細にみてみよう。組織のメンバーがある共通の目的を達成しようとするとき，具体的にその目標をどのように達成するかという段階になると，各メンバーの主張が異なるものである可能性が出てくる。したがって，各主張の整合性を取るには，単に目的が共有されているだけでは不十分で，その方法が整合的になっていなければならない。そこで，現在，自分が行っている主張が，全体の主張の中でどのような意義をもっているかということを，自己を超越した全体のレベルから掴む必要がある（清水，1996，p.34）。しかし，認知的役割取得能力が欠如している人間は，自己を超越することができない。他方，認知的役割取得能力を有する人間は，「自分の行動を自分の利益のために選択する自律性をもつ一方で，周囲の人々との関係の中で協力的に全体をも考えた行動をする」（伊丹，1999，p.52）ことが可能になる。つまり，他のメンバーと整合的な関係（コヒーレント（coherent）な関係）を創り出しながら，その関係に合うようにそれぞれ自己を決めていくのである（清水，1996，p.33）。とくに，「目的を共有するコミュニティ」のメンバーであるプロフェッショナルは，その自律性と組織全体へのコミットメントから考えて，このような行動をとる傾向が強いといえよう。この点は，知識労働者であるプロフェッショナルが各々の知識を組織内に蓄積し，それを組織全体として活用していく上でも重要である。

　ヘクシャーの研究結果は，変革が必要な現代の組織環境においては，「目的を共有するコミュニティ」におけるプロフェッショナルと組織との関係が，従来の個人と組織の関係よりも有効であることを示している。このコミュニティには，組織で働く人々によるミッションと事業への理解と共感が存在している。このように，共感は，現代の企業が必要とする知識労働者やプロフェッショナルをひきつけ，彼らに十分な成果の創出を期待する際にも重要な役割を果たす。

5．「場」における共感の役割

「場」とは，そこに参加するメンバーが，①アジェンダ（情報は何に関するものか），②解釈コード（情報はどう解釈すべきか），③情報のキャリア（情報を伝えている媒体），④連帯欲求，という4つの「場の基本要素」をある程度以上，共有することによって，さまざまな様式による密度の高い情報的相互作用が継続的に生まれるような状況的枠組みのことをいう（伊丹，1999, p.41）。例えば，企業がその想いやミッションを媒介にして，社会とのコミュニケーションを試みるときに生まれる企業と支援者たちのネットワークや，マーケティング担当者たちが顧客たちを巻き込んで創造する「顧客とのコラボレーション」，「目的を共有するコミュニティ」におけるプロジェクトに参加するプロフェッショナルたちの間には，この場が存在する。

場への参加者たちは，相互作用を通じて刺激し合い，相互に理解し，また，相互に働きかけ合い，共通の体験をする（伊丹，1999, p.23）。加えて，刺激し合うことによって相互理解が進み，参加者たちは連帯欲求も共有することになる。このようなことから，場において起こっていることには，共感が何らかの関わりをもっているようである。そもそも，役割取得は他者を理解しようという試みの中で起こり，前述の1～4の要素は，他者の理解を促進するものである。

では，場において起こることに対して，共感はどのように関わるのであろうか。伊丹は，図表7－2に示すように，人々がある場において情報を受け取り，処理し，あるいは，情報処理プロセスの中から情報の意味を発見し，新しい情報の創造を行うための相互作用を集団として行う結果，①人々の間で共通理解が増し，②人々の間の心理的共振が起こる，という2つのことが自然発生的に起こることを指摘している（伊丹，1999, p.24）。共通理解によって，組織のメンバーが行う意思決定を整合性のあるものとすることができ，組織の目標に向かって整合性のある協働を実現する。心理的共振は，まず，互いを尊重するという姿勢から生まれる。例えば，プロフェッショナルの集団の場合，情報的相互作用を通じ，お互いに，他者の専門領域や意見を尊重するようになる。同時に，言葉や概念を通さない，お互いについての暗

第7章　現代のCSR

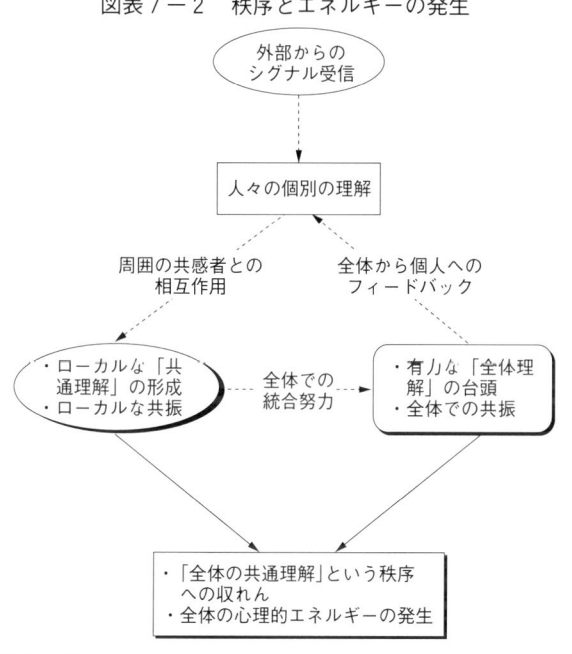

図表7-2　秩序とエネルギーの発生

```
        外部からの
        シグナル受信
            ↓
        人々の個別の理解
       ↙            ↖
周囲の共感者との      全体から個人への
  相互作用          フィードバック
  ↙                      ↖
・ローカルな「共   全体での   ・有力な「全体理
 通理解」の形成  ─統合努力─→ 解」の台頭
・ローカルな共振            ・全体での共振
       ↘              ↙
        ・「全体の共通理解」という秩序
         への収れん
        ・全体の心理的エネルギーの発生
```

出所：伊丹（1999）p.83

黙的な情報を得ることによって理解し合い，各自の内部に共感的な配慮の気持ち，および信頼や協調が生まれ，援助や協力などの対人的行動が結果として生じる。さらに，援助や協力は，場の参加者間での連帯感や集団凝集性を高める役割を果たす。したがって，共感は，情報的相互作用から発生する共通理解によって生まれやすくなり，また，共感によって，より共通理解が進むことになる。

図表7-2では，外部からの情報によって「人々の個別の理解」が創造され，それが共感する人々との接触によって「ローカルな「共通理解」の形成」および「ローカルな共振」を生み出し，さらに，別のグループとの意見交換や調整（「全体での統合努力」）によって「有力な「全体理解」の台頭」が起こり，その後，この「場の全体」での情報が個人へフィードバックされる，という一連の三角プロセスが点線で示されている（伊丹, pp.78-79）。

では，場における共感は，常に固定された場への参加者同士の間でのみ共有されるものなのだろうか。例えば，マイクロソフトのWindowsに対抗するLinux（リナックス）の製作に際しては，コンピュータ・ネットワークで結ばれたサイバー・スペース[15]という場において世界中の技術者が情報共有をしながら，それぞれの得意な分野で能力を発揮し，協同作業を行った。彼らは，「知識は世界の共有財産」，「OSは公共財」という想いを共有し（潜道，1999b，p.82），ウェブ上で公開された製作過程の内容に共感したと考えられる。また，近年，研究者たちの研究成果がウェブ上で公開されることも多くなってきたが，このような動きは，研究者たちが自分たちの研究成果を公共のものとして学問の進歩に貢献しようという側面も含んでいるといえよう（Fisher，2000，p.1854）。このように，独自の文脈をもった参加者が自由に出入りし，共有された文脈が絶えず変化していく。この場合の場は，集団的かつ間接的な相互関係によって規定されている，仮想的な空間における場である（遠山・野中，2000，p.6）。

　また，場において想定される参加者の人間観は，他者との協調や信頼の関係の中で生きる，優しく弱い存在である（伊丹，1999，p.53）という指摘もある。たしかに，共感する人々は，積極的に他者の「内側」へ入っていったり，相手とのつながりを求めたりする人々である。第4章で述べたように，ジェンダーの視点からみた女性の特徴として，人間関係の構築とその関係の維持を得意とし，また重視するということがあるが，場において想定される人間観は，その点からすると，女性的な特徴を有しているといえよう。さらに，CSR経営においても，企業およびそこで働く人々が積極的に他者との関係を構築しているが，この情報の入手や知識の創造を行う姿勢は，アイデアの創出や仕事の処理にかかる時間を短縮することになり，つまり，仕事の効率性を向上させることにもつながるといえよう。

第3節　CSR経営の事例

1．分析の枠組み

　経済同友会は，価値創造型CSRへの進化を目指す上で重要と考えられる以下の6項目の行動指針を示している（経済同友会，2008, pp.11-15）。
　①　経営トップのリーダーシップとコミットメントが必須である
　②　社会からの期待と要請，社会的課題を直視する
　③　社会性を備えた人材を育成する
　④　PDCAによるCSRマネジメントシステムを確立する
　⑤　一企業を超えた連携を図る
　⑥　ステイクホルダーとの多面的な対話を活かす

　①は，「CSRは経営そのもの」であるということから，CSR担当部署のみが独走するのではなく，トップマネジメントの積極的姿勢が不可欠であり，常に何らかのメッセージやコミットメントを社内に発信しなければならないということである。

　②については，CSR経営のスタートラインとして，社会からの要請と期待，社会的課題や全地球的な課題を，幅広い視野と感受性をもって把握することが必要であることから，各ステイクホルダーとの対話ならびに現場を重視する姿勢が求められ，したがって，地域や社会の課題に向き合っているNPOやNGOとの協力・連携も有効であるということである。

　③は，環境変化が激しい時代においては，幅広い視野と感受性による他社との差別化を実現することのできる柔軟性や即応性を有する従業員の存在が，競争力の源泉として核心的な要因となる可能性が高いということである。

　④については，CSR経営において，以下の4段階のプロセスが繰り返し行われることを目標とするということである。
　　ⓐステイクホルダーのニーズを踏まえ，どのような社会的課題に取り組むかを選択し，戦略を策定する：Plan

ⓑ価値創造のプロセスで実行する：Do
　ⓒ活動結果を評価する：Check
　ⓓ実施が計画に沿っていない部分を調べて改善し，次の施策につなげる：Action

　⑤は，個別企業を超えた業界内の協力・連携，ならびに個別企業間，他業種間での協力・連携も有効なアプローチであるという指摘である。これらの協力・連携により，問題意識の共有，情報の共有，成功事例の共有等が促され，わが国企業全体のCSRのレベルアップにつながる。

　⑥については，現代社会が抱える課題が多種多様で複雑化・複合化していることからも，企業セクターのみでなく，さまざまなステイクホルダーとの間での多面的な交流を通じた，現状把握・認識，問題意識の共有化，相互理解の増進，協力連携，ルール化が必要不可欠である，という考えが背景にある。このような活動を推進するためには，企業はステイクホルダーとのコミュニケーションや対話を活発化させることが必要である。対話のパートナーとしては，顧客，株主，他企業，NPO・NGO，行政機関，メディア等のステイクホルダーがあげられ，ネットワークの中心的存在として，企業は，アライアンスの組成，パートナーの利益への配慮，リーダーシップの発揮等が求められる。

　以上のような6項目の行動指針の観点から，事例として積水化学工業株式会社のCSR経営を取り上げて分析し，その有効性を検討する。

2．事例研究：積水化学[16]

(1) 会社の概要

　① 事業

　積水化学グループは，住宅，環境・ライフカンパニー，高機能プラスチックスの3つのカンパニーにコーポレート部門を加えた体制で事業展開を行っている。中でも，IT分野の液晶用スペーサー，導電性微粒子，AT分野の高機能中間膜，自動車内装用架橋発泡ポリオレフィンなど世界シェア第1位の高付加価値製品を数多く有している。

2013年3月期連結ベースで従業員数は2万2202人であり，売上高は1兆324億3100万円，営業利益は596億2100万円，当期純利益は301億7400万円である。国内子会社は119社，海外子会社は91社，関連会社は19社となっている。

　また，とくに近年は，アメリカ，ヨーロッパ，アジアを中心に積極的にグループのグローバル化を推進しており，海外売上高は2376億円（前年比＋25.3％）であり，海外売上高比率は23％となっている。

② 沿革

　「積水」という社名は，中国最古の兵法書「孫子」にある「勝者の民を戦わしむるや，積水を千仞の谿に決するがごときは形なり」に由来している。この意味するところは，「勝利者の戦闘というものは，満々とたたえられた水（すなわち積水）を深い谷底へ切って落とすような，激しい勢いの得られる形のもとに，一気に決められる」というものである。これを企業活動にあてはめると，「事業活動を展開すれば，必ず「問題」や「課題」に直面する。その敵を破る為には，相手の実情をよく知り，十分な分析をしたうえで当方の体制をつくり，満々たる積水の勢いをもって，勝者の戦いをすることが大切である」ということになる。

　創業は，1947年3月3日である。15大財閥のひとつであった日窒コンツェルンのプラスナック部門を母体として，「積水産業株式会社」が誕生した。翌年，奈良工場を開設し，自動射出成形機によるわが国最初のプラスチック自動射出成形事業を開始した。この年，社名は「積水化学工業株式会社」に改称された。

　1959年には，創業当時の社名である「積水産業」の頭文字3つから「3S精神」という「社是」を制定した。この3つの精神は，事業活動を通じて，社会に貢献するという内容を含むService（サービス），積水という社名に由来する積極的に新分野を開拓する際に重要なSpeed（スピード），そして，最善のシステムと最高の品質をもって，顧客の信頼を確保するSuperiority（スペリオリティ）を示している。さらに翌年には，住宅事業を開始し，積水ハウス産業株式会社（現・積水ハウス株式会社）が設立された[17]。

図表7-3　積水化学工業の企業理念

- お客様のニーズを高度に実現
- お客様に最高のサービスを提供

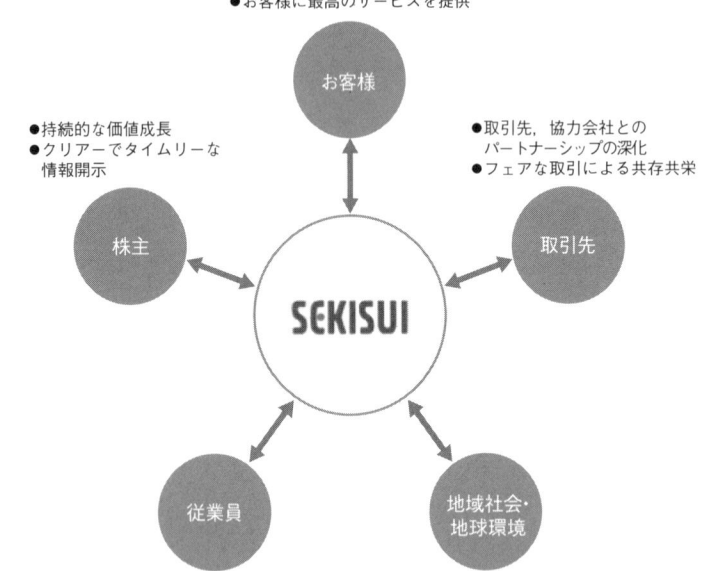

【お客様】

- 持続的な価値成長
- クリアーでタイムリーな情報開示

【株主】

- 取引先，協力会社とのパートナーシップの深化
- フェアな取引による共存共栄

【取引先】

SEKISUI

【従業員】

- 自ら手をあげ挑戦する風土の充実
- 成果主義の徹底

【地域社会・地球環境】

- 製品そのもので社会や地球環境に貢献
- よき企業市民として地域社会と調和

出所：積水化学 HP「企業理念」((http://www.sekisui.com/company/outline/vision/rinen/index.html)，2014年3月6日)

1999年には，「ステイクホルダーの期待に応え，社会的価値を創造する」という経営理念が制定される。日本における CSR 元年が2003年といわれることから考えると，比較的早い時期に，CSR への視点をもち，経営理念へその信念を盛り込んでいることになる。なお，1999年の制定以来，重視されてきたステイクホルダーについては，図表7-3に示すように，「顧客」，「株主」，「従業員」，「取引先」，「地域社会・地球環境」の5つを選択し，これらのステイクホルダーの期待に応えることを明示している。

積水化学は，永く国内の事業を中心に活動してきたが，2002年頃から海外での事業展開を開始し，現在は海外の会社数，従業員数共に大きく増加し，グローバル化が加速している。その結果として，海外の事業所やグループ企

業を含めたCSRの在り方および浸透が課題となっている。また，サプライチェーン全体へのCSRの浸透も重要な課題ととらえ，01年10月より，積水化学グループでは環境管理活動の一環として原材料等の調達の際に環境負荷の低い商品を環境負荷の低い取引先から調達する，「グリーン調達」なども実施している。

(2) CSR経営の特徴と成果

　積水化学のCSR経営の特徴といえるのは，「事業を通じて社会に貢献する」という姿勢である。例えば，2006年度から独自基準による「環境貢献製品」の拡大を推進しているが，これは，一般的に行われている生産段階での環境負荷低減努力だけでなく，顧客が商品を使用する段階で，環境負荷の低減に貢献する製品である。12年度の環境貢献製品売上高は3925億円，売上高比率は38％である。

　事業とは切り離して，社会貢献活動を中心とするCSRやリスクマネジメントやコンプライアンスをCSRの目的とする企業も未だに多いと考えられるが，積水化学グループは，本業の中でCSRを実践していくという，近年，先進的CSR経営を進める企業が目指さす特徴を有している。

　また，CSRの基本的考え方は，「経済，環境，社会」という「トリプルボトムライン」の観点の重視と評価であるが，CSR経営の在り方を決定する際には，各企業の中・長期計画や経営戦略，製品・サービスの種類や配慮すべきステイクホルダーの種類や数，経営資源や組織能力および経営理念，業界での競争状況等が大きな影響を及ぼす。したがって，各社独自で適切な選択を行うべきであるが，積水化学グループの場合，CSR経営における３つの"際立ち"とするCSR経営の重点テーマは，「環境」，「CS品質」，「人材」であり，製造業者である積水化学としては「環境」，「CS品質」への責任を果たすのは当然であり，また，実際に責任を果たすべく活動すのは「人」であるということでこの３分野をあげているという。さらに，この３つの重点テーマの実践を支えるのが，「コンプライアンス」，「リスクマネジメント」，「情報開示と対話」という３つの"誠実さ"であるとしている。

　「環境」については，1962年に，当時の東京で社会問題になっていたゴミ

処理問題を解決するために，各家庭のゴミをポリエチレン製のゴミ容器に入れて戸外に出し，ゴミ収集車が回収する方式を提案し，それがゴミ出しの習慣を大きく変えることになった。このように，環境分野への対応は，非常に早くから取り組み始めている。その後，60～70年代前半の公害問題が深刻化した時代には環境管理部署を設置し，90年代には，環境負荷について，法規制遵守にとどまらず，より高いレベルの削減目標を自主的に掲げ環境負荷低減に取り組んできた。さらに，03年には「環境保全」を，エコロジー（地球環境への配慮と貢献，地域環境との共生）とエコノミー（顧客の経済性，企業の経済性）を両立させながら持続的に成長していく「環境経営」へと進展させ，CSR経営の重要な柱のひとつに位置づけた。

「CS品質」とは，製品の品質を徹底的に追求することによって「顧客満足（coustmer satisfaction：CS）」を獲得しようとする活動を示している。品質については，「人・モノ・仕組み」の品質を高めるための革新に積極的に取り組むことで，顧客や社会に対して新しい価値を提供し続けることができると考えている。また，この品質の追求については，本格的にCSR経営を実践するよりかなり前からさまざまな活動を行っており，1979年には，デミング賞を受賞した。さらに，2004年からは，「CS品質経営」への取り組みを開始し，06年からは，顧客への提供価値を定量化し，各カンパニーがCS品質経営をどれだけ実践できているかを測り，評価するために「CS品質経営指標」を導入した。加えて，12年度から従業員の品質に関する意識と行動を評価するCS品質アセスメントを導入した。

そして，CSR経営について積水化学の独創的な特徴だと考えられるのは，CSRの重点テーマの中に「人材」をあげていることである。この背景には，人の可能性を引き出し，伸ばしたいという想いが組織にあるという[18]。また，積水化学では，古くから積極的にアイデアや意見を出し合うことによって，各自の能力を伸ばそうという気風があった。1980年代から90年代にかけては，組織内に「ワイワイプロジェクト」というさまざまな部署の人々が組織横断的に意見を出し合う場が存在していた。また，互いを呼び合うときには役職名をつけずに，「～さん」と呼ぶことによってスムーズなコ

ミュニケーションのできる風土を創り出している。

　とくに，近年はCSRの一環として，「人を活かし，人を伸ばす」という考えから従業員の自立的なキャリア開発を展開している。また，「グローバル人材の育成」，「グループ人材力の向上」，「多様な人材の活躍」という３つの切り口から人材育成施策を推進している。

　積水化学は，2000年以降，生産拠点の海外支出やM＆Aを中心とした海外での事業拡大を積極的に図っており，グループ全体における海外従業員数も12年度には約5400人となり，積水化学グループ全従業員数の約24％を占めるに至っている。また，日本人従業員については，グローバル人材の採用を積極的に行い，13年入社の新卒採用では，海外生活経験などのある新入社員の比率が21％となった。さらに，海外赴任に必要な教育を受ける「グローバル社員制度」や海外で業務経験を積む「グローバルトレーニー制度」を設け，日本人従業員の人材育成を行っている。このように，事業のグローバル化が加速する中で，グローバル人材の確保と育成を重視した人事戦略をとった結果，09年度に149人だった日本人従業員のグローバル人材数が12年度には294人となった。また，グループ人材力の向上に関しては，ビジネスリーダーが自らの後継候補を推薦する制度を設け，次世代のビジネスリーダーの育成を図っている。

　多様な人材の活躍に関しては，従来は，女性活用の遅れがみられたことから，女性の採用率の向上と職域の拡充を推進している。その結果，女性がラインマネジャーに登用されるケースが増えている。また，育児休職取得ガイドブックの作成や復帰後のキャリアプランニング支援等を通じてライフ・イベントに対応した働き方を支援している。このような活動が評価され，2014年３月には，経済産業省が表彰する「ダイバーシティ経営企業100選」に選定された。

　加えて，人材に関連して，従業員の成果を公正な評価と処遇，報酬で報いることがさらなる個人の成長と組織の発展につながるという考えから，2000年から年功序列賃金制を廃止し，成果主義賃金制へ転換した。

　第３章のCSR経営に関するアンケート調査結果によると，従業員への

図表7－4 「3つの"際立ち"」における2012年度の主要成果

テーマ	重点項目	2012年度の成果	2013年度の目標
環　境	・環境貢献製品の拡大	・売上高比率38%（目標38%）	・40%以上
	・温室効果ガス排出量削減	・1990年度比28%削減（国内）	・1990年度比20%以上削減（国内）
	・事業所の生物多様性評価の実施	・3事業所で実施	・主要生産事業所での取り組み計画策定
	・自然保護活動の全事業所実施	・51事業所中、48事業所実施 2011～2012年度で延べ73%の従業員が参加	・全51事業所実施 2011～2013年度で延べ80%の従業員が参加
CS品質	・外部損失費	・40%削減（2004年度比）	・75%削減（2004年度比）
	・重要品質問題	・2件（目標0件）	・0件
人　材	・グループ人材力の向上	・ビジネスリーダー後継者づくり ・人事制度の改定	・計画的な異動・経験の付与 ・グループ会社への展開
	・グローバル人材の育成	・グローバル採用の拡大 ・海外現地人材育成（研修：アメリカ） ・グローバル人材数294人	・グローバル採用比率30% ・欧州，中国への展開 ・グローバル人材数300人
	・多様な人材の活躍	・女性採用比率28% ・女性のラインマネージャーへの登用 ・女性部下マネジメントセミナー拡充	・新卒女性採用比率30% ・対象者への育成支援 ・グループ会社での開催拡大

出所：積水化学HP「積水化学グループのCSR：2012年度の主要成果」(http://www.sekisui.co.jp/csr/csr_manage/outcome/index.html，2014年3月6日)

　CSR，とくに，労働意欲を向上させるためのCSR活動は，他の活動と比べて企業の利益増大により大きく貢献する可能性があることからも，このようにCSR経営における重点テーマのひとつとして「人材」をあげていることは大きな意味があるといえよう。

　以上の3つの重点テーマについての成果と今後の目標は，図表7－4の通りである。

(3) CSR関連体制

　積水化学のCSR関連体制は，2003年に環境経営推進部（当時）とコンプライアンス委員会を設置したところから始まり，04年にはCS品質委員会，

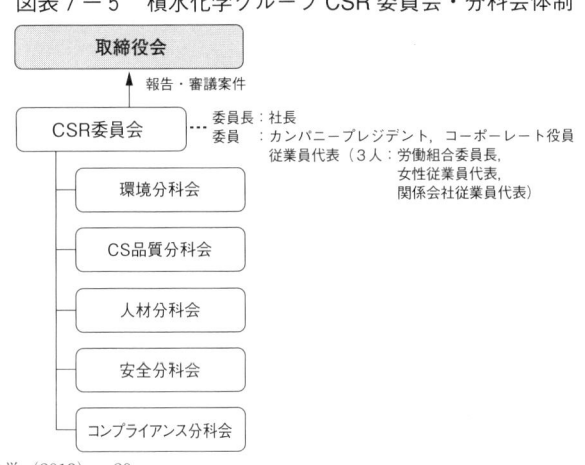

図表7−5　積水化学グループCSR委員会・分科会体制

```
                    ┌──────────────┐
                    │   取締役会    │
                    └──────────────┘
                          ↑ 報告・審議案件
┌──────────────┐
│  CSR委員会   │ ···  委員長：社長
└──────────────┘      委員　：カンパニープレジデント，コーポーレート役員
       │                     従業員代表（3人：労働組合委員長，
       │                                     女性従業員代表，
       │                                     関係会社従業員代表）
       ├──┤ 環境分科会 │
       │
       ├──┤ CS品質分科会 │
       │
       ├──┤ 人材分科会 │
       │
       ├──┤ 安全分科会 │
       │
       └──┤ コンプライアンス分科会 │
```

出所：積水化学（2013）p.20

翌年にはCSR委員会を設置した。さらに，07年に，CSR委員会を上位の委員会と位置付け，その下に，環境，CS品質，人材，コンプライアンスそれぞれの分科会が設置された。また，同年，環境経営部，CS品質経営部，総務・人事部の人事機能を一体化させたCSR部を新設した。現在は，図表7−5に示すように，分科会に安全分科会が加わっている。

したがって，同社のCSRへの本格的な取り組みは，CSR委員会が設置された2005年度からといえ，レポートもそれまでは『環境レポート』として出されていたが，同年からは，『CSRレポート』へ変更された。しかし，CSRの重点テーマのひとつである環境分野を中心に，1960年代にはすでに社会的責任経営を始めており，社会貢献活動についても，資本金が1000億円を超えた設立50周年（97年）の頃から，本業につながる環境保全や自然保護活動を中心に行っている。

(4) 6項目の行動指針の実施状況

次に，積水化学のCSR経営が，前述の価値創造型CSRへの進化を目指す上で重要と考えられる6項目の行動指針について，どのような取り組みを行っているのかを具体的に検討する。

① 経営トップのリーダーシップとコミットメント

まず，積水化学のHPにおける「積水化学グループのCSR」では，「100年経っても存在感を持ち続ける企業を目指し，次世代事業の創出と社会への貢献を図る」ことを強調する代表取締役社長のメッセージが掲載されている[19]。また，図表7－5に示すようにCSR経営体制を組織し，CSR経営について議論する場として「CSR委員会」と5つの分科会を設置しているが，CSR委員会は社長（取締役会）直轄の組織であり，社長を委員長として各カンパニープレジデントの他，重要なステイクホルダーである従業員の代表3人もメンバーとなっている。

このように，積水化学のCSR経営においては，経営トップのリーダーシップとコミットメントが認められる。

② 社会からの期待と要請，社会的課題を直視する

環境保全関係については，積水化学では，1962年の設立15周年記念キャンペーンとして行った「町を清潔にする運動」をはじめとして，早くから環境保全活動を行ってきたが，自然保護活動を展開するために，慈善保護活動リーダー育成や森林保全活動，NPO・NGOへの支援といった活動を実践している。また，これらの活動を通じて，地域のステイクホルダーとのコミュニケーションを図っている。

さらに，NPO・NGOへの支援活動については，寄付などの金銭的な支援ばかりでなく，1997年3月からは公益信託日本経団連自然保護基金へ従業員が出向し，運営面に協力している。その他，環境NGOとの交流会や国際的な自然保護会議，環境NGOのプロジェクト活動に，多くの従業員が積極的に参加している。このような活動は，後述する，社会性を備えた人材を育成にも役立っていると考えられる。

顧客については，「モノづくりのはじまりはお客様の声から」をモットーに，顧客からの意見や情報を活用して「モノの品質」を向上させている。また，2005年度から，住宅カンパニーや各エリア事業会社の経営層が顧客から直接，意見を聴く「CAT（customer and top）ミーティング」を実施している。12年度までに2万8000人を超える顧客から意見を得た。

働く場での課題については，2002年度から従業員が積極的に経営層と対話する機会を設けている。12年度は，社長が関係会社を対象に全国5事業所を訪れた。

このように，組織全体が社会の期待や要請に気づく仕組みをつくり，また，社会的課題を直視し，社会的課題解決型製品・サービスの提供を目指している。

③ 社会性を備えた人材を育成する

CSR重点テーマのひとつである人材分野への対応として，教育研修制度を設置し，従業員一人ひとりがキャリア開発に取り組みやすいように，立場や習熟レベルに応じたさまざまなサポートメニューを用意しているが，「スキル・知識習得」や「キャリア開発支援」と共に「CSR教育」も研修体系の柱のひとつとしている。このCSR教育は，第3章で述べたように，従業員の労働意欲を向上させ，ひいては企業の利益増加に影響を与える可能性があるという意味で，非常に重要である。

また，CSRの推進には，事業所や関係会社といった現場での活動が不可欠として，その鍵となるCSR担当者同士の連携強化を目的に，「CSR担当者連絡会」を2010年から開催している。

さらに，積水化学グループは，社会貢献活動の主たる分野として，「環境」，「次世代」，「地域コミュニティ」あげており，これらの分野の活動のひとつとして，中学・高校において，教員と共同で，住宅の役割や暮らしに伴う環境負荷について学び，環境に配慮した家づくりを体験できる授業を行っている。

その他，社会貢献活動として，社員食堂でのメニュー1食につき20円を支払うことで発展途上国の子どもたちの昼食を支援する「TABLE FOR TWO」，および不要な本やCDを売却し，その売上をNPOに寄付することで発展途上国の教育サポートプログラムに役立てている「BOOK MAGIC」に参加している。また，2012年度は，従業員が国内の病院に入院している子どもたちや途上国の子どもたちのために貢献活動を行う「Heart＋Action」を推進した。このような活動を通じ，従業員が社会的課題に触れる機会を創

出している。

④　PDCAによるCSRマネジメントシステムを確立する

積水化学グループでは，図表7－5に示したように，CSR経営体制の中に，CSR委員会および各分科会が設置されているが，この委員会，分科会で審議された内容をカンパニー，コーポレートがそれぞれの経営計画に落とし込み，事業活動の中でCSRを実践している。つまり，PDCAのうち，PlanおよびDoが実施されている。

前述のように，PDCAは，戦略の策定と展開（P）→価値創造のプロセス（D）→活動結果の評価（C）→次の施策（A）を示している。このサイクルの中で重要なのは社会のリアクションとしてのCであるとされているが（経済同友会，2008，p.12），図表7－4のように，環境，CS品質，人材という3つの重点テーマごとに成果と目標を決定し，毎年，目標を達成したかどうかをCheckできるようにしている。さらに，積水化学グループは国連グローバル・コンパクトへの支持を表明し，また，社内での取り組み強化やCSRレポートの編集においてはISO26000を参考にしている。つまり，このような国際的なイニシアティブやガイドラインを通じて，自社のCSR活動をCheckし，次年度のActionへつなげているといえよう。また，さまざまな賞の受賞やSRIの対象銘柄への選定等も社会からの評価としてPDCAの中のCheckのひとつといえよう。

⑤　一企業を超えた連携を図る

前述のように，環境保全関連での地域やNPO・NGOとの連携，および，地域の中学校との共同カリキュラムづくりと授業等を行っている。また，2009年度からは住宅販売会社が都道府県警察と連携して，高齢者や子ども等への犯罪防止のための社会貢献活動を行っている。その他，科学技術研究への助成や海外での社会貢献活動等も実践している。

⑥　ステイクホルダーとの多面的な対話を活かす

ステイクホルダーのうち，「顧客」については，お客様相談室やお問い合わせ窓口を設置し，そこで得た意見を分析し，製品やサービスの改善および商品開発に活かしている。ただし，その製品を環境保全の基準でスクリーニ

ングした際，基準を満たしていない場合は，商品として上市することはないという。

「取引先」については，同社のウェブサイトに，資材調達に関する5つの基本的な考え方として，「オープン，公平・公正，法令遵守，相互信頼，環境配慮」を明示している。「オープン」については，国内だけでなく，広く海外の企業に対しても門戸を開いており，また，取引先の選定は，品質・価格・納期・サービスなどを基準に，環境への配慮なども考慮し，「公平・公正」な評価基準に基づいて行っていることを謳っている。「環境配慮」については，前述のように，2001年より，「グリーン調達」を実施している。

「株主・投資家」に対しては，アニュアル・レポートや事業報告書の発行，経営説明会の開催，投資家訪問等を実施している。

「従業員」については，前述のように，社長が各地の事業所に赴き，従業員たちとの対話を行うなど，従業員が積極的に経営層と対話する機会を設けている。このような対話を通じて，CSR面での新しい提案を得たり，従業員の意識変化に気づいたりする成果があるという。また，従業員の希望や要望を吸い上げる制度として，2000年度から「グループ人材公募」を実施している。従業員は上長の承認を得ることなく，イントラネットに掲載された公募案件に応募することができる。この制度を通じ，12年度は，17人がグループ内で新しいキャリアをスタートした。

さらに，2004年からは「従業員意識調査」の対象組織を国内関係会社に広げ，10年には，対象を海外関係会社にも広げた。近年，海外での売上高比率が急増し，13年には，海外売上高比率を30％にすることを目指す積水化学グループにとって，海外の従業員に関するこの意識調査において，会社への満足度や会社施策の浸透などについて日本との受け止め方の違いを見い出したことは，海外での今後のCSR活動への新たな施策の検討に役立っているという。また，このような事業の積極的なグローバル化により，ステイクホルダーも急速に増加していることから，10年度からは海外関係会社の社長とCSRに関して討議する研鑽会を開催し，それぞれの地域の課題や提案を討議している。

「地域社会」については，前述のように，森林保全や地域の学校とのイベント，さらには，NPO・NGOとのコラボレーションを通じて対話を行っている。

さらに，積水化学グループは，2006年度から環境貢献レベルを従来よりも高めた「環境貢献製品」基準を設定し，認定制度を運用しているが，この認定制度の信頼性，透明性を高めるため，10年度に第三者機関「社外アドバイザリーボード」を設置し，社外の識者による客観的な評価を得ている。また，社外アドバイザーからは積水化学グループの環境経営についてのアドバイスや提言も受けており，これらを通じて専門家との対話を推進している。

加えて，SRIの格付機関に対して積極的に事業内容やCSRの取り組みを正しく伝え，理解を深めてもらうために，毎年，欧州をはじめとするSRI格付機関を訪問している。

以上のように，日本において先進的CSR経営を実践していると考えられる積水化学では，経済同友会が示す，価値創造型CSRへの進化を目指す上で重要だと考えられる6項目の行動指針分野について十分実践されているといえよう。

3．日本型CSR経営モデル

積水化学の事例に示されているのは，日本企業の多くが近年の潮流であるCSR経営に注目する前から，事業活動を通じて顧客，従業員，地域社会等ステイクホルダーとのコミュニケーションの中で必要とされる自然環境の保全や高品質の製品の重要性，優れた人材の育成とリテンションや情報開示の必要性などを意識した経営活動が行われていたことである。その後，CSR組織体制を整え，経営理念や企業行動指針から企業戦略，そして，各カンパニー，事業部レベルの戦略，社会貢献活動まで，「環境，CS品質，人材」という分野を中心に一貫した方向性を保持し，「事業を通じて社会へ貢献する」という意識統一を図っている。このCSR経営以前の伝統や蓄積を活かした独自のCSRのとらえ方，そして，その方針の明確さと一貫性が積水化学の

事例にみるCSR経営の特徴といえる。

　また，CSR経営を支えるステイクホルダーの要望や期待を多様な手段で汲み上げ，事業活動へ反映させる仕組みづくりが，CSR経営の基礎にあることも事例から読み取れる。

　さらに，積水化学の『CSRレポート』は，近年では2010年，11年に，それぞれ東洋経済新報社「サステナビリティ報告書賞」の優秀賞，優良賞を受賞したが，その受賞理由は，「経営計画や企業戦略にCSRをうまく取り込んでいること」であった。これは，同社の「事業を通じて社会に貢献する」という姿勢が評価されたものであり，同社がCSRを，社会貢献活動やリスクマネジメントとイコールと考えるのではなく，製造業者としての経営課題と社会的課題が一致する分野として「環境，CS品質，人材」の3点を選択し，環境貢献製品の開発・販売事業などを中心にCSR経営を戦略的に推進してきたからであるといえよう。実際，環境貢献製品の売上が，12年度は売上高比38％までになり，また，環境貢献製品がCO_2を低減する効果は，国内の生産活動から排出されるCO_2量を大きく上回るレベルになった。このような社会と企業の双方に価値を生み出す経営は，これからの日本型CSR経営の目指すべき方向性といえる。

　HRM戦略とCSRとの関係については，積水化学における「「自ら手をあげ挑戦する」人を応援する」という方針に基づいた，自分自身のキャリアを自分で築き上げるという施策は，自律的な知識労働者を育成することにつながる。そして，そのような労働者の集まりは，「目的を共有するコミュニティ」の構築を可能にし，そのコミュニティの目的とは，その企業の経営の中心にある戦略的CSRである。その意味で，CSRは従業員の共感を生むものでなければならない。つまり，自らの行っている仕事がより良い社会の構築へ何らかの貢献をしている，あるいは，社会を変革することにつながるなどという倫理的で自己を超えた大きなものの実現に貢献しているという意識をもてるようなCSRでなければならない。もし，CSRがそのような存在であることができれば，CSRはプロフェッショナルたちの仕事への忠誠心を生み出すために不可欠なものになるといえる。

また，CSR経営においては，ステイクホルダーのニーズや期待・要望を汲み取る共感能力が必要であるが，積水化学は，従業員に対してCSR教育や社会とのコミュニケーションの機会を数多く提供し，共感能力育成を実践していると考えられる。

　さらに，共感の利他的思考や行動を引き起こす力，そして，心のネットワーク構築への影響力は，CSR経営の目指すべき道筋を示しているといえる。企業のCSRに共感して優秀な人材が結集し，また，その他のステイクホルダーも含めてそのCSRを核としたコミュニティを形成することによって「場」ができる。そして，その「場」において情報的相互作用が継続的に生まれ，相互理解が進み，連帯感や集団凝集性が高まるということが起これば，そのことが企業の競争優位の源泉となり，同時に，企業が社会に存在する正当性を獲得することにもなろう。

第4節　小　括

　本章では，CSR経営の実践において重要な役割を果たすと考えられる企業の共感力について考察した。共感は，他者の内側に入っていったり，相手とつながりをもとうとしたりすることを示している。また，共感は，考え方や感情，目的を共有することで人々を結び付ける橋のような役割をし，共感によって気高く称賛に値する利他的な活動が可能となる。

　したがって，企業は，共感を活用することによって企業の想いやミッション，経営理念のようなものに共感をもつ人々を支援者にすることができる。また，共感力は，企業がブランドのプレミアム・イメージを創造することを可能にしたり，企業が創造する形式知の源である暗黙知を獲得するための原動力なったりする。つまり，共感自体は暗黙的な体験であるため，それを組織の戦略として活用するためには，組織において共同化，表出化というプロセスを経て暗黙知を形式知へ変換することが必要である。

　さらに，現代のように経営環境が急速に変化する時代においては，企業が必要とする従業員は変化を敏感に感じ取る能力をもつ人材である。そのよう

な人材は，温情的依存関係によって安定と信頼感を与えてくれる伝統的な忠誠心に基づいたコミュニティの一員ではなく，企業のミッションに共感し，特定の資格や能力をもち職業倫理を有するプロフェッショナルとしてその組織のミッション達成に貢献しようという人々である。彼らは，経営戦略や競争環境への共通理解をベースとするミッションの達成という「目的を共有するコミュニティ」の一員である。つまり，共感は，このような現代の企業にとって必要とされる人材をつなぎとめる際にも，重要な役割を果たすといえる。

その他，共感は，場における情報的相互作用から発生する共通理解によって生まれやすくなり，また，共感によって，より共通理解が進む。

次に，先進的CSR経営を実践していると考えられる企業のひとつである積水化学の事例を取り上げ，経済同友会が示す，価値創造型CSRへの進化を目指す上で重要だと考えられる6項目の行動指針に基づき，同社がどのような取り組みを行っているかを考察したところ，この6項目についてはどれも実践されていることが明らかとなった。

また，同社はCSR経営の重点テーマとして環境，CS品質，人材という3分野をあげているが，この中で他社と比較して特徴的な分野と考えられる「人材」に対しては，さまざまな研修や教育が実践され，CSR教育にも重点がおかれている。この人材への配慮は，CSR経営において基本的かつ活動のスタートポイントともなる，ステイクホルダーからの期待や要望に気づく社会的敏感さを養う意味でも重要であると考えられる。さらに，第3章のCSR経営に関するアンケート調査結果で示すように，従業員の労働意欲を向上させるためのCSR活動は他の活動と比べて，企業の利益増大により大きく影響する可能性があることからしても，CSR活動において従業員向けにさまざまな活動を行うことは大きな意味があるといえよう。

加えて，同社にはCSR経営の姿勢として「事業を通じて社会に貢献する」という考え方があり，その結果として，環境貢献製品の売上が増大している。このような社会と企業の双方に価値を生み出す経営は，これからの日本型CSR経営の目指すべき方向性といえよう。

【注】
1) 感情移入には,「積極的あるいは共感的感情(positive od. sympathische Enfühlung)」と「消極的感情移入(negative Einfühlung)」がある。前者は,「美」を対象とし,自由な共同体験としてとらえられるものであり,共感(sympathie)と同義のものである。後者は,不快の感情にみられるような,その対象を「醜」とするものであり,他人の内的態度が観照者の内面の生の否定あるいは生の抑制を感じさせる場合である(山川,1974, p.74)。
2) A. スミス(Smith, A.)は,*The Theory of Moral Sentiments* において,「同感(sympathy)」について述べているが,このスミスのいう同感は「感情移入」とは異なる(鈴木,1992, p.136)。スミスによれば,感情や心理作用はまったく個人的なものであるため,われわれは他者が感じることを「直接」感じることはできない。したがって,われわれが他者の感覚の概念を形にすることができるのは「想像上」においてのみであるとしている(Smith, 1992, p.2)。
3) 他の定義には,「他者がある情動を経験したり経験しようとしたりしているのを,それを見る者が知覚することによって,見る側の者が情動的に反応すること」,「他者中心の関心やあわれみの気持ちであって,それは他の人の苦しみや悩みを見ることから生ずるものである」,「自分を意識している自我による,別の自我の肯定的あるいは否定的な経験を無批判的にとらえる試み」などがある。詳しくは,Davis (1994)(菊池訳,1999, pp.5-11)参照。
4) 役割取得は,「知覚的」,「認知的」,「感情的」役割取得という3つに区別されている。「認知的」役割取得が,他者の考えや動機を想像する能力であるのに対し,「知覚的」役割取得は,視覚的に他人の見方を想像する能力,「感情的」役割取得は,他者の情動の状態を推測する能力である(デイヴィス,1999, p.8)。
5) 村上・金子(対談)(2000, p.147)に記述されているような状況を想定している。
6) 子どもにとっての家庭の機能は,大きく分けて2つある。ひとつは情緒安定の機能であり,もうひとつは子どもの社会化の機能である。しかし,最近は,核家族化と少子化が進み,子どもは家庭で親の過保護と過干渉を受け,他方では無関心や放任などの問題も起きている。また,子どもは学校で管理され,地域での自由で開放的な遊びができずに帰宅後も塾へ通う姿が一般化している。このような環境条件と子ども自身の身体的・精神的問題が関わり

合って，欲求不満や心理的葛藤が生じ，子どものトレランス（耐性）の限度を越えると，不適応機制が働き，問題行動として表れることがある（久世，1995，pp.24-27）。
7）岡本慶一（2000）「マーケティング実務における解釈的アプローチと価値創造の組織・能力」（経営情報学会「解釈的経営情報学」研究部会報告資料）参照。
8）知識労働者のリテンションについては，潜道（1998b）を参照。
9）N. ルーマン（Luhmann, N.）によると，信頼によって，人々は相手に裏切られるというような一定の展開可能性を考慮から外すことができ，また，相手のある行為の結果がでる前にそのことに関与しなければならないという時間の問題に対して，信頼は応じているという。つまり，信頼は，「複雑性を縮減する」と述べている（ルーマン，1988，pp.41-42）。
10）調査結果は，Heckscher (1995)（飯田訳，1995）にまとめられている。
11）林・野田・久野・山崎・串田監修（1971）p.938の「忠誠」参照。
12）集団凝集性は，当該集団を去ることに対する抵抗感の程度とも概念的に定義される。また，S. E. シーショア（Seashore, S. E.）によれば，集団凝集性が高いほど業績も高いという単純な関係は見られず，両者の関係は集団成員の間で抱かれる業績目標の水準に大きく左右されるという。つまり，集団凝集性は高い業績目標と結びついたときに，最も望ましい効果をもたらす（金井，1988，p.486）。

したがって，後述する「組織の凝集性が高いということが生産性や効率の向上へ貢献する」というのは，集団が高い業績目標を有しているという条件のもとで実現されることとなる。
13）『研究社 新英和大辞典』（1960）研究社，p.1419参照。
14）谷口和弘は，A. セン（Sen, A.）が提示した人間行動の二分法としての共感とコミットメントを援用し，「共感」は他者への配慮が自分の利得に反映されるタイプであるのに対して，「コミットメント」は，他者への配慮が自分の利得に影響を及ぼさなくとも，他者の苦悩を非倫理的だとみなし，それを是正すべく行動するタイプであるとしている。したがって，頭で正しいこと，あるいはなすべきことを認識できたとしても，それを行動という形に変換できないという知識・行動ギャップを克服するには，個人によるコミットメントが不可欠であり，企業の不祥事を防ぐ際には，従業員が人間として，他者の痛みの原因を作らないという強い意志，そして他者の痛みを想像する力が必要

であるとしている（谷口，2006，pp.58-59）。このことから，コミットメントはミッションの実現に必要な，個人の感情や欲求を超越した倫理的心情と行動力を有していることがわかる。

15) 西田幾多郎は，場所は存在界としての「有の場所」，意識界としての「対立的無の場所」，そして叡智界としての「絶対的無の場所」の3通りあるとしているが，サイバー・スペースのような場は，物理的空間を占めているわけではないということで「対立的無の場所」にあたる（平山，1997，pp.169，182）。

16) 積水化学の事例については，『CSRレポート2013』，HP（2014年3月6日現在の情報），および2008年7月25日に実施したCSR部CSR企画グループ長の白鳥和彦氏，同グループ課長の香西千恵氏へのインタビュー調査結果を参照した（所属，職責はインタビュー時点のもの）。

17) 1963年に積水ハウス株式会社として独立した。現在，積水化学工業は積水ハウスの筆頭株主であり，積水ハウス向けに住宅関連の建材の取引を行っている。また，積水ハウス独立後の1970年に，積水化学工業内で「セキスイハイム」ブランドの住宅事業を興している。

18) この点は，CSR担当部署の方々へのインタビューの際に，とくに強調されていた点であった。

19) 積水化学HP：「積水化学グループのCSR：トップメッセージ」（http://www.sekisui.co.jp/csr/csr_manage/outcome/index.html，2014年3月3日）参照。

第8章 遊戯論

第1節 問題意識

　近年,「企業価値創造」や「創造性開発」,「創造的破壊」等,「創造性」に関わる言葉がよく使われている。また,企業の人事担当者も「創造力のある人材」を求めているという。この状況が示していることは,多くの工業国において高度な効率性や生産性の向上がすでに達成されたことによって,合理性の追求の次に新たに求められる価値として,企業活動における「創造性」や「創造力」が注目され,切望されているということであろう。とくに,日本企業の場合,ここ数年,アジア諸国等へ生産拠点や技術を積極的に移転し,同時に,自社の事業を高付加価値化させる創造性が求められている。

　一方,日本においては,物質的に豊かな社会が実現し,価値観も多様化している今日,多くの人々が仕事において自己実現を図ることや生きがいを見つけることに関心をもっている。しかし,これらは,従来のモダン社会における機能主義的発想からはアプローチが難しい。達成するためには遊戯,象徴的表現,自由な発想等を取り入れたポストモダンの思想への社会の体質変化が要求される。

　ポストモダン型発想では,19世紀に隆盛を極めた写実主義的芸術観にみられるような100%合理的で技術的な見方ではなく,感覚的で感情的な領域として組織の世界を見る。利益や損失がすべてのものを測るものさしではなく,また,ルールに適合することが注目に値する唯一の行動の型ではないと

いうことを認識し，組織外部に存在するのと同じように組織内部にも存在する人間的側面にも注目することによって，組織の社会が劇的要素を十分にもっていることを発見することができる（Turner, 1990, pp.84-85）。

　J. ホイジンガ（Huizinga, J.）は，その著書『ホモ・ルーデンス』の中で，「遊びのなかでは，生活維持のための直接的な必要を越えて，生活行為にある意味を添えるものが「作用（プレイ）し」ているのである。どんな遊びでも，何かの意味がある」（ホイジンガ，1973, p.16）と述べている。

　そこで，本章では，ポストモダン思想の一要素といえる「遊戯」を取り上げ，遊戯と企業活動との関係を考察する。まず，「遊戯」およびそれに関連した研究をしている，ホイジンガ，R. カイヨワ（Caillois, R.）の所説，そして遊戯と多くの点で共通点のあるフロー理論の提唱者である，M. チクセントミハイ（Csikszentmihalyi, M.）の所説を取り上げ，その特徴を明らかにする。続いて，感覚的で感情的な領域を含む組織において遊戯が存在するとき，遊戯の生活行為に添える意味が企業活動に付加されることによって，遊戯のもつ力が組織活動にどのような価値を提供できるかについて検討する。さらに，企業の事例を通して，仕事と遊戯との関係，および遊戯とCSRとの関係について考察する。

第2節　遊戯の特質

1．ホイジンガの所説

　ホイジンガは，遊戯を総括して「『本気でそうしている』のではないもの，日常生活の外にあると感じられているものだが，それにもかかわらず遊んでいる人を心の底まですっかりとらえてしまうことも可能なひとつの自由な活動である，と呼ぶことができる。この行為はどんな物質的利害関係とも結びつかず，それからは何の利得ももたらされることはない。それは規定された時間と空間の中で決められた規則に従い，秩序正しく進行する。またそれは，秘密に取り囲まれていることを好み，ややもすると日常世界とは異なるものである点を，変装の手段でことさら強調したりする社会集団を生み出

すのである」と説明している（ホイジンガ，1991，p.42）。そして，その本質については，賭博師がその情熱の中にのめりこんだり，運動競技が何千という大観衆を熱狂に駆り立てるという遊戯の迫力，つまり，人を夢中にさせる力の中にこそ遊びの本質があり，その本質とは，それ以上根源的な観念に還元させることができないものである「面白さ」なのである，としている（ホイジンガ，1973，pp.18-20）。

さらに，ホイジンガは，「遊戯には乳児の遊戯のようにごく単純で原始的なものも含まれるが，遊戯と文化の関連という問題を考える際には，比較的，高級で社会的な形式をもつ遊戯のみを扱うことが可能である。また，それらの遊戯は形態から見れば発達の度は進み，よりはっきりと組織されてもいて，目で見てそれとわかる特徴をいくつも帯びているため叙述はいっそうたやすい」とし，遊戯一般に関する形式的特徴および社会的遊戯についてだけ該当する形式的特徴を次のように指摘している（ホイジンガ，1973，p.29）。

第1は，それは自由な行動であり，命令されてする遊戯は，もう遊戯ではない。

第2は，「日常の」あるいは「本来の」行為ではなく，日常生活から一時的な活動の領域へと踏み出していき，「ホントのことをするふりをしてするもの」である。そして，遊戯の世界では，遊戯に夢中になるとそれが恍惚状態に移っていくことがあり，その場合，「ホントのことをするふりをしてするもの」という言い方が当てはまらなくなることもある。このように，遊戯—真面目という対照関係は，いつも流動的である。また，この日常性とは別のものであるということから，遊戯の何か秘密の雰囲気に取り囲まれていることを好むという特徴が現われる。

第3は，遊戯はそれだけで完結している行為であり，その行為そのものの中で満足を得ようとして行われる自己目的的活動であるため，外発的な利害関係からは離れている。遊戯は必要や欲望の直接的満足という過程を一時的に停止させ，その過程の合間に一時的に割って入るのである。こうした現われ方をする場合，遊戯は気分転換としての休憩時間の活動，あるいはレクリエーションのための活動であり，それは生活を補うものであるのだが，しば

しば生活に不可欠な機能になり，社会にとっては文化機能として不可欠になる。

　第4に，定められた時間，空間の限界内で「行わ（プレイ）」れて，その中で終わるという，完結性と限定性がその特徴としてあげられる。この始まって終わるまでの過程において，高揚してはまた静まる，周期的な転換，一定の進行順序，凝集と分散という運動が起こっている。また，このような過程を経て遊戯が行われることによって，それは精神構造あるいは精神的蓄積として記憶の中に定着し，伝えられ，伝統になり，その行為を繰り返すことができるようになる。遊戯の空間的制限については，いかなる遊戯も闘技場，神殿，トランプ卓，法廷など，遊戯の場で行われる。この場は，その領域だけに特殊な，周囲からは隔離され，垣で囲われ聖化された，日常世界の内部にとくに設けられた一時的な世界である。

　第5は，不完全な世界，乱雑な生活の中に，一時的にせよ，完璧性をもち込み，その場では遊戯によって秩序が創られているということである。この秩序整然とした形式を創造しようとする衝動は，遊戯が美しくあろうとする傾向と関係している。遊戯はものを結びつけ，また解き放ち，それはわれわれを虜にし，また呪縛するという，リズムとハーモニーによって充たされており，それがわれわれを魅惑する。このことから，遊戯のさまざまな要素を表現することができる言葉として，緊張，平衡，安定，交代，対照，変化，結合，分離，解決をあげることができるが，これらはほとんど大部分が美的な領域に属している。この中で，緊張は，不確実でやってみないとわからないということであるが，そのことから，遊戯という行為は，緊張を解こうとする努力である，ということができる。また，緊張の状態に入ることによって，あることを成就させなければならないことから遊戯が多かれ少なかれ競争的な性格を帯びることとなる（ホイジンガ，1973，pp.28-37）。

2．カイヨワの所説

　カイヨワは，ホイジンガが遊戯の定義の中で遊戯と秘密や神秘との間にある親近性を指摘したことについて，「こうした結びつきを遊びの定義の中に

入れることは適当とは言えまい。遊びは，みせびらかしとまでは言わずとも，ほとんど常に見せるものだからである。なるほど，秘密や神秘や仮装は遊びの活動にふさわしいものをもっている。しかし，この活動が行われるには，秘密や神秘を犠牲にしなければならない，ということも同時につけ加えておこう」(カイヨワ，1990, p.32) と，ホイジンガの主張に異議を唱えている。また，ホイジンガの定義が，遊戯が物質的利害を一切欠いた行為であるとする部分については，「賭けや偶然の遊び，例えば，賭博場，カジノ，競馬場，富くじなどはあっさりしめ出されてしまう。……偶然の遊び，それはまた金銭の遊びでもあるが，ホイジンガの著書の中では，事実，いかなる場所も与えられていない。こうした偏見はかなり問題である」(カイヨワ，1990, pp.32-33) としている。

さらに，規則をもたない遊戯についても言及している。例えば，人形遊び，兵隊ごっこ，警官ごっこや泥棒ごっこ等，一般に自由な思いつきを前提とする遊戯には少なくとも一定の厳格な規則は存在しない。これらの遊戯の主な魅力は，役を演じる楽しみ，あたかも他の誰か，他の何物かになったかのように，なぞらえてふるまう楽しみにあり，ここでは，この虚構が規則にとって代わっている (カイヨワ，1990, pp.37-38)。

以上のように，カイヨワは，ホイジンガの所説との相違点を明らかにし，遊戯の領域として，賭けと偶然の領域，および物真似と演技の領域を付け加えた。

これらの分析からカイヨワは，次のように遊戯を定義づけている (カイヨワ，1990, p.40)。

第1は，遊戯は遊戯者が強制されず，自由な活動であるということである。

第2は，あらかじめ決められた明確な空間と時間の範囲内に制限された隔離された活動である。

第3は，遊戯では，ゲーム展開が決定されていたり，先に結果がわかっていたりしてはならないのであり，また遊戯者の創意が必要で，ある種の自由が残されていなければならない。したがって，未確定の活動であるといえ

る。

　第4は，遊戯者間での所有権の移動を除いて，勝負開始時と同じ状態に帰着し，財産も富も，いかなる種類の新要素もつくり出さないことから，遊戯は非生産的活動である。ホイジンガが遊戯を物質的利害を一切欠いた行為であるとしているのに対し，このように，カイヨワは金銭的所有権の移動として説明することによって，賭け事や富くじのような活動を遊戯のカテゴリーに入れているのである。

　第5は，規則のある活動である。この規則は，通常，法規を停止し，一時的に確立された新しい法であり，遊戯の世界ではこの法だけが通用する。

　第6は，虚構の活動であるということ。これは，ホイジンガの述べた，「「日常の」活動ではない」という遊戯の特徴と一致するものであるが，カイヨワは，規則をもつ遊戯では，その規則が虚構を作り出すが，演技のような遊戯の場合も，なぞらえる感情が規則の果たす機能を果たし，虚構をつくり出しているという点を強調している。

　このような定義をふまえて，カイヨワは，遊戯においては，競争，偶然，模擬，眩暈の4つのいずれかの役割が優位を占めているとし，それぞれアゴン (agôn)，アレア (alea)，ミミクリ (mimicry)，イリンクス (ilinx) と名付けている。例えば，サッカーやビー玉やチェスはアゴンに，ルーレットや富くじはアレアに，海賊ごっこやハムレットを演ずることはミミクリに，急速な回転や落下連動によって自分の内部に器官の混乱と惑乱の状態を生じさせることはイリンクスに，それぞれ属している（カイヨワ，1990, p.44）。また，とくに，この中で偶然の遊戯については，それが運命の決定を受動的に受け取る態度が必要であるが，そこでは予見し，想像し，そして投機できる能力がいるため，人間的な遊戯であるとしている（カイヨワ，1990, p.53）。

3．チクセントミハイの所説

　チクセントミハイは，チェス・プレーヤー，ロック・クライマー，ロック・ダンサー，外科医などに対して，その行為を行う理由，そしてそれをしているときにどう感じるかについてインタビューすることによって，それぞ

れの活動に共通した「フロー」[1]を発見する[2]。その「フロー」とは、活動を行うこと自体から、「楽しさ」のような内発的報酬を得ることができる「自己目的的活動」を通じて感じる、自分がひとつの「流れ（flow）」であるという認識のことである。それは、全人的に行為に没入しているときに人が感じる包括的な感覚である。フローの目的は、「流れ続けること」であり、頂上やユートピアを望むということではない（チクセントミハイ, 1991, p.83）。まさに、フローは、その活動をしていること自体が楽しく、目的となっている「自己目的的体験」である。

このフローは、ホイジンガが遊戯の特徴として第2にあげている、遊戯に夢中になるときの恍惚状態とほぼ同様の体験であろう。チクセントミハイは、A. H. マズロー（Maslow, A. H.）のいう「最高経験（peak experience）」[3]やR. ド・シャルム（De Charms, R.）の「原初」状態は、非常に明瞭な特徴の多くをフロー過程と共有していると指摘している（チクセントミハイ, 1991, p.67）。

チクセントミハイは、この楽しい体験への没入が、遊戯や創造的な仕事にのみではなく、われわれの日常生活にも起こりうるであろうと仮定し、どのような条件がそろえばフロー体験ができるかを明らかにするために、まず、被験者からの回答をもとにして次のようなフローの特徴を示した[4]。

第1は、フローを維持しているときには行為と意識が融合しているため、意識しているということそのものを省みることはできない。また、このレベルまで行為が意識と融合するためには、その活動は実行可能で手頃なものでなければならない。つまり、フローを体験するためには、遂行すべき課業が行為者の遂行能力の範囲内にある必要がある。この「能力が行為につり合っていて実行可能な活動」であることは重要である。

第2は、限定された刺激領域へ注意が集中していることである。

第3は、ある活動に夢中になるとき、刺激と反応との間に介在する学習によって得た自我の構造が失われる。

第4は、行為者が自分の行為や環境を支配しているという感覚である。これは、第1にあげた、行為と能力の一致、つまり、自分の技能が環境の求め

るところと一致しているということによって可能となる。

　第5は，フローという人為的に単純化された現実においては，何が「正しい」か「間違っている」かが明瞭にわかり，目的と手段が論理的に整理されている。つまり，行為の評価を自動的に行い，疑問の余地のないものとしているため，フィードバックが明瞭になる。

　第6は，自己目的的な性格の活動であるということである。つまり，それ自体の他に目的や報酬を必要としない。

　さらに，チクセントミハイは，複雑な活動において得られる「深いフロー(deep flow)」に対し，テレビを見る，腕を伸ばす，コーヒーを飲みながら歓談するなど，単純で構造化されていない日常生活における活動に生ずる「マイクロフロー（microflow）」について言及し，この種のフローは，より構造的な活動への没入を助長し，深いフロー活動と同じく内発的報酬をもたらすとしている。また，自分自身に対する積極的な感情や自発的，創造的感情，および集中力の向上，そして敏活さとくつろぎを保たせるというような精神的健康にとって重要な役割を果たしていると指摘している[5]。

　このマイクロフローは，ホイジンガによる遊戯の第3の特徴としてあげた，「気分転換としての休憩時間の活動」と関連する要素を備えていると考えられ，それは，一見，生活を補うものであるのだが，しばしば生活に不可欠な機能になる可能性を秘めている。

　以上のようなフローの特徴を遊戯に照らし合わせると，遊戯のもつ要素から，そしてある遊戯に没入する場合，まさに遊戯はフローを得やすい活動となることが明らかである。したがって，企業での労働に遊戯のもつ要素を取り入れることによって，それがフローを伴う自己内発的動機づけが可能な活動になりうるといえる。チクセントミハイは「仕事においてであろうと，遊びにおいてであろうと，フローを生み出す活動であるならば，それらは等しく生産的といえる」と述べている（チクセントミハイ，1991, p.297）。また，最高経験あるいはスポーツにおけるフローが，成果の最高点と大きな関連があるという主張もある（Huffman, Vernoy & Williams, 1987, p.181）。

　さらに，遊戯を行う遊戯者は，新たなものの「創造と蓄積の力」や文化創

造性およびリズムやハーモニーを創り出す「美的要素」，予見し，想像し，投機できる能力をもつことによる「偶然を楽しむ力」などを有している。これらの遊戯の力を企業の経営活動に投入することができれば，それはポストモダン型企業経営の創造に何らかの貢献をするのでないかと考える。

4．遊戯と競争

　カイヨワは，前述のように遊戯を4つに分類し，その中で，アゴンという競争の形をとる一群の遊戯について述べている。このカテゴリーに入るのは，サッカーや陸上競技などの身体的競争の性質のスポーツ競技，およびチェスやクロスワードのような頭脳的競争の遊戯である。ときに，この競争は，我慢比べや新米いじめのような，禁欲主義の遊戯になっていく可能性があるが，こうなるとそれはすでに試練であって遊戯の範疇には入らない（カイヨワ，1994, p.50）。

　このうちスポーツについては，本来，ホイジンガやカイヨワの主張する遊戯の特徴を満たす活動といえよう。しかし，ホイジンガの指摘するように，「遊戯―真面目という対象関係は，いつも流動的である」。例えば，技術的組織化や科学的徹底性，ビジネスでの利用等により，スポーツは遊戯の領域から排除される傾向にある。

　ホイジンガは，「スポーツの場合，組織化と訓練が絶え間なく強化されていくとともに，プロの競技者の場合，能力では高いものをもっているが，自然なものや気楽な感じが欠けてしまっていくことから，そこにはもはや真の遊びの精神はなくなっている」と指摘している。さらに，「このように，現代社会では，スポーツがしだいに純粋の遊びの領域から遠ざかっていき，それ自体の一要素となっている。つまり，もはやスポーツは，遊びでなくなっており，このことが，スポーツがそれ自体を，文化を創造する活動へと高めることができないでいる原因である」（ホイジンガ，1991, pp.399-400）と述べている。すなわち，プロの競技者のようにスポーツ活動そのものを自己目的的活動とせず，その活動を通じて勝利し，物質的な利益を得ることを目的とする結果，活動は気楽さを失い，遊びのもつ魅力を享受できないというこ

とになる。

　それに対し，ホイジンガが「非体育的遊び」とするチェスや西洋碁のような盤上遊戯は，初めからその中には真面目の要素が存在しており，陽気な気分の生まれる余地はほとんどなかったが，「それにもかかわらずこれらの遊戯は完全に遊戯の定義の中に含められるものだ」とホイジンガは指摘している（ホイジンガ，1991，p.401）。しかし，ホイジンガによると，盤上遊戯と同様に知能遊びといえるトランプ・ゲーム，とくにブリッジは，「ハンドブック，競技の各種の方式，名人，職業的トレーナーといったものによって，抜き差しならない真面目なものになってしまった。最近のある新聞記事は，カルバートン夫妻の年収を20万ドル以上と評価していた。……これを，アリストテレースが与えたような意味での高尚な気晴しということは到底できない。精神の能力をただ一面的に尖らせるだけで，魂を豊かならしめることのないこの完全に不毛な技術は，もっと良い使い方をすべきである知性と心的緊張の多くのものを，ただ さまざまに組み合わせたり，浪費したりしているだけなのだ」（ホイジンガ，1991，p.402）という。

　M. マコビー（Maccoby, M.）は，『ゲームズマン—新しいビジネスエリート—』において，企業人を4つのタイプに分類しているが，その中で新しいタイプの人間を「ゲームズマン」と名づけている。ゲームズマンたちの関心は挑戦であり，勝者として自己の力を誇示できる競争的活動である。彼らは仕事と人生をゲームと考え，競争は彼らの気持を奮い立たせる（マコビー，1978，p.45）。しかし，この場合のゲームは，遊戯の範疇には入らないであろう。その理由は，このホイジンガのトランプ・ゲームについての記述に関係している。つまり，ゲームズマンによるゲームでは，ゲームのもつ競争的な側面やそれによる心的緊張の側面だけが強調され，遊戯本来のもつ気楽さや気晴らしの要素が影をひそめてしまっているのである。

　このように，ビジネスゲームは本来，競争的側面が強調され，その競争に勝利することが目的になってしまう。勝ちたいという情熱は，遊戯に固有の軽快さ，そしてホイジンガやカイヨワのいう「自由」という要素を殺してしまう危険性を常にはらんでいる。

ホイジンガは,「商業的競争は,太古以来の根源的な,聖なる遊びに属するものではない。それは,商業が他人を凌駕し,隣人を出し抜こうと努力しなけばならない活動分野を作りはじめたとき,初めてあらわれたものだ」(ホイジンガ,1991,p.404) としているが,仕事を組織から課された任務とみなさず,遊戯としてのスポーツ活動のように考え競争を行う場合は,遊戯の要素が功利主義的配慮を追いやって真面目が遊びとなることが可能であろう。

　次節では,企業が自らを革新する際に,この遊戯の要素がどのような役割を果たすかについて考察する。

第3節　遊戯の戦略的導入

1. 価値創造型組織

　日本における学校教育や入学試験のシステムは,大量生産型工業社会の実現に貢献するよう,画一的で機械のような労働者を生み出してきたという意見があるが,企業における行き過ぎた管理は,さらにその傾向に拍車をかけ,行儀のよい無気力な役割人間を再生産する危険性がある。結果として,日本の学校教育や企業の管理方針のもとではパラダイム・シフトが起こりにくく,また,革新のための創造的なアイデアが出にくくなり,そのために社会の活力が損なわれることになる。また,管理の肥大化は,膨大なコストがかかり利益率の低下につながる (今田,1991,p.36)。

　しかし,現在,課題とされる生産の量から質への変革のためには,あらかじめ何をするかという目的が与えられていない状態から価値の創造活動を行わなければならない。このような活動を可能にする人間観は,真面目で上司の命令に絶対服従し,与えられた仕事を正確に速くこなすというのではなく,ひらめきがあり,そのひらめきをひとつのアイデアとしてまとめる能力があり,かつ,それらの能力を自分自身で継続的に開発していける人材である。企業としては,このような人材を受け入れるための組織構造をもち,従業員の能力を見い出し,それを伸ばしていく企業文化を兼ね備えていること

が必要である。勤務時間をフレックス制にしたり，在宅勤務を認めたりするというように管理方法に柔軟性をもたせることは，価値創造型組織を目指すためのひとつの方策といえよう。

　しかし，価値創造に伴う問題として考慮すべきこととして，次のようなことがあげられる。今日のように差異性がその経済価値をもつ社会においては，製品は模倣の危機に大きくさらされている。このような状況では，企業が多額の資金や多くの人材を投入して新たな価値創造活動を行っても，その成果がスピルオーバー（流出）してしまう可能性もある。このスピルオーバーをある程度抑制し，価値創造活動が社会にもたらす成果の一定部分をその企業に確保させるような，知的財産権に関わる法制度や政府規制なども必要であろう。このような制度的側面の改良により，ベンチャー企業の育成や中小企業の保護が促進されることが期待される（後藤，1995）。

2．研究開発マネジメント

　組織内で行われる価値創造活動のひとつとして，研究所の研究員の活動があげられよう。研究所の研究員が独創的な研究を行うためには，研究者がさまざまな研究機関を渡り歩きながら相互に触発し合う人材流動が重要であるといわれているが，日本では，長期雇用の慣行の影響もあり，欧米ほど研究者の流動性は高くない。しかしながら，最近は，ITの発達によって，世界中どこにいる研究者ともあたかもひとつの研究所に属しているかのようなバーチャル研究所が生まれることもありうる（豊川，1995）。

　一方，フェイス・トゥー・フェイスの相互作用を伴う議論を重要視した場に，クラブやサロンといわれるものがある。近代的なクラブの原形は，1662年に設立された「ロンドン・ロイヤル・ソサエティ」といわれているが，ここは，多芸多才な学者たちが集まり，知識を蓄積し，継承する組織であった（高山，1991，p.229）。この組織をはじめとしてクラブやサロンというのは，情報交流の場であるが，自由にデモクラティックにさまざまな情報が交流される場ではなく，特殊なメンバーが特殊な情報を交流させる場である（松岡，1991，p.257）。

このサロンとしての機能を備えもつ組織として，学術研究において世界最高の研究所のひとつとされるアメリカのプリンストン高等研究所（Institute for Advanced Study：IAS）があげられる。この研究所は，1930年に創設された，歴史，数学，自然科学，社会科学分野の理論研究および博士課程修了後の教育を行う独立研究所である。A. アインシュタイン（Einstein, A.）はこの研究所の最初の教授陣のひとりであった。その他，この研究所では，J. フォン・ノイマン（Von Neumann, J.）がプログラム内蔵による逐次制方式のコンピュータを開発したり，G. F. ケナン（Kennan, G. F.）が米ソ関係を中心に外交史研究に従事したりしている。

　IASでは，研究者の研究を支援するため，常勤のスタッフが資金集め等を国際的に行っている。建物は，研究を行う各個室の他に，芝生の中庭，パーティーが行える広いスペースとキッチン，そしてピアノやオーディオ装置，歓談するためのラウンジなどがある。これらの施設は，種々の分野の研究者たちが交流を行うことによって，新たなアイデアを生み出しやすい環境を創り出している[6]。

　前述のように，ホイジンガは，「遊戯が何か秘密の雰囲気に取り囲まれていることを好む」と述べているが，クラブやサロンというのは，その秘密の雰囲気をもっている。また，遊戯が終わった後でさえも，遊戯の世界という例外的な状況の中に興味を同じくする人々と一緒にいたいという感情や，共同で世間の人々の中から抜け出し日常の規範をいったんは放棄したのだという感情は，後々までその「魔力」のような影響力を残すものである。その傾向がクラブの設立へと通じる（ホイジンガ，1991, p.39）。これはまた，フローを体験をするプレーヤーたちが，そのまま流れを感じていたいと感情と同様なものと考えられる。したがって，この「魔力」を企業組織へ導入することに成功すれば，R. リッカート（Likert, R.）のいう「凝集性」を生み出すことができるであろう。この凝集性は，組織の統制力を生み出し，しかもこの統制は深いものであるが，統制されていると感じない統制である。この点からも，労働をフローを伴う活動に変革していくことは意義があるといえる。

日本でも，大阪府，京都府，奈良県にまたがる京阪奈丘陵に位置する関西文化学術研究都市などでは国際的，学際的な常設の知的サロンを創り出そうという試みがみられる[7]。例えば，この学術研究都市にある，1986年設立の地球環境産業技術研究機構(Research Institute of Innovative Technology for the Earth：RITE)では，国内外から多分野にわたる研究者を集めて協同で地球環境問題の解決に貢献する研究を行ったり，国内の研究者を海外の大学や研究機関に派遣したりしている。また，国際的なシンポジウムやセミナーを開催もしている。

　RITEの隣には1984年に設立された国際高等研究所（International Institute for Advanced Studies, 高等研）があるが，そこでは世界各国からさまざまな分野の知識人が招かれ，寝食を共にしながら自由な雰囲気の中で最先端の研究を行う環境を創り出すことが目的とされている。まさに，この研究所などは，IASを手本としたような研究所である。

　RITEと高等研は，隣同士であるが，その境に塀などの仕切りはなく，庭から小道が作られていて，お互いに行き来がしやすいようになっている。これは，ソフト面だけでなくハード面も考慮した，まさにアーキテクチャーのポストモダンを目指したデザインである。この道は，情報や知識の交流する道であるはずであったが，設立後，約10年経った1994年に現地を訪問した段階では，当初予定していたほど研究員が集まらず，閑散とした雰囲気であった。折り悪く，バブル経済崩壊の影響もあり，企業や研究所の進出が予想を大きく下回ったといわれている。しかし，知識創造のサロンを目指すためには，そこに優れた異質な能力を有する研究者が数多く集まり，活発に意見交換が行われることが必要である。

　一般的にいって，他の研究者との長期的交流がなく，ひとりで研究を行っているという状況では，慣れきったことを疑うことや，個人知や暗黙知を他の人々にも理解できる形にしようとする機会は少ないといえよう。また，学習の仕方そのものも，ほとんど見直されることがないであろう。

　研究所は議論のために必要な出会いの契機をつくる機能を果たしている。そして，研究者間での議論を通じて疑問が提示され，そのことによってコン

ベンショナルな思考を超えて新たなアイデアの創造を刺激し，社会的相互作用を通じて知識生成が行われる。サロン的な環境とは異なり，企業の組織内のタテの関係においては，何げなく相手に疑問を投げかけるというのは起きにくい。しかし，この疑問を投げかけるという行為によって，相手が変わり，また自己も変わり，そこから新しいものが生まれる。この知識の生成は，しばしば「洞察」，「驚き」，「気づき」を伴い，これが創造性の第1段階となる（金井，1989，p.86）。したがって，独創的なアイデアやイノベイティブな製品・サービスを創出するためには，企業はこれらを生みだすような環境を創ることが必要であるといえよう。

3．自己目的型労働

　チクセントミハイの研究に示されるように，自己目的的活動はフロー体験を生みだし，その結果，生産性が上昇する。しかも，労働者自身も「楽しさ」を感じられる。

　一方，従来のリエンジニアリングやリストラクチャリングのような経済合理性追求型の企業変革活動に加えて，「イノベーション」を生みだす組織原理を目指す際には，個人の能力がより発揮できる仕組みが必要である。なぜなら，前述のアカデミックなサロンの例にみられるように，イノベーションには先鋭化された集団の編成が必要であり，その構成員は洞察力に富み，互いに異質な能力を有することが必要だからである。そのためにも，自己目的的活動としての労働を確立していかなければならない。

　労働を自己目的的活動とするためには，第1に，管理者が部下の仕事とその能力を見きわめて，フローが生じるような能力とタスクのバランスを考える必要がある。結果として，内発的動機づけが行われる。

　第2に，管理者は部下に対し，遊戯のプレーヤーとしての自由な発想をする機会を与え，結果のわからない未確定の活動として彼らの活動をとらえ，そこに生じる「ゆらぎ」に注目する必要がある。その中で，付加価値やアイデアが創造できそうなものを支援する。つまり，組織は管理組織ではなく，支援組織であることが重要である（今田，1991，p.34）。

第3は，徹底した管理は，マイクロフローを剥奪する危険性があるため，注意を要する。前述のように，マイクロフローはある活動に対する創造性や集中力を高めさせ，また，精神的安定により自由な気分や気楽さを生み出す役割を果たす。
　第4は，管理者は部下に対して常に挑戦の機会を提供することによって，緊張を創り出すことが大切である。
　第5は，評価方法を確立して，遊戯のように明確なフィードバック・システムを確立する。スポーツの試合の審判の判定は，その判定が常にフェアであるために，しばしば録画したビデオ映像の有効な活用を行う。それによって，その行為が遊戯として成立する。したがって，企業組織においても，「機会の同等性」[8]に基づいたフェアの精神で明確な評価を行うことによって，遊戯の要素を組織に取り入れることが可能となる。
　第6は，このフェアの精神についてであるが，この精神によって，遊戯にしばしばみられる闘争的要素は，まず，相手に向けられるということもなく，むしろ競争相手の活動状況を十分に尊重した上で，例えば，スポーツの場合，「より速く，より高く，より強く」という比較可能な諸条件へ向けられるようになる。つまり，フェアプレイは，競技の法則を遵守し，競争相手を尊敬しその成果を十分認めることを前提とするのである。このような態度を決定的に規定しているものに「騎士道精神」という徳がある（レールス，1987，pp.344, 346）。騎士道の徳目は，武技にすぐれ，礼節をわきまえ，仁侠義勇の気性を備え，さらにキリスト教倫理に基づく謙譲，奉仕，弱者，とくに婦人への礼節と保護である[9]。このフェアプレイとその精神によって，遊戯の思想と競争や戦いが共存可能となる。この点については，企業のグローバル化がますます進む今日，世界の舞台で日本企業が受け入れられるための基本的姿勢として重要な点であろう。
　さらに，ホイジンガやカイヨワの主張するように，遊戯では，活動における自由が重要な要素としてあげられる。また，ホイジンガによると，「遊戯という行為は，緊張を解こうとする努力」である。さらに，チクセントミハイの説による，深いフローやマイクロフローが創造する，活動者による内発

的報酬の獲得や大きな成果には，この遊戯のもつ要素が重要な役割を果たすと考えられる。近年，職場でのドレス・コードの設定や従業員同士の呼び方において，カジュアルな方式を取り入れる企業もある。例えば，曜日を決めて，その日はスーツでなく，普段着で会社に出勤するというドレス・ダウンを実践するとか，部長であっても社長であっても役職で呼ぶことなく，「○○さん」と「さん」づけで呼ぶということを行うなどである。これは，会社という舞台では，管理や理念の面で遊戯的要素を取り入れようとしても限界があり，仕事以外の楽しい経験をしているときの環境を服装やコミュニケーションの面から創り出そうとする試みともみられる。つまり，従業員を，仮装をして遊戯をしているプレーヤーになぞらえることを行っているのであり，これはカイヨワの分類によるミミクリである。しかし，この場合は，会社という職場が現実であるから，遊び場という虚構をそこに創り上げる役割をドレス・コードや呼び方が担っているのである。すなわち，組織内で現実から虚構へという越境が起こり，そのことによって組織に創造的な空間をつくり出そうとしているのである。

第4節　ビジネスと遊戯とCSR

1．ビジネスと遊戯の関係

　企業活動と遊戯との関係を考えるとき，すぐに思いつくのは，「「遊戯」を売る」というビジネスであろう。それは，人々を映像の世界に遊ばせることにより生活を楽しくさせたり，聴覚の部分的閉鎖によって視覚を通じた日常的風景から異質の空間を創造したりする機器などであり（粟田，1986，pp.56-58），遊び場そのものであるディズニーランドのようなテーマパークである。

　また，IT化や技術の高度化を経験している日本のような社会では，「差異」がこれまで以上に重要な位置を占めることなる。そのような環境のもとでは，商品開発，企画，デザインや宣伝などの分野で，創造活動を行う必要がある（今田，1991，p.35）。したがって，この状況においては，前述したよ

うに，創造性の源泉ともいえる遊戯の要素を企業活動に取り入れていくことは有効な方策であると考えられる。

さらに，ホイジンガは『ホモ・ルーデンス』において，「文化は遊びの形式の中に成立したこと，文化は原初から遊ばれるものであったことを明らかにしてみたい」（ホイジンガ，1991，p.110）と述べているが，このことから，遊戯のないところに文化は成立しないことがわかる。したがって，遊戯の存在しない組織においては，企業文化や組織文化の構築がなされにくいことになる。また，企業文化や組織文化が，組織においてゆらぎをつくり出し，組織メンバーに認知マップを保持させたり，変換させたりすることによって，組織の経営環境の中に新しいパターンや新しい意味を見つけ出す行動や新しい環境観を創造する（厚東，1989，p.257）ことからすると，遊戯が存在しない組織はイノベーションや進化が起こりにくいという深刻な問題を抱えることとなる。

その他，カイヨワのいうアレアは，偶然を楽しむ力を要すると考えられる，ベンチャー・スピリットにつながる。この精神をもって，リスクをとって果敢にイノベーションにチャレンジすることが，現在，日本企業に求められているのである。

では，遊戯の要素を企業活動に導入する際の問題点についてはどのようなことが考えられるであろうか。まず，ホイジンガもカイヨワも遊戯の定義に「自由」を入れているが，この自由は，自発的な意志をもって遊戯に参加する自由，または，束縛から脱却する自由が考えられる[10]（カイヨワ，1994，p.363）。しかし，これら自由が企業活動に導入されると，従業員の自由な活動をコントロールできずに組織としての目的が達せられないのではないかという懸念が出てくる。この点については，多田道太郎の『遊びと日本人』における主張に注目したい。多田は，周作人が，日本の神輿のかつぎ手たちを見て，「まるで自由意志でやっているよう」に見え，また，「無意識に動いている」ようだということを指摘していると述べている。そもそも，「意識」とは束縛であり，約束で定められた通り「意識的」に動くのは窮屈であり，それが束縛と感じられる。そのような束縛から脱して「無意識」の命ずるま

まに動くところに自由が感じられるのである。近代ヨーロッパでは「無意識」と「自由」は相入れない概念であるが，日本の神輿をかつぐ活動においては，それらが共存している（多田，1974，pp.208-211）。なぜ，このようなことが起こるかという理由について，多田は，「はじめに集団行動があり，その中で個人が自由になれる，そういう関係にあるのかもしれない」さらに，「このような行動形式は人と人との「つながり」をたしかめるのに恰好のものだ」（多田，1974，p.211）としているが，もしそうだとすれば，集団行動をとりがちな日本人によって構成される日本企業に遊戯の自由の因子がもち込まれても，それはあくまでも集団主義を基盤とした上での自由ということになる可能性がある。

しかし，効率や合理性などの機能の発想では対処できない課題がでてきたときに必要なのは，創造的なアイデアをもち，組織を革新し，自己をも開発していける人材である。そのような人材は，自律し，個を確立した人間である。したがって，集団行動を基礎とし，「無意識」と「自由」を共存させうる日本人の特徴は，今後の新しい社会では障害となる可能性もある。

さらに，組織が構成員に対して全く統制を行わないということと，意識的に自由を与えることは異なるという点に留意する必要があろう。自由を与えるというのは，基本的に組織の戦術や戦略があり，構成員はそれを意識しながらも，新たなアイデアを生み出したり，組織を革新したりすることがしやすくなることから，より積極的に仕事に関わるようになることも考えられる。したがって，創造的な組織構造においては，組織のルールや規律が緩やかな壁となるべきであろう。

さらに，自由を容認されることによって各構成員が色々な方向へ向かっていく力を，その組織全体としてのビジョンのようなレベルの高い志に向かってひとつの方向へまとめていくために，エンパワーメント（empowerment）を行う必要がある（金井，1995，p.13）。また，構成員は自由とエンパワーメントによって自信をもち，その結果，自律し，個を確立することが可能になる。すると，しだいに各構成員が重なったり寄り添ったりすることから，構成員間に溝のような隙間ができてくる。この隙間によって，ある程度の距離

をもってお互いを見ることが可能になり，人々は初めて個人としてお互いを理解できるようになる。その結果，同質の人間が無意識に協力し合うのではなく，それぞれの才能や個性の差異によってぶつかり合いながら，ビジョンのような強く明確な方向づけに導き出されたある目標に向かって協働し何かを創造していくという，コラボレーションが存在することができる（金井，1995，p.12）。このようなことから，組織における創造活動の源である自由を生み出す「遊戯」の存在が重要となる。この遊戯の活用によって，前述の日本人の特徴である集団主義を基礎とした無意識の動きを超え，主張やアイデアの異なる自律した人々が意識的に自分の意見を主張し，相手の意見を尊重するという相互作用を行いながら創造的な仕事し，その結果としてグループとしての帰属意識も強まるということが可能になるであろう。

加えて，二者択一的な発想や異質なものを排除する方法ではなく，矛盾した要素，あるいは相互に排他的な要素が同時に存在し，相互作用が起こっている状態，つまりパラドックスが存在しているとき，無理に選択を行うのではなく，パラドックスを受け入れ，両極性をバランスさせることによって，組織は有効に機能することができる。そして，もし，対立する価値を無視し続けると，両極性の「創造的緊張」が失われ，危機や失敗が生ずる（松本，1994，pp.344–345, 348）という。前述のように，ホイジンガは「遊戯という行為は緊張を解こうとする努力である」と遊戯を定義したが，ここでの「創造的緊張」では，互いに意見やアイデアを異にする個人が，意見を戦わせることが創造的緊張を創り出し，さらに，ディスカッションを通じて新たなものを創り上げていくというコラボレーションが緊張を解こうとする努力であって，まさにこれが遊戯である。つまり，遊戯は，初めに創造的緊張が必要なのであり，企業活動でいえば，なんらかの危機や挑戦せざるをえない状況，個々の従業員の異質な主張や価値観が必要である。これを無視することは，遊戯のもつ創造性や生産性の恩恵を獲得できないことにつながるといえる。

2．事例：パタゴニア社

　カリフォルニア州ベンチュラに本拠を置くアウトドア・アパレルとアウトドア用品を製造販売するパタゴニア社（Patagonia, Inc.）は，環境への熱心な取り組みをしている企業として有名である。「最高の製品をつくり，環境に与える不必要な悪影響を最小限に抑える。そして，ビジネスを手段として環境危機に警鐘を鳴らし，解決に向けて実行する」というミッション・ステイトメントは，環境問題解決が目的でありビジネスはその手段であるとする価値観を表している。パタゴニアは，創業以来，30数年間，この本質的な価値観を守り続けながら市場での成功も収めてきた。創業者でオーナーでもある，Y. シュイナード（Chouinard, Y.）は成功した社会起業家ともいえよう。

　シュイナードは，物いわぬステイクホルダーである「自然」への非常に強い責任感をもち，環境に負荷をかけない製品づくりを目指してきた。また，「シンプルで絶対的に信頼できる工業デザイン」を目指すという哲学をもち，常に，より卓越した質の高い製品を作ろうという想いをもって研究開発を重ねてきた。しかし，パタゴニアにとって「品質」とは優れた機能性や耐久性だけでなく，製品がどのようにつくられるかも意味している[11]。つまり，地球への害がより少ない素材と製造工程を採用している。例えば，素材についていえば，パタゴニアでは多くの製品にリサイクル・ポリエステル，オーガニックコットン[12]，リサイクル・ナイロン等，環境に配慮した素材である「e ファイバー」を使用している。

　さらに，パタゴニアは，調達する素材の原料がどのように栽培されたか，その過程にまで配慮している。また，パタゴニアのクオリティの基準では，製品は丈夫で長期の使用に耐えうるものでなければならない。なぜならば，短期間しか使用できない製品は，消費者に捨てられ，ゴミになり，地球環境に負荷をかけることになるからである。その他，軽量で，柔軟性に優れ，肌触りがドライで快適であり，取り扱いが容易であることも重要である。加えて，製品は多用途に使用でき，自由な動きを妨げないものでなければならないとしている。まさに，第5章で論じた「美徳」の精神が息づいている企業といえる。

創業者のシュイナードは，20代前半には全米有数のクライマーとなり，各国の山々で歴史に残る初登攀を記録した。彼のこの新しい挑戦に果敢に挑む精神は，仕事の仕方にも活かされている。登山という遊戯の世界の雰囲気を知っているシュイナードは，「仕事と遊戯とCSR」の3者を融合させ，それぞれの世界で大きな成果を収めるに至っている。

　パタゴニアの職場文化は，シュイナードがクライミング仲間で航空技師のT. フロスト（Frost, T.）をビジネス・パートナーとして迎え，1965年に正式にスタートした世界一のクライミング道具を従業員や友人向けにデザインしてつくっていた小さな会社であるシュイナード・イクイップメント社（Chouinard Equipment, Ltd.）に起源をもつ。この会社では，オーナーも従業員もクライマーで，自身のことをビジネスマンだと考える者はいなかったため，製品を使う人間とつくる人間の間に境界線はなく，顧客の関心事は従業員の関心事であった（シュイナード，2007, p.216）。

　現在のパタゴニアは，当時と比べると規模が大きくなってはいるが，やはり，従業員としての雇用の第一原則は，できるだけ多くの従業員を真のパタゴニアの顧客で占めることである。自分自身が顧客として使用したい製品をつくるという方針によって，最高の製品が生まれる（シュイナード，2007, p.217）。パタゴニアでは，このことが会社の主目的とされているため，オーナーや投資家のために富を生み出すことを最終目的としている会社とは，従業員たちの働く目的も異なっている。

　また，シュイナード・イクイップメントで働いていた人々には，ビジネスマンとしての生活は邪道で有毒な生活であるという考え方が基本にあり，働く時間をできるだけ減らし，最低限の収入しか稼がず，クライミング等のスポーツに費やす時間を優先した（シュイナード，2007, pp.217-218）。このような価値観も，パタゴニアに受け継がれている[13]。これは，「仕事は楽しくなければならない」，「満ち足りた豊かな生活を送る従業員を尊重する」というパタゴニアの信念につながっている。そのために，パタゴニアでは，「社員をサーフィンに行かせる」ためのフレックスタイム制度を確立した。この制度によって，パタゴニアは優秀な従業員のリテンションに成功していると

いう（シュイナード，2007, p.223）。さらに，アメリカ国内にわずか150カ所しか職場内託児所がなかった1984年に，パタゴニア本社は職場内託児所を設置した。これは，従業員に子どもの安全と健康を心配させない方が，従業員の仕事の生産性が上がるからだという（シュイナード，2007, p.224）。このようなパタゴニアの福祉厚生への戦略的価値観は，結果として組織の経済的業績を向上させている。

その他，多くの従業員が環境保護を重視していること，不必要な階級制度や自覚のない消費行為，そして受け身の人生を好まないこともシュイナード・イクイップメントの思想を引き継いでいる（シュイナード，2007, p.219）。

さらに，パタゴニアの従業員は，多様な政治的，社会的，宗教的信念を抱いているが，このような人々は皆，窮屈な思いをしない職場を目指しているという（シュイナード，2007, p.218）。まさに，ダイバーシティ・マネジメントを実践しているといえる[14]。

このように，パタゴニアでは創業者の価値観に共感する人々が共に働き，企業文化や経営方針を通じて，彼らが創り出す製品が価値観を共有する顧客に購入される。したがって，誰を従業員として採用するかが重要なポイントとなり，パタゴニアでは，非公式の紹介網を通じて人材を採用している。結果として，アウトドアスポーツ店の販売員，環境活動家，デザイナー，スポーツプレーヤーをはじめ，ジャーナリストや弁護士，教師，画家，歌手，パイロット等，多様な人々が従業員として働いている（シュイナード，2007, p.221）。

パタゴニアは，オフィスの設計や従業員の服装の面でも自由を重視している。だれも個室をもたず，扉やパーティションのない広い空間で全員が働いている。背広やネクタイを身につける必要もない。この気楽さやくつろぎの雰囲気は，前述のマイクロフローを生み出し，従業員の自発性や創造性を促進する役割を果たしていると考えられる。

このような寛大で自由な企業文化と制度は，遊戯の力の活用と考えられる。スポーツという遊戯における楽しさを獲得できる人々が，スポーツの遊

戯の力を活用した組織で，自らの能力を精一杯開花させるというのは当然といえよう。従業員たちは，仕事と遊びの区別をつけず，スポーツで最高のパフォーマンスを求めるように仕事でも最高の製品を創り出そうとする。つまり，この仕事は，ホイジンガのいう「日常の」あるいは「本来の」行為ではなく，日常生活から一時的な活動の領域へと踏み出した遊戯の世界の活動になっていると考えられる。また，自分自身が欲しいと思う最高の製品を創るという活動であり，行為そのものの中で満足を得ようとして行われる自己目的的活動であるといえる。

チクセントミハイは，フローを体験する人は挑戦の機会を発見することができ（チクセントミハイ，1996，p.114），また，あらゆる環境の中で最善を尽くす傾向があり，彼らの行為が内発的に動機づけられているため基本的には自分自身の利益の追求に関心をもっていないと指摘している。さらに，自分の周囲のものを客観的に観察し分析するための心理的エネルギーを十分にもつことによって，新しい挑戦の機会を発見することができるという（チクセントミハイ，1996，p.117）。

パタゴニアで働く人々の多くがスポーツを愛し，消費者として自分たちが身につける製品を開発し，製造し，販売するという視点で仕事をしている。そのため，仕事の目的がより大きな金銭的報酬や高い地位のような外発的な動機から定められているのではなく，「社会にも顧客にも最高の製品を提供したい」というような内発的報酬の獲得を目指す傾向が強いと考えられる。したがって，日常的な仕事の中にフローを体験する人々も少なからずいると想定できる。また，この目己目的的活動としての仕事によって，パタゴニアが尊重する「満ち足りた豊かな生活を送る従業員」をつくり上げているといえよう。さらに，フロー活動として仕事をしている従業員によって，高品質の製品が生み出され，そのことがパタゴニアの業績の向上につながっていると考えられる。

そのような遊戯としての仕事を支援し，環境を整えるために，フレックスタイム制や職場内託児所，価値観を共有する同僚や企業文化が存在している。また，これらの従業員へのCSRの他，前述の環境への配慮という面で

のCSRがパタゴニアの中心に位置し，それが製品そのものの特徴および製造過程での配慮につながっている。さらに，遊戯における気楽さや自由が組織における創造力を生み出し，組織とステイクホルダーの双方へ価値を生み出すような戦略的CSRを実現するアイデアの創出を可能にすると考える。

　環境保護については，「できる限り環境に害を与えない」というミッション・ステイトメントから始まり，そのためには，原材料の購買，デザイン，製造工程，流通，顧客が製品を購入後の問題等，製品が関わるすべての工程に責任を果たすため，最良の製品，最良の方法を考えているという。つまり，環境への負荷のコストを製造工程のスタートの時点から顧客が購入後に起こることまで考慮し，トータルとして評価している（斎藤，2004，p.150）。

　しかし，環境に配慮を行っていても，製品を製造し，顧客に使用してもらう過程で，環境を破壊することは避けられないとして，自分自身に税をかける意味で，時間と労力，あるいは売上の1％以上を環境の投資に使うこととし，これまで何百もの環境保護団体へ寄付を行ってきた。さらに，この活動を他の企業にも広げるべく，2001年，Yellowstone's Blue Ribbon Flies のオーナー，C. マシューズ（Mathews, C.）と共に売上の1％を草の根環境保護団体に寄付する「1％ for the Planet」を創設し，他の企業へも環境保護への参加を呼びかけている。

　これらの活動の根本にあるのは，「死滅した惑星にビジネスは成り立たない」というシュイナードの言葉である。彼は，「短期的な帳簿では，従業員研修，社内育児施設，汚染物質管理，快適な職場環境などの長期的投資は，すべてマイナス要因です。企業が利潤に魂を売り渡すとき，家族の絆を崩壊させ，地域経済の長期的な健全性を損なう。使い捨てのビジネスという概念は，社会のすべての側面にもち込まれるのです」（斎藤，2004，p.152）というCSRについての明確な考えをもっている。

　消費がない限り企業は生存することができず，したがって，経済社会が存在する以上，環境破壊は進行する。その流れを少しでも遅くするための活動として，パタゴニアは，2005年から，廃棄するものを減らし，できる限り再利用およびリサイクル[15]することで環境に与える影響を抑制することを目指

し,「つなげる糸リサイクルプログラム」を開始した。これは顧客が着古した製品を回収し，再生させるプログラムである[16]。パタゴニアは素材の中でもアウトドア衣料品に欠かせないポリエステルやナイロンといった合成繊維の環境負荷に早くから着目し（山根, 2008, p.1），それらの製品を新たな原料として再生することとしたのである。帝人および東レの，合成繊維を分子構造の基本となる低分子に分解し，異物を除去した上で，再度合成するケミカルリサイクル技術を用いてポリエステルやナイロンの完全循環型リサイクルシステムを確立した。

　シュイナードは，企業を巨大にすることを目指してはいない。過剰生産，過剰供給，過剰消費のサイクルに入ることは，経営哲学から考えて進むべき道ではないと考えている。長期的視点で事業を考えると，企業は，資源の範囲内で活動し，人をいたわり，顧客のコミュニティを満足させるあらゆることをしなければならないとしている（斎藤, 2004, p.146）。この中で，「資源の範囲内で活動する」，つまり，「足ることを知った経営」の考えは，基本的に，消費者を含めステイクホルダー全体にシンプルな生き方を求めるものである。この点は，物質的に豊かな社会となった先進諸国の多くの人々に，生活の仕方そのものへの変革を求めるものであり，また，現在，多くの企業が目指しているCSR経営が見落としている，「真の持続性の視点」を身につけている企業として，パタゴニアは多くの企業に重要な示唆を与えているといえる。

第5節　小　括

　遊戯論を展開するホイジンガは，遊戯とは，①自由な行動，②「ホントのことをするふりをしてするもの」，③自己目的的活動，④完結性と限定性，⑤秩序整然とした形式を創造しようとする，という特徴があるとしている。一方，カイヨワは遊戯の特徴として，①自由な活動，②明確な空間と時間の範囲内に制限された隔離された活動，③遊戯者の創意が必要な自由度のある未確定の活動，④非生産的な活動，⑤規則のある活動，⑥虚構の活動をあげ

ている。さらに，遊戯と多くの特徴を共有するフローの特徴について，チクセントミハイは，①能力が行為に釣り合っていて実行可能な活動である，②注意が集中している，③自我の構造が失われる，④行為者が自分の行為や環境を支配しているという感覚をもつ，⑤フィードバックが明瞭，⑥自己目的的な活動，と述べている。また，フローには，この深いフローの他に，テレビを見る，腕を伸ばすなどの，単純で構造化されていない日常生活への没入を助長し，内発的報酬をもたらす「マイクロフロー」があり，このフローが精神的健康にとって重要な役割を果たしている。

　ただし，遊戯には競争の形をとるものがあり，競争の特徴が，ときには遊戯の重要な要素である自然さや気楽な感じを喪失させることもある。そのために，自己目的的活動から離れ，物質的な利益の獲得を目的とする競争的なスポーツなどは，本来，遊戯がもっている文化を創造する力を失う危険性もある。仕事においても遊戯的な要素を導入することは可能であるが，勝者として自己の力を誇示する競争的活動としての仕事は遊戯の範疇に入らない。

　しかし，遊戯を戦略的に組織活動へ導入し，価値を創造しているケースもある。アメリカのプリンストン高等研究所では，遊戯の要素を導入し，創造的な研究活動を促進している。また，人的資源管理の側面においても，管理者が労働をフロー活動へ変換することを目指すことによって生産性の向上や組織におけるイノベーションの創出につながることが期待できる。

　さらに，遊戯の中の重要な特徴である自由を組織に導入し，かつ，トップマネジメントから発せられるビジョンのようなレベルの高い志に向かって人々をまとめることによって人々をエンパワーすると，構成員間の相互作用を通じて個々のアイデアや意見がぶつかり合い創造的緊張が生まれ，集団の中の無意識な行動を超えて，従業員の創造性や生産性が高まることにつながる。

　遊戯の要素を組織活動に導入しているパタゴニアでは，創業者・オーナーであり，全米有数のクライマーであるシュイナードの自然への非常に強い責任感を組織全体が共有し，製品およびその製造過程において環境への負担をできるだけ小さくする持続的努力を行っている。経済社会が存在する限り環

境破壊は進行するが，その流れを少しでも遅くするための活動を行い，企業が生存し続けることを実現しようとしている。また，パタゴニアでは，フレックスタイム制や職場内託児所の設置や自由な服装や扉や個室のないオフィス設計などから，従業員たちは，遊戯の特徴ともいえる自由さや気楽さといった企業文化を享受し，そのことがマイクロフローを生み出し，自発性や創造性を促進する役割を果たしていると考えられる。従業員たちは，その多くがスポーツを愛する人々であり，彼らは自分たちが消費者として身につけたい製品をつくっている。その意味では，彼らにとって仕事も遊びも自己目的的活動であり，スポーツで最高のパフォーマンスを求めるように仕事でも最高の製品を創り出そうとする。したがって，彼らは，遊びだけでなく，仕事においてもフローを体験する傾向にあるといえよう。また，そのような人々の活動によって，パタゴニアの製品の品質が高まり，ビジネスとしての成功も実現しているといえる。

このように，パタゴニアでは，前述の環境の側面でのCSRだけでなく，従業員へのCSRも重視している。さらに，パタゴニアでは，組織の拡大を目指さず，「足ることを知った経営」を目指し，ステイクホルダーに対しても物質的に豊かな社会での生活の変革を求める姿勢がみられ，この点は，「真の持続性の視点」を見落としている企業にとって，示唆に富むメッセージとなるであろう。

【注】
1）M.チクセントミハイは，「フロー」という自己目的的経験を表わす語について，「自己目的的な経験についての面接に際し，ロック・クライマーである被験者の言葉の中に自発的に繰り返しあらわれることが認められた語を借用した」としている（第9章注5参照）（チクセントミハイ，1991, pp.66, 82-83）。チクセントミハイのフロー理論については，本書第9章で詳述する。
2）スポーツ活動におけるフローについては，筆者が「スポーツ経営学」を担当していた北海道教育大学函館校の受講生たちへの質問に対する回答から，高校や大学で部活動としてスポーツを行っている学生たちの多くが，スポーツ活動を行っている最中に，このフロー体験をしていることが明らかとなっ

た。

3）ボイド＆ジョージ-ウォーレン著『素顔のミュージシャン』では，アーティストは頻繁に最高経験（ピーク経験）に遭遇することが指摘されている。その理由は次の通りである。まず，アーティストたちは継続的に自己表現を行っていることにより，他の人々よりも自分自身のことをよく理解している。そのため，マズローがいう最高経験のときの自己超越が可能になりやすい。加えて，創造的な人間は勇敢で，自分の心にある未知のものを恐れず，また，自分を放棄して流れに任せることを恐れない。さらに，同書では「ミュージシャンたちは，歌づくりの時，ひとりで演奏をしている時，スタジオでレコーディングをしている時，リハーサルやジャム・セッションの時など，さまざまな時に最高経験が起こるが，その中でも最も深い意味をもつと思われるのが，聴衆を前にして起こる最高経験である」と述べられている。それは，即興的な演奏においては，次に何が起こるか自分でもわからない状態でどんどん新しいことが起こるため，興奮し，頭でそれを考えようとした時には，もう実際の音楽の力は先に進んでいる。つまり，このような心の耳が腕や指を経由して楽器につながる場合のような集中が，必然的に「自己放棄」を招くことが多く，その結果，最高経験が生まれるというのである（ボイド＆ジョージ-ウォーレン，1993, pp.166-169）。

4）チクセントミハイは，質問紙と面接票を使って173人の被験者から自分の行っているそれぞれの活動の「楽しい理由」への回答を得，それを基にして人々が自己目的的活動から引き出す報酬の性質を知り，さらに，どのような特性が活動を楽しいものにするかを明らかにしようと試みた。

5）チクセントミハイは，被験者に対し，ある一定の時間，遊びまたは非道具的な行動を禁止し，遊びを剥奪することによって，マイクロフロー経験の意義を見出している。チクセントミハイは，次のように述べている。「個人の生存にとって不必要と思われることができるということは，人に自分が決定論的運命の手中にあるという感情ではなく，有能さの感情，および自分の行為を支配しているという感情を与える。これに加えて，この種の行動は，おそらく無味乾燥な環境に新奇さを供給したり，あるいは刺激が過剰の場合には，刺激入力を減少させたりすることによって，有機体が利用する刺激の量を調整するのであろう」（チクセントミハイ，1991, p.262）。

　以上のことから，組織の中で，合理性を追求する過程で強力な管理が行われ自由な行動を行う余地を奪われたり，しだいに自分自身の出世の限界が見

えてきたりというような決定論的運命にしばられていると感じる環境においては，自分自身の能力に自信をもって新たな創造活動を行っていくという行動は生まれにくいといえよう。したがって，新奇さを生み出す源としてのマイクロフローを剥奪するような管理組織は，その組織が創造型組織へと変革する機会を逸することとなることを考慮すべきである。

6) 1995年7月，現地を訪問し情報収集を行った。
7) 1994年8月，現地を訪問しRITEなどでインタビュー調査を行った。
8) 近藤良樹は，「競争社会における倫理—フェアの精神—」(1998) において，スポーツや企業活動を前提としながらフェアについて論じている Lenk, H. & Pilz, G. A.(1989) *Das Prinzip Fairneß*, Edition Interfrom における定義から，「フェア」の実質は「機会の同等性」であり，とくに，「競争者のもとでの機会の同等性」あるいは「敵対的競争者の機会の同等性」という競争あるいは闘争する者の間での「競争の倫理」，「闘争の倫理」である，としている。
9) なお，騎士道の徳目は形式を変えて生き残り，自恃，寛容，奉仕，婦人への礼節など紳士の道徳として近代に受け継がれた（林・野田・久野・山崎・串田監修，1971，「騎士道」，p.300）。
10) それぞれ I. Berlin, I. のいう「積極的自由」，「消極的自由」にあたる。
11) パタゴニア日本支社のHP：「素材：eファイバー」(http://www.patagonia.com/jp/patagonia.go?assetid=13858, 2012年2月20日) 参照。
12) パタゴニアは，一般的な栽培法によるコットンの場合，大量の農薬が使用され，また，化学肥料，土壌調整剤，枯れ葉剤，その他の化学物質が，土や水，空気を汚染し，数多くの生物に対して多大な害を及ぼしていることを発見した。そこで，1996年に，コットン製品を，化学肥料や農薬を使用せず，生物的特性と健康なエコシステムを活性化させ土質を改良する，オーガニックコットン100％の製品へ切り替えた。
13) パタゴニアでは，従業員は金曜日などはオフィスに来ないか，来ても早退する人も多いという。例えば，サーフィンの好きな人は，波がよければサーフィンへ行くという（松原広美，2009,「カリフォルニア出張報告 No.1」『greenz.jp』http://greenz.jp/2009/11/07/patagonia_office_visit/, 2012年2月20日）。
14) 例えば，女性の従業員は，全体の50％を超えているという（シュイナード，2007，p.221）。
15) 繊維製品のリサイクルは，回収の難しさから，企業が一括して回収できるユ

ニフォームやカーテンなどに限られてきた。また，1枚の衣料に複数の素材が使われていることも，リサイクルを難しくしている。2004年の調査によれば，繊維の総消費量約206万トンに対して，廃棄せず，リユースもしくはリサイクルされたのはわずか13％の3万トン弱であり，年間100万トン以上が焼却処分されているという（山根，2008，p.1）。

16) 次のウェブサイト参照。
パタゴニア日本支社 HP：「つなげる糸リサイクルプログラム」（http://www.patagonia.com/jp/patagonia.go?assetid=18115，2012年2月20日）
帝人 HP：「米国パタゴニア社と帝人による完全循環型の衣料品リサイクルプログラムについて」（http://www.teijin.co.jp/news/2005/jbd050816_2.html，2012年2月20日）
帝人 HP：「パタゴニア社のつなげる糸リサイクルプログラムがさらに発展します―帝人と東レのケミカルリサイクル技術を用いた，完全循環型リサイクルが可能な防水透湿性ジャケットの開発に成功」（http://www.teijin.co.jp/news/2007/jbd071212.html，2012年2月20日）

第9章 フロー体験

第1節 問題意識

　資本主義に批判が向けられている。貧富の格差が拡大し，人々は疲労やストレスが募る。未熟な個人主義が広まり，人々の間の信頼関係が失われていく。極度な営利主義により，企業の不祥事は後をたたない。有限な自然環境が濫用され，地球環境の破壊が進む。このような社会の中心に企業が存在している。資本主義および企業活動はこれらの問題へ対応するために，新たな段階へ進むべきときが来ているといえよう。新しい資本主義がどのようなものになるのか。それは，未だ明らかになってはいない。しかし，現在の資本主義が人々の生活や社会にもたらしている本質的問題の解明は，次の段階の資本主義が進むべき方向性へヒントを示すことになるであろう。

　また，企業活動に目を転ずると，IT 革命が企業を取り巻く環境を大きく変えた。コンピューターの能力を超え，他社との差別化を図るためには，それまでの，「情報は処理するもの」という発想から，「情報は蓄積され共有されることによって知識創造という企業の競争優位の源泉を生み出していくもの」という発想に転換することが必要となった。また，IT によって経営における迅速さ（アジャイル）が重要視されるようになり，その結果，意思決定のスピードを上げることのできるフラットな組織作りが行われるようになった。このような組織においては，必要とされる人材の質も大きく変化してきている。一人ひとりがそれぞれの分野での専門化した知識を用い，部門の

境界を越え創造的な発想によって知識の適切な組み合わせを実現する能力，組織の境界を越え供給業者や競合企業との戦略的な組織間関係を構築する能力，消費者と財やサービスの需要者と供給者という境界を越えて消費者の真のニーズを獲得すべく，消費者との太いコミュニケーションのパイプを創造する能力，そして責任をもって迅速な意思決定を行う能力等が必要とされている。このようなオープンでフレキシブル，そして自律的な能力を必要とする企業は，そのような能力を有する人材を獲得し，ひきつけるために，彼らに対する新しい報奨や評価の体系を確立しなければならない。現在の人的資源に対する報奨システムは，その成果や業績に対して給料やボーナス，昇進のような外発的報酬を連動させたものが中心である。しかし，そのようなシステムが適切であるといえるのであろうか。働く人々は，そのような外発的報酬のみで満足しているのであろうか。

　本章では，まず企業が活動する資本主義社会の有する本質的問題点を明らかにし，その問題点と，幸福な生活の源泉となりうると考えられる，第8章でも取り上げたM. チクセントミハイ（Csikszentmihalyi, M.）の提唱する「フロー」との関係を考察する。次に，知識を中心的経営資源とする現在の企業活動において，その知識の所有者である知識労働者から有益な貢献を引き出し，彼らの生産性を上げるためには，従来の外発的報酬のみならず，内発的報酬が重要な役割を果たすという仮説のもと，その内発的報酬を生み出すフローと知識労働者を中心とする企業の労働者および彼らの仕事との関係について考察する。続いて，仕事が楽しさを享受できるフロー体験に転換される条件について論じる。最後に，近年注目される，CSRの中でもとくに労働者への配慮を扱った「労働CSR」について，フローとの関係から考察する。

第2節　資本主義社会とフローとの関係

1．他人志向的な人々

　M. ヴェーバー（Weber, M.）は『プロテスタンティズムの倫理と資本主義の精神』において，17世紀に産業資本の蓄積を促したのは，とくにカルヴァ

ン派プロテスタンティズムの禁欲主義であり，それは，人間的な感情を排除した冷徹なものであったと述べている。カルヴィニストたちにとって神は絶対的で人間を超越した存在であり，人間ができることは，神の所有する地上の富を増やすために職業組織の中で自己の専門分野の仕事に献身する形で恒常的に働くことであった。神の富を増やすことは美徳であるが，それを快楽のために消費することは罪悪視されたため，蓄えられた富は投資にあてられることになり，資本は着実に蓄積されることとなったと説明されている。

　第8章で論じたフロー理論を提唱するチクセントミハイは，このようなプロテスタントの仕事の倫理に関して，「この教条の信奉者があらゆる形態の楽しさを非難されねばならず，他方で——少なくともわれわれの解釈によれば——彼らは非常に厳しい生活の苦役を楽しんでいたに違いないということは皮肉なことである」（チクセントミハイ，1991，p.276）と述べている。つまり，彼らは，絶対的な存在である神の富を増やすということに価値を見い出し，それを達成するための苦役の中に，「挑戦の機会」を発見していたのである。そして，身体と精神を限界まで働かせることによって，達成感や満足，楽しさという内発的報酬を得ていたのである。

　18，19世紀には，産業人はしだいに，神の富ではなく人間のための富の増大に狂奔することになるが，初期産業人の目的志向的で，物質的な富の増大をよしとする進歩主義の伝統と組織への信頼は引き継がれた。

　これらの精神は，その後，長時間労働，欠勤や遅刻をしないこと，高い生産性，多くの生産，仕事と職務への誇り，同業の仲間・会社・職場集団へのコミットメントと忠誠，業績志向と昇進意欲などとして近代の雇用労働に特徴的な「勤勉」の特徴となった。そして，勤勉が富と幸福な生活をもたらすという信念が倫理的正当性をもち，また，その関係が現実にも存在している限り，勤勉倫理は生き続けることになる（杉村，1997，pp.25，27）。

　しかし，山崎正和によると，19世紀の終わりには，急激に社会が豊かになったことから，人々が「満足する」という感情を失ってしまったという。際限のない飢餓と不満にさいなまれるようになったのである。また，この頃の人々は欲望の方向はとらえていたが，20世紀半ば近くになると社会の豊かさ

がさらに進み，欲望の方向さえ見失って二重に不安になってしまった。そのため，絶えず，世間の評価を求め，他人の態度に注意し，常に他人との比較によって自らの立場を確認しなければならなくなったと指摘している（山崎，1984, pp.114-121）。チクセントミハイは，「自分が自分の行為を統制し，自分自身の運命を支配しているという感じを経験しているとき，楽しさの感覚が生じる」（チクセントミハイ，1996, p.4）と述べているが，他人の態度に支配されている状態においては，ある活動や行為を自分自身が真に価値あるものとして認める機会に出会いにくく，また，自発的な努力も生まれにくい。したがって，自分の行為を統制できず，楽しさの感覚も生じないのである。

経営学者 C. ハンディ（Handy, C.）は，ノーベル経済学賞を受賞した R. W. フォーゲル（Fogel, R. W.）が，資本主義の下で物質的な豊かさがもたらされたことによって，自尊心のみならず家族愛や規律を重んじる心や人間らしさなどが希薄化していること，そして何よりも目的意識が欠如していることを問題にしていると指摘している（ハンディ，2001, p.35）。目的意識の欠如は，挑戦の機会を発見できないことを意味している。挑戦せずに，つまり，努力せずに幸福を得ようとして，人は物資や金銭という外発的報酬を求める。このとき，人は深い楽しさを味わうのではなく，快楽を消費するのである。しかし，いつまでも十分と思える満足が得られず，際限なく外発的報酬と快楽を求め，結局，満足を感じられなくなり，不安を感じるようになってしまうのである。そして最終的に，富を得ても幸せにはなれない，どの方向へ努力することが，あるいは何をすることが幸せにつながるのかわからないという状態に陥ってしまう。

山崎は，このように人々が他人志向的になった背景には，社会の豊かさとともに人々の内面を形成する家庭が力を失い，親という顔のみえる他人が弱体化したことや，学校が個人を巨大社会から遮断するフィルターの機能を弱め，世間志向の舞台に変わってしまったことがあると述べている。しかも，20世紀においては，人々がこのように他人志向の傾向を強める一方で，17世紀のプロテスタンティズムの禁欲主義における感情的な参加を無意味なものに

する隣人の顔のみえない組織を維持・強化したために，生産組織の中の個人は「誰でもいい人」となり，個人に行動への意欲を要求する場所ではなくなったのである（山崎，1995，pp.122-123）。企業などの組織が労働者に仕事意欲を要求しない状況は，当然，その組織の生産性の低さと労働者の仕事や組織への不満や不安，退屈を生み出すことになる。業績は低迷し，労働者の給料やボーナスは削減される。合理化も進むであろう。労働者は，ますますモティベーションが低くなり，組織と労働者の信頼関係は崩壊する。

　このような流れを考えると，組織にとっては，労働者のやる気と忠誠心をいかに引き出すかということが成功のための基本的な課題となり，組織の中の人間関係が顔のみえる関係であること，そして，他人志向的でなく，自らの意思で行動し，意思決定のできる自律的な個人を育成することの必要性がみえてくる。

2．社交の精神

　人々にとって，顔のみえない他人と語り合うのは困難である。また，顔のみえない隣人たちからなる社会においては，自分の能力を十分に発揮し，その成果を社会に発信することによって社会を変える満足を得る機会も閉ざされる。したがって，われわれが仕事における内発的報酬獲得の機会を奪回するためには「顔のみえる職業組織」を確立しなければならない。極度に分業化が進んだ巨大企業における従業員よりも資金も人材も不足しがちなベンチャー企業で働く人々が仕事の楽しさについてしばしば語っているという事実は，この主張を支持している。

　かつての西欧における貴族やブルジョワのサロンは，顔のみえる人々の間での社交を通じて文学や芸術，独特な美意識といった重要な文化の生産の場となり，社会に貴重な情報を発信した。前述の「ロンドン・ロイヤル・ソサイエティ」と同様に，日本においても，茶道や琴や生け花，短歌や俳句といった芸能の社交集団が「わび」や「いき」のような高度に精神的な情報を発信してきた（山崎，1984，pp.128-132）。このようなサロンやクラブ組織における社交の精神が，人々の間に顔のみえる関係をつくり，独創的な能力発揮

の場を提供していた。人々はこのような自己から一歩踏み出した場で，興味を同じくする人々と情報を共有し，さまざまな創造的活動を楽しむことができたのである。

チクセントミハイは，外界への関心や外界と積極的な関係をもつことの重要性を主張し，「人は，外界との関係をもつことによって，自分自身の中に孤立する危険を避けることができ，外的状況が脅迫的になったときも自己を守ることに関心を注入することなく，外の現実と交渉する十分なエネルギーを保つことができる。そして，そのような外部の対象への関心が，利己的でない自己目的的なパーソナリティの確立につながる」と述べている（チクセントミハイ，1996，p.118）。また，このような利己的でない目的への強い志向性をもつ人々の特徴については，「あらゆる環境の中で最善を尽くす傾向があるが，基本的には自分自身の利益の追求に関心をもっていない。それは彼らの行為が内発的に動機づけられているからであり，彼らは外部からの脅威によって簡単には不安になったりしないのである。自分の周囲のものを客観的に観察し分析するための心理的エネルギーを十分もつことによって，彼らはその中により多くの新しい挑戦の機会を発見するチャンスを有している」（チクセントミハイ，1996，p.117）と指摘している。

1998年12月に特定非営利活動促進法（NPO法）が施行されて以来，日本においてもNPOの活動が大きなムーブメントとなってきたが，このような組織でボランティアとして働くことは，人々に職場や家庭以外の場での挑戦の機会を与え，また，利己的でない自己目的的なパーソナリティを確立する上で大きな貢献をするであろう。新規事業の創造やそれまでになかった発想での販売戦略の策定など，企業において，今，必要とされる創造力の生成にも，このようなパーソナリティは重要な役割を果たす。その意味で，企業の経営者にとっては，従業員のボランティア活動を推進する制度を構築することも考慮する価値があるといえる。

3．物質主義と利己的個人主義

基本的に，自分自身の利益に関心をもたず，外部の対象へ関心を示す利己

的でない目的への強い志向性は，アメリカ型資本主義が力をもつ今日では，全体として，しだいに希薄になりつつあるのではないだろうか。C. ハンディは，A. スミス (Smith, A.) が，「市場というシステムが人間同士の思いやり，すなわち，隣人に気を配り，恵まれない人々と利益を分かち合おうとする姿勢の上に成り立っている」と述べていることにふれ，このような思いやりが損なわれると，市場取引の最後の拠り所である信頼が音を立てて崩れる危険を警告している（ハンディ，2001, p.35）。個人は社会から切り離された絶対的な地位をもつとする「利己的個人主義」が広がり，人と人とのつながりが希薄になれば，しだいに社会における信頼関係も失われるであろう。

アメリカは，「富は価値のシンボルである」というピューリタンの伝統的観念に基づき自由な経済活動を推し進めてきた。このような観念のもと，結果の平等を犠牲にして機会の平等を目指す資本主義は，巨大な富をもたらすと同時に，極度な「物質主義」をもアメリカにもたらし，結局は，富があっても幸せになれないという状況も生み出した。このことは，金銭や物資だけでは人は幸福にはなれないということを示している。

実は，アメリカには，個人の関心と努力を個人の利益を超えて公共的世界や公共善に結びつけるように作用してきた，聖書的伝統と共和主義的伝統がある（杉村，1997, p.196）。アメリカにおいては，この伝統が，「個人は社会に先行し，社会は諸個人が自らの利益を最大化すべく自発的に契約を結ぶところに出現するとする立場」と共存してきたのである（ベラー，1991, p.175）。しかし，そのバランスが，極度な物質主義と利己的個人主義によって崩壊し，個人の利益を公共善に優先させる弊害が大きなものとなった。P. F. ドラッカー (Drucker, P. F.) は，「企業は自分たちの利益獲得に熱心になり，地域社会の問題への関与など，フィランソロピー活動を行う余裕を失っている。したがって，今後，だれが共同の利益の面倒をみるか，だれが共同の利益を規定するか，誰が独立した知識組織からなる多元社会の諸々の組織の間でしばしば対立関係に陥る目的や価値のバランスをはかるか，トレードオフにかかわる意思決定を誰が行い，何をもってそれらの意思決定の基準とするかという点が問題となってくる」と指摘している（ドラッカー，1998, p.67）。

おそらく，これから求められる資本主義は，個人が自由に伴う義務を自覚し，かつ，個人を共同体という大きな全体性との関係においてみていく「市民的個人主義」に立脚したものであろう。その中で，企業は偏狭な営利主義から脱し，遊戯の要素を考慮した，自分自身と隣人たちのためになる，楽しさと魅力のある仕事の創造を目指すべきである。そのような企業において働く人々は，仕事の中でフローを体験し，同時に，生活の質をも向上させることができるであろう。

第3節　知識労働者の HRM におけるフローの役割

1．知識労働者

　ドラッカーは，「情報」とは「データに意味と目的を与えたものである」と述べている（ドラッカー，1998，p.214）。では，この「情報」と「知識」はどのような違いがあるのであろうか。F. マッハルプ（Machlup, F.）は，知識の特徴を情報との比較の側面から，次のように述べている（マッハルプ，1985，pp.168-169）。

① 情報は少量で，断片的で，特殊であるのに対して，知識は構造的で，首尾一貫していて，しばしば普遍的である。

② 情報は臨機で，一時的で，短命であるのに反して，知識は永続的な意義をもっている。

③ 情報はメッセージの流れ（フロー）であり，知識は主として情報の流れからの蓄え（ストック），つまり，情報の「入力」によって，それが加えられて知識の蓄えに影響を与え，再構成させるか，何かの形で変化させるという意味での蓄えである。

④ 情報は伝えられることによって獲得され，それに対して知識は思考によって獲得される。

　このような特徴をもつ知識について，ドラッカーは，「今日では，知識だけが意味ある資源である。もちろん伝統的な生産要素，すなわち土地（天然資源），労働，資本がなくなったわけではない。だが，それらは二義的な要

素となった。それらの生産要素は，知識さえあれば入手可能である」と述べている（ドラッカー，2000，p.24）。また，この知識は，成果を生むために高度に専門化しており，その専門化した知識を有するのが「知識労働者」であるが，このような労働者には，研究活動を行う科学者や心臓外科医から，製図工，小売店の店長，保険会社の保険請求処理部門で働く者まで多様な職種が含まれる（ドラッカー，2000，p.52）。

さらに，知識労働者にとって知識は携帯品であり，肉体労働者とは異なり，生産手段を自ら所有するわけである。例えば，最先端の研究を行っている研究者は，ある組織での仕事よりも他の組織の仕事に興味がある場合，あるいは，現在，従事する仕事が挑戦の機会に乏しく楽しさを得られないと感じた場合，いつでも転職することができる。自らのキャリアは自ら決定できるのである。鍵となる研究者が抜けた研究所は，大きな打撃を受けることになる。知識を基盤とした社会においては，組織と個人との関係は従来のものとは異なるものとなっているのである。したがって，組織は，優秀な知識労働者をひきつけ，ひきとめ，さらに，いかに認め，報い，動機づけ，満足させるかということを考慮したHRM戦略を構築することが必要である。

また，知識労働者は，その専門性の深さゆえに仕事をする場としての組織を必要とするが，職場は彼ら自身に選択権があるという意味で，その多くが第7章で論じた「目的によるコミュニティ」によって結ばれている，プロフェッショナルであるといえよう。

他方，多くの日本の大企業においてはこれまでのように長期雇用制度を維持できなくなり，組織に依存することのない人材を必要とするようになってきている。したがって，働く側にとっては，ひとつの組織の中での昇進の梯子をいかにのぼっていくかということに努力するより，労働市場において価値ある存在，つまり，個人としての強み（コンピタンス）をもつ存在であるには何をしなければならないかということに留意していくことが重要になっている。彼らは，組織よりも自らの専門分野や職務，役割にアイデンティティを見い出す傾向をもつようになる。

2．知識労働者へのリテンション方策

　ドラッカーは，情報化組織には，マネジメント上の新しい問題があり，それらのうちとくに重要なもののひとつとして，「専門家の報奨，評価，キャリアのシステムを確立すること」をあげている（ドラッカー，1998，p.222）。

　では，そのシステムとはどのようなものなのであろうか。まず，現代の経営組織は次のような特徴を有すると考えられる。

　① 環境変化の激しい状況において迅速な意思決定が求められている。
　② 組織が上下関係にとらわれない知識を中心とする専門家からなるチームの形をとる。
　③ 組織図で横の関係にある専門の違う知識との組み合わせが創発を生み出す可能性を秘めているために，横のコミュニケーションがより重視される。

　これらは，企業組織が上位者が下位者を支配・命令する多くの階層からなるピラミッド型（ハイアラーキー）からフラットになることを肯定する要因である。フラットな組織になるということは，つまり，階層が減少するのであるから，多くの労働者にとって，中間管理者としての昇進の道が閉ざされることとなる。したがって，地位等とは別のものによって人々は動機づけられる必要がある（潜道，1998b，p.65）。ここに，内発的報酬の重要性がある。

　一方，知識労働者は企業の中でもっとも重要な経営資源となり，その企業の成功の鍵となる存在であるから，企業は彼らを組織にひきつけ，ひきとめるためのリテンション（retention）方策をとらなければならない。これまでの報奨，評価，キャリアのシステムを変革し，彼らのモティベーションや生産性の向上を図る必要があるのである。

　T. W. リー & S. D. マウラー（Lee, T. W. & Maurer, S. D.）は，衝動と辞職に先立つ精神分析結果に基づき，知識労働者であるエンジニアの辞職の意思決定経路を4つに分類している。それらは次の通りである。

　① 衝撃が起こり，辞職へのシナリオとのマッチングが行われ，辞職するという回答が得られた場合は辞職することとなる。

② 衝動が起き，価値観が侵害されることによって辞職を決定する。
③ 衝動により不満が引き起こされたことから他の仕事を探し，現在の仕事と比較して，その仕事の方が良いという評価が下されたとき，辞職することとなる。
④ 衝動は起こらないが，時と共に，しだいに個人の，あるいは組織の価値観や目標が変化することによって，もはや自分自身がその仕事に適応しなくなったと感じ，辞職する。

そして，各意思決定経路において次のような3つのタイプのエンジニアに対して，HRM機能がどのようなリテンション方策を提供しうるかを提示している。

ⓐ プロジェクト志向：特定の組織での長期雇用を希望するのではなく，やりがいのあるプロジェクトを選んで仕事をしていきたいという意向を強くもつエンジニア。
ⓑ プロ意識志向：管理者というより，常に専門分野のエンジニアとして仕事をしたいという意向をもつ職業的規範や職業倫理に価値観をおくエンジニア。
ⓒ 管理者志向：管理者という仕事の専門家として仕事をしていきたいという意向をもつエンジニア。

なお，HRM機能は，①人事（昇進），②報酬，③苦情処理，④教育・訓練および能力開発，⑤キャリアプランニングのサポートの5つである[1]。

ここで，リー＆マウラーは，知識労働者の報酬について，金銭的な誘惑が知識労働者の辞職の意思決定において比較的小さな役割しか果たさないことに言及し，仕事自体に関わる内発的報酬がリテンションの最も重要な源泉となることを指摘している（Lee & Maurer, 1997, p.266）。つまり，金銭や昇進のような外発的報酬よりも，むしろ，各エンジニアのキャリアビジョンに合ったキャリアプランの提供や，将来の雇用可能性（employability）を高めるような経験や訓練を積むための教育・訓練および能力開発を重視する必要性が強調されている。また，ドラッカーも，給与の支払いでは，知識労働者の忠誠心を獲得することはできなくなったことを論じ，組織は，彼らに対

し，彼らの知識を活かすための最高の機会を提供することによってのみ，彼らを継続して獲得できると述べている（ドラッカー，1998, p.60)。

　以上のことから，少なくとも知識労働者に対しては，外発的報酬による刺激策および報奨システムに加え，挑戦の機会を提供し，彼らの能力を十分に発揮させ，学習の機会を与え，自己成長感をもたせるための支援システムを重視するHRM，つまり，例えば，内発的報酬の源泉としてのフローを生み出す環境を整えることを基礎としたHRMシステムを構築することなどは，人材獲得のための適切な企業の戦略となるといえよう。

3．外発的報酬の問題点

　ではなぜ，外発的報酬よりも内発的報酬に注目したHRM戦略が採用されるべきなのであろうか。外発的報酬のもつ問題点の側面から検討する。

　チクセントミハイは，金銭や地位のような外発的報酬は人間の基本的欲求であるとしながらも，この報酬を望ましい目標を達成するための唯一の誘因として利用することには重大な問題があることを指摘している。それは，ひとつには，例えば，組織の経営者が，外発的報酬のみを従業員への報酬と考える場合，従業員は仕事を楽しむことが報酬であるという考えをもたない。その結果，従業員は，しなければならない仕事は自分自身にとっては無意味であり，それを正当化する唯一のものは結果として得られる給料にすぎないということを学ぶ。2つ目は，外発的報酬は数に限りがあり高価なものだということである。金銭や金銭による物的所有物は，天然資源の浪費と労働の搾取とを必要とする。いつか，われわれは地球と人間とを共に枯渇させることになる。つまり，資源や物理的エネルギーを，必要を満たす以外に，例えば，空虚な仕事によって満たされない心を満たすために利用するとすると浪費が始まり，外発的報酬に頼れば頼るほど，楽しさの方は減少する。その結果，さらに多くの外発的報酬を必要とするようになる（チクセントミハイ，1991, pp.20–23）。今日の，温暖化現象にみられるような地球環境問題や自己破産者の増加などは，外発的報酬に依存してきたわれわれの心の習慣がもたらす破滅的な結果である。

A. コーン（Kohn, A.）は，組織における外発的報酬のもつ問題点を次のように指摘している（コーン，2001，pp.200-210）。それは，第1に，受け取る金銭的報酬が前回より減少したりしたとき，人は，それを罰と感じる。つまり，報酬は罰になりうる。罰は，通常，改善ではなく反抗と弁明と怒りを生じさせ，せいぜい不本意ながらの服従を引き出すだけである。第2に，外発的報酬は社員の等級付けを行うことにつながり，チームワークを壊し，上司と部下との縦の関係も崩壊する。第3に，外発的報酬は組織内の問題に対して擬似的解決に貢献するだけで，本質的な問題の解決に取り組むことを阻止する。第4に，外発的報酬は，人々がリスクを冒して仕事の質を上げるようなことや，創造性に富んだ発想や行動をするようなことを阻む。第5に，外発的動機づけは内発的動機づけより効果が劣るにとどまらず，実際に，内発的動機づけの成果を減少させるという現象が起こる。つまり，経営者が従業員に，仕事で成果を上げれば何をもらえるかを考えさせればさせるほど，従業員は仕事そのものへの興味を失うことになる。第6に，金銭的要素を重んずる態度を創り出すことになる。その背景には，管理者が経済人仮説に立ち，「大抵の従業員は金銭を重視している」と考えているという事実がある。

これらの外発的報酬に関わる問題は，年収額を競うような社会の風潮に対する警告を発する上での十分な根拠となるであろう。

第4節　仕事におけるフローの条件

1. 複雑な自己

本節では，仕事がフロー活動となる条件について整理する。まずは，フローを体験するとき，人々にどのような心理的変化が起こっているのかを明らかにしたい。

チクセントミハイは，「フロー体験によって自己の構成はそれまでよりも複雑になる」と述べている。そして，その複雑さは2つの大きな心理学的過程，「差異化」と「統合化」の結果であるという。つまり，「複雑な自己」と

は，独自性や他者から自分自身を区別する差異化と他者との結合である統合化という，相反する 2 つの過程を結び付けることに成功した自己をいう（チクセントミハイ，1996，p.52）。

コンピュータグラフィックス（CG）の製作者たちの中には，仕事自体に楽しさを感じているため，長時間労働を受け入れている人々がいる。彼らは自分の作品の中に独自性を感じ，他者の作品と自身の作品を区別することによって他者から差異化されるのである。そのような経験を重ねることによって，自分自身を稀少な価値を有する能力の持ち主とするためにさらなる努力を行うようになる。そのことによって成長し，さらに，差異化されることになる。そして，フローを体験することによって，彼らはプロジェクトチームのメンバーや同様な専門を有する知識ネットワークに属する人々と統合される感覚をもつ。自分自身は，深い専門性を有する知識労働者やプロフェッショナルとして自律的な存在であるという誇りをもちつつも，疑問をもったとき，ちょっとした助けを必要とするとき，自分の状況を完全に理解し適切なアドバイスを瞬時にしてくれる，自律した他の専門家たちの存在は貴重である。したがって，製作者たちは，自分の目標に向かってひとりで突き進んでいながら，全く孤独ではない。また，彼らの仲間たちは，ときには互いの仕事の成果を評価する優秀な審査員でもある。つまり，活動を楽しむための重要な条件である明瞭なフィードバックを，活動する人に与える存在となるのである。そして，フロー状態が終わったとき，このようなネットワークに属する人々と「共にいる」という感じをより強くもつようになる。このような連帯が大きな感動と楽しさを人に与え，次のフロー活動への心理的エネルギーの源となる。

一般的に，大企業の中で組織の一員として働く人々は，入社当初は，自分を差異化させようという努力もし，自律したプロフェッショナル志向ももつが，しだいに組織のルールに押しつぶされ，組織に頼り，組織の中で安住することに自分の生きる道を求めがちになる。これは，自己が差異化されずに統合化されている状況であり，他者と結び付けられ，安全を感じてはいるものの自律的個性には欠けている状態である。つまり，自己がフローを体験し

ないために複雑にならない。目標を選び，注意集中の限界にまで自分自身を投射することができにくい。したがって，行為が楽しいものになりにくい。楽しいものにならないため，喜びを味わうための努力をしようという動機が生まれにくい。どのようにしたら喜びが生まれるかという方法も知りにくい。仕事を通じて自己が成長する機会が少なく，結果として組織や社会に多くの価値を提供することができないのである。

２．フローの阻害要因

では，なぜ，大企業の中では仕事におけるフロー体験が疎外されるのであろうか。そのひとつは，働く人々にとって必然的に起こる問題に起因する。その他，組織のマネジメントに関わる問題や働く人々の個人的条件に関わる要因がある。

第１の問題であるが，それは，多くの場合，組織で働く者は自分ではコントロールできない次のような大きな４つの現実に取り囲まれているということである（ドラッカー，2000, pp.72-74）。

① 時間を自らコントロールできない。
② 自ら現実の状況を変えるための行動をとらない限り，日常業務に追われ続ける。
③ 組織で働いているという現実が存在する。つまり，とくに，知識労働者の場合，それぞれの知識は分野が細かく分かれた専門的な知識であるため，ひとりでは成果を上げられない。同僚の生み出すものを利用し，かつ利用してもらうことが必要なのである。つまり，成果を上げるために，他者に依存しなければならないという状況が存在している。
④ 組織の内なる世界にいるという現実がある。これは，組織に利益をもたらしてくれる顧客という存在が，企業にとってはコントロールすることが難しい外の世界にいるということである。したがって，しばしば，努力が利益につながらないという事態が起こる。

このような組織の一員として働く人々にとってのコントロールできない要素は，自分の行為を統制しているという感覚をもちにくくし，しばしば，自

分のしていることに集中することが難しくなる。また，明瞭な目標があっても，直接的なフィードバックが得られないことも起きやすい。

　第2は，マネジメントに関わる問題であるが，チクセントミハイは，フロー体験を困難にする条件として「アノミー」と「疎外」をあげている。アノミーは，「何が許され，何が許されないかが明らかでなくなった時，世論が何に価値を置くかが不確かになった時，行動が不規則で無意味なものになる状態」である。他方，疎外は，「人々が社会システムによって，自分たちの目標に反するような行為を強いられる状態」をいう。（チクセントミハイ，1996，p.109）。

　例えば，職場において個人の能力や業績が正当に評価されない場合，アノミー状態に陥る。組織に貢献していないと考えられる人々が高く評価されたり，逆に，貢献していると考えられる人々が低く評価されたりすると，組織が何に価値を置いているのか不確かになり，その結果，心理的エネルギーを注ぎ込むに値するものが不明確になり，従業員たちは不安になる。したがって，成果主義や業績主義を導入する場合は，その評価基準が公正なものであり，かつ，その公正な基準に従って正当に評価が行わなければならない。

　さらに，近年，企業の不祥事が続出しているが，企業組織内に密室的犯罪行為が存在することを知った従業員たちの個人的倫理観と組織構成員としての組織への忠誠心との間に生じるジレンマは，アノミーと関係していると考えられる。それまで信頼し，心理的エネルギーを注いできた組織とその仕事が，信頼に値しないという状態が生じ，どのような行動にでればよいのか分からないという状態が起こるのである。人によっては，自身の良心に従い，内部告発という行為を選択する場合もある[2]。アノミー状態に陥り注意散漫になり，フロー体験ができず不安になる。この状態を脱するひとつの道として内部告発を選択するのである。

　他方，疎外については，「労働からの疎外」として，ベルトコンベアーの速度に合わせて何百回も単純な同じ作業をすることを求められる労働者の問題があげられる。19世紀末から20世紀初頭において，アメリカの工場管理の合理化に関する体系的管理運動が起こり，その推進者のひとりであるF. W.

テイラー（Taylor, F. W.）は、「科学的管理法」を提唱した。その特徴は、人間行動の主要な動機が個々人の経済的利益の追求にあると考える「経済人仮説」に基づいた「差別出来高給制度」、定められた1日の標準作業量である課業（タスク）の設定を専門的に行う「計画部」や課業による労働者の作業遂行を監督することを担当する「職長」の設置、道具および設備や作業方法の「標準化」等である。テイラーは、企業家と労働者の真の利害は同一であるという確信のもと、この科学的管理法を導入することによって、「高賃金・低生産費」を実現し、工場管理における企業家と労働者の対立問題を解決しようとした。しかし、経済的報酬にのみ焦点をあて、独自の能力を発揮しながら物をつくる楽しさのような内発的報酬の獲得機会を奪った管理方法は、疎外された労働の問題を生み出すこととなった。

　また、新入社員が大きな期待と不安をもって企業に入社し、数カ月経つと、挑戦の機会や学習の機会が少ないことから退屈を感じるようなことがある。入社前に予想した仕事とは異なる、単純な仕事を繰り返し行うことを命令されたり、興味のもてない仕事を長期間与えられたりすることによって、当初、自分自身が行いたいと考えていた仕事へは心理的エネルギーを注ぎ込むことができないという現実を体験して、疎外されることとなるのである。

　本来、人は、仕事から多くを学ぶことができる。出発点としては、同僚の仕事ぶりを観察したり、真似をしたりすることによって学習する。さらに、学習によって情報が蓄積され、仕事の成功が生まれる。そのことによって、心理的エネルギーが変化し、さらにそのエネルギーが学習を変化させていく。つまり、学習によって新たな発見をすることが、仕事をフローに転換する際に必要である。また、その結果、組織全体としても情報蓄積が行われる。個人のレベルには、同僚やプロジェクトチーム等と互いに学び合うことによりコミュニケーションが生じ、さらに、情報共有しているということから信頼が生まれる。各自があるネットワークの中の一員であると感じることから、一体感や安心感、勢いなども生み出される。

　このように、企業において、従業員が心理的エネルギーを適切な対象に投入できるということが、その企業の経営戦略にとっても重要な要因となる。

加えて，チクセントミハイが非常に明瞭な特徴の多くをフロー過程と共有していると指摘している，A. H. マズロー（Maslow, A. H.）の最高経験やスポーツにおけるフロー体験が，成果の最高点と大きな関連がある（Huffman, Vernoy & Williams, 1987, p.181）という主張もある。また，チクセントミハイも，「もし仕事をする人が真に仕事を楽しむならば，仕事は労働者個人を利するだけでなく，遅かれ早かれ，彼らはより効率的に生産し，現在予定されている以上の目標をも達成することは，ほとんど確実である」（チクセントミハイ，1996，p.193）と述べている。しかし，現状では，経済的利益や業績への関心ばかりでなく，従業員たちが挑戦の機会を見い出し，十分に各自の能力を発揮しているかということへ関心をもつ管理者はあまり多いとはいえないであろう。

　第3は個人的条件に関わる要因であるが，それは，各個人が「自己目的的パーソナリティ」を有しているかどうかということである。そのようなパーソナリティを有する人々の行為は内発的に動機づけられており，また，彼らは利己的ではない目的への強い志向性を有している。彼らは，職場環境が劣悪な場合であっても，その中で挑戦の機会を感知する視野をもつことができる。また，心理的エネルギーが投入されることによって，自らの意思でその仕事を自由に選び取ったようにも感じられ，劣悪な環境における仕事という，多くの人々にとっては束縛と思えるような状況を自由と創造性を表現する機会へと変えることができるのである。しかし，注意の統制の欠如の問題を抱える遺伝的障害，自意識過剰，自己中心的な性格などの原因によって，ある一部の人々は自己目的的パーソナリティを有することができない（チクセントミハイ，1996，pp.109）。これらの人々は，人生を豊かなものにするための重要な機会の一部を失っていることになる。

３．責任型組織が生む内発的報酬

　内発的報酬を経営戦略に取り入れた経営者の実例をあげる。
　Dell Inc.[3)]の会長兼CEOのM. S. デル（Dell, M. S.）は，従業員のモティベーション向上の重要性を強調し，従業員にオーナー意識をもたせるように

している（デル，2000，pp.194-219）。従業員はオーナーとして扱われることによって，自分の仕事を「自分のもの」としてとらえ，広い視野で目標に集中できるようになる。また，あらゆるレベルに属する従業員が，会社のオーナーとして考え行動するような企業文化を創るには，会社にとって最も重要な目標に個人の業績を結びつける必要があるという。さらに，従業員の能力が最大限発揮されるように，人の話をよく聞き，アイデアを交換し合い，情報を共有ながら貪欲に学習することを推進している。このようなプロセスを経て，人は学習し，成長する。加えて，失敗を恐れず，賢明な挑戦ができるような環境を創っている。この従業員にオーナー意識をもたせるという戦略は，仕事を楽しい活動に転換する要素のいくつかを含んでいる。第1に，「挑戦」の機会に挑むことを奨励している。第2に，行われている作業に明瞭な目標がある。第3に，直接的なフィードバックがある。第4に，自分の行為を統制しているという感覚をもちやすい環境を提供している。

　日産自動車社長兼最高経営責任者（CEO）（2012年3月現在）のC.ゴーン（Ghosn, C.）も，従業員のモティベーションの向上が企業を変えるという信念のもと，一人ひとりが企業に対してオーナー意識をもつことが肝要であると主張している。また，従業員にオーナー意識をもたせるためには，従業員が会社の目標を理解しそれが正しいと認識することが前提であり，そこに初めて活力が生まれ，各人がそれぞれの部署で自分が何をできるかを考えるようになる。　ドラッカーも，組織のあらゆるメンバーが，自らを経営幹部とみる組織であることによって初めて，メンバーが自ら責任のある意思決定を行う「責任型組織」となることができるとしている（ドラッカー，1998，pp.60-62）。

4．知識労働者のフロー：ハッカーの事例

　では，人々がどのような仕事に対する価値観をもち，どのような環境の中で仕事をするとき，フローが生み出されるのであろうか。コンピュータソフトウェアの開発に携わる人々とその仕事を例に考察してみよう。

　P. ヒマネン（Himanen, P.）は，『リナックスの革命』において，「ハッカー

(hacker)」[4]と呼ばれるコンピュータソフトウェアの開発でプログラム書きに情熱を燃やす人々の仕事観とはどのようなものか，そして彼らを動かす原動力は何か，ということについて述べている。ヒマネンによれば，ハッカーたちの仕事における倫理・価値観とは，次のような特徴をもつ。第1に，情熱と自由の融合からなる労働倫理である。ハッカーたちは，彼らに活力を与え，実現させることに喜びがあるような事柄に携わり，かつ，パターン化された仕事中心の生活をせず，創造的な仕事と人生の他の情熱対象とのダイナミックなフローとして人生を組織する。ハッカーたちにとって，プログラムを書くという活動自体が面白いことで，エキサイティングで楽しいことなのである。あるハッカーは，「ものすごく興奮がつのって……いつも一日ぶっ通しで研究していて，それがすごく楽しかった。このままずっと続けていたいと思う時もあった」（ヒマネン，2001，p. 22）という，仕事自体の楽しさ，そこから得られるフロー体験を，暗号アルゴリズムの研究時における心情として表している。これは，チクセントミハイが「フロー」という用語の説明として紹介している，ロック・クライマーの「流れ（フロー）を保つために登っているにしかすぎない」という言葉と類似している[5]。

第2に，労働と余暇の間に線引きがないという特徴がある。どちらも，情熱をもって活動したいと思うものであり，それらを独自のパターンで適切に取り込み自由で創造的な人生を送る。コンピューター用オペレーティング・システム（OS）であるLinux（リナックス）の開発者のL. トーバルズ（Torvalds, L.）は，「リナックスの開発をはじめとするオープンソース・プロジェクトに参加しているプログラマーたちは，プログラミングを愛するがゆえに，睡眠や趣味の時間なども後回しにしてプログラミングに没頭している」と述べている（トーバルズ&ダイヤモンド，2001，p.191）。また，ヒマネンは，「労働者が仕事をする際に自主性のない仕事の受け手として扱われると，余暇もまた受動的な活動になるという傾向が強まる」と指摘している（ヒマネン，2001，p.127）。

第3に，報酬については，金銭よりも社会的価値の創造に貢献しているという誇り，そしてそれを公開し仲間と共有するという開放性，さらには，そ

の結果によって，仲間から受ける尊敬を報酬として獲得し，それらによって動機づけられているのである。各種フリーソフトウェアの作者であり，オープンソース界を代表するスポークスマンである E. S. レイモンド（Raymond, E. S.）は，「彼らのコミュニティでは，非常に厳格な能力主義が確立しており，自己宣伝や大仰な自慢は，コミュニティ内の創造性や協調的行動における大事な信号を歪めてしまうノイズとして作用しがちであると考えられるため抑制される。このようにノイズに対する許容度が低いのは，メンバー間のフェイス・トゥ・フェイスの接触がほとんどないために感情的な要素が入りにくいという環境が影響している」と指摘している（レイモンド，1999, pp.116–117）。

　第4に，ハッカーたちはプライバシーや言論の自由，および他者への気遣いを重視する。ここでの気遣いとは，目的としての他者への配慮であり，生き残り中心の意識をぬぐい去ることである。このような倫理的態度によって，他の人々をネットワークに参加させるようにし，そこから人々が利益を引き出すことができるようにする。さらには，人々をネットワークにコミットさせることによってネットワーク社会の長期的帰結に責任を感じるようになってもらい，また，周縁部分に取り残されてしまった人々を救済する（ヒマネン，2001, p.159）。

　さらに，ヒマネンによれば，ハッカーは「情報の共有は影響力大の絶対善であり，自分の専門知識を広く公開するのはハッカーの倫理的義務だから，自作のソフトをフリーで提供したり，可能な場合は情報やコンピューター資源にだれでも簡単にアクセスできるようにしたりすべきだ」と信じているいるのだという（ヒマネン，2001, p.7）。プログラマーの間には，このような共有文化が存在する。彼らの中には，プログラミング言語で書かれたソースコードを公開することによって，ソフトウェアの共有を行おうという人々がいる。このようなオープンソースによる共有文化が，リナックスにみられる，インターネットだけで結ばれた，地球全体に散らばる数千人の開発者たちの共同作業につながった[6]。

　彼らのこのような倫理的態度は，公共の利益の増大へ寄与することとな

る。リナックスの開発プロジェクトに参加する人々がその作業を通じて「楽しさ」を感じるのは、彼らが公共の領域に参加しているという理由によるところが大きい。つまり、いまや「OSは公共財である」という意識が定着しつつあり、人々が自由にそのOSのもつ価値を享受し、さらにまた、その先の大きな発見を人類にもたらすために開発に貢献するという参加者たちの共通の想いがある。また、そのことは、自分自身や家族の利益という枠を越え、公共の利益を創造するというより大きな挑戦であり、そのことが彼らの生活に真の価値をもたらす。リナックスの場合、参加者たちに自主的にそのようなことをさせる原動力となっているのは、誰でも手に入れることができる、最も美しく最高のテクノロジーを創りあげるための全地球規模の共同作業の一翼を担っているということの楽しさであるという（トーバルズ＆ダイヤモンド，2001，p.191）。

5．仕事におけるフローの条件

以上のことから、仕事をフロー体験に転換するための条件は次のようになる。

① 従業員がその仕事を成功裡に達成するための能力をもっていること。
② その仕事が各自の能力を十分に発揮できる種類のものであること。
③ その仕事が挑戦と成長の機会を含んでいること。
④ その仕事が単に大きな仕事の一部分という切れ端ではなく、ひとつのまとまった完結性を有していること。
⑤ 従業員に自由と責任を付与していること。知識労働者に対しては、D.マグレガー（McGregor, D.）のX理論（伝統的管理論）にみられるような命令・統制による人事管理ではなく、Y理論において仮定されている、人は仕事が嫌いではなく、自分が進んで献身した目標のためには、自らにムチを打って働くという人間観に基づいた、信頼と自律性を軸とした管理が適切である（潜道，1995a，p.94）。
⑥ 仕事と余暇とのバランスを保てること。今後、知識労働者が直面するであろう大きな課題のひとつは、ますます増加することが予測される仕

事に費やす時間と個人的な生活の時間や家族との時間のバランスの問題である。知識労働者にとっての持続的な挑戦は，緊張感に耐える強い精神力，そして，たゆまぬ向上心と情熱を必要とする。このきびしい環境の中で生き残るためには，彼らは，キャリアを人生の最優先事項とすることを強いられ，その結果，多くの犠牲をよぎなくされることになるという意見もある（Jones & DeFillippi, 1996, p.94）。しかし，ハッカーたちの仕事における集中力とフロー，そこから生まれる生産性の高さや満足感は，彼らに仕事以外の時間を充実したものにさせる心理的エネルギーを与え，人生における犠牲を小さなものとし，仕事と余暇に適切なバランスを生み出している。このようなハッカーのケースは，知識労働者の課題解決へヒントを与えているといえよう。

⑦ 従業員が自己目的的なパーソナリティを有していること。

⑧ 組織が教育・訓練および能力開発，キャリアプランニングの提供等，内発的報酬の獲得に結びつくようなHRM機能を用意していること。金銭などの外発的な報酬だけでは，優秀な知識労働者のリテンションに対して十分ではない。

⑨ 客観的で公正な評価が存在すること。つまり，明確なフィードバックが存在すること。企業は給料や地位という報酬に関わるコスト削減のためにも，従業員たちが納得するような評価システムを構築することが必要である。

⑩ 従業員にとって公共の利益や社会的価値の創造に寄与しているという誇りや満足感が存在すること。人は，自分の行っている仕事が生み出す製品やサービスが他の人々の役に立ち，人々の生活をより便利で豊かなものにするという確信をもつことによって，その仕事の価値を認識することができる。そのことにより，従業員たちは，安心して彼らの心理的エネルギーを自分たちの仕事に投入することができるのである。したがって，企業は，倫理的な態度をもって顧客や株主，従業員，地域社会等のステイクホルダーに接することが必要である。そうすることによって，組織は働く人々からより大きな貢献が得られる。

⑪　従業員が能力や独自性を十分に発揮したときにそれを理解してくれる,「顔のみえる仲間」が存在すること。

　これらの条件は,主に,研究所の研究者や IT 関連ベンチャー企業のエンジニア等の知識労働者にあてはまる条件といえるかもしれないが,今後,大企業の事務系知識労働者の深い専門性がより重要な経営資源になり,彼らが企業の貴重な資源となってくることから,より広い範囲で適用できる条件であると考える。

第5節　労働 CSR

　以上のように,条件が整えば仕事はフロー活動へと転換されるが,このような従業員の状況を配慮した条件の整備は,ステイクホルダーとしての従業員への CSR と考えることができよう。また,従業員は企業にとってのステイクホルダーであると同時に,経営資源でもある。とくに,ヒトは,資金や機械設備,原材料といった他の経営資源とは異なり,やる気を鼓舞されれば期待以上の成果を上げる可能性を秘めているということから,モノと同じレベルで評価すべきではないという考え方もある(堀出,2006,p.230)。また,カネやモノという非人間資源と同等の「経営資源」として労働者を位置づけることが,長時間労働やストレスの問題を生み出し,成果主義に導かれた過度の「競争」(=「切磋琢磨」を超えた「競い争うこと」)[7]という問題を生み出しているということもできる。労働者への配慮を含む CSR 経営では,労働者一人ひとりの人間としての個性や能力,個人の目標への配慮を行いつつ,組織目標実現への協働を目指すことになるが,労働に関しては,最低労働条件の遵守,労働安全衛生,高齢者雇用,障害者雇用,女性の能力発揮促進,ワーク・ライフ・バランス等の分野でしばしば議論が行われている[8]。これらは,労働条件や雇用に対する企業の意思決定に関する課題であるが,本節では,まず,企業に社会的責任を期待する社会において,労働者が企業に何を望んでいるのか,どのような企業を労働の場として選択するのか,と

いうことについて検討し，続いて，経営戦略の視点から，労働 CSR とフローとの関係を考察する。

1．先行研究

　日本企業による CSR 活動については，これまで，とくに，環境保全や社会貢献活動などの実践が多く，組織内のステイクホルダーである従業員への活動が比較的少なかったためか，従業員に対する企業の社会的責任，すなわち，「労働 CSR」に関する研究はそれほど多くないといえる。

　厚生労働省（2004）「労働における CSR のあり方に関する研究会中間報告書」では，労働の側面から CSR を検討する意義や企業が従業員等に対して取り組むべき事項が指摘され，また，労働分野での CSR 推進における国の役割，および推進のための環境整備の方策について提示されている。

　その他，CSR と労働に関する研究としては，逢見直人（2004）「労働と CSR」や後藤嘉代（2007）「CSR（企業の社会的責任）と労働組合」のように，労働組合の CSR への関与に関する研究がある。

　また，金谷千慧子（2004）「女性と CSR」，河口真理子（2006）「CSR と労働におけるダイバーシティ（多様性）」のように，CSR 経営におけるダイバーシティあるいはジェンダーの問題を扱う研究がある。

　さらに，吾郷眞一（2007）『労働 CSR 入門』は国際労働法からの分析であり，小畑史子（2007）「職場における快適な労働環境の確保について」は，快適な労働環境について法律の側面から考察している。

　他に，岡本浩一（2007）「組織風土の属人思考と職業的使命感」，小河光生（2007）「企業の社会的責任と組織風土」にみられるように，組織風土あるいは企業倫理の側面からの考察もある。

　そして，佐野晋平・大竹文雄（2007）「労働と幸福度」は，個人の幸福度を規定する要因として，労働に関わる，産業，職種，学歴，企業規模，勤続年数，労働時間等の変数がどのように影響するかを，調査データをもとに分析している。この研究では，幸福という内発的報酬に着目している。しかし，その報酬が得られる源泉を仕事そのものでなく，職種や企業規模のよ

な外的要因に求めている。

以上のことから，CSRと労働の観点での研究では，働く人々の自己目的的活動としての仕事に着目し，仕事を行うこと自体を通じて得られる楽しさや喜びのような内発的報酬に着目する研究はわずかなものにとどまっているといえる。

2．欧州における CSR

CSR は，各地域や国によって背景が異なるが，欧州における CSR に関わる活動の経緯をみると，当初，労働問題が重要視されていたことがわかる。

2001年7月，欧州では EU における CSR の基本的精神をまとめた提言書である，「グリーンペーパー「欧州における CSR の枠組みの促進」」（"GREEN PAPER 'Promoting a European framework for Corporate Social Responsibility'"）が発表された。CSR に対する欧州委員会の姿勢を提示したこのグリーンペーパーでは，基本的に，経済，環境，社会という3側面に対して企業が自発的に取り組むべきであるというトリプルボトムラインの概念が示されている。それに加えて，差別の廃止と配慮，従業員教育による能力向上，職場における健康・安全管理，リストラに際しての十分な配慮と対策といった「労働者への配慮」が強調されている。欧州では，このグリーンペーパーの発表に先駆けて，2000年3月にリスボン特別欧州理事会が行われ，10年までに雇用を拡大し，失業者数を減少させ EU の「社会的結合（social cohesion）」を行い，持続的可能な経済成長を可能とする世界で最も競争力のあるダイナミックな知的蓄積をベースとした経済を実現するという目標を設定した。続いて行われた01年6月のイェテボリ欧州委員会において，先のリスボンでの設定目標を実現するために「持続可能な発展のための欧州戦略」（"the European Strategy for Sustainable Development"）を採択し，目標を達成するためには EU における CSR が必要であるとの考えに至ったのである（佐久間，2006，pp.12-13）。

このように，欧州において CSR が叫ばれ，中でも雇用問題や労働者への配慮が取り上げられた背景には次のような事情がある。1980年代，欧州経済

は喪失した国際競争力を取り戻すために従来の国境を取り払い，ヒト，モノ，カネ，情報が域内で自由に移動する一大経済圏を創設した。EU域内での資源の最適配分を実現しようとする試みであった。さらに，EUは，競争力強化の前提として，「域内に社会的脱落者を出さない」という目標実現のためにEU全体の社会的連帯を高める「社会的結合」を目指すこととした。つまり，競争力強化に向けて非効率な工場を閉鎖すると多くの失業者を生み出すこととなり，また，地域経済も荒廃することになる。そのことがEU域内の不安定要因となり，EUの持続的成長を脅かすことが懸念された。したがって，各国は失業対策や地域振興を行わなければならないが，97年のアムステルダム条約により，ユーロ導入の条件として，各国は，「中央地方政府と社会保障会計を合わせた財政赤字を名目国内総生産の3％以下に抑えること」が義務づけられている。このことから，ユーロを導入したい国，およびすでに導入を果たした国は，安易な財政支出ができない状況に追い込まれていた。そこで，EUと各国政府は，政策の支援を個別企業のCSRとしての対応に委ねたのである（髙，2004，pp.26-27）。

3．日本と欧州にみる労働者の意識

日本では，労使協調路線中心の企業別労働組合の存在と欧州と比較した場合，失業率が低かったこと等の要因から，これまで，欧州のように労働問題への対応が急務という状況ではなかった。

しかし，日本企業は，現在，長期雇用慣習が崩壊し，労働市場の流動化傾向がみられる。また，年功序列賃金制から成果主義賃金制度へ転換する企業も増加している。さらに，少子化への対応として，外国人労働者や女性労働者の積極的活用に迫られている企業の増加や非正規雇用者の増加とその待遇の問題等もある。

他方，欧州では，働く人々が単に給料の多寡だけでなく，働く意義を重視するようになったことから，長期雇用を戦略的に考え，「持続可能な従業員との関係」への取り組みを「投資」ととらえる企業がでてきている。つまり，「良い企業」であるならば，他社と比べてとくに給料が高くなくても転

職することなく，同じ企業に働き続けるという考えをもつ人々が増加しているため，企業としては労働者にとって良い企業となるための投資を行う，ということである。

実際，欧州の就職志望学生の労働意識には次のような特徴があるという（田邉，2004，p.1）。
① 働いていて誇りをもてる，その会社に勤めていると人に言える企業
② 自分と同じ価値観をもつ企業
③ 地域社会に参加できるプログラムをもつ企業

このような労働意識に対応するためには，企業は倫理的価値観に支えられたCSRイノベーションを実践している必要がある。

また，次のような企業側にとっての長期雇用の実質的な意義も存在する（田邉，2004，p.1）。
① 経験や学習の共有化
② 自社ノウハウの他社への流出防止
③ 社員教育経費の回収

つまり，ナレッジマネジメントやリスクマネジメントの観点を競争力の向上につなげようという戦略的発想がそこにはある。

さらに，この欧州の「持続性」の重視は，いかに優秀な知識労働者を確保し，ひきつけるかという日本企業の課題解決にも重要なヒントを与えているといえる。日本では，採用した従業員の入社3年以内の離職率は，中卒7割，高卒5割，大卒3割に達するといわれ，離職率の上昇の背景には次のような新入社員の会社選びの基準がある（みずほ総合研究所，2007）。
① 自分の能力，個性が活かせる
② 仕事がおもしろい
③ 技術が覚えられる

つまり，「会社が一流」であるとか「労働条件がよい」といった外在的職務満足要因（extrinsic job satisfaction）ではなく，仕事自体に関わる内在的職務満足要因（intrinsic job satisfaction）（高橋，2007，p.24）があげられている。このような日本の新入社員の会社選びの基準には欧州の就職志望学生の労働

意識との違いがみられるが,「何が人を動かすか」を理解すること（堀出, 2006, p.230）, つまり, 労働者を重要なステイクホルダーとして認識し, 能力の可能性の発揮や能力開発, 個性の尊重等を実践し, さらに, 彼らの抱いている組織への期待に耳を傾けることこそがCSR経営の実践すべきステイクホルダーへの価値の提供への第一歩といえよう。

第6節 戦略的CSR経営におけるフローの意義

既述したように, 日本におけるCSR経営は不祥事対策という特徴もあり, コンプライアンスの分野に多くの企業が注力している。しかし, CSRが企業の戦略策定の基盤となり, これまでの経営とは異なるビジネスモデルやビジネスプロセスを通じた価値の創造を行っていくためには, 他の経営資源とは異なるヒト, つまり, 労働者への十分な配慮が大切である。

前述のように, 欧州では, 積極的なCSRへの取り組みの背景に, 高い失業率の問題があったため, CSRの初期の段階では労働者への対応が重視されていた。近年は, 就職を希望する若者たちの価値観が変化し, 働くことへの誇りや自分と同じ価値観, 地域社会へのコミットメントプログラムなどを就職先選定の際に重視するという。日本の就職希望の若者たちは, 自分の能力, 個性が活かせることや仕事のおもしろさ, 技術が覚えられることなど, 仕事自体の質に重きを置くようになってきている。

欧州の若者たちの価値観は, 企業に, 労働者や地域といったステイクホルダーへの配慮を行うという倫理的信念を期待しているといえよう。それは, CSR経営が目指す企業の社会性やステイクホルダーへの独創的な価値の提供, 社会的課題の解決等とも符合するものである。

他方, 日本の若者たちは, 労働に挑戦意欲を感じたいという願望をもっているといえよう。ただ, 欧州の若者と比べると, 公共の利益, 公共善のための貢献といった色彩が薄い。しかし, 前述のように, 自己目的的な活動として仕事を行う人々は, 利己的な報酬には比較的興味をもたず, 仕事自体から得られる成長感や達成感, 楽しさといった内発的報酬, さらには, コミュニ

ティやより大きな社会の発展に貢献できるという確信から得られる誇りや仲間からの賞賛といった報酬に満足を覚える傾向がある。

　そのような意味では，日本の若者の仕事に対する価値観もCSR経営に適合するものといえよう。しかし，個人の能力や業績が正当に評価されない場合や自分の能力に適合した水準で挑戦しているという感覚が得られない場合，さらには自分が能力を発揮でき，おもしろいと感じられる仕事が組織のミッションと異なる場合，そして，自分が所属するコミュニティが信頼できる倫理性を備えていない場合などには，労働者は利己的な利益や外発的利益の獲得に興味をもつことになることも考えられる。

　以上のことから，企業がCSR経営によって成功するためには，長期的視点に立った人的資源戦略が必要であるといえる。また労働者に対してその戦略を十分に伝える必要もある。その戦略は，新しい契約を労働者に求めるものであり，自律的プロフェッショナルとして労働者を認識し，変化に労働者を巻き込み，より大きな世界へ労働者を導くものである。つまり，組織の新たな挑戦に労働者を参加させる試みである。しかしながら，組織の挑戦を成功させるために，労働者を過度な競争に駆り立て，利己的な利益追求に向かわせることによってより狭い世界に閉じ込めることは，「戦略的CSR経営」の目指すべき方向性ではない。例えば，成果主義報酬制度は，労働者が個人として仕事の正確なフィードバックを得るための，そして労働者にとって適度な挑戦の機会を創造するためのツールとしての位置づけが望ましい。そのツールが仕事をフロー活動にするための推進役を果たし，仕事がフロー活動となれば生産性が向上する。しかし，企業が仕事や働く人々をどのようにとらえるかということは重要な意味をもつ。ただ単に，利益を生み出すための道具としてとらえれば，働く側も企業を，生活を支えるための外発的報酬を得る場としてみることになる。外発的報酬が強調されると，仕事の中に内発的報酬の存在を積極的に見つけ出す意欲が生まれにくくなる。その結果，企業は従業員たちに際限なく外発的報酬を期待され，結局は，大きなコストの支払いを強いられることになる。働く側も，人生の多くの時間を費やす仕事に喜びや満足ではなく，不安と恐れを感じることになろう。

また，近年，日本においても，本業の利益に直接につながる社会的課題解決型CSRが積極的に行われるようになったが，ステイクホルダー（社会）と企業の双方へ利益をもたらす活動は，フローを創造する条件としての「公共の利益や社会的価値の創造に寄与しているという誇りや満足感」を従業員に提供する。つまり，従業員への配慮（CSR）としてフローを生み出す条件を整備することが従業員と組織へ利益を創造するというケースだけでなく，社会への配慮（CSR）を通じて社会と組織へ利益が創造されると共にその事業に携わる従業員にとってもフローが創造され内発的報酬が獲得できるというケースも存在するということができる。
　われわれは，組織と働く人々の協力によって仕事をフロー活動にする努力をすることが，いかに多くの貴重な価値をもたらすかということに気づかなければならない。フローを創造する仕事は，働く人々に喜びを与え，企業に成長と業績の向上をもたらし，そのことが豊かで健全な社会を構築することにつながるのである。
　仕事を楽しみ，自らの仕事が社会的価値の創造に貢献することを確信し，かつ，仕事以外の生活にも大きな喜びを見い出すことのできる人々から構成される企業が率いる資本主義社会は，現在より，大きな幸福を人々にもたらすであろう。

第7節　小　括

　17世紀，カルヴィニストたちは，神の所有する地上の富を増やすために懸命に働き，その結果，産業資本の蓄積が進んだ。その後，18，19世紀には，産業人たちは神の富ではなく人間のために富を蓄積するようになった。19世紀の終わりには，急激に社会が物質的に豊かになり，20世紀半ば近くには，人々は欲望の方向を見失い，他人との比較によって自らの立場を確認するという他人志向的な特徴をもつようになった。また，目的意識が欠如し，挑戦の機会を発見できなくなり，努力せずに物資や金銭という外発的報酬を求めるようになった。さらに，際限なく報酬を求めるようになったが，いくら富

を得ても満足を感じられず，幸せを感じられない状況に陥ってしまった。生産組織は，個人を「誰でもいい人」とみなし，隣人の顔のみえない人間関係を構築した。その結果，働く人々のモティベーションは低下し，組織の業績も低迷することとなった。

　このような状況を打開するためには，人々の間にかつてのサロンのような社交の精神を導入し，顔のみえる関係をつくり，独創的な能力発揮の場を提供することが必要である。フロー理論を提唱するチクセントミハイは，「活動をフロー活動とするためには，利己的でない自己目的的なパーソナリティを確立することが必要である。人は，外界との積極的な関係をもつことによってそのようなパーソナリティをもつことができる」としている。

　資本主義の最も発達した国のひとつであるアメリカ社会には，聖書的伝統と共和主義的伝統が存在し，これらの伝統と「個人が社会に先行し，個人は自らの利益を最大化すべく自発的に契約を結ぶところに社会が出現する」とする立場が共存してきたが，このバランスが，しだいに，極度な物質主義と利己的個人主義によって崩壊し，個人の利益を公共善に優先させる弊害が大きなものとなった。

　したがって，今後，求められる資本主義社会においては，企業は偏狭な営利主義から脱し，遊戯の要素を考慮した，自分自身と隣人たちのためになる，楽しさと魅力のある仕事の創造を目指すべきである。そのような企業において，人々は仕事を通じてフローを体験し，生活の質をも向上させることが可能になるであろう。

　ドラッカーは，「今日では，知識だけが意味ある資源である」とし，この知識を有するのが知識労働者であると述べている。この指摘に従えば，組織は優秀な知識労働者をひきつけ，ひきとめるためのHRM戦略が必要である。知識労働者に対しては，外発的報酬の提供だけでは不十分であり，内発的報酬の提供を考慮する必要がある。内発的報酬の源泉としてのフローを創造する具体的条件としては，従業員に提供する仕事が，従業員の能力と釣り合うようにすること，能力を十分に発揮できるものにすること，挑戦と成長の機会を含んでいるものにすること，一部分の切れ端的なものでなく完結性

を有することなどがあげられる。また，従業員に自由と責任を与え，仕事と余暇のバランスも保てるような環境を整える必要がある。さらに，従業員の内発的報酬の獲得につながるようなHRM機能を用意し，仕事の成果についても客観的で公正な評価が行われなければならない。そして，評価に関しては，組織としてだけでなく，能力や独自性を理解してくれる「顔のみえる仲間」が存在していることも重要である。加えて，従業員が仕事を通じて公共の利益や社会的価値の創造に寄与しているという誇りや満足感を得られるようにすることも考慮されるべきである。その他，従業員側の特徴として，自己目的的なパーソナリティを有していることも仕事をフロー活動とする際に必要な点である。

　このように，条件が整えば仕事はフロー活動へと転換されるが，これらの配慮は，ステイクホルダーとしての従業員へのCSRと考えることができよう。これまで，日本企業のCSR活動は，環境保全や社会貢献活動等が中心であったが，欧州の場合，失業者対策から始まった。欧州では，近年は，労働者にとって良い企業となるための投資としてCSRを実践する傾向もみられる。若者たちの価値観も，企業に，ステイクホルダーへの配慮を行うという倫理的信念を期待していると考えられる。他方，日本の若者たちは，労働に挑戦意欲を感じたいという願望をもっている傾向がみられ，そのような傾向が彼らに仕事において内発的報酬を獲得させる可能性がある。

　つまり，企業が従業員というステイクホルダーへの配慮を中心としたCSR経営に成功するためには，従業員を自律的プロフェッショナルとみなし，フロー活動としての仕事を通じて従業員に内発的報酬の獲得を可能にさせることが必要である。また，このフローに着目したCSRは，企業や社会にも貴重な価値を提供する。

【注】
1）詳しくは，潜道（1998b）参照。
2）エンロンや雪印食品の例にみられるように，企業不祥事が明るみにでるのは，組織の倫理的意思決定というよりも，個人の良心を貫こうとする関係者

の内部告発によることが多い（小林, 2002, p.7）。
3) 1984年の設立当時の社名は，"Dell Computer Corporation"であったが，2003年，"Dell Inc."へ変更された。
4) システムのセキュリティを破る人物は「クラッカー（cracker）」と呼ばれ，「ハッカー（hacker）」とは異なる。このクラッカーという用語は，マスコミによる誤用に対するハッカーたちの防御措置として，1985年頃にハッカーたちが使い始めた（ヒネマン, 2001, 原注p.11）。
5) クライマーでもある詩人が語った「自己目的的な経験」についての表現を，チクセントミハイは次のように紹介している。「……自分がひとつの流れ（フロー）であるとの認識ですね。フローの目的は流れ続けるということ，頂上やユートピアを望むということではなく，流れの状態を保ち続けるということです。登るということではなく，絶え間のない流れなのです。この流れを保つために登っているにしかすぎません。……」（チクセントミハイ, 1991, p.83）
6) 山形浩生は，「大型計算機が主流だった時代には，ソフトはハードを買うと無料でついてくるものであり，ユーザーは，自分のニーズに合わせてそのソフトを自由に書き換えていた。また，ユーザー同士でそのノウハウを交換し，共有するのが当り前だった」と述べている。しかし，あるときから，「ソフトのみでビジネスが成り立つようになり，それに伴い，ソフトを勝手に書き換えたり，他の人々に無料で提供したりすることができなくなった。しかし，共有文化は残り，配布と改変が自由というフリーソフトが出回わった。この潮流から生まれたのが商業ソフトを脅かす存在にまで成長した，リナックスのようなソフトである」と指摘している（山形, 1999, pp.226-229）。
7) 井澤裕司は，「competitionという言葉は，本来，「競い争う」より「切磋琢磨」に近い意味をもつというべきであり，相手を打ち負かすことのみを目的とする闘争や摩擦などを意味するconflictやfightなどとは区別されねばならない」としている（井澤, 2006, p.65）。
8) C. I. バーナード（Barnard, C. I.）は，著書『経営者の役割』において，人間の特性を，「(a) 活動ないし行動，その背後にある，(b) 心理的要因，加うるに，(c) 一定の選択力，その結果としての，(d) 目的，である」（バーナード, 1968, p.13）とし，この「人間の特性こそ，この書物の基本的な公準なのである。人間行動の心理的な力についてなんらかの立場に立つのでなければ，協働体系の理論や組織の理論の構成も，組織の行動，管理者やその他組

織参加者の行動の意義ある説明もこれをなしえないことが，やがて明らかとなるであろう」(バーナード，1968，p.15) と述べている。つまり，組織を協働体系とみて，それを構成する一人ひとりの従業員の選択力，決定能力，自由意思，自律性を尊重している。また，もし従業員が協力を拒めば，組織は活動を停止するであろう。それを回避するためには，動機付けや誘引が必要であり，誘因の中には，仲間意識を育む機会や相互扶助のような心的交流も含んでいることを指摘している。

　企業の多くは，従業員へのCSR活動を検討する際，ワーク・ライフ・バランスやさまざまな休暇制度等の整備を推進する傾向にあるが，バーナードのいう前述の人間行動の心理的な力を考慮するならば，職場の仲間意識や心的交流の促進への配慮も必要であるといえよう。

第10章 ダイバーシティ

第1節 問題意識

　第3章においては，先進的CSR経営を実践する企業を対象としたアンケート調査結果の分析を通じて，ステイクホルダーの中でも従業員への配慮が利益の増大と強い関係を有することが推測される結果を得た。また，第9章では，企業がCSR経営によって業績を向上させるためには，長期的視点に立った人的資源戦略が必要であるという結論を得た。

　本章では，これらの結論を受け，とくに，ジェンダーの視点からCSR経営をとらえ，女性従業員の能力活用が企業にどのような価値をもたらすのかを検討する。

　女性従業員の能力活用については，ダイバーシティ・マネジメントとして，近年，積極的な活動を行っている企業があるが，経済同友会（2004）「多様を活かす，多様に生きる―新たな需要創造への企業の取組み―」では，「ダイバーシティ・マネジメント」について次のように説明している（経済同友会, 2004, p.2）。

　「ダイバーシティ・マネジメント」とは，性別，年齢，国籍あるいは障害の有無といった個人の属性に関わりなく異質，多様な人材の能力や発想，価値観を融合させることにより，組織全体の活性化を図り，企業の価値創造力や商品提案力の強化を目指す人事・経営戦略である。またそのために，従業員各自のライフスタイルや生活環境に応じた働き方の多様性を

積極的に容認，支援していくことによって，組織の活性化を目指すものである。

つまり，ダイバーシティ（diversity：多様性）とは，従業員の違いをマイナスにとらえるのではなく，肯定的にとらえて，その違いを企業の競争力強化に反映させようという経営戦略といえよう。

では，なぜ，従来の同質的な人材を重視する姿勢から多様な人材重視の戦略へ転換しようとしているのであろうか。アメリカにおいては，1980年代以降，多様性を尊重し，「弱点としての違い（differences as a deficit）」から「資産としての違い（differences as an asset）」へと発想を転換させる企業が増え始めたが，その目的が人種差別や性差別を抑制しようという点に重点がおかれていたため，個人レベルや対人関係レベルの問題解決のための方策がとられた。したがって，多様な資質を活かすことによって組織レベルでの競争力強化のための経営戦略を実践する視点には欠けていた。その後，90年代になり，アメリカの企業の間に急速に，目的を競争優位の獲得におき，個人と組織が共に変化する「ダイバーシティ・マネジメント」が広がっていく。その背景には，グローバル競争の激化や人々の意識変化などが考えられるが，最も重要な要因としては，アメリカでは「アメリカ生まれの白人男性の割合が激変し，その代わりに女性やマイノリティ，移民が大きな割合を占めることになる」という労働力および人口構成の予想が，90年代の後半に出されたことがあげられる（有村，2007，pp.31-37）。企業は，白人男性も含め，従来，戦力となる人材と考えられてこなかった人々の力も最大限に活用する必要性に迫られるようになったのである。

日本において多様性が重視されるようになったのは，2003年の「次世代育成支援対策促進法」の制定という法律面の要因や消費者のニーズの多様化に適応するための商品・サービスへの多様なアイデアや創造力の発揮の必要性などの影響もあるが，その他に重要な要因と考えられるのは労働力人口の減少と労働力の高齢化の傾向である。図表10－1にみるように，男性の労働力人口は全体として減少傾向にあり，59歳までの労働力人口が減少し，60歳以上の労働力人口が増加傾向にある。このようなことから，従来，労働力の主

第10章 ダイバーシティ

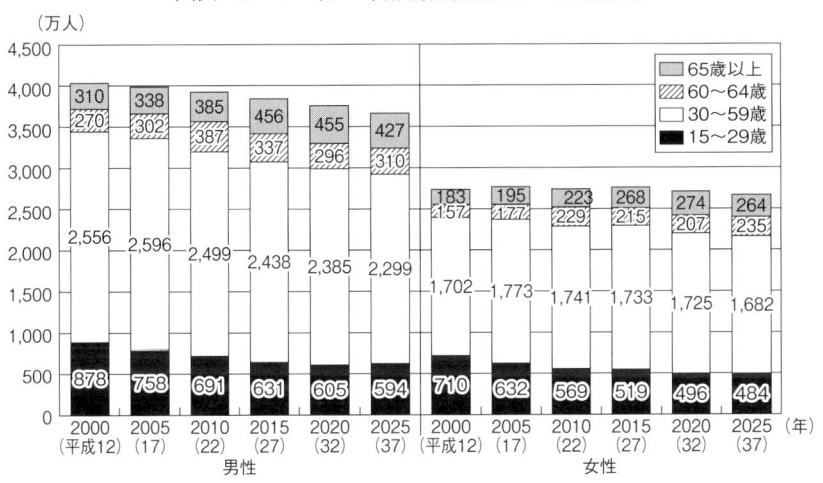

図表 10－1　性・年齢別労働力人口の将来推計

（万人）

男性	2000 (平成12)	2005 (17)	2010 (22)	2015 (27)	2020 (32)	2025 (37)
65歳以上	310	338	385	456	455	427
60～64歳	270	302	387	337	296	310
30～59歳	2,556	2,596	2,499	2,438	2,385	2,299
15～29歳	878	758	691	631	605	594

女性	2000 (平成12)	2005 (17)	2010 (22)	2015 (27)	2020 (32)	2025 (37)
65歳以上	183	195	223	268	274	264
60～64歳	157	177	229	215	207	235
30～59歳	1,702	1,773	1,741	1,733	1,725	1,682
15～29歳	710	632	569	519	496	484

出所：「第1部第3章　少子化はどのような社会的・経済的影響を及ぼすか」内閣府編（2004）p.78

　軸となっていなかった人材の労働力活用の必要性がダイバーシティ・マネジメント推進への大きな要因となっていたと考えられる。この点はアメリカの状況と類似している。とくに，日本の場合は，団塊世代の引退に伴う人材確保への懸念の高まりがダイバーシティ・マネジメントへの契機となったという意見もある。また，企業イメージや人材採用への影響を意図して，積極的に取り組み内容の広報を行う企業も増加している（リクルート HC ソリューショングループ，2008, p.29）。

　さらに，日本企業のダイバーシティ・マネジメントの特徴といえるのは，取り組みの多くが女性労働の活用に焦点をあてたものであるということである。従来，多くの日本企業における働き方や仕事の進め方の特徴といえるのは，①単身赴任の増加につながる「いつでも全国転勤」，②「管理職を目指す単線型出世コース」，③「勤続と昇進・昇格のリンク」，④「長時間労働を前提として行われる業務運営と人事評価」，⑤「暗黙知を基盤とした業務の属人化」などである（リクルート HC ソリューショングループ，2008, p.34）。これらの特徴は，とくに，出産ばかりでなく，育児や介護，家事労働などの

負担の大きい女性の労働力活用を考えるとき，大きな障害となる。つまり，女性の能力活用を目指すダイバーシティ・マネジメントにおいては，働き方や業務運営のイノベーションが必要であるということになる。

イノベーションを起こすためには，女性従業員の能力が男性従業員の能力とは異なるものであり，女性特有の能力の活用が組織の業績向上につながり，また，その結果を得るためには，女性の能力を事業活動のどの部分でどのように活かすべきかを組織全体が理解する必要があると考える。

そこで，まず，女性および女性の能力活用とCSRとの関係を説明し，その後，アメリカの研究者の理論を中心に，ジェンダーの視点から男女それぞれのリーダーシップ方式の特徴について考察する。その後，日本の女性管理職へのインタビュー調査を中心に，日本における女性管理職と男性管理職の特徴の違いを明らかにし，海外の女性的リーダーシップとの比較を行う。さらに，ダイバーシティ・マネジメントを実施することが企業の競争優位獲得にどのような影響を与えるのかについて，自動車業界で先進的女性の能力活用を実践している日産自動車の事例を中心に検討する。

第2節　女性とCSR

「次世代育成支援対策促進法」が制定された2003年は，「日本におけるCSR元年」といわれる年である。実際，03年以降，積極的にCSRに配慮した経営を行う企業が次々と登場している[1]。

このCSRの定義は，さまざまなものが述べられているが，宮坂純一は，BSR（Business for Social Responsibility），CSR Europe，Business Roundtableという3組織のCSRに対する定義を，それぞれ，「倫理的価値を尊び，人間，コミュニティそして自然環境を尊敬するやり方で，営利的な成功を達成すること」，「会社がより良い社会とよりクリーンな環境に貢献すべく自発的に意思決定する場合によりどころにする概念」，「会社のステイクホルダーに対する責任」と紹介している（宮坂，2009，pp.133-135）。また，1946年の設立以来，「企業は社会の公器である」という考えのもと，企業の社会的責任

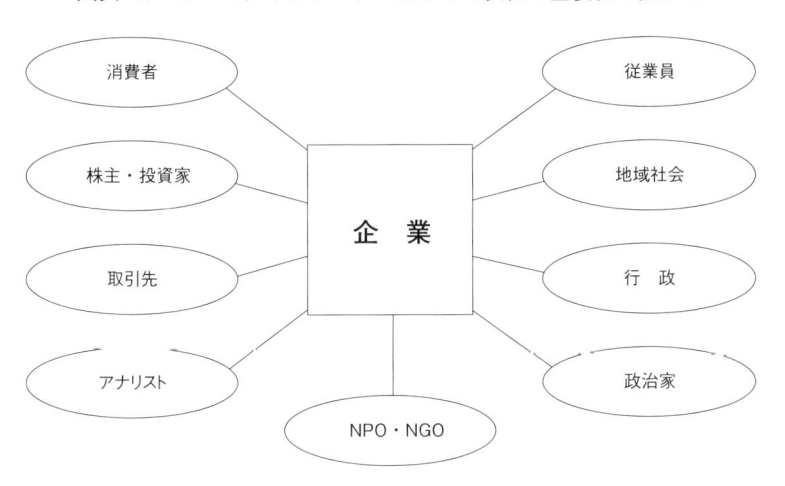

図表 10－2　ステイクホルダーとしての女性の重要性の広がり

```
  消費者                              従業員

  株主・投資家                         地域社会
                    ┌──────┐
                    │ 企 業 │
                    └──────┘
  取引先                               行　政

  アナリスト                           政治家

                    NPO・NGO
```

分野の提言を行ってきた経済同友会の定義は，「CSRは単に社会貢献やコンプライアンスのレベルにとどまらず，事業の中核に位置づけるべき投資であり，将来の競争優位を獲得しようという能動的な挑戦」であり，「社会的責任経営」とは，「様々なステイクホルダーを視野に入れながら，企業と社会の利益を高い次元で調和させ，企業と社会の相乗発展を図る経営のあり方」であるとしている（経済同友会，2004b, p.4）。これらの定義から，CSRとは，「ステイクホルダー（社会）に対して尊敬の姿勢で向かい合い，彼らの声に耳を傾け，ニーズに応えることによって社会の発展に寄与し，同時に，その社会において自社の競争優位を獲得するために，経営戦略として事業の中核に位置づけるべきもの」といえよう。

　例えば，CSR経営においてステイクホルダーとしての女性をみると，図表10－2に示されるように，現在，女性は，企業において労働力として期待されるばかりでなく，経済力をもつことによって消費者としても大きな期待が寄せられている。購入の意思決定の際に，男性とは異なる女性の価値観や視点が反映されることが考えられる。株主や投資家としては，例えば，1990年代後半以降，関心が高まっている，社会的に責任を果たしている倫理的な

企業を選別して投資しようとする SRI の担い手としての女性が増加している（金谷，2004，p.117）。また，企業の評価者や支援者，そして，企業の社会的貢献活動におけるパートナーとして地域社会おける活動や NPO・NGO での活動の面でも密接な関わりをもち，さらには，行政分野の職員，アナリスト，政治家としても大きな影響を及ぼしている。したがって，これらステイクホルダーとしての女性の意見に耳を傾け，彼女たちのニーズを見極め，自社と女性の「共通価値」[2]を実現することが競争優位の獲得につながるといえよう。

　序章でもふれたが，企業の CSR を促進する GRI（Global Reporting Initiative）[3]は，全世界で通用する CSR に関するガイドラインを策定し普及させることを目的とし，企業が「持続可能性報告書（サステナビリティ・レポート）」を作成する際の環境，社会，経済的側面を含めた情報開示のための報告指標（「GRI ガイドライン」）を提供している[4]。

　GRI ガイドラインでは，「労働慣行とディーセント・ワーク（decent work：公正な労働条件のもとで行われる，働きがいのある人間らしい仕事）」の「雇用」の側面において「従業員の総離職数および離職率の年齢，性別および地域による内訳」，そして，「多様性と機会均等」にて，「性別，年齢，マイノリティーグループおよびその他の多様性の指標にしたがった，統治体（経営管理職）の構成およびカテゴリー別の従業員の内訳」，および「従業員のカテゴリー別の，基本給与の男女比」というジェンダーに関わるパフォーマンス指標があげられている。しかし，GRI は，このような従来の情報開示では不十分であるとして，国連金融公社（IFC）と共に，「男女の雇用機会均等（ジェンダー・ダイバーシティ）に関する項目強化を支援するためのガイドライン *Embedding Gender in Sustainability Reporting−A Practitioner's Guide*（『ジェンダーをサスティナビリティ報告書にいかに組み込むか』）を2009年10月に発行した。このガイドラインでは，男女雇用機会均等を，「組織ガバナンスと価値」，「職場」，「サプライチェーン」，「地域社会」，「消費者」，「投資」の各分野でいかに組み込むかを多様な事例をもとに検討し，実践のためのアイデアを紹介している。また，そのアイデアは，女性のための雇用

機会を創出し，企業の業績を向上させるものであるとしている[5]。

第3節 女性的視点と男性的視点

　女性の雇用機会を創造することの意義は，倫理的配慮の面だけでなく，男女それぞれが有する能力には違いがあり，これまで十分に活用されてこなかった女性に特徴的な能力を活用することが企業の業績向上に影響を及ぼす可能性があるということである。

　では，男女間の相違とはどのようなものなのであろうか。第4章でもふれたが，「男女」というとき，「社会的性別」を意味する場合と「生物学的性別」を意味する場合がある。内閣府男女共同参画局の男女共同参画関係用語解説[6]によると，「社会的性別」（ジェンダー／gender）とは，「人間には生まれついての生物学的性別（セックス／sex）に対して，社会によって作り上げられた「男性像」，「女性像」があり，このような男性，女性の別のこと」であり，「それ自体に良い，悪いの価値を含むものではない」と説明されている。他方，「ジェンダー的視点」については，「ジェンダーが性差別，性別による固定的役割分担，偏見等につながっている場合もあり，これらが社会的に作られたものであることを意識していこうとするものである」とされている。

　本節では，生物学的性別としてではなく社会的性別としての男女（ジェンダー）にそれぞれの視点があると考え，それらを反映したリーダーシップ方式として，女性的リーダーシップおよび男性的リーダーシップの特徴を積極的に評価する立場をとる。したがって，前述の「ジェンダー的視点」とは異なる立場で，男性的視点とは異なる女性特有の視点を考察することとする。

1．女性的リーダーシップと男性的リーダーシップ

　女性労働を活用することによって，企業が従来以上の業績を上げるためには，男性にはない女性特有の資質を活かした行動パターンや価値観，意思決定基準などが企業の競争優位の獲得に貢献するものであることが必要であろ

う。では、男女の労働者における違いとはどのようなものなのであろうか。さらに、その違いが組織に対してどのような価値をもたらすのであろうか。これらの点を考察するにあたり、組織に、その意見や意思決定によって何らかの影響を与える可能性の高い管理職および彼(女)たちのリーダーシップを対象とした研究を紹介する[7]。

まず、女性的リーダーシップ方式と男性的リーダーシップ方式の違いであるが、ここで、女性的リーダーシップ方式というのは、男性管理職に比べて発揮する程度がずっと強い、女性管理職のリーダーシップスタイルの特徴を指している。したがって、女性的リーダーシップの内容は、女性だけに限られた特性ではなく、男性も有する特性である。

女性的リーダーシップ方式の特徴については、M. ローデン(Loden, M.)が、「フェミニン・リーダーシップ(feminine leadership)」として紹介している。ローデンは、女性的リーダーシップと男性的リーダーシップによる管理スタイルには相違点があるということ、そして、異なる管理方式が共存し、互いに補完し合う場合において、経営効率をより向上させることが可能となることを述べている(ローデン、1987, p.19)。また、ローデンは、男性的リーダーシップ方式、女性的リーダーシップ方式の特徴をそれぞれ図表10－3のようにまとめている。

図表 10－3　男性的リーダーシップ方式および女性的リーダーシップ方式の特徴

	男性的リーダーシップ方式	女性的リーダーシップ方式
仕事の進め方	競争、主張的・攻撃的行動	皆が勝者となるような解決方法重視、短期的で個人的な成功に対して消極的
経営管理方式	権威主義的、厳格な上下関係	協力的
組織構造	階層制	チーム
根本目的	勝利	高品質のアウトプット
問題解決方法	理性的	本能的ならびに合理的
主な特徴	高度な管理、戦略的、非感情的、分析的、競争スポーツの精神	最小限のコントロール、感情移入方式、共同作業、組織の長期的安寧の向上志向

出所：Loden, M.(1985) (山崎訳、1987, pp.40-44, pp.86-88より作成)

この表によると，男性的リーダーシップ方式が競争や攻撃を特徴とする仕事の進め方をするのに対し，女性的リーダーシップ方式は長期的な組織の安寧を志向し，皆が勝者となるようにという，どちらかというと，競争や攻撃避けた仕事の進め方を好む。また，男性的リーダーシップは上下関係や階層，高度な管理を重視するが，女性的リーダーシップは協力や共同作業，チームを重視し，コントロールも最小限にしようとする。さらに，男性的リーダーシップはその目的を「勝利」においているが，女性的リーダーシップは勝利より，目の前の仕事における高品質なアウトプットを目指している。加えて，課題に対し，男性的リーダーシップが理性的，戦略的，非感情的に対処するのに対し，女性的リーダーシップは理性的というより本能的であり，感情を移入する傾向にある。このような男女のリーダーシップの違いがあるとすれば，それらをどのように組み合わせるかがダイバーシティ・マネジメントの課題となるといえよう。

 また，第4章で検討したように，C. ギリガン（Gilligan, C.）は『もうひとつの声』において，女性の道徳的判断が従来の男性中心主義の道徳の発達理論の枠組みでは計れない異なるファクターが基本となっており，従来の発達モデルとは異なる「もうひとつのモデル」が存在することを指摘している。そして，ギリガンは女性のジェンダー的特徴について以下のような要素をあげている。

① 共感能力,「他人を思いやる」能力
② 関係性重視
③ 争いを解決するための規則確立より人間関係の継続優先
④ 規則に対して，より実際的な態度（盲目的に既存の規則を守るのではなく，より適切に問題解決をするためには好んで例外や新しい制度を確立する）
⑤ 前後関係を考えた物語的な考え方，文脈的な判断

 ギリガンのいうこれらの特徴とローデンが述べている女性的リーダーシップの特徴の比較は次の通りである。
 ①の共感能力は，ローデンのいう感情移入をする特徴と関係があるであろう。②の関係性重視や③の人間関係の継続優先の特徴は，ローデンのチーム

や協力を重視するという主張に類似している。④の既存の規則に従うより，適切に問題解決をするためには新しい制度を確立するという点や⑤の文脈的な判断を行うという指摘は，ローデンの問題解決に際し，本能的で合理的な態度をとるとする説に符合する。このように，女性の特徴としてギリガンがあげるこのような要素があるために，女性が管理職として仕事をする際にも，女性特有のリーダーシップスタイルが発揮されると考えられる。

その他，J. B. ローズナー（Rosener, J. B.）は，女性型のリーダーシップを「相互作用型リーダーシップ（interactive leadership）」と呼び，その特徴として，参加を奨励しパワーや情報の共有を促進することによって，部下をやる気にさせると説明している。

ローズナーの主張のように，女性型リーダーシップが部下のやる気を向上させることができるのは，ローデンのいう，権威主義や階層および上下関係を重視する男性的リーダーシップではなく，コントロールを最小限にし，共同作業や協力を重視し，階層ではなくチームを好む女性的リーダーシップの特徴が存在するからであるといえよう。

ローデン，ギリガン，ローズナーの提唱する女性および女性性の特徴から，女性管理職は，男性管理職と比較して競争や単独の勝利よりも関係性や協力を重視し，また，規則や理性よりも本能や感情を優先して問題の解決を行う傾向があると考えられる。さらに，組織構造として，階層よりチームを好むことが推測される。つまり，男性性の優れている面は理性的かつ分析的な思考能力であり，一方，女性性の優れている面は共感能力や思いやり，関係性の構築能力である。また，女性（性）は情報の共有なども積極的であることから，部下のモティベーション向上にもより大きな影響を及ぼすことができるとも考えられる。また，女性は，目の前の仕事の成果を高品質なものにしようとする傾向もあるとされている。

2．日本の女性管理職へのインタビュー調査

アメリカの研究では，女性型リーダーシップが前述のような特徴を有するとされているが，日本の女性管理職のリーダーシップは，アメリカの女性管

理職のリーダーシップと同様の特徴をもっているのであろうか。また，女性的リーダーシップ発揮を阻む要因にはどのようなものがあるのであろうか。筆者は，これらのことを明らかにするために，2005年8月9日～9月1日，40，50代の企業の課長相当職以上の女性管理職7人へのインタビュー調査を実施した[8]。調査項目は，前述のローデン，ギリガン，ローズナーの所説を反映させ，以下の通りとした。

- 企業の女性登用文化
- 男女の仕事の進め方の違いに対する認識
- 男女管理者の能力の違いに対する認識
- 人間関係，ネットワーク構築能力
- 公正性
- 倫理性
- 財務的側面への意識
- CSRへの意識
- 情報の開示，共有度合い
- 競争的行動への態度
- 複雑な状況への対応方法
- 例外や新しい制度への態度
- 女性のキャリア形成への考え方

調査結果を，「人間関係・部下への配慮」，「倫理性・公正性」，「革新的志向」の3側面，および「男性管理職との比較」の側面からまとめたものが図表10－4である。

調査結果からは以下のことが明らかとなった。まず，女性管理職は，男性管理職と自分たちのリーダーシップや能力の間には異なる特徴が存在していると考えている。しかし，男女差より個人差の方がずっと大きいという意見も聞かれた。また，上述のギリガンやローデンなど，アメリカの研究者たちが示すアメリカの女性的特質や女性型リーダーシップの特徴と同様に，日本の女性管理職も「共感能力」，「関係性重視」，「他人を思いやる能力」，「協力的」，「規則に対する態度」，「文脈的考え方」などの特徴をもっていることが

図表 10－4　女性管理職へのインタビュー結果のまとめ

	人間関係・部下への配慮	倫理性・公正性	革新的志向	男性管理職との比較
ケース1	上司には意見の出し方を工夫。部下とはよく飲みに。悩み事の相談にのる。男女の部下へ異なる対応。職場にお菓子を買う。	非倫理的だと感じる仕事は程度によって。部下には、男女平等に機会を。情報開示を心がける。各自に合う方向性の仕事を与える。	以前は、ルールが現実と合わなくなったら、すぐに変えたり、新しいことをしたりしていたが、今は実行する前に考える。	個人差が大きい。女性は感情的。男性はこの点に否定的なので、男性の文化の中ではみ出さないよう努力している。
ケース2	部下と飲みにいったりするが、基本的に、プライベートは干渉しない。上司には、はっきりと意見を言う。	非倫理的だと感じる仕事は程度によって。しかし、仕事の依頼者に、非倫理的だということを明言する。部下に平等に機会を与える。	どちらかといえば、ルールが現実と合わなくなったら、変えたほうがいいと思う。	男性は政治的。視野が広い。組織への帰属意識が強い。女性は白黒はっきりさせたい。将来のことより今の仕事が大事。
ケース3	社外の7つの勉強会に参加。部下の悩み事は積極的に聞く。上司と昼休み食事。職場のためにお菓子を買っておく。	非倫理的だと感じる仕事は直属の上司の上の上司に相談。部下には平等な機会を与える。特に、部下が女性ということで遠慮している場合、サポートする。ビジネスに人間性重要。搾取でなくwin-winを。	ルールや制度が現実と合わなくなったら、すぐに変える。	一般的に、女性は感覚を重視。情緒的。しかし、管理職はそれを克服。女性管理職は事務的なこともわかっている人が多いが、男性は命令をするだけ。細かい配慮なし。
ケース4	社外に多くのネットワークもつ。社内ネットワークは男性の方が多い。上司や他の部署の人と昼休みに食事。部下の私的時間を大切にする。	「非倫理的仕事はお断りします！」特に意識していないが、まわりに公正だといわれる。皆に声をかける。	新しいことをするのが好き。ルールや制度が現実に合わなくなったら、変えるべきだと思う。	男性は、周りをみて摩擦を避ける。女性はストレート。女性の方が仕事に一生懸命。仕事に愛着もつ。男性は組織の上のポストに興味をもつ。

第10章　ダイバーシティ

ケース5	社外ネットワークが抱負。上司が食事に誘ってくれる。同期会ネットワークあり。部下に気軽に声をかける。部下たちと定期的食事会。	非倫理的仕事はしない。直属の上司の上の上司に相談。情報開示は積極的に。	新しい分野や方法に挑戦するタイプ。仕事とはそうゆうものだと思う。現実に合わなくなったら、ルールや制度を変えるべきだと思う。	個人差が大きい。男性は上司に従う。女性は、自分が納得しなければならない。白黒はっきりさせたい。
ケース6	同業他社の社長とのネットワークあり。相談にのってもらうことも。コミュニケーションのために職場へお土産など買う。	非倫理的だと感じる仕事については、その仕事の必要性を徹底的に納得がいくまで問う。情報開示は積極的。男女平等に機会を与える。	ルールや制度の革新は、周囲が理解した上で迅速に。	男性は体育会系。先輩に反抗できない。上司の顔をみて仕事をする。細く長く生きる。女性は縦社会にとらわれないが、視野が狭く自己中心的になりやすい。
ケース7	部下とは昼食を一緒に。月に一度、1対1で面談の機会もつ。先々まで気配り。部下が失敗しないようにしっかり面倒をみる。	code of conductにサイン。非倫理的仕事はしない。人事と上司に相談。人事以外の情報はすべて部下と分かち合う。	ルールや制度が現実に合わなくなったら変えるべきだと思う。	個人差が大きい。女性は相手の気持ちの動きをみる。EQが優れている。個人的には、給料より企業文化が大事。

出所：潜道（2006b）p.81

明らかになった。加えて、「配慮」、「個性重視」、「個人的かかわり重視」という特徴もみられた。さらに、女性管理職は女性特有の能力を発揮するリーダーシップスタイルをとろうというより、男性的リーダーシップスタイルを会得する努力をする傾向があることも示された。

　また、このインタビュー調査では、ひとつだけ外資系企業勤務者のケースがあったが、日本企業勤務者との間に、働く個人と組織との距離、利益に対する考え方、組織における自分自身の表現方法、リストラに対する態度、キャリアに対する考え方など、いくつかの面で相違がみられた。

　インタビュー調査を通じて、日本企業において、女性管理職のリーダーシップは男性型リーダーシップとは異なる特徴をもっていることが明らかとな

った。それは，他者への思いやりや配慮に富み，協力的で，部下の個性を重視し，生活感覚を感じ取る能力に長け，また，上下関係を重視した部下を上から監督する能力より部下ともよりフラットな関係で支援するコーディネート能力に優れ，個人的関わりを重視するものである。

さらに，CSR経営の観点からみたとき，他者への配慮を行う行動特性をもち，倫理性・公正性に優れ，革新的志向性があることから，女性型リーダーシップや女性特有のパーソナリティは，CSR経営を展開する際に，企業において重要な役割を果たすといえよう。しかし，現在，企業は評価の基準を男性性の特徴を中心にして構築する傾向があるため，女性の特性を評価しきれていないケースも多い。ダイバーシティ・マネジメントでは，女性従業員向けの働きやすい環境づくりの一環として，出産・育児のための休暇制度やサポート体制の確立，女性のキャリア開発支援などを展開することが多いが，それらの方策だけでなく，業績評価に影響力を有する男性役員，管理職および社員の意識改革，さらには企業文化の革新，そして女性の管理職や役員の増加も必要であるといえる。

3．女性管理職登用の現状

では，女性管理職登用はどの程度進んでいるのであろうか。

厚生労働省が女性労働者の雇用管理の実態などを総合的に把握するために毎年実施している「女性雇用管理基本調査」の中で，とくに，平成18（2006）年度は平成19（2007）年4月の改正男女雇用機会均等法施行を控え，企業の女性の雇用管理状況などを把握することを目的として，企業における女性管理職の割合などについて「平成18年度女性雇用管理基本調査」が行われた[9]。

本調査によると，図表10－5に示されるように，平成18年度の係長相当職以上の女性管理職（役員を含む）を有する企業割合は66.6％（15年度62.5％）で，男女雇用機会均等法施行から3年経過時点の平成元年度（51.6％）から，15.0％ポイント上昇している。ただ，役職別の女性管理職を有する企業割合をみると，係長相当職については，18年度の数値は15年度と同一

(32.0%)となり，7年（34.3%）と比べた場合，2.3%ポイント下落している。

また，図表10－6に示されるように，18年度の係長相当職以上の管理職（役員を含む）全体に占める女性の割合（以下，「女性管理職割合」という）は

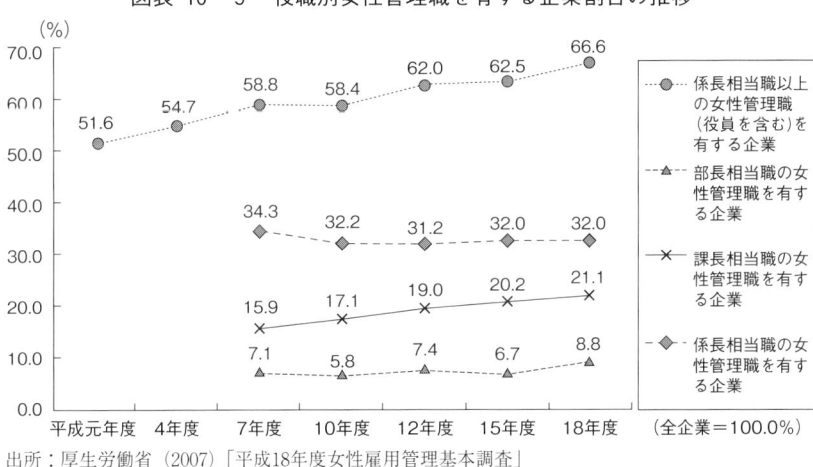

図表 10－5　役職別女性管理職を有する企業割合の推移

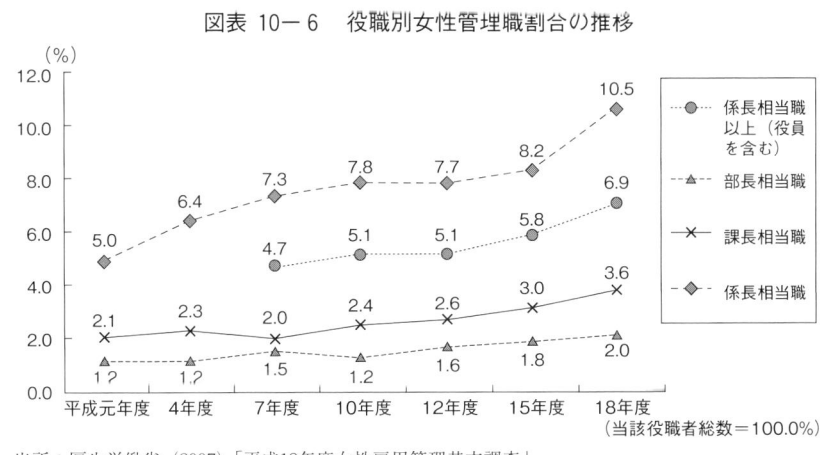

(%)

年度	係長相当職以上の女性管理職（役員を含む）を有する企業	部長相当職の女性管理職を有する企業	課長相当職の女性管理職を有する企業	係長相当職の女性管理職を有する企業
平成元年度	51.6			
4年度	54.7			
7年度	58.8	34.3	15.9	7.1
10年度	58.4	32.2	17.1	5.8
12年度	62.0	31.2	19.0	7.4
15年度	62.5	32.0	20.2	6.7
18年度	66.6	32.0	21.1	8.8

（全企業＝100.0%）

出所：厚生労働省（2007）「平成18年度女性雇用管理基本調査」

図表 10－6　役職別女性管理職割合の推移

(%)

年度	係長相当職以上（役員を含む）	部長相当職	課長相当職	係長相当職
平成元年度		1.2	2.1	5.0
4年度		1.2	2.3	6.4
7年度	4.7	1.5	2.0	7.3
10年度	5.1	1.2	2.4	7.8
12年度	5.1	1.6	2.6	7.7
15年度	5.8	1.8	3.0	8.2
18年度	6.9	2.0	3.6	10.5

（当該役職者総数＝100.0%）

出所：厚生労働省（2007）「平成18年度女性雇用管理基本調査」

6.9％であり，15年度の5.8％と比べると，1.1％ポイント上昇した。役職別にみると，部長相当職は2.0％（15年度1.8％），課長相当職は3.6％（同3.0％），係長相当職は10.5％（同8.2％）といずれも15年度の調査に比べ上昇した。また，同調査の「規模別役職別女性管理職割合の推移」によると，規模別では，とくに5000人以上規模の大企業において，係長相当職以上の女性管理職が3.3％から6.1％へと大幅に増加している[10]。

このように，管理職全体における女性の占める割合は増加しているとはいうものの，係長相当職以上の管理職全体に占める割合は，未だ1割強である。では，女性の割合が少ないという実態の背景には，どのような理由があるのだろうか。

「平成18年度女性雇用管理基本調査」では，「女性管理職が少ない（1割未満）あるいは全くいない役職区分がひとつでもある企業」についてその理由を聞いている（複数回答）。その結果によると，図表10－7に示されるように，まず，全体的に見て，「必要な知識や経験，判断力などを有する女性がいない」，「将来，管理職に就く可能性のある女性はいるが，現在，管理職に就くための在職年数などを満たしている者はいない」，「勤続年数が短く，管理職になるまでに退職する」という3つの理由が，「全国転勤がある」，「時間外労働が多い，または深夜業がある」，「家庭責任を多く負っているため責任ある仕事に就けられない」，「仕事がハードで女性には無理である」，「女性が希望しない」，「上司・同僚・部下となる男性や，顧客が女性管理職を希望しない」という他の理由に比べて，大きな割合を得ている。つまり，本調査結果によれば，時間的，勤務地，体力等の制約に関わる理由，女性自身や周囲の希望といった女性であることから生じる理由はあまり大きな要因とはいえないと考えられる。したがって，本人の知識や経験，判断力などが備わり，在職年数が達すれば管理職に就く女性の数が増加するということがいえそうである。しかし，なぜ，「必要な知識や経験，判断力などを有する女性がいない」のであろうか。また，なぜ，「勤続年数が短く，管理職になるまでに退職する」のであろうか。ダイバーシティ・マネジメントを実施するためには，これらの理由を探り，解決策を講じる必要があるとえいよう。この

第10章 ダイバーシティ

図表 10－7　規模別女性管理職が少ないあるいは全くいない理由別企業割合

理由	5,000人以上	1,000～4,999人	300～999人	100～299人	30～99人
必要な知識や経験，判断力などを有する女性がいない	46.2	48.6	53.7	51.7	44.5
将来，管理職に就く可能性のある女性はいるが，現在，管理職に就くための在職年数などを満たしている者はいない	51.8	51.1	31.4	44.8	24.0
勤続年数が短く，管理職になるまでに退職する	36.9	42.5	38.6	35.7	27.9
全国転勤がある	8.7	12.6	10.0	3.9	0.2
時間外労働が多い，または深夜業がある	8.7	5.0	5.9	10.1	7.3
家庭責任を多く負っているため責任ある仕事に就けられない	3.1	5.0	7.7	10.5	13.8
仕事がハードで女性には無理である	2.1	2.9	3.9	4.7	6.6
女性が希望しない	13.8	17.0	19.0	17.0	17.5
上司・同僚・部下となる男性や，顧客が女性管理職を希望しない	0.5	1.3	2.0	1.5	2.4
その他	15.4	13.6	14.0	15.3	22.4

（女性管理職が少ない（1割未満）あるいは全くいない役職が1つでもある企業＝100.0％）

出所：厚生労働省（2007）「平成18年度女性雇用管理基本調査」

点については，後に事例を通じて検討する。

次に，企業の規模別の理由を検討する。図表10－7によると，従業員5000人以上の企業の場合，理由の第1位が「将来，管理職に就く可能性のある女性はいるが，現在，管理職に就くための在職年数などを満たしている者はいない」であり，51.8％となっている。第2位が「必要な知識や経験，判断力などを有する女性がいない」で，46.2％，第3位は「勤続年数が短く，管理

職になるまでに退職する」であり，36.9%である。従業員1000〜4999人の企業では，理由の第1位，第2位，第3位は従業員5000人以上の企業と同様で，それぞれ51.1%，48.6%，42.5%となっている。従業員300〜999人の企業では，第1位が「必要な知識や経験，判断力などを有する女性がいない」で，53.7%であり，第2位が「将来，管理職に就く可能性のある女性はいるが，現在，管理職に就くための在職年数などを満たしている者はいない」で44.8%，第3位が「勤続年数が短く，管理職になるまでに退職する」で，38.6%となっている。従業員100〜299人の企業では，第1位は従業員300〜999人の企業と同様に「必要な知識や経験，判断力などを有する女性がいない」(51.7%) であるが，第2位は「勤続年数が短く，管理職になるまでに退職する」(35.7%)，第3位が「将来，管理職に就く可能性のある女性はいるが，現在，管理職に就くための在職年数などを満たしている者はいない」(31.4%) である。従業員30〜99人の企業では，従業員100〜299人の企業と同様の順位となり，それぞれ，44.5%，27.9%，24.0%である。

　以上のことから，企業の規模が異なっても，女性管理職が少ないあるいは全くいない理由として大きな割合を示すのは，「必要な知識や経験，判断力などを有する女性がいない」，「将来，管理職に就く可能性のある女性はいるが，現在，管理職に就くための在職年数などを満たしている者はいない」，「勤続年数が短く，管理職になるまでに退職する」の3つであることがわかる。また，従業員数の多い企業の方が，「将来，管理職に就く可能性のある女性はいるが，現在，管理職に就くための在職年数などを満たしている者はいない」を埋由とする企業の割合が大きく，従業員数のより少ない企業のほうが，「必要な知識や経験，判断力などを有する女性がいない」を理由とする企業の割合が大きいといえる。このことから，より多くの従業員数を有する企業の場合，女性従業員に対し，必要な知識や経験，判断力など獲得するより多くの機会を提供している可能性がある。また，管理職に就く機会もより多く提供していることが推測される。

第4節 ダイバーシティ・マネジメントによる競争優位獲得

　このように，日本企業においては，男性管理職数に比して女性管理職数がかなり少ないことから考えて十分に女性の能力を活用しているとはいえない企業が多いといえよう。しかし，女性従業員の能力の活用を促進するダイバーシティ・マネジメントを導入することが企業の競争優位の獲得につながることが明らかとなれば，管理職に占める女性管理職の割合が増大する可能性がある。

　そこで，ダイバーシティ・マネジメントを導入することが企業の競争優位の獲得へどのような影響を及ぼすのかを検討する。有村貞則は，T. H. Cox & S. Blake が，図表10−8において示される「コスト」，「資源獲得」，「マーケティング」，「創造性」，「問題解決」，「システムの柔軟性」という6つの領域においてジェンダーや多文化等の多様性を組み入れたダイバーシティ・マネジメントによる競争優位の獲得が可能であることを指摘していると述べている（有村，2007，p.40）。

　では，女性的視点と男性的視点という多様性が組織に取り入れられた場合，この競争優位の6つの各領域はどのような変化を示すだろうか。

　コストについては，ダイバーシティに対する管理活動を行うことによって，女性側からの雇用差別訴訟などで企業が支払わなければならないコストが削減されることが予想される。

　資源獲得は，現在のように，まだまだ女性管理職への登用が少なく，出産や育児，介護などへのサポート体制も十分でない企業が多い状況下において，ダイバーシティ・マネジメントに対する評価が高い企業は，とくに女性の優秀な人材が応募する可能性が高まるといえよう。また，今後，労働者数の減少状況が続くことが予想される中，より早く，「優れたダイバーシティ・マネジメントを行っている企業」というブランドを獲得することは，将来，企業に大きな利益をもたらすと考えられる。

　マーケティング面では，女性従業員はその感性を発揮して，女性の消費者

図表 10−8　ダイバーシティ・マネジメントの競争優位の領域

1．コスト	組織がより多角化するにつれ，労働者をうまく統合できないことによるコストは増大するであろう。したがって，この問題に適切に対処できる企業は，そうでない企業よりコスト優位を創出するであろう。
2．資源獲得	女性や民族的マイノリティの有望な雇用主として好意的な評判を得ている企業がある。ダイバーシティ・マネジメントの点では最も評判の高い企業が，最も優れた人材の獲得競争に勝利するであろう。労働者の数が減り，構成が変化するにつれ，この優位性はますます重要になるであろう。
3．マーケティング	多国籍な組織では出身国の違うメンバーがマーケティング業務にもたらす洞察や文化的感性がいくつかの重要な点でその業務を改善するであろう。同じ合理性は国内事業における下位の人口集団に対するマーケティングにもあてはまる。
4．創造性	視点の多様性と（多様な管理に対する現在のアプローチを特徴づけている）過去の規範への順応の軽視は創造性のレベルを高めるであろう。
5．問題解決	意思決定と問題解決を行う諸集団の異質性は，幅広い視点と問題のより徹底した批判的検討を通して，より質の高い意思決定を行う可能性がある。
6．システムの柔軟性	多様性の管理に対する多文化的モデルが意味することは，システムがそれほど決定主義的で標準化されたものでなくなること，それゆえにより流動的になるであろう，ということである。流動性の増大は，環境の変化に反応するためのより多くの柔軟性をもたらすだろう（例えば，その反応は迅速かつコストのかからないものになるだろう）。

出所：有村貞則（2007）p.41

のニーズにかなう商品・サービスの開発や市場の創造において，男性従業員より成功する可能性が高いといえよう。

　創造性については，女性的視点と男性的視点がうまく融合することによって，新たな商品・サービスの開発や組織の価値観の創造につながる可能性があるといえよう。

　問題解決に際しては，当初はコンフリクトが予想され，そのことがコストになる可能性は考えられるが，トップ経営陣が長期的視野での支援とコミットメントを明言し，経営戦略の一環としてダイバーシティ・マネジメントの重要性と批判的検討の重要性を明らかにすることによって，乗り切ることができると考えられる。

　システムの柔軟性は，現在のような経営環境の変化の激しい状況においては重要である。しかし，従来と比較して，そのときどきのシステムの構築に

対して，より多くの財政的および時間的投資を行っていくことが必要であると考えられる。

　以上のような競争優位の領域の他に，CSR 経営における成果も期待できると考えられる。前述のように，現在求められている CSR は，企業の事業の中核に位置づけられるべき投資であるから，CSR を実践することは企業にとって直接，利益獲得につながる活動を導き出すことが期待されている。それを実現するためには，他社には模倣されにくい方法で，社会と企業にインパクトの大きいメリットをもたらす活動を行わなければならない。つまり，自社の競争力につながるように競争環境に投資することで，社会と共有できる「共通価値」を生み出すのである（ポーター＆クラマー，2008，p.48）。したがって，CSR 型経営戦略に導かれる活動の実施には共感能力や社会性が必要である。これらの能力は，前述のギリガンの説のように，女性性の特質の一部分ということがいえる。また，これまで，続出する不祥事をはじめとする企業倫理に関わる問題の背景には，従来型の男性型主流のリーダーシップスタイルにおいて，環境，顧客，従業員，取引先等のステイクホルダーへの配慮，思いやりや仲間意識などが当然の前提ではなかったことがあると考えられる。その結果として，法律による解決や深刻な倫理問題として企業が大きなコストを負担することとなった。そのような意味でも，共感能力，関係構築能力，他人を思いやる能力（配慮）などの面で優れた女性型リーダーシップ・スタイルの積極的活用が大きな成果をもたらすことになると考えられる。

第5節　事例：日産自動車

1．ダイバーシティ・マネジメント

　日産自動車株式会社（以下，日産）は，1933（昭和8）年，神奈川県横浜市に設立された，自動車，船舶の製造，販売および関連事業を主な事業とする企業である。創業以来，技術革新や商品開発，グローバル化などの分野で日本の産業を牽引してきた企業のひとつといえよう。自動車については，2012

年のマーケット・シェア（市場占有率）をみると，日本における日本企業の乗用車（軽自動車を除く）部門でトヨタ自動車の49.8％，本田技研工業の14.1％に続き，日産は13.1％で第3位である（『日経産業新聞』2013年7月29日）。

　従業員数は，2013年6月末現在，2万3605人（単独ベース人数。連結ベースでは，16万530人）であり，日本を含む世界20の国や地域に生産拠点をもち，160以上の国や地域で商品・サービスを提供している。現在，日産は，全世界の事業所においてグローバル戦略としてのダイバーシティ・マネジメントを展開している。その成果は，05年6月の東京労働局「均等推進企業部門」での表彰，06年12月の日本経済新聞社「にっけい子育て支援大賞」受賞，08年1月，東洋経済新報社「人を活かす企業—ダイバーシティ経営大賞」受賞，およびアジア初のアメリカNPO法人カタリスト「カタリスト賞」（女性の能力活用を推進する企業の表彰）受賞，2013年3月のNPO法人J-Win「2012年第5回J-Winダイバーシティ・アワード大賞」受賞，および経済産業省「ダイバーシティ経営企業100選」に選定等にも表れている。

　本節では，日産のダイバーシティ・マネジメントの背景や取り組み，そして，経営戦略としてのダイバーシティ・マネジメントおよび競争優位との関係などについて考察する[11]。

2．背景

　1999年3月27日，日産はルノーとのアライアンス（提携）を開始した。以後，両社は，共同購買やプラットフォームおよびパワートレインの共有などを行い，2011年の両社合わせた販売実績は計802万9222台となった[12]。3年連続で過去最高の販売台数を達成し，ルノー・日産アライアンスの市場シェアは10.7％となった。

　日産では，このルノーとのアライアンスにより，2社間の企業文化や行動様式の違い，フランス人と日本人の思考や好みの違いに直面する機会もあるというが，日産の外国人従業員比率自体は高くなく，1％程度である。しかし，役員に関しては約25％を外国人が占めており[13]，カルチャー・ダイバーシティの理解の必要性に迫られることとなった。

他方，自動車業界は，グローバルな競争下において製品の購入者のニーズやマーケットはより多様化し，それらに適応していくためには特定の年齢層や特定の文化に属する人々だけで，世界中の顧客に対応することは難しい状況にある。したがって，日産では，多様な人々の知恵を結集し革新的な提案を生み出すことによって競争優位を確立できるという考えに至ることとなる。つまり，多様性を活かしたダイバーシティ戦略が日産のビジネスにおける重要な経営戦略となったことから，推進のための仕組みをつくり，環境を改善し，目標値を設定して取り組み始めた。また，ダイバーシティ戦略を推進するためには，従業員一人ひとりが積極的にダイバーシティへの認識を高めることが必要であり，さらには，多様な人材が働くには多様な働き方が必要であるという考えのもと，さまざまな施策を講じてきた。

　さらに，顧客が自動車の購入に至るまでのプロセスを分析すると，6割以上のケースにおいて，女性の意思が反映されていることがわかった。したがって，女性の好みや感性に適合することを考慮した車づくりが必要とされているということが明らかとなってきた。このように，現在，日本だけでなく，北米や欧州，その他の海外地域の人事部門とも連携し，「多様性を尊重し持続的な成長を目指す」という共通のゴールに向かって多角的な取り組みを行っている[14]。

　しかし，女性の能力活用面でのダイバーシティ活動を進めるにあたって，従業員の戸惑いもあった。当初は，男性社員からは，「能力があれば，女性も管理職にはなれるのであるから，特別に施策を講じることは，逆差別につながる」，「やる気のない女性を無理に昇進させるのはどのようなものか」などの声も聞かれ，また，女性社員からは，「放っておいてほしい」とか，「特に管理職に就くことには興味がない」という声もあった[15]。

3．具体的取り組み

　日産では，このような状況を変えて，社員全体がダイバーシティの重要性を認識し，新しい価値の創造のために組織全体が活動できるよう，まずは，女性の能力活用を推進することとし，次のような3つの柱を打ち立てた。

① 女性のキャリア開発支援
② ワークライフバランス（仕事と家庭の両立）
③ ダイバーシティマインドの定着

それぞれについて，少し詳しく紹介しておこう。
① 女性のキャリア開発支援
ⓐキャリアアドバイザーによる面接
　これまでに達成感のあった仕事や現在の業務内容，自身の強みや今後の課題，展望などについて1対1でヒアリングを行う。今までとこれからのキャリアや女性ならではのワークライフバランスに関する悩みなどを相談することができ，各自に合ったキャリア開発支援を受けられる。
ⓑ社内イントラネット「ダイバーシティサイト」の運営
　日産のダイバーシティ推進活動に関する取り組み，役員や活躍する社員へのインタビュー記事，異文化理解のためのヒント，ダイバーシティに関するイベント情報などを掲載している。また，社員全員にメールマガジンの送付を行っている。女性社員の間では，目標となる社員の紹介へのニーズが高く，それに対応するために，社内イントラネットを通じて女性社員のキャリアインタビューを掲載している。例えば，社員へのインタビューでは，新しく課長になった女性社員，母親としての仕事と会社の仕事を両立させている社員，ワークライフバランスの視点から成功していると思われる社員，高校を卒業して仕事を始め活躍している社員など，ロールモデルとなりそうな社員が登場する。
ⓒキャリアについて考えるイベントの開催
　先輩の女性マネジャーの話を聞いたり，グループディスカッションをしたり，社外のゲストスピーカーの話を聞いたりすることによって，自身のキャリアについて考える機会を提供している。
　前述のように，女性の能力発揮を促進するという社会的課題解決のためには，「勤続年数が短い」理由を見い出し，それを解決する方策を実践す

る必要があるが，このように，女性が自身のキャリアについて専門家のアドバイスを得ながら考えていくことは，女性の勤続年数をより長くし，能力発揮の機会を生み出すことに貢献すると考えられる。

② ワークライフバランス

これについては，男女の区別なく，多様な社員が長期的に働き続けることを可能にするために，次のように，ライフステージに合った働き方の実現に配慮した施策がとられている。

ⓐ社内託児所「まーちらんど」の運営

「まーちらんど」は神奈川県厚木市にある日産テクニカルセンターに設置され，夜は22時まで対応している。介護士，栄養士も常駐し，また，休日を日産のカレンダーに合わせてあるので，出勤日が休日の場合でも利用可能である。女性社員だけでなく，男性社員も活用している。

ⓑ家族のための休暇「ファミリーサポート休暇」の新設

2008年4月より，それまでの家族のためのサポート休暇である「結婚」，「配偶者出産」，「育児」，「介護」を理由とした休暇を統合し，「ファミリーサポート休暇」として新設した。結婚や配偶者出産，育児，介護，不妊治療を目的として年間12日間（内，5日間は有給）まで休暇を取得できる。とくに，育児や介護については，休職・休暇，就業時間の短縮，在宅勤務などの制度がある。

育児休職制度は，男女とも，子どもが2歳到達後の4月末まで利用できるが，この制度を利用する男性社員は少なく，現在のところ，年間数人である[16]。育児のための就業時間短縮制度については，妊娠期から子どもが小学校6年生末まで，1日に最長3時間の短縮をすることができる。この制度を活用する女性社員は多い。また，休職中に自宅から社内イントラネットにアクセスして会社の情報を閲覧できるよう，PCの貸し出しも行い，社員に疎外感を感じさせないような工夫がされている。

③ ダイバーシティマインドの定着

ⓐマネジメント層が対象の研修「ダイバーシティワークショップ」

マネジメント層の参加を必須とした研修であり，組織におけるダイバー

シティの浸透を目指している。まずは，管理職がダイバーシティの重要性を理解することが必要であるとして，ジェンダーの視点からの男女の違いや多様な人材のマネジメント方法を学び，ダイバーシティとビジネスの成功をどのように結びつけていくかを考えるトレーニングの場である。
ⓑ全社員が対象の「ダイバーシティフォーラム」
　役員参加のもと，社外のゲストスピーカーの講演なども導入し，ダイバーシティについての理解を深める機会である。
ⓒ「カルチャーダイバーシティ研修」等
　女性能力活用のための施策ではないが，文化・国籍の違いを活かすために，共に働くフランス人，中国人，日本人がお互いについて学ぶ「カルチャーダイバーシティ研修」が実施されている。違いを受け入れ，新たな企業文化の土壌を構築しようとする方策である。その他，カルチャーダイバーシティについて考える「イベント」を開催し，日本人と日本人以外の社員が悩みを語り合い，解決策を探る機会を設けている。また，「e-learning」によって，文化やコミュニケーション方法の違いを理解するための教育も行っている。

　日産においては，ダイバーシティ戦略はグローバル戦略として実施されているが，日本とアメリカ，ヨーロッパと各地域によって抱える課題は異なる。例えば，女性管理職を増加させるという目標についても，アメリカの場合は人種による格差が大きな課題であるため，白人以外の女性管理職の増加を目標としている。また，ヨーロッパといっても国によって状況が異なる。例えば，イギリスの生産工場の課題は女性社員が少ないことである。各国の法律，人種・民族問題などを考慮した上で，地域に合わせてダイバーシティを推進している。

4．組織体制

　次に，ダイバーシティ推進のための制度化について説明する。
　ダイバーシティの仕組みづくりとして，2004年10月に「ダイバーシティ ディベロップメント オフィス（DDO）」を設立した。この組織は図表10－9

のように，人事部門から独立し，カルロス・ゴーン COO（最高執行責任者，2004年当時）（2014年 3 月現在は，社長兼最高経営責任者）直属の組織として発足した，性別，国籍，文化，個性や価値観などの多様性を追求するための専門組織である。

また，ダイバーシティの意思決定機関として，「ダイバーシティ ステアリング コミッティ」が設立されている（図表10−10）。これは，COO が議長を務め，各部門を代表する役員がメンバーとなり，年に 3 回会議を行っている。この会議では，ダイバーシティを推進していくための目標・施策提案の承認から成果の確認まで，一連の方針を決定している。

5．ジェンダー・ダイバーシティの視点

さらに，以下のように，仕事の現場においても，ジェンダー・ダイバーシティの視点がバリューチェーンのさまざまな局面で競争優位の獲得に影響を与えている。

① 商品開発

2005年にフルモデルチェンジを行い，07〜09年の 3 年連続ミニバン部門で販売台数第 1 位となったセレナは，乗り降りしやすい大きなスライドドアやシートアレンジの手軽さなど，女性ユーザーを意識した車である。このセレナは女性社員を積極的に活用したチームによって開発された。これ

図表 10− 9　ダイバーシティ ディベロップメント オフィスの位置づけ

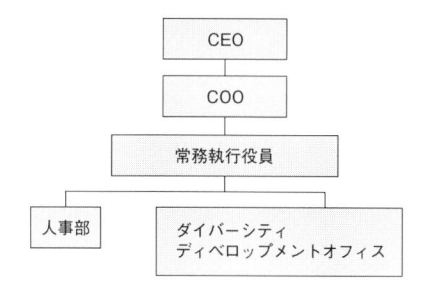

出所：日産自動車株式会社「日産の取り組み」
　　（http://www.nissan-global.com/JP/COMPANY/DIVERSITY/DIVERSITY/，2010年 1 月16日）

図表 10-10　ダイバーシティ ステアリング コミッティの位置づけ

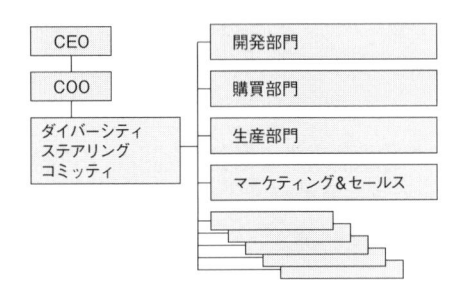

出所：日産自動車株式会社「日産の取り組み」
　　（http://www.nissan-global.com/JP/COMPANY/DIVERSITY/DIVERSITY/，2010年1月16日）

は，女性の能力活用の施策が，売上の増大に影響を与えた事例といえる。
② オペレーション

　少子高齢化社会の到来により，自動車製造の現場で働く社員の高齢化・労働力不足が予想されるという問題解決のため，体力のある若手男性社員だけでなく，年齢層や性別に関係なく快適に作業ができる製造ラインをつくることが必要とされているが，男性と比べて体格が小さく，肉体的な力の弱い女性が，自ら働きやすいラインに関する提案をすることで，誰もが働きやすい理想の製造ラインづくりに貢献している。

③ 販　売

　顧客と接する営業担当のカーライフ・アドバイザー（CA）や，点検・修理を行うテクニカル・アドバイザー（TA）として女性の専門スタッフが，技術にあまり詳しくない顧客への説明やライフスタイル別による自動車の利用方法の提案など，女性の視点を取り入れた接客を行っている。2010年度では女性CAを03年に比べて約2倍の6％にまで引き上げ，女性TAについても約2倍の12％まで拡大した[17]。

6．ダイバーシティ活動の成果と課題

　ダイバーシティの認知は，全社員の9割にのぼっているが，行動や成果を

出すまでに至っていない社員はまだまだ多い。役員のほとんどがダイバーシティに関わる活動を「行っている」と回答しており，マネジャーレベルも「行っているし，成果もあがっている」という回答が多い。しかし，彼らの部下たちの反応は，「行っていない」という回答が多くなっているという。このギャップを埋めることがDDOの課題となっている[18]。

女性管理職数については，管理職全体に占める比率が，5年前は1％台であったが，現在は5％となっている[19]。この5％という数字は，前述の「平成18年度女性雇用管理基本調査」の調査結果の6.9％，平成15（2003）年度の5.8％と比べても低い[20]。しかし，日産の場合，近年，数値が急速に上昇しているのが特徴的である。DDOが設立されたのが2004年であるので，これまでの活動を通してダイバーシティ戦略の成果が出てきているということができ，その意味では，今後，さらに，管理職全体に占める女性管理職の割合が増加する可能性もあるといえよう。そうなれば，女性従業員の意見が企業の意思決定に反映される可能性が高まるという意味で大きな意義があるが，本来のダイバーシティ・マネジメントの目的は，性別や国籍などに注目するだけでなく，年齢，経験，価値観，個性，障害の有無，学歴，秀でた能力分野などの面ですべての従業員の個性を見極め，従業員の能力を最大限に活かし，それを企業の競争優位につなげていくことであり，日産のダイバーシティへの取り組みもそれを目標としていると考えられる。さらに，自動車の製造を中心とする企業の場合，一般的に，製造現場の女性比率は低い傾向にある。したがって，そのような部署で，女性管理職を輩出していくことも容易なことではないであろう。その意味では，日産のダイバーシティへの真の成果がでてくるまでには，今後，持続的な活動が必要といえる。

さらに，「ダイバーシティ・マネジメントの競争優位の領域」（図表10−8）のうち「コスト」については，女性がもつ倫理性が，企業の不祥事を未然に防いだり，コンプライアンスの面などで企業に価値をもたらすことも期待される。

「資源獲得」については，就職・転職のサイト「女性が働きやすい会社ランキング2008」[21]によると，日産は全体の第13位で，自動車業界では第1位

である。今後，日本人男性の労働人口の減少が予想される中，女性からの支持が高いことは人材獲得の面で有利な要因といえる。

 2005年にフルモデルチェンジしたミニバンのセレナの開発については，女性的視点がデザインや機能に活かされ，結果として売上の向上につながったという意味で，「創造性」の側面で大いに成果を発揮したといえよう。また，「マーケティング」に際しても，従来の商品と比較して「女性でも運転しやすい車」をアピールすることができた。

 「問題解決」については，女性の能力発揮の側面からすると，女性管理職の割合が増大することによって，意思決定の面で新たな価値観が導入される可能性がある。

 さらに，ダイバーシティ戦略を実施する過程で，「ファミリーサポート休暇」をはじめとする人生のさまざまな時期において仕事を続けやすい環境を整えることができるようになったことなど，働き方における変革が起こっていることが「システムの柔軟性」につながっていると考えられる。

第6節　小　括

 ダイバーシティ・マネジメントは，性別，年齢，国籍あるいは障害の有無といった個人の違いを肯定的にとらえ，その違いを企業の競争力強化に反映させようとする経営戦略である。ダイバーシティ・マネジメントが注目されるようになった背景には，日本においては，近年，若年層の男性労働力人口が減少し，従来，労働力の主軸となっていなかった人材の労働力としての活用が必要になってきたという背景もある。とくに，日本の場合は，ダイバーシティ・マネジメントというとき，女性労働の活用に焦点をあてたケースが多い。CSR経営の観点からもステイクホルダーとしての女性の存在は大きなものとなっており，また，GRIのCSRガイドラインやGRIがIFCと共に作成した男女の雇用機会均等に関するガイドラインにおいては，女性のための雇用機会を創出し，それによって企業の業績を向上させる具体的方策が示されている。

ジェンダーとしての男女の特徴をみたとき，男女間の違いとしてギリガンは，女性の特徴として，共感能力や関係性重視，規則に対する状況に即した態度などをあげている。また，ローデンやローズナーは，女性性，男性性特有のリーダーシップ・スタイルの存在を指摘し，女性性の強い人は競争や攻撃に対して消極的であり，勝利より目の前の仕事の質を上げることに努力する傾向がある。さらに，部下との相互作用を重視し，部下をやる気にさせるなどの特徴があると指摘している。このような主張を踏まえて実施した日本における企業の女性管理職へのインタビュー調査では，ギリガン，ローデン，ローズナー等の所説が示すような特徴がみられた。また，組織における評価基準が男性性を中心として作成されている可能性があり，女性の能力を適正に評価しきれていない企業もあるのではないかということがインタビュー調査の結果として明らかになった。

　さらに，組織の管理職の中で女性管理職が占める割合が大きければ，組織に女性的視点からの価値観や意見が反映される可能性が高いといえようが，厚生労働省の「平成18年度女性雇用管理基本調査」によると，全体として女性管理職数は増加しているものの，男性管理職数と比較すると，その差はまだまだ大きいといえる。女性管理職数が急激に増加しない理由としては，「必要な知識や経験，判断力などを有する女性がいない」，「将来，管理職に就く可能性のある女性はいるが，現在，管理職に就くための在職年数などを満たしている者はいない」，「勤続年数が短く，管理職になるまでに退職する」の3つをあげる企業が多い。しかし，女性の能力を活用するためのダイバーシティ・マネジメントの実践は，組織にとって，コスト削減，優秀な人材を中心とする資源の獲得，適切なマーケティング，創造性，問題解決のための質の高い意思決定，システムの柔軟性を高める，といった領域で競争優位を構築することになるといえる。

　そこで，女性の能力の活用に関する課題を解決するための実践的方策を講じ，また，ダイバーシティ・マネジメントの意義を理解し，その成果を獲得していると考えられる日産の事例を取り上げ，検討した。日産では，①女性のキャリア開発支援，②ワークライフバランス，③ダイバーシティマインド

の定着という3つの柱を中心に女性の能力活用を推進している。さらに，ダイバーシティ・マネジメントを推進するための組織も設置し，トップマネジメントがリーダーシップを発揮して全社的に取り組んでいる。具体的には，商品開発，製造現場，販売等の領域で女性の能力活用を積極的に行っており，その成果として女性のアイデアを中心に開発した自動車が優れた販売実績を示したり「女性が働きやすい会社」として社会的評価を得たりしている。成果として，近年，女性管理職数が急速に増加している。

　日産の事例からもわかるように，競争優位を目的とするダイバーシティ・マネジメントは，単なる多様性の重視ではない。多様性の重視は，企業イメージの改善やレピュテーション（reputation）などをもたらす可能性はあるが，直接的な業績の向上などにはつながらない。日産自動車のダイバーシティ・マネジメントは，"Diversity Is Our Advantage. Diversity Is My Advantage."という標語にも表れるように，ダイバーシティを自社の競争力にすることを目指している。ダイバーシティの動きは，第一段階としての女性の能力活用から，今後，国籍，文化，地域，年齢，学歴，キャリア歴，ライフスタイルなどさまざまな分野に広がっていくことが考えられる。

　このように，個々の社員の個性を尊重し，能力を最大限に活かすことがダイバーシティ・マネジメントの競争優位の各領域においてより強力な競争優位を獲得することにつながるといえる。

【注】
1) 第1章の注2で述べたように，川村雅彦は，2003年に，わが国ではCSRに関する動きが急展開し始め，とりわけ，トップ直結のCSR専門組織を設置し担当役員を任命して，「CSR経営」を目指す企業が相次いでいることを指摘している（川村，2003，p.5）。
2) M.E.ポーター＆M.R.クラマー（Porter, M. E. & Kramer, M. R.）は，「共通価値」の概念を「企業が事業を営む地域社会の経済条件や社会状況を改善しながら，みずからの競争力を高める方針とその実行」と定義している。また，共通価値はCSRでもなければフィランソロピー（社会貢献活動）でも持続可能性でもなく，経済的に成功するための新しい方法であるとしている

(ポーター&クラマー，2011，pp. 10-11)。

3) アメリカのNGOで，企業が地球環境保全のために守るべき10カ条「セリーズ原則」を策定したCERES（CERES：Coalition for Environmentally Responsible Economies）や国連環境計画（UNEP）が中心になって1997年に設立された組織である。ウェブサイトは次の通り。http://www.globalreporting.org，2010年1月16日。

4) この環境，社会，経済の3側面を指すトリプルボトムラインの「ボトムライン」とは，企業の財務パフォーマンスの数値を示す損益計算書（P/L）の最下部を意味しており，経済的側面での成果を表すものである。トリプルボトムラインは，この経済的成果に，人権への配慮や社会貢献活動などの社会への対応，資源節約や汚染対策など自然環境への負荷や貢献といった環境面への対応をも含めて，企業のパフォーマンスを全体的に評価しようという試みを意味している。

　このGRIの指標では，経済的影響分野では顧客，供給業者，従業員，出資者などの側面を取り上げている。環境分野では原材料，エネルギー，水，生物多様性などの側面を，また，社会面の労働慣行分野では労使関係，安全衛生などの側面を，人権分野では差別対策，児童労働などの側面を，社会分野では地域社会，政治献金などの側面を取り上げている。

5) GRI "G3：Gender, Global Reporting Initiative"（http://www.globalreporting.org/CurrentPriorities/GenderandReporting/，2010年1月16日）参照。

6) 内閣府男女共同参画局HP：「男女共同参画関係用語」（http://www.gender.go.jp/main_contents/category/yougo.htm，2012年2月20日）参照。

7) 詳しくは，潜道（2006b）参照。

8) 女性管理職へのインタビュー調査については，潜道（2006b）pp. 79-82を引用および参照。

9) 調査は，都道府県労働局を通じ，郵送調査方法により平成18（2006）年10月に実施された。調査対象は，本社において常用労働者30人以上を雇用している民営企業のうちから産業・規模別に層化して抽出した約7000企業であり，そのうち5937企業から有効回答を得（回収率85.4％），集計されている（厚生労働省，2007）。

10) 厚生労働省（2007），図表13「規模別役職別女性管理職割合の推移」（http://www.mhlw.go.jp/houdou/2007/08/h0809-1/02.html，2010年1月16日）参照。

11) この事例研究に関する記述は，2010年2月時点の情報に基づいている。なお，執筆に際して，日産自動車ダイバーシティ ディベロップメント オフィス（DDO）主担（2010年2月1日現在）の裏川陽子氏へのインタビュー調査（2010年2月1日）の他，日産自動車ウェブサイト「社員の多様性を活かす（ダイバーシティ）」，「社員とともに」『日産自動車サスティナビリティリポート2009』，田村知子（2006）「NBonline Women at Work ダイバーシティーマネジメントに取り組む女たち 第1回：日産自動車」などを参照した。
12) この台数は，露アフトヴァズ社の「ラーダ」ブランド63万7179台の販売を含む（日産自動車HP：「会社情報：ルノー・日産アライアンス」http://www.nissan-global.com/JP/COMPANY/PROFILE/ALLIANCE/RENAULT01/，2010年1月15日）。
13) 数字については，2010年2月1日のインタビュー調査時のものである。
14) しかし，国によって抱える課題が異なるため，それぞれの地域に適した活動を行っている。本節「3．具体的取組み」参照。
15) 「キャリア開発支援」のキャリアアドバイザーを務めていた信太好美氏は，女性管理職について，「現在の管理職にしても，これまで与えられた仕事に対して真剣に取り組んできた結果，しだいに等級が上がっていったという人がほとんどです」と，積極的に管理職に就きたい人はごくわずかであるということを指摘している（田村，2006）。
16) 育児休職中は給料が支払われないため，配偶者が仕事をしていて育児休暇を取れない状況にあるケースなど，限られた状況以外は，これまでのところこの制度を利用する男性社員は少ない（2010年2月1日，インタビュー調査）。
17) 日産自動車『サステナビリティレポート2011』参照。
18) 2010年2月1日のインタビュー調査より。
19) 2010年2月1日のインタビュー調査より。
20) 月刊誌『日経ウーマン』が2008年1月上旬～2月下旬に実施したアンケート調査の結果において，「女性が働きやすい会社」第1位を獲得したプロクター・アンド・ギャンブル・ジャパン（P&G Japan）は，1992年よりダイバーシティに取り組み始めたが，課長相当職で女性が占める割合は25％，部長相当職の場合，23％となっている（P&G Japan HP：「ダイバーシティデータ2009年実績」http://pgsaiyo.com/campus/about/diversity/div04.html，2010年1月17日）。

また，本アンケート調査は，①管理職登用度，②女性活用度，③ワークラ

イフバランス度，④男女均等度，という指標で評価されているが，第2位以降の順位は次の通りである。

　第2位：日本IBM，第3位：松下電器産業（2008年2月現在の社名），第4位：オリックス，第5位：ソニー，第6位：富士通，第7位：大和証券グループ本社，第8位：高島屋，第9位：ジョンソン・エンド・ジョンソン，第10位：住友生命保険
21) 就職・転職情報ナビ「女性が働きやすい会社ランキング2008」(http://rank.in.coocan.jp/hatarakiyasui/woman2008.html，2010年1月16日) 参照。

終 章

CSR の進化と
日本企業の競争力

　ここ何年か，イノベーションの重要性が唱えられている。イノベーションを起こすには投資が必要である。しかもその投資は，不確実な経営環境の中で行わなければならないケースが多いといえよう。そして，序章でも述べたように，とくに日本の企業においてはこのリスクをとる意思決定が大きな課題となってきた。

　では，その意思決定は何に基づいて行われるのであろうか。また，その意思決定をどのようにして企業の利益につなげていくのであろうか。

　このことを考えるとき，現代の経営がCSRを基盤としたものに変化してきていることの必然性が明らかとなる。現代社会においては，人々の倫理度が高まることによって，従来，「当然」と思われたり「いたしかたない」と思われたりしてきたことが大きな問題として取り上げられたり，各国でNPOのような市民の声を社会に反映させるような仕組みや制度が創出されたりしている。また，ITの発達により情報の伝達がグローバル化することによってステイクホルダーの声が企業にとってより大きなものとなり，無視できないものとなっている。つまり，伝統的な経営における目標はトリプルボトムラインでいえば経済的側面に偏ったものだったといえようが，現代においては，企業は社会の改善や環境保全の努力につながる要素を企業活動に取り入れていく必要に迫られているといえる。

　このような状況の中，企業が持続的な競争優位を構築するためには，ISO 26000にもあるように，まずその組織が誰に対してどのような責任を負っているのか認識し「ステイクホルダーの特定」を行うこと，そして，ステイク

ホルダー間の優先順位を決定したうえで当該ステイクホルダーの要望を取り入れることなど，ステイクホルダーを巻き込んだ取り組みが必要となる。つまり，企業は，「ステイクホルダー・ダイアログ」（Stakeholder Dialogue：対話）やアンケート調査，お客様相談室やホットラインを活用したステイクホルダーからの意見・要望の収集等の手法を通じてステイクホルダーとの関係を構築する「ステイクホルダー・エンゲージメント」（stakeholder engagement）に取り組むことが重視されている。また，ステイクホルダー・エンゲージメントでの成果がCSRを支援することとなる。

そして，これらのCSRに関わる実践を通じて，不確実な経営環境の中での自社の意思決定を利益獲得につなげるための体制を整えることが可能となっていくといえよう。例えば，新事業開発とそのための投資の意思決定に際しては，社内の各部署での柔軟で迅速な対応や新たなビジネスシステムの構築，取引企業や競合企業との協調体制の整備，顧客との間の信頼関係の構築，株主や金融機関，そして地域社会や行政による新事業への理解と支援の獲得，NPOとの連携の可能性の検討等を実施することになろうが，これらの活動は，対話をはじめとするステイクホルダーとの密接な関係構築によって有効になり，そして効率的に行われることが期待できるようになる。つまり，それらのステイクホルダーとの良好な関係やネットワークが他社との差別化や競争優位確立の鍵となる可能性があるのである。

さらに，ステイクホルダー・エンゲージメントは，企業にとって新たな事業のシーズそのものの発見にもつながる可能性を秘めている。成熟化した社会において，既存の商品やサービスへの需要を拡大することは容易ではない。したがって，社会において新たなニーズを見出し，そのニーズのソリューションとしての商品やサービスの提供によりステイクホルダーと企業の双方に価値の創造を実現するというビジネスの方向性が求められている。その意味では，自然環境なども含め社会的弱者の小さな声に注目し，それらのニーズからいかにして価値を創造する商品・サービスを開発するかが重要なポイントとなる。

加えて，近年，各国政府が自国の経済を守るために保護主義化の傾向を示

したり，自国の利益の確保を最優先とした行動をとったりするケースもみられるが，企業間の貿易や投資が企業や各国の経済に多くのベネフィットをもたらす限り，企業のグローバル化の傾向は強まると考えられる。その場合，CSR経営もグローバルな対応を迫られることになる。このとき，企業にとって課題となると考えられるのは，CSRを支える価値観や倫理コードの各国間における相違である。実は，それらの相違は，アメリカ，ヨーロッパ，アジア等の地域や国の間だけでなく，業界や組織の間にも，そして従業員の世代やジェンダーの間にも存在する（小林，2013，p.4）。日本企業が海外に進出した際，程度の差こそあれ，ほとんどの企業が企業倫理の相違に直面し，その対応方法が重要な意思決定を含むことになる。その点からすると，企業活動のグローバル化に伴い，企業の戦略的倫理性の重要性はますます高まるといえよう。

　企業のグローバル化をめぐる倫理問題を考えるアプローチとしては，従来，大きく分けて2つの相反する立場が主張されてきた。自国や自社の価値観や規範の妥当性を信じ，どこでも自社のやり方を貫き通す「絶対主義」(absolutism) と，国や文化が異なれば各々に規範が異なるのは当然であって普遍的・絶対的な規範はありえないという「相対主義」(relativism) である（梅津，2013，p.30）。上述の主張は，後者の立場に立った考え方である。今後，より多様な文化や価値観を有する企業がグローバル市場で競争を展開するようになったとき，それぞれの企業の「倫理の衝突」は企業が越えなければならない重大な課題となるといえよう。

　他方，CSRはさまざまなステイクホルダーとの関係を構築することによって，ソーシャル・キャピタルの形成を促進すると考えられる。その意味では，企業がグローバル経営を実践する中で社会的責任を果たすことは，世界各国に立地する子会社やその子会社のステイクホルダーとの信頼の構築に寄与するといえよう。また，そのソーシャル・キャピタルは，信頼に裏づけられた関係によって企業活動の有効性と効率を促進する可能性があると同時に，そのネットワークの中での技術や知識の創造と共有化に大きな役割を果たすといえよう。そして，その技術や知識の共有化は，企業の競争優位の獲

得に何らかの影響を与えることが推測される（清水，2011，pp.205,207）。

　また，経営のグローバル化のような要因により，企業とステイクホルダーとの関係は変化し，しかも次第に複雑になっている。企業にとっては，ステイクホルダーとして意識すべき人々や地域の範囲が拡大している。したがって，CSRは進化する必要がある。つまり，企業には従来的な自身の常識の範囲を超え，さまざまな状況を想定し，先を予想する「想像力」が必要とされる。その意味では，社会の動きを敏感に感じ取り，新しい発想で問題解決にあたる感性が必要であり，従来，企業が重要視してこなかった，共感能力や遊戯の力，そして女性的視点といった異質な力を組織内へ導入することは，検討する価値があるといえる。

　また，CSR経営を支え，意思決定の指針となる，企業倫理の確立も重要である。知性を重視し，誠実さや信頼を重視する「徳倫理」は各企業が社会からの信頼の構築を切望している今日，その重要性が増している。加えて，共感や感情が企業経営において重要視される状況では，「ケアの倫理」に着目することは有効といえよう。

　さらに，企業を，価値を生み出す装置としてではなく，感情をもつ人間の共同体としてみたとき，従業員へのCSRは大きな意味をもつ。従業員が組織を学習の場，自己実現の場としてみていると考えた場合，組織のできること，するべきことが明確になってくる。本書では，「フロー」という仕事を自己目的化させ，楽しいものにし，生産性も向上させることのできると考えられる理論を示したが，このフローの力は，仕事が人間にとって大きな負担になっている現代の状況下において，緊急に検討しなければならない課題の本質を提示しているといえる。また，本書で述べたように，フローを体験するためには「挑戦の機会」が重要な役割を果たす。しかし，人が挑戦の機会を見出すためには目的意識が必要であり，もし，仕事自体に目的意識をもてない環境で働く場合，人は努力せずに幸福を得ようとして外発的報酬の獲得を目的とするようになる。したがって，そのような事態を回避するためにも，人材の採用や育成の段階で，互いにもたれ合う「集団での協調性」を過度に高く評価するのではなく，個を確立し，自ら挑戦の機会を見つけ，プロ

フェッショナルとして十分に能力を発揮することができる人材を高く評価する視点が必要である。そして，組織がそのような人材で構成されることがなければ，組織はその競争力を喪失することになるであろう。

いま，企業は，そもそも，「なぜ，CSRに取り組むのか」ということを熟慮する必要に迫られているといえる。なぜなら，その方針は戦略的であり，各企業の経営環境を反映したものでなければならないからである。その意味では，CSRは企業によって異なるものであるはずである。もし，例えば，財務情報だけでなくESG（環境・社会・ガバナンス）のような非財務情報の要因も加えて投資を行うSRIの投資先リストに入るために，GRIや国連グローバルコンパクト，ISO26000といったCSR規格に沿った活動を展開するということであれば，それは，CSRを自己中心的な思想に基づいた市場原理に企業を隷属させることになる。つまり，L. L. ナッシュ（Nash, L. L.）のいう「利益を得るために良いことをする」倫理である「啓発的利益の倫理」（ナッシュ，1990, 1 pp.71-72）の罠にはまる可能性がある。企業は，この倫理に則った活動を行う過程で，自社が生き残るために他者を倫理的に扱う必要性を見落とす可能性があり，結局のところ，価値創造には向かうことができなくなる。CSRは，本来，ステイクホルダーと自社の双方に価値を創造することを目指すことから考えると，単にルールに従うだけのこの意思決定は成功志向倫理とはいえない。

また，グローバル社会の倫理に関して，小林俊治は，「非西欧的文化，とくにアジアにおける仏教的な他者への配慮にみられる競争意識の希薄さ，あるいは弱者への思いやりといった価値観は，重要な国際的経営資源として欧米においても導入されるべきである」という主張を紹介し，この「功利主義でもなく，厳密なカント主義でもない，素朴な感情を重視する「思いやり」の倫理は，今後，企業がグローバル化する際に必要となる道徳的要素となる」と指摘している（小林，2013, pp.11-12）。イノベーションのきっかけを創る技術革新やビジネスシステムの革新を生み出すのは従業員の創造性であり，遊戯の力であることから考えると，その環境を整備する意味でも，企業はこの「思いやりの倫理」に根差した「平等や他者へのケアリングを重視し

357

た緩やかな組織」(小林，2013, p.12) への変革が必要であるといえる。実は，本書で示したCSRの源流が存在するといわれる江戸時代に活動していた三井家，住友家，本間家，そして伊藤家をはじめとする近江商人にみられるように，日本には，ステイクホルダーとの関係性や公益を重視し，そして地域社会と一体化した商家の企業倫理が古くから根付いているはずである。また，大正時代には，大正教養主義の思想に影響を受けたと考えられる企業家たちによる「日本型利他主義経営」が実践されていた。つまり，当時のビジネスにおいては，「思いやりの倫理」が存在していたと考えられる。現在の世界的なCSR経営の潮流は，その日本の商家がもっていた価値観を，日本企業が再評価する機会ともいえる。

　また，本書では，ステイクホルダーの中でも組織で働く人の重要性を強調してきたが，日本企業は海外の企業と比べ，「人を育てる」ということを重視してきたといわれている。この長期的雇用を背景とした従業員への投資の方針は，近年の業績の悪化や技術環境や雇用環境等，経営環境の急激な変化により揺らいでいる面もある。しかし，本書で述べたように，ステイクホルダーとしての従業員へのCSRは，CSRの成果を獲得するためにも重要な要因である。したがって，これまで培ってきた従業員を大切にする姿勢を基盤として，それをどのように業績の向上に結び付けていくのかということを考慮する必要がある。また，CSR経営は，経営の革新という側面をもつ。したがって，トップマネジメントは，自分たちの組織をどのような組織にしたいかというビジョンを描ける能力を備えていることが求められている。つまり，グローバルな競争時代に，トップマネジメントは組織内の調整能力や派閥のパワーのような要因とは異なる意思決定力や戦略構築能力，そして，社会への共感力や組織の内外での関係構築能力，倫理的リーダーシップの有無が問われるわけであるが，そのトップマネジメントをどのように育成していくのかということも，現在，企業が抱える重要な課題のひとつといえよう。

　さらに，CSRに関わる課題としては次のようなことがあげられる。近年，CSRの分野では，国連，ISO，OECD等から国際的なガイドラインやフレームワークが発行され，企業はそれらを実務の中でどのように活用してい

くかが課題となっている。また，企業活動のグローバル化に伴い，海外拠点やサプライチェーンにおける労働条件や雇用に関わる問題や，OECDが提出した「紛争地域および高リスク地域からの鉱物の責任あるサプライチェーンのためのデュー・ディリジェンス・ガイダンス（OECD due diligence guidance for responsible supply chains of minerals from conflict-affected and high-risk areas）」への対応などの課題もある。その他，国連グローバルコンパクトの設立にも大きな影響を及ぼした，J. ラギー（Ruggie, J.）ハーバード大学教授による一連の報告書「ラギー・レポート」における人権尊重責任の影響もあり，現在，企業は人権問題に対応することが強く求められている。さらに，2006年に発行されたGRIガイドライン第3版（G3）では「マテリアリティ（materiality：重要性）」に関する報告原則が導入され，自社にとって重要なテーマを具体的に特定する必要があるとともに，ステイクホルダーの関心も考慮に入れることが指示されている。このような活動は，まさしく戦略性や独自性が必要であり，これらの点からも，「なぜ，CSRに取り組むのか」が各企業に問われているといえる。

　一連のこのようなCSRに関わる国際的な動きは，すでに企業にとってはCSRに取り組むかどうかの選択の段階ではなく，変化に戦略的かつ適切に対応することが必須の段階にきていることを示しているといえよう。このCSRの時代に，日本企業，そして日本人が，本書で論じたような独自の能力や経験を十分に活用し，さらには環境から十分な学習を行いながら，いかに競争優位を構築していくか，そして，そのことがどのような新しい企業と社会を創り上げていくのかについては，今後の研究の課題としたい。

邦文参考文献

青木雅生（2006）「企業の社会に対する責任について考える―アメリカの場合―」日本比較経営学会編『会社と社会―比較経営学のすすめ―』文理閣
青柳まちこ（1977）『「遊び」の文化人類学』講談社
明石一紀（1993）「原始の群れと労働」総合女性史研究会編『日本女性の歴史：女のはたらき』角川書店
吾郷眞一（2007）『労働CSR入門』講談社
アーサーアンダーセン・ビジネス・コンサルティング（1997）『ミッションマネジメント 価値創造企業への変革』生産性出版
『朝日新聞GLOBE』「プロ野球ビジネスどこへ」2012年12月29日（http：//globe.asahi.com/feature/110904/03_1.html,2.html，2012年12月29日）
有村貞則（2007）『ダイバーシティ・マネジメントの研究―在米日系企業と在日米国企業の実態調査を通して―』文眞堂
有賀美和子（2000）『現代フェミニズム理論の地平』新曜社
粟田房穂（1986）『「遊び」の経済学―新しい消費社会の可能性を探る―』PHP研究所
井澤裕司（2006）「一流のレフェリーがゲームをつくる」『人間会議』2006年夏号
石川松太郎編（1977）『女大学集』平凡社
板坂耀子（2011）『江戸の紀行文』中央公論新社
伊丹敬之（1999）『場のマネジメント』NTT出版
伊藤邦雄・孫正義対談（1995）「経営の革新にはベンチャー精神」『日本経済新聞』（1995年3月12日）
伊藤浩一（2004）『夕映え酒田湊』今日の話題社
伊藤裕夫（1991）「企業メセナ協議会」電通総研編『文化のパトロネージ』洋泉社
伊藤恭彦（2006）「正義の倫理とケアの倫理：ケアの倫理が政治哲学に提起したもの」『文化と哲学』静岡大学（http//hdl.handle.net/10297/6800）
稲毛教子（2001）「リーダーシップとジェンダー」『応用社会学研究』第11号（東京国際大学大学院社会学研究科紀要）
井上達彦（2006）『収益エンジンの論理』白桃書房
井上達彦（2008）「顧客コミュニティにおける社会関係資本の構築―浦和レッズの公式サポーターズ・クラブの組織化原理―」『早稲田商学』第416号
今井賢一（2007）「シュンペーター　経済発展の理論」（やさしい経済学）『日本経済新聞』2007年1月4日，1月5日（朝刊）
今井清一編著（2008）『成金天下』筑摩書房
今井堯（1993）「階級の発生と女性の社会的地位」総合女性史研究会編『日本女性の歴史：女のはたらき』角川書店

今田高俊（1986）『自己組織性―社会理論の復活―』創文社
今田高俊（1991）「ポストモダンの組織原理はありうるか」『組織科学』第25巻第2号
今田高俊（1994）「自己組織性論の射程」『組織科学』第28巻第2号
今田高俊（1997）「管理から支援へ―社会システムの構造転換をめざして―」『組織科学』第30巻第3号
今田高俊（2006）「新しい公共性の空間を開く」『学術の動向』2006年7月号
今田高俊（2006）「共生配慮型の公を開く」『公共研究』第2巻第4号（千葉大学）
上野千鶴子（2005）「ケアの社会学　序章 ケアとは何か」オルター・トレード・ジャパン編集室パラグラフ『クォータリー〈あっと〉』1号
上野雄次郎編（1936）『明治製糖株式会社三十年史』明治製糖株式会社東京事務所
内田伸子（1992）『ごっこからファンタジーへ』新曜社
内田魯庵（1953）『社会百面相（上）』岩波書店
内田魯庵（1954）『社会百面相（下）』岩波書店
梅津光弘（2002）『ビジネスの倫理学』丸善
梅津光弘（2004）「企業経営の価値転換：その4つの震源」小林俊治・百田義治編『社会から信頼される企業：企業倫理の確立に向けて』中央経済社
江川良裕（2011）「社会的企業におけるビジネス・モデルとイノベーション」『文学部論叢』102：99-116（熊本大学学術リポジトリ）
逢見直人（2004）「労働とCSR」谷本寛治編『CSR経営―企業の社会的責任とステイクホルダー』中央経済社
大島清・加藤俊彦・大内力（1983）『明治初期の企業家』東京大学出版会
大住良之（1995）「スポーツビジネスの成算」『週刊ダイヤモンド』1995年3月18日号
大月博司（2005）『組織変革とパラドックス』同文舘出版
大室悦賀（2006）「ソーシャル・イノベーションが変える社会」谷本寛治編著『ソーシャル・エンタープライズ―社会的企業の台頭―』中央経済社
大山真人（2001）『銀座木村屋あんパン物語』平凡社
岡本慶一（1999）「マーケティング組織における知識・能力」『マーケティング・ジャーナル』第73号（日本マーケティング協会）
岡本浩一（2007）「組織風土の属人思考と職業的使命感」『日本労働研究雑誌』2007年8月号
岡本大輔・梅津光弘（2006）『企業評価＋企業倫理―CSRへのアプローチ―』慶應義塾大学出版会
小川功・深見泰孝（2006）「近江商人・初代伊藤忠兵衛のリスク管理と信仰の相克」『研究紀要』第39号（滋賀大学経済学部附属資料館）
小川孔輔（1994）『ブランド戦略の実際』日本経済新聞社
小河光生（2007）「企業の社会的責任と組織風土」『日本労働研究雑誌』2007年8月号
小畑史子（2007）「職場における快適な労働環境の確保について」『日本労働研究雑誌』2007

年1月号
小原信（1974）『状況倫理ノート』講談社
恩蔵直人（2007）『コモディティ化市場のマーケティング論理』有斐閣
恩田敏夫（2012）「若手社員の海外派遣を「義務化」し，グローバル人材の育成を急ぐ」『キャリアサーチ』DISCO（http：//www.disc.co.jp/uploads/2012/03/2012.2.22_global.pdf，2014年1月10日）
貝原益軒（1883）『女大学』双文閣
金井壽宏（1988）「集団凝集性（group cohesiveness）」神戸大学経営学研究室編『経営学大事典』p.486，中央経済社
金井壽宏（1989）「ピア・ディスカッションを通じての「気づき」の共有」『組織科学』第23巻第2号
金井壽宏（1995）「創造型組織の条件とは」『FUJITSU 飛翔』1995年7月号
金井壽宏（1999）『経営組織』日本経済新聞社
金谷千慧子（2004）「女性とCSR」谷本寛治編著『CSR経営―企業の社会的責任とステイクホルダー―』中央経済社
金森敦子（2002）『江戸庶民の旅　旅のかたち・関所と女』平凡社
金子郁容（1986）『ネットワーキングへの招待』中央公論社
神谷満雄（1995）『鈴木正三―現代に生きる勤勉と禁欲の精神―』東洋経済新報社
唐木宏一（2006）「ソーシャル・ファイナンスの開発：オルタナティブな金融」谷本寛治編著『ソーシャル・エンタープライズ―社会的企業の台頭―』中央経済社
川北秀人（2009）「真の社会起業家を日本で本気で育てるために」一橋大学イノベーション研究センター編『一橋ビジネスレビュー』2009年SUM.
河口真理子（2006）「持続可能性「サステナビリティ」とは何か？」『経営戦略研究』2006年夏季号 Vol.9,大和総研（http：//www.daiwa-grp.jp/csr/publication/pdf/060807csr.pdf，2014年1月2日）
河口真理子（2006）「CSRと労働におけるダイバーシティ（多様性）」大和総研『経営戦略研究』2006年新年特別号，Vol.7
川添登・山岡義典（1987）『日本の企業家と社会文化事業』東洋経済新報社
川村雅彦（2003）「2003年は「日本のCSR経営元年」―CSR（企業の社会的責任）は認識から実践へ―」『ニッセイ基礎研REPORT』2003年7月号
川村雅彦（2009）「日本におけるCSRの系譜と現状」ニッセイ基礎研究所（http：//www.nli-research.co.jp/report/kkyo/2008/2009_02/kkyo0902-2.pdf，2014年1月5日）
川本隆史（1995）『現代倫理学の冒険』創文社
神崎宣武（2004）『江戸の旅文化』岩波書店
企業倫理研究グループ／代表：中村瑞穂（2007）『日本の企業倫埋―企業倫理の研究と実践―』白桃書房
神原理（2010）「ソーシャル・ビジネスによる社会関係資本の再構築」『社会関係資本研究

論集』第 1 号，専修大学社会関係資本研究センター
起業家大学監修（2012）「社会貢献意識および「学び」に関する実態調査」（http://social-value.jp/research/reseach.pdf, 2014年 1 月10日）
菊池敏夫・平田光弘・厚東偉介編著（2008）『企業の責任・統治・再生―国際比較の視点―』文眞堂
北大路魯山人著，平野雅章編（1995）『魯山人味道（改版）』中央公論社
京都商工会議所（2000）「京都産業ルネッサンス21―産業の再生と文化の発信に向けた共創―」（京都21世紀産業ビジョン「中間報告」）（エグゼクティブ・サマリー）
京都商工会議所（2009）「京都産業・知恵の発信―知恵産業研究会報告書―」
京都商工会議所（2010）「知恵のチャレンジャー―取り組み事例集―」
京都商工会議所知恵ビジネス推進室（2009）「平成20年度京都ビジネスモデル交流会実施報告書」
京都商工会議所知恵ビジネス推進室（2010）「平成21年度京都ビジネスモデル交流会実施報告書」
久世妙子（1990）「発達とは」久世妙子・勝部篤美・山下富美代・住田幸次郎・水山進吾・繁多進『発達心理学入門（新版）』有斐閣
工藤順（2010）「ソーシャル・エンタープライズとは何か―その基礎的諸概念についての考察―」『青森公立大学経営経済学研究』第16巻第 1 号
工藤秀明（2008）「コメント：「真グローバリズム」と「持続可能性」の 3 要因を中心に」『公共研究』第 5 巻第 3 号（千葉大学）
國島弘行（2009）「グローバル化のなかでの「社会と企業」―新自由主義との関連で―」『創価経営論集』第33巻第 2 号
久保貴子（1993）「政治の世界と女性」総合女性史研究会編『日本女性の歴史：女のはたらき』角川書店
栗原麻子（2012）「特集　社会秩序と互酬性：総論　ソシアビリテ論と紛争研究の接点をめぐって」『パブリック・ヒストリー』第 9 号（大阪大学西洋史学研究室）
久留島典子（1993）「戦国の女たち」総合女性史研究会編『日本女性の歴史：女のはたらき』角川書店
黒岩比佐子（2004）『『食道楽』の人　村井弦斎』岩波書店
黒田弘子（1993）「時代をみる―中世―」総合女性史研究会編『日本女性の歴史：女のはたらき』角川書店
桑田耕太郎・田尾雅夫（1998）『組織論』有斐閣
桑原光一郎（2008）「美徳」日本経営倫理学会編『経営倫理用語辞典』白桃書房
経済広報センター（2012）「企業のグローバル化に対する人材育成に関する意識調査報告書」（http://www.kkc.or.jp/data/release/00000070-1.pdf, 2013年12月25日）
経済産業省（2005）「ソーシャル・マーケットの将来性に関する調査研究」報告書（http://dl.ndl.go.jp/view/download/digidepo_1285679_po_050707socialmarket3.pdf?contentNo

=1&alternativeNo=，2014年2月20日）

経済産業省（2008）「ソーシャルビジネス研究会報告書」（http://www.meti.go.jp/policy/local_economy/sbcb/sbkenkyukai/sbkenkyukaihoukokusho.pdf，2012年12月20日）

経済産業省（2011）「ソーシャルビジネス推進研究会報告書」（http://www.meti.go.jp/policy/local_economy/sbcb/sb%20suishin%20kenkyukai/sb%20suishin%20kenkyukai%20houkokusyo.pdf，2012年12月20日）

経済産業省　グローバル人材育成推進会議（2011）「グローバル人材育成推進会議　中間まとめ」（http://www.meti.go.jp/policy/economy/jinzai/san_gaku_kyodo/sanko1-1.pdf，2013年12月25日）

経済春秋社編（1968）『企業の歴史：明治百年』経済春秋社

経済人コー円卓会議日本委員会編（2006）『CSRイノベーション』生産性出版

経済同友会（2004a）「多様を活かす，多様に生きる―新たな需要創造への企業の取組み―」（http://www.doyukai.or.jp/policyproposals/articles/2003/pdf/040224_1.pdf，2013年1月13日）

経済同友会（2004b）「日本企業のCSR：現状と課題―自己評価レポート2003―」（http://www.doyukai.or.jp/policyproposals/articles/2003/pdf/040116_2.pdf，2010年1月13日）

経済同友会（2006）「企業の社会的責任（CSR）に関する経営者意識調査」（http://www.doyukai.or.jp/policyproposals/articles/2005/pdf/060307.pdf，2010年1月13日）

経済同友会（2008）「価値創造型CSRによる社会変革―社会からの信頼と社会的課題に応えるCSRへ―」（http://www.doyukai.or.jp/policyproposals/articles/2008/pdf/080529b.pdf，2013年1月13日）

弦間明・小林俊治監修，日本取締役協会編著（2006）『江戸に学ぶ企業倫理―日本におけるCSRの源流―』生産性出版

弦間明・荒蒔康一郎・小林俊治・矢内裕幸監修，日本取締役協会編（2008）『明治に学ぶ企業倫理―資本主義の原点にCSRを探る』生産性出版

厚生労働省（2004）「労働におけるCSRのあり方に関する研究会―中間報告書―」（http://www.whlw.go.jp/shingi/2004/06/s0625-8.html，2010年1月16日）

厚生労働省（2007）「「平成18年度女性雇用管理基本調査」結果概要」（http://www.mhlw.go.jp/houdou/2007/08/ho809-1/，2010年1月16日）

厚東偉介（1989）「企業文化」鈴木英壽編『経営学総論（第二版）』成文堂

厚東偉介・金子義幸編（2001）『人事マネジメントのケースと理論』五絃舎

厚東洋輔（1993）「市民」森岡清美・塩原勉・本間康平編集代表『新社会学辞典』有斐閣

合力知工（2008）「CSR戦略の新しい潮流―ソーシャル・エンタープライズの可能性―」『福岡大学商学論叢』第52巻第3・4号

古賀純一郎（2000）『経団連―日本を動かす財界シンクタンク―』新潮社

国民生活金融公庫総合研究所編（2003）『日本の女性経営者』中小企業リサーチセンター

後藤晃（1995）「技術の専有と流出」『日本経済新聞』1995年6月3日～9日

後藤嘉代（2007）「CSR（企業の社会的責任）と労働組合」『日本労働研究雑誌』2007年8月号
小橋康章・飯島淳一（1997）「支援の定義と支援論の必要性」『組織科学』第30巻第3号
小林俊治（1990）『経営環境論の研究』成文堂
小林俊治（1998）「企業倫理のグローバライゼーションの可能性」『日本経営倫理学会誌』第5号
小林俊治（1999）『ビジネス倫理をめぐる世界的潮流』（講演シリーズ104）』産能大学
小林俊治（2002）「内部告発の論理と心理」『経営倫理』第24号（経営倫理実践研究センター）
小林俊治・百田義治編（2004）『社会から信頼される企業―企業倫理の確立に向けて―』中央経済社
小林俊治・齊藤毅憲編（2008）『CSR経営革新―組織の社会的責任・ISO26000への拡大―』中央経済社
小林俊治（2008）「明治時代の企業と社会」弦間明・荒蒔康一郎・小林俊治・矢内裕幸監修，日本取締役協会編『明治に学ぶ企業倫理』生産性出版
小牧治（1986）『和辻哲郎』清水書院
小室直樹（2003）「資本主義の本質は革新にある」『DIAMOND ハーバード・ビジネス・レビュー』2003年1月号
近藤良樹（1998）「競争社会における倫理―フェアの精神―」『倫理学研究』第11号（広島大学倫理学研究会）
今野信雄（1993）『江戸の旅』岩波書店
齋藤純一（2000）『公共性』岩波書店
斎藤槇（2004）『社会起業家―社会責任ビジネスの新しい潮流―』岩波書店
酒田青年会議所立案・構成（2005）『本間光丘の思想に学ぶ：酒田に本間光丘あり』酒田まちづくり開発
坂本英樹（2001）『日本におけるベンチャー・ビジネスのマネジメント』白桃書房
佐久間健（2006）『トヨタのCSR戦略』生産性出版
佐々木聡編（2003）『日本の企業家群像Ⅱ―革新と社会貢献―』丸善
佐藤三郎（1972）『酒田の本間家』中央書院
佐藤慶幸（1982）『アソシエーションの社会学―行動論の展開―』早稲田大学出版部
佐藤慶幸（1993）「自発的結社」森岡清美・塩原勉・本間康平編集代表『新社会学辞典』有斐閣
佐藤慶幸（1996）「巻頭言：「もうひとつの社会」―ボランタリー・アクションの興隆―」『組織科学』第29巻第3号
佐藤慶幸（2002）『NPOと市民社会』有斐閣
佐藤慶幸（2008）「市民社会と倫理としての互酬性の再生」日本ホワイトヘッド・プロセス学会30周年記念全国大会公開シンポジウム資料

佐野晋平・大竹文雄（2007）「労働と幸福度」『日本労働研究雑誌』2007年1月号
塩野谷祐一（2002）『経済と倫理―福祉国家の哲学―』東京大学出版会
「識者に聞く　経営戦略とCSR　ジェイ・B・バーニー「米オハイオ州立大学経営大学院教授」競争優位の新たな源泉」『日経ビジネス』2011年8月1日号
「「仕事に手触り感」NPOが若者に人気の理由」『日本経済新聞　プラスワン』2012年8月11日（http://www.nikkei.com/news/print-article/?ng=DGXDZO44806810Q2A810C1W14001, 2013年12月15日）
渋沢栄一著，梶山彬編（1985）『論語と算盤』国書刊行会
清水博（1996）『生命知としての場の論理』中央公論社
正田健一郎（1971）『日本資本主義と近代化』日本評論社
正田貞一郎小伝刊行委員会編（1965）『正田貞一郎小伝』日清製粉
女性史総合研究会編（1990）『日本女性史〈第4巻〉近代』東京大学出版会
女性史総合研究会編（2000）『日本女性生活史』東京大学出版会
白鳥和彦（2009）『経営企業家と環境経営の新展開』税務経理協会
菅原秀幸（2009）「入門BOPビジネス―貧困ピラミッドから，富めるペンタゴンへ―」JETRO BOP Seminar（http://www.sugawaraonline.com/BOP/IntroductionBOP.pdf, 2014年1月15日）
杉村芳美（1997）『「良い仕事」の思想』中央公論社
寿里茂（1993）「プロフェッショナリズム」『新社会学辞典』有斐閣
鈴木豪・田中博・前田剛（2008）「見かけは派手でも儲からない日本プロスポーツの経営分析」『週刊ダイヤモンド』2008年8月2日号
鈴木信雄（1992）『マダム・スミスの知識＝社会哲学』名古屋大学出版会
住友修史室（1952）『泉屋叢考』第3輯「文殊院道文　上―釈及上東流抄―」
住友修史室（1952）『泉屋叢考』第4輯「文殊院道文　下」
住友修史室（1956）『泉屋叢考』第7輯「近世前期に於ける住友の興隆」
積水化学工業（2013）『CSRレポート2013』（http://www.sekisui.com/csr/report/_icsFiles/afieldfile/2013/07/25/csr_report2013.pdf, 2014年3月7日）
関智恵（2009）「【CSR報告書】GRI・IFC「女性活用」記載改善求めガイドを発表」『CSR NEWS』Cetus&General Press, 2009年11月3日
　（http://gpress.jp/csrnews/archives/2009/11/03-085529.php, 2012年7月28日）
潜道文子（1992）「サッカーのプロフェッショナルリーグにみる企業の社会貢献・地域貢献活動」（早稲田大学商学研究科修士論文）
潜道文子（1995a）「労働におけるフロー―チクセントミハイの所説を中心として―」『商経論集』第68号（早稲田大学大学院）
潜道文子（1995b）「フィランソロピー活動の経営戦略上の意義」『商学研究科紀要』第41号（早稲田大学大学院）
潜道文子（1996）「戦略的視点からみた「遊戯」の重要性」『商学研究科紀要』第42号（早

稲田大学大学院）
潜道文子（1998a）「企業―非営利組織―市民―行政の創造的ネットワーク」『商学研究科紀要』第46号（早稲田大学大学院）
潜道文子（1998b）「知識労働者の人的資源管理（HRM）―リテンションを中心として―」『産業経営』第25号（早稲田大学産業経営研究所）
潜道文子（1999a）「ミッションに基づくコミュニティ・マネジメントに関する一考―米国ワシントン州シアトルの事例を中心として―」神奈川大学経営学部『国際経営論集』第16・17合併号
潜道文子（1999b）「情報化社会の倫理課題」『ビジネス倫理の基本知識』産能大学
潜道文子（2000a）「公正な社会における企業のスポーツ支援活動」『日本経営倫理学会誌』第7号
潜道文子（2000b）「21世紀の経営戦略：共感経営」『産業経営』第28号（早稲田大学産業経営研究所）
潜道文子（2001）「物語消費時代における経営戦略」『平成13年　経営戦略学会第2回研究発表大会要旨集』
潜道文子（2002）「物語消費時代における経営戦略」『平成13年度経営戦略学会第2回研究発表大会要旨集』
潜道文子（2003a）「知識労働者の時代における企業の経営戦略としてのフローの意義」今村浩明編著『フロー理論の展開』世界思想社
潜道文子（2003b）「経営倫理と組織体制の確立」日本経営倫理学会監修，水谷雅一編著『経営倫理』同文舘出版
潜道文子（2006a）「江戸時代のビジネスにおける女性の役割」日本取締役協会編著『江戸に学ぶ企業倫理』生産性出版
潜道文子（2006b）「CSR型経営戦略における女性的視点の意義」『産業研究』第42巻1号（高崎経済大学附属産業研究所）
潜道文子（2008a）「明治の食文化と食の倫理」弦間明・荒蒔康一郎・小林俊治・矢内裕幸監修，日本取締役協会編『明治に学ぶ企業倫理』生産性出版
潜道文子（2008b）「CSR経営における仕事の倫理的価値とフロー経験」『高崎経済大学論集』第50巻第3・4合併号
潜道文子（2009a）「経営戦略の構築と実施におけるCSRのポジショニング(1)―「CSRと利益」との関連において―」『高崎経済大学論集』第51巻第4号
潜道文子（2009b）「経営戦略の構築と実施におけるCSRのポジショニング(2)―「CSRと利益」との関連において―」『高崎経済大学論集』第52巻第1号
潜道文子（2010a）「日本型CSR経営の研究―多元的ステイクホルダー経営への新たな視点」（学位論文）早稲田大学
潜道文子（2010b）「社会起業家の活動にみるCSR経営への含意」『早稲田商学』第423号
潜道文子（2011）「ソーシャル・エンタープライズの意義と特徴にみるCSR経営の課題」

『経営経理研究』第91号
潜道文子（2012）「日本におけるソーシャル・エンタープライズの成功要因」東アジア経営学会国際連合
潜道文子（2013）「日本のソーシャル・エンタープライズ：その成功要因とフロー体験」『経営経理研究』第97号
田尾雅夫（1999）『組織の心理学［新版］』有斐閣
髙巌（1997）「企業の新しい社会的責任」『日本経営倫理学会誌』第4号
髙巌・辻義信・Scott T. Davis・瀬尾隆史・久保田政一（2003）『企業の社会的責任―求められる新たな経営観―』日本規格協会
髙巌（2004）「CSRと日本企業の課題」日本規格協会編『CSR　企業の社会的責任―事例による企業活動最前線―』日本規格協会
高崎経済大学付属産業研究所編（2006）『事業創造論の構築』日本経済評論社
髙橋潔（2007）「大人のためのモチベーション」日経CSRプロジェクト編『CSR　働く意味を問う』日本経済新聞出版社
高橋宏幸・坂野友昭・丹沢安治（2002）『現代経営・入門―企業価値を高める経営活動―』有斐閣
高橋正泰・山口善昭・牛丸元（1998）『組織とジェンダー』同文舘出版
高原富保編（1976）『1億人の昭和史〈11〉昭和への道程―大正』毎日新聞社
高山宏（1991）「クラブ近代史異説―領域を知らざる人々―」松岡正剛編『クラブとサロン―なぜ人びとは集うのか―』NTT出版
武井寿（1997）『解釈的マーケティング研究』白桃書房
竹井善昭（2010）「社会貢献　第三世代の登場」『エシカル・プロジェクト　レポート02』（http://www.delphys.co.jp/ethical/report/201003_04.pdf，2014年12月24日）
竹内均（1992）『仕事を遊ぶ』同文書院
竹内洋（2003）『教養主義の没落―変わりゆくエリート学生文化―』中央公論新社
武田尚子（2010）『チョコレートの世界史』中央公論新社
武田晴人（1995）『財閥の時代―日本型企業の源流をさぐる―』新曜社
田坂広志（1997）『複雑系の経営』東洋経済新報社
多田道太郎（1974）『遊びと日本人』筑摩書房
田中宏司（1998）『コンプライアンス経営』生産性出版
田邉雄（2004）「CSRを実践する「人」の問題に，どう取り組んでいるのか」日経CSRプロジェクト欧州視察レポート（2）（http://www.nikkei.co.jp/csr/pdf/latest/latest_euo02.pdf，2008年1月5日）
谷口和弘（2006）『企業の境界と組織アーキテクチャ―企業制度論序説―』NTT出版
谷口源太郎（1991）「経営努力足りず，選手に"人権"なく　巨人神話崩れて褪せる一方の夢」『日経ビジネス』1991年3月25日号
谷口真美（2005）『ダイバシティ・マネジメント』白桃書房

谷本寛治（2004a）「CSR と企業評価」『組織科学』第38巻第 2 号
谷本寛治（2004b）「新しい時代の CSR」谷本寛治編著『CSR 経営―企業の社会的責任とステイクホルダー―』中央経済社
谷本寛治（2006）「ソーシャル・エンタープライズ（社会的企業）の台頭」谷本寛治編著『ソーシャル・エンタープライズ―社会的企業の台頭―』中央経済社
谷本寛治（2009）「ソーシャル・ビジネスとソーシャル・イノベーション」一橋大学イノベーション研究センター編『一橋ビジネスレビュー』2009年 SUM.
田村知子（2006）「NBonline Women at Work　ダイバーシティーマネジメントに取り組む女たち」『日経ビジネスオンライン』2006年10月10日
（http：//business.nikkeibp.co.jp/article/skillup/20061004/111110/，2010年 1 月 5 日）
チクセントミハイ, M. & ナカムラ, J.（2003）「フロー理論のこれまで」今村浩明・浅川希洋志編『フロー理論の展開』世界思想社
駐日欧州連合代表部（2013）「企業の競争力を強化する EU の CSR 戦略」『EU　MAG』
（http：//eumag.jp/feature/b0913/，2014年 1 月 8 日）
塚本一郎（2012）「CSR を超えて―マイケル・ポーターの CSV にみる CSR のイノベーション・アプローチ―」塚本一郎・関正雄編著『社会貢献によるビジネス・イノベーション―「CSR」を超えて―』丸善出版
土屋守章（1994）『現代経営学入門』新世社
筒井清忠（1995）『日本型「教養」の運命―歴史社会学的考察―』岩波書店
出見世信之（2004）『企業倫理入門』同文舘出版
電通総研編（1991a）『企業の社会貢献（フィランソロピー）個人・企業・社会の共生』日本経済新聞社
電通総研（1991b）「芸術を「放つ」電通総研編『文化のパトロネージ』洋泉社
電通総研編（1996）『NPO（民間非営利組織）とは何か』日本経済新聞社
土肥将敦（2006）「ソーシャル・アントレプレナー（社会的企業家）とは何か」谷本寛治編著『ソーシャル・エンタープライズ―社会的企業の台頭―』中央経済社
土肥将敦・唐木宏一・谷本寛治（2006）「日本におけるソーシャル・エンタープライズの胎動」谷本寛治編著『ソーシャル・エンタープライズ―社会的企業の台頭―』中央経済社
遠山亮子・野中郁次郎（2000）「「よい場」と革新的リーダーシップ」『一橋ビジネスレビュー』2000年 SUM.-AUT.
豊川博圭（1995）「バーチャル研究所」『日本経済新聞』1995年 1 月30日
ドラッカー，P. F. 著，上田惇生訳（1997）『［新訳］イノベーションと起業家精神（上）』ダイヤモンド社
ドラッカー，P. F. 著，上田惇生編訳（2000）『プロフェッショナルの条件―いかに成果をあげ，成長するか―』ダイヤモンド社（*The Essential Drucker on Individuals: To Perform, to Contribute and Achieve*）

邦文参考文献

内閣府編（2004）『平成16年版　少子化社会白書』ぎょうせい
内閣府（2008）『平成20年版　経済財政白書』時事画報社
内閣府（2009）「英国の青少年育成の推進体制等に関する調査報告書」（http://www8.cao.go.jp/youth/kenkyu/ukyouth/pdf/05_part1.pdf，2012年12月20日）
内閣府（2011）「社会的企業についての法人制度及び支援の在り方に関する海外現地調査報告書」（http://www5.cao.go.jp/npc/pdf/syakaiteki-kaigai.pdf，2012年12月20日）
内藤和美（1994）『女性学をまなぶ』三一書房
内藤俊史（1985）「コールバーグの道徳性発達理論に基づく道徳教育の実践」永野重史編『道徳性の発達と教育—コールバーグ理論の展開—』新曜社
永井紀之（2004）『パティシエ』PHP研究所
永沢道雄（2005）『大正時代』光人社
中西進（1995）「現代文明と古代」『朝日新聞』1995年1月15日
永野重史編（1985）『道徳性の発達と教育：コールバーグ理論の展開』新曜社
中野卓（1981）『商家同族団の研究　第2版（下）』未來社
中野千晶（1999）「倫理的組織環境づくりに向けていまこそ企業倫理教育を」『人材教育』1999年10月号，日本能率協会
永畑道子（1999）『三井家の女たち—殊法と鈍翁—』藤原書店
中村瑞穂（2007）「企業倫理と"CSR"」企業倫理研究グループ／代表：中村瑞穂『日本の企業倫理—企業倫理の研究と実践—』白桃書房
夏目啓二（2006）「変貌するアメリカ企業と社会—アメリカ企業社会とステイクホルダー論—」日本比較経営学会編『会社と社会—比較経営学のすすめ—』文理閣
難波和明（1997）「軍事における支援」『組織科学』第30巻第3号
西岡まさ子（1993）『江戸の女ばなし』河出書房新社
西村清和（1989）『遊びの現象学』勁草書房
『日経ビジネス』「特集　こんな会社を創りたい」1995年1月16日号
日産自動車（2009）「社員とともに」『日産自動車サスティナビリティリポート2009』（http://www.nissan-global.com/JP/DOCUMENT/PDF/SR/2009/SR09J_P086_Employees.pdf，2010年1月15日）
日産自動車「社員の多様性を活かす（ダイバーシティ）」（http://www.nissan-global.com/JP/COMPANY/DIVERSITY/，2010年1月15日）
日清製粉株式会社社史編纂委員会（1955）『日清製粉株式会社社史』日清製粉株式会社社史編纂委員会
日清製粉株式会社編（1985）『小麦粉博物誌』文化出版局
新渡戸稲造著，矢内原忠雄訳（1984）『武士道（改版）』岩波書店
日本規格協会編（2004）『CSR企業の社会的責任：事例による企業活動最前線』日本規格協会
日本経営倫理学会編（2008）『経営倫理用語事典』白桃書房

『日本経済新聞』「世界陸上　舞台裏から（下）」1991年8月15日
『日本経済新聞』「ランク100位以内で1人前」1995年7月1日
日本経済団体連合会　企業行動委員会／社会貢献推進委員会　社会責任経営部会（2005）「CSR（企業の社会的責任）に関するアンケート調査結果」
　（http : //www.keidanren.or.jp/japanese/policy/2005/066.pdf，2010年12月20日）
日本経済団体連合会企業行動委員会（2009）「CSR（企業の社会的責任）に関するアンケート調査結果」（https : //www.keidanren.or.jp/japanese/policy/2009/075/honbun.pdf，2010年12月20日）
日本体育大学体育研究所スポーツ社会学研究会（1999）「スポーツにおける企業支援に関する調査・研究（報告書）」
丹羽宇一郎（2010）「商売道の精神と倫理」『彦根論叢』No. 385（2010年秋号）
野間光辰校注（1991）『日本永代蔵　世間胸算用　西鶴織留』岩波書店
沼上幹（2000）『わかりやすいマーケティング戦略』有斐閣
服部篤子（2010）「ソーシャル・イノベーションとその担い手」服部篤子・武藤清・渋澤健編『ソーシャル・イノベーション──営利と非営利を超えて──』日本経済評論社
浜渦辰二（2011）「ビジネスとケアをつなぐ倫理」『異文化コミュニケーション研究』第23号
林大樹・辻朋子・後藤健市・川北秀人（2009）「地域コミュニティとソーシャル・ビジネスの未来」一橋大学イノベーション研究センター編『一橋ビジネスレビュー』2009年SUM.
林達夫・野田又夫・久野収・山崎正一・串田孫一監修（1971）『哲学事典』（改訂新版）平凡社
林敏彦（2007）「書評『事業創造論の構築』」『産業研究』42−2（高崎経済大学付属産業研究所）
林玲子（2001）『江戸・上方の大店と町屋女性』吉川弘文館
林玲子（2003）『江戸店の明け暮れ』吉川弘文館
原田伴彦・遠藤武・百瀬明治・曽根妙子（1983）『近世女性生活絵典』柏書房
平賀富一（2012）「企業のグローバル化の進展と求められる人材」『SCOPE NET』Vol. 62 2012　SPRING，ニッセイ基礎研究所（http : //www.nli-research.co.jp/company/insurance/scope1203-hiraga.pdf，2014年1月10日）
平野由美子（2010）「プロフェッション理論の展開──会計プロフェッションの場合──」『立命館経営学』第49巻第1号
平野亙（2002）「看護の倫理とProfessionalism」『大分看護科学研究』第3巻第2号
平山洋（1997）『西田哲学の再構築』ミネルヴァ書房
ヒルシュマイヤー, J. & 由井常彦（1977）『日本の経営発展──近代化と企業経営──』東洋経済新報社
廣井孝（1994）「企業のフィランソロピー活動の基底にあるもの」名東孝二・山田晫・横

邦文参考文献

沢利昌編『ホスピタリティとフィランソロピー―産業社会の新しい潮流―』税務経理協会
広井良典（2008）「ケアとしての科学―成長・拡大なき時代の科学・学問・大学―」『公共研究』第5巻第2号（千葉大学）
布川清司（2000）『近代日本 女性倫理思想の流れ』大月書店
福沢諭吉著，林望監修・解説（2001）『女大学評論・新女大学』講談社
福田敏彦（1992）「"物語広告"の表現開発」『AD CON REPORT』No. 701（AD 懇談会）
藤井松一（1967）『教養人の日本史(5)―大正時代から現代まで―』社会思想社
藤田誠（1999）『経営学のエッセンス』税務経理協会
藤田誠（2007）『企業評価の組織論的研究―経営資源と組織能力の測定―』中央経済社
藤原隆信（2006）「非営利組織から見た企業と社会―非営利組織・社会的企業の台頭と比較経営学の方向性―」日本比較経営学会編『会社と社会―比較経営学のすすめ―』文理閣
ブーズ・アレン・ハミルトン（2007）「利益とCSRの両立をめざして」『ニューズウィーク日本版』2007年7月4日号
ブーズ・アンド・カンパニー（2008）「CSRと企業戦略」『ニューズウィーク日本版』2008年7月9日号
ポーター，M. E. & 竹内弘高（2000）『日本の競争戦略』ダイヤモンド社
堀出一郎（2006）「アルフレッド・マーシャル 専門性と忠誠心が高める意欲」『人間会議』2006年夏号（宣伝会議）
本間高明（2003）『佐渡羽茂本間家滅亡した先祖からの伝言』新人物往来社
町田洋次（2000）『社会起業家―「よい社会」をつくる人たち―』PHP研究所
松岡正剛（1991）「クラブ・サロンの編集史―テーブルを囲んだ情報装置―」松岡正剛編『クラブとサロン―なぜ人びとは集うのか―』NTT出版
マッハルプ，F. 著，赤木昭夫訳（1985）「情報科学の学際的定義」『別冊 國文学・知の最前線―情報のパラダイム―』學燈社
松本芳男（1994）「組織価値診断のパラドックス・モデル」『商学集志』第64巻第1－3合併号（日本大学商学研究会）
水尾順一（2000）『マーケティング倫理』中央経済社
みずほ総合研究所（2007）「少子化と労働市場改革」『日本経済新聞』2007年11月1日
水村典弘（2004）『現代企業とステークホルダー―ステークホルダー型企業モデルの新構想―』文眞堂
溝上憲文（2011）「舞台は世界。国籍不問の採用が本格化」『リクルート カレッジマネジメント』169, Jul.-Aug.2011（http：//souken.shingakunet.com/college_m/2011_RCM169_06.pdf，2014年1月10日）
宮坂純一（2009）『道徳的主体としての現代企業―何故に，企業不祥事が繰り返されるのか―』晃洋書房

373

宮本又次（1988）『住友家の家訓と金融史の研究』同文舘出版
宮本又郎編（2002）『日本をつくった企業家』新書館
武藤清（2010）「明日の経済社会モデルの創造」服部篤子・武藤清・渋澤健編『ソーシャル・イノベーション―営利と非営利を超えて―』日本経済評論社
村井弦斎作（2005）『食道楽（上）（下）』岩波書店
村上龍・金子勝（対談）（2000）「「共同体」滅びる？」村上龍『希望の国のエクソダス』文藝春秋
村橋勝子（2002）『社史の研究』ダイヤモンド社
明治製菓四十年小史編集委員会編（1958）『明治製菓40年小史』明治製菓
明治製菓社史編集委員会編（1968）『明治製菓の歩み：創立から50年』明治製菓
明治製菓株式会社社史編集委員会編（1997）『明治製菓の歩み：創業から80年』明治製菓
明治製菓社史編纂委員会編（2007）『明治製菓の歩み：創業から90年』明治製菓
森田克徳（2000）『争覇の経営戦略 製菓産業史』慶應義塾大学出版会
森孝之（1998）『「想い」を売る会社』日本経済新聞社
文部科学省 産学連携によるグローバル人材育成推進会議（2011）「産学官によるグローバル人材の育成のための戦略（http://www.mext.go.jp/component/a_menu/education/detail/__icsFiles/afieldfile/2011/06/01/1301460_1.pdf, 2014年1月8日）
安岡重明・長沢康昭・浅野俊光・三島康雄・宮本又郎（1978）『日本の企業家(1)明治篇』有斐閣
安岡重明（2004）『三井財閥の人びと―家族と経営者―』同文舘出版
安本教傳編（2000）『食の倫理を問う―からだと環境の調和―』（講座 人間と環境 第6巻）昭和堂
矢野経済研究所（2013）「パン市場に関する調査結果 2013」（http://www.yano.co.jp/press/pdf/1082.pdf, 2014年2月10日）
山岡義典編著（1997）『NPO基礎講座―市民社会の創造のために―』ぎょうせい
山形浩生（1999）「ノウアスフィアは，ぼくたちの開墾を待っている」レイモンド，E. S. 著，山形浩生訳・解説『伽藍とバザール―オープンソース・ソフトLinuxマニフェスト―』光芒社
山川淳次郎（1974）「感情移入美学」竹内敏雄編『美学事典（増補版）』弘文堂
山崎正和（1984）『柔らかい個人主義の誕生』中央公論社
山田經三（1998）「グローバリゼーション時代における経営倫理」『日本経営倫理学会誌』第5号
山根小雪（2008）「パタゴニアがアウトドア衣料のリサイクル―帝人，東レと連携し回収から再生まで―」『日経ビジネスオンライン』2008年5月27日（http://business.nikkeibp.co.jp/article/manage/20080526/1588051/, 2008年12月20日）
山本匡（1997）「支援の創る自律分散社会―免疫型システムモデルを中心として―」『組織科学』第30巻第3号

山脇直司（2008）『グローカル公共哲学』東京大学出版会
湯本豪一（2005）『明治ものの流行事典』柏書房
義江明子（1993a）「時代をみる―原始古代―」総合女性史研究会編『日本女性の歴史：女のはたらき』角川書店
義江明子（1993b）「里刀自から女帝まで」総合女性史研究会編『日本女性の歴史：女のはたらき』角川書店
吉永良正（1996）『「複雑系」とは何か』講談社
吉森賢（2007）『企業統治と企業倫理』放送大学教育振興会
リクルート HC ソリューショングループ編（2008）『実践ダイバーシティマネジメント―何をめざし，何をすべきか―』英治出版
脇田修・脇田晴子（2008）『物語　京都の歴史』中央公論新社
渡辺祥子（2000）「薬種仲買」吉田伸之編『商いの場と社会』吉川弘文館
渡辺孝（2009）「ソーシャル・イノベーションとは何か」一橋大学イノベーション研究センター編『一橋ビジネスレビュー』2009年 SUM．
渡邊奈々（2007）『社会起業家という仕事―チェンジメーカーⅡ―』日経BP社
和辻哲郎（1979）『風土』岩波書店

欧文参考文献

Almond, B. & Wilson, B. (eds.) (1988)*Values: A Symposium*, Prometheus Books（玉井治・山本慶裕訳，1994,『価値―新しい文明学の模索に向けて―』東海大学出版会）.

Andreasen, A. R. (1996) "Profit for Nonprofits: Find a Corporate Partner," *Harvard Business Review*, Nov/Dec 1996, Vol.74 Issue 6, pp.47-59.

Arieti, S. (1976) *Creativity : The Magic Synthesis*, Basic Books（加藤正明・清水博之訳，1980,『創造力―原初からの統合―』新曜社）.

Baker, W. (2000) *Achieving Success Through Social Capital*, Jossey-Bass（中嶋登，2001,『ソーシャル・キャピタル』ダイヤモンド社）.

Barnard, C. I. (1938) *The Functions of the Executive*, Harvard University Press（山本安次郎・田杉競・飯野春樹訳，1968,『新訳 経営者の役割』ダイヤモンド社）.

Beauchamp, T. L. & Bowie, N. E. (eds.) (1997) *Ethical Theory and Business*, 5th ed., Prentice-Hall（加藤尚武監訳，2005,『企業倫理学1―倫理的原理と企業の社会的責任―』晃洋書房）.

Bellah, R. N. (1957) *Tokugawa Religion : The Values of Pre-industrial Japan*, Free Press（堀一郎・池田昭訳，1966,『日本近代化と宗教倫理―日本近世宗教論―』[新版] 未來社）.

Bellah, R. N., Madsen, R., Tipton, S. M., Sullivan, W. M., & Swidler, A. (1985) *Habits of the Heart : Individualism and Commitment in American Life*, University of California Press（島薗進・中村圭志訳，1991,『心の習慣―アメリカ個人主義のゆくえ―』みすず書房）.

Berlin, I. (1969) *Four Essays on Liberty*, Oxford University Press（小川晃一・小池銈・福田歓一・生松敬三訳，1979,『自由論』みすず書房）.

Bonstein, D. (2004) *How to Change the World*, Oxford University Press（井上英之監訳，有賀裕子訳，2007,『世界を変える人たち？ 社会起業家たちの勇気とアイデアの力』ダイヤモンド社）.

Boyd, J. & George-Warren, H. (1992) *Musicians in Tune: Seventy-five Contemporary Musicians Discuss the Creative Process*, Simon & Schuster（菅野彰子訳，1993,『素顔のミュージシャン』早川書房）.

Brillat-Savarin, J. A. (1825) *Physiologie du Goût, ou Méditations de Gastronomie Transcendante ; ouvrage théorique, historique et à l'ordre du jour, dédié aux Gastronomes parisiens, par un Professeur, membre de plusieurs sociétés littéraires et savantes*（関根秀雄・戸部松実訳，2005,『美味礼讃（上）（下）』岩波書店）.

Caillois, R. (1967) *Les Jeux et les Hommes* (le masque et le vertige), edition revue et augmentee, Gallimard（多田道太郎・塚崎幹夫訳，1990,『遊びと人間』講談社）.

Campbell, J. & Moyers, B. (1988) *The Power of Myth*, Doubleday（飛田茂雄訳，1992，『神話の力』早川書房）．

Carlzon, J. (1985) *Riv Pyramiderna*, Bonniers（堤猶二訳，1990，『真実の瞬間―SAS（スカンジナビア航空）のサービス戦略はなぜ成功したか―』ダイヤモンド社）．

Carroll, A. B. (1979) "A Three-dimensional Conceptual Model of Corporate Performance," *Academy of Management Review*, Vol. 4, No. 4, pp.497-505.

Carroll, A. B. & Buchholtz, A. K. (2003) *Business & Society: Ethics and Stakeholder Management*, Thompson South-Western.

Chouinard, Y. (2005) *Let My People Go Surfing: The Education of a Reluctant Businessman*, Penguin Press（森摂訳，2007，『社員をサーフィンに行かせよう―パタゴニア創業者の経営論―』東洋経済新報社）．

Chowdhury, I. & Santos, F. (2010) "Scaling Social Innovations: The Case of Gram Vikas," INSEAD Working Papers Collection, Issue 10, pp.1-34.

Coates, B. & Saloner, G. (2009) "The Profit in Nonprofit," *Stanford Social Innovation Review*, Summer 2009.

Cohen D. & Prusak, L. (2001) *In Good Company*, Harvard Business School Press（沢崎冬日訳，2003，『人と人の「つながり」に投資する企業』ダイヤモンド社）．

Csikszentmihalyi, M. (1975) *Beyond Boredom and Anxiety: The Experience of Play in Work and Games*, Jossey-Bass（今村浩明訳，1991，『楽しむということ』思索社）．

Csikszentmihalyi, M. (1990) *Flow*, Harpercollins（今村浩明訳，1996,『フロー体験―喜びの現象学―』世界思想社）．

Csikszentmihalyi, M. (2003) *Good Business: Leadership, Flow, and the Making of Meaning*, Viking Adult（大森弘監訳，2008，『フロー体験とグッドビジネス―仕事と生きがい―』世界思想社）．

Csikszentmihalyi, M. (2004) *Good Business*, Penguin Books.

Davis, M. H. (1994) *Empathy: A Social Psychological Approach*, Westview Press（菊池章夫訳，1999，『共感の社会心理学』川島書店）．

Dawkins, R. (1976) *The Selfish Gene*. Oxford Universy Press（日高敏隆・岸由二・羽田節子・垂水雄二訳，1991，『利己的な遺伝子』紀伊國屋書店）．

Dees, J. G. (2001) "The Meaning of 'Social Entrepreneurship,'" Duke University's Fuqua School of Business, the Center for the Advancement of Social Entrepreneurship (CASE) (http://www.caseatduke.org/documentsdees_sedef.pdf, 2010年1月20日)．

Dell, M. & Fredman, C. (1999) *Direct from Dell: Strategies that Revolutioniged an Industry*, HarperCollins（國領二郎監訳，吉川明希訳，1999，『デルの革命―「ダイレクト」戦略で産業を変える―』日本経済新聞社）．

Doherty, B., Foster, G., Mason, C., Meehan, J., Meehan, K., Rotheroe, N. & Royce, M. (2009) *Management for Social Enterprise*, Sage Publications.

Driver, M. (2012) "An Interview with Michael Porter: Social Entrepreneurship and the Transformation of Capitalism," *Academy of Management Learning & Education*, Vol. 11, No. 3, pp.421-431.

Drucker, P. F. (1985) *Innovation and Entrepreueurship*, Harper & Row（上田惇生訳，1997，『[新訳] イノベーションと起業家精神（上）（下）』ダイヤモンド社）.

Drucker, P. F. (1990) *Managing the Nonprofit Organization: Practices and Principles*, HarperCollins（上田惇生・田代正美訳，1991『非営利組織の経営─原理と実践─』ダイヤモンド社）.

Drucker, P. F. (1993) *Post-Capitalist Society*, HarperCollins（上田惇生訳，1993，『ポスト資本主義社会─21世紀の組織と人間はどう変わるか─』ダイヤモンド社）.

Drucker, P. F. (1993) *Innovation and Entrepreneurship*, HarperBusiness（上田惇生訳，1997，『[新訳] イノベーションと起業家精神（上）』ダイヤモンド社）.

Drucker, P. F. (1998) *Peter Drucker on the Profession of Management*, Harvard Business School Press（上田惇生訳，1998，『P. F. ドラッカー経営論集─すでに始まった21世紀─』ダイヤモンド社）.

Dudnik, N. (2010) "Social Entrepreneurs' Tricky Issues of Sustainability and Scale, HBR Blog Network," *Harvard Business Review* October 18, 2010（http://blogs.hbr.org/2010/10/social-entrepreneurs-tricky-is, 2012年7月1日）.

Fisher, K. (2000) "'Glue Grant' Boosts Cell Signaling Consortium," *Science*, Vol. 289, 15 Sep. 2000, p.1854.

Frederick, W. C. (1998) "Moving to CSR," *Business & Society*, Vol. 37, No. 1, pp. 40-59.

Freeman, R. E. (1984) *Strategic Management: A Stakeholder Approach*, Pitman.

Gerstner, Jr., L. V. (2002) *Who Says Elephants Can't Dance?: Inside IBM's Historic Turnaround*, Harper Business（山岡洋一・高遠裕子訳，2002，『巨像も踊る』日本経済新聞社）.

Giddens, A. (1998) *The Third Way*, Polity Press（佐和隆光訳，1999，『第三の道』日本経済新聞社）.

Gilligan, C. (1982) *In a Different Voice: Psychological Theory and Women's Development*, Harvard University Press（岩男寿美子監訳，生田久美子・並木美智子訳，1986，『もうひとつの声』川島書店）.

Grenier, P. (2006) "Social Entrepreneurship: Agency in a Globalizing World," Nicholls, A. (ed.) *Social Entrepreneurship*, Oxford University Press.

GRI & IFC (2009) *Embedding Gender in Sustainability Reporting-A Practitioner's Guide*.

Habermas, J. (1962) *Strukturwandel der Öffentlichkeit: Untersuchungen zu einer Kategorie der bürgerlichen Gesellschaft*, Neuwied (Luchterhand)（細谷貞雄・山田正行訳，1994，『公共性の構造転換─市民社会の一カテゴリーについての探究─』未來社）.

Handy, C. (2001) "Tocqueville Revisited: The Meaning of American Prosperity," *Harvard*

Business Review, Vol.79, Issue.1, pp.57-63.（有賀裕子訳，2001,「アメリカ資本主義の真実」『DIAMONDハーバード・ビジネス・レビュー』2001年5月号，ダイヤモンド社 pp.28-39）.

Harrell, W. (1994) *For Entrepreneurs Only : Success Strategies for Anyone Starting or Growing a Business*, Career Press（板屁明訳，西川潔解説，2006,『起業家の本質』英治出版）.

Hart, S. L. (2007) *Capitalism at the Crossroads : Aligning Business, Earth, and Humanity*, Wharton School Publishing（石原薫訳，2008,『未来をつくる資本主義―世界の難問をビジネスは解決できるか―』英治出版）.

Hayek, F. A. von (1949) *Individualism and Economic Order*, Routledge & Kegan Paul（嘉治元郎・嘉治佐代訳，1990,『ハイエク全集〈第3巻〉個人主義と経済秩序』春秋社）.

Heckscher, C. (1995) *White-Collar Blues: Management Loyalties in an Age of Corporate Restructuring*, Basic Books（飯田雅美訳，1995,『ホワイトカラー・ブルース』日経BP出版センター）.

Herzlinger, R. E. (1996) "Can Public Trust in Nonprofits and Governments Be Restored?," *Harvard Business Review*, Mar/Apr 1996, Vol.74, Issue.2, pp.97-107.

Himanen, P., Tovalds, L. (Prologue), & Castells, M. (Epilogue) (2001) *The Hacker Ethic and the Spirit of the Information Age*, Random House（安原和見・山形浩生訳，2001,『リナックスの革命―ハッカー倫理とネット社会の精神―』河出書房新社）.

Huffman, K., Vemoy, M., & Williams, B. (1987) *Psychology in Action*, John Wiley & Sons.

Huizinga, J. (1950) *Homo Ludens-Proeve eener bepaling van het spel-element der cultuur*, H. D. Tjeenk Willink & Zoon（高橋英夫訳，1973,『ホモ・ルーデンス』中央公論社）.

IMD International, The London Business School & The Wharton School of the University of Pennsylvania (1997) *Financial Times Mastering Management*（神山昌信・泉竜也訳，1999,『MBA全集6 リーダーシップと倫理』ダイヤモンド社）.

James, E. & Rose-Ackerman, S. (1986) *The Nonprofit Enterprise in Market Economies*, Harwood Academic Publishers（田中敬文訳，1993,『非営利団体の経済分析：学校，病院，美術館，フィランソロピー』多賀出版）.

Jones, C. & DeFillippi, R. J. (1996) "Back to the Future in Film : Combining Industry and Self-knowledge to Meet the Career Challenges of the 21st Century," *Academy of Management Executive*, Vol. 10, No. 4, pp. 89-103.

Kohlberg, L. (1971) "From Is to Ought : How to Commit the Naturalistic Fallacy and Get Away with it in the Study of Moral Development," in Mischel, T. (ed.), *Cognitive Development and Epistemology*, Academic Press（内藤俊史・千田茂博訳，1985,「第1章「である」から「べきである」へ」永野重史編『道徳性の発達と教育―コールバーグ理論の展開―』新曜社）.

Kohn, A. (1993) *Punished by Rewards: The Trouble with Gold Stars, Incentive Plans,*

A'S, Praise, and Other Bribes, Houghton Mifflin（田中英史訳，2001,『報酬主義をこえて』法政大学出版局）.

Kropp, R. (2009) "Room for Improvement Exists in Corporate Sustainability Reporting on Gender," *Social Funds,* November 02, 2009（http://www.socialfunds.com/news/save.cgi?sfArticleId=2814）.

Leadbeater, C. (1997) The Rise of the Social Entrepreneur, DEMOS.

Lee, T. W. & Maurer, S. D. (1997) "The Retention of Knowledge Workers with the Unfolding Model of Voluntary Turnover," *Human Resource Management Review,* Vol. 7, No. 3, pp.247-275.

Lester, R. K. (1998) *The Productive Edge: How U.S. Industries Are Pointing the Way to a New Era of Economic Growth,* W. W. Norton & Company（田辺孝二・西村隆夫・藤末健三訳，2000,『競争力―「Made in America」10年の検証と新たな課題―』生産性出版）.

Loden, M. (1985) *Feminine Leadership, or How to Succeed in Business Without Being One of the Boys,* Times Books（山崎武也訳，1987,『フェミニン・リーダーシップ―男性中心社会で女性が成功する法―』日本能率協会）.

Luhmann, N. (1968) *Vertrauen: Ein Mechanismus der Reduktion sozialer Komplexität,* Ferdinand Enke（野崎和義・土方透訳，1988,『信頼―社会の複雑性とその縮減―』未來社）.

Lyotard, J. F. (1979) *La Condition Postmoderne,* Éditions de Minuit（小林康夫訳，1986,『ポスト・モダンの条件』書肆風の薔薇）.

Maccoby, M. (1976) *The Gamesman: The New Corporate Leaders,* Simon & Schuster（広瀬英彦訳，1978,『ゲームズマン―新しいビジネスエリート―』ダイヤモンド社）.

MacIntyre, A. C. (1984) *After Virture: A Study in Moral Theory,* 2nd ed., University of Nortre Dame Press（篠崎榮訳，1993,『美徳なき時代』みすず書房）.

Nash, L. L. (1990) *Good Intentions Aside: A Manager's Guide to Resolving Ethical Problems,* Harvard Business School Press（小林俊治・山口善昭訳，1992,『アメリカの企業倫理―企業行動基準の再構築―』日本生産性本部）.

Nicholls, A. (ed.) (2008) *Social Entrepreneurship: New Models of Sustainable Social Change,* Oxford University Press.

Noddings, N. (1984) *Caring: A Feminine Approach to Ethics and Moral Education,* Univ of California Press（立山善康・清水重樹・新茂之・林泰成・宮崎宏志訳，1997,『ケアリング―倫理と道徳の教育　女性の観点から―』晃洋書房）.

Nonaka, I. & Takeuchi, H. (1995) *The Knowledge-Creating Company: How Japanese Companies Create the Dynamics of Innovation,* Oxford University Press（梅本勝博訳，1996,『知識創造企業』東洋経済新報社）.

Paine, L. S. (2002) *Value Shift: Why Companies Must Merge Social and Finacial Impera-*

tives to Achieve Superior Performance, McGraw-Hill（鈴木主税・塩原通緒訳，2004，『バリュー・シフト―企業倫理の新時代―』毎日新聞社）．

Peters, T. (1994) *The Tom Peters Seminar : Crazy Times Call for Crazy Organizations*, Macmillan（平野勇夫訳，1994，『トム・ピーターズの経営破壊』阪急コミュニケーションズ）．

Piaget, J. (1945) *La Formation du Symbole chez L'enfant: Imitation, Jeu et Rêve, Image et Representation*, Delachaux & Niestlé（大伴茂訳，1988，『遊びの心理学』黎明書房）．

Polanyi, M. (1966) *The Tacit Dimension*. Routledge & Kegan Paul（佐藤敬三訳，1980，『暗黙知の次元―言語から非言語へ―』紀伊國屋書店）．

Porter, M. E. & Kramer, M. R. (2006) "Strategy and Society: The Link Between Competitive Advantage and Corporate Social Responsibility," *Harvard Business Review*, Dec. 2006, Vol. 84, Issue 12, pp.78-92（村井裕訳，2008，「競争優位のCSR戦略」『DIAMONDハーバード・ビジネス・レビュー』2008年1月号, pp.36-52）．

Porter, M. E. & Kramer, M. R. (2011) "Creating Shared Value: How to Reinvest Capitalism and Unleash a Wave of Innovation and Growth," *Harvard Business Review*, Jan. Feb. 2011, Vol.89, Issue 1/2, pp.62-77（Diamondハーバード・ビジネス・レビュー編集部訳，2011，「共通価値の戦略」『DIAMONDハーバード・ビジネス・レビュー』2011年6月号, pp.8-31）．

Prahalad, C. K. (2005) *The Fortune at the Bottom of the Pyramid : Eradicating Poverty Through Profits*, Wharton School Publishing（スカイライト コンサルティング訳，2005，『ネクスト・マーケット―「貧困層」を「顧客」に変える次世代ビジネス戦略―』英治出版）．

Putnam, R. D. (2000) *Bowling Alone: The Collapse and Revival of American Community*, Simon & Schuster（柴内康文訳，2006，『孤独なボウリング―米国コミュニティの崩壊と再生―』柏書房）．

Putnam, R. D., Leonardi, R. & Nanetti, R. Y. (1993) *Making Democracy Work : Civic Traditions in Modern Italy*, Princeton University Press（河田潤一訳，2001，『哲学する民主主義』NTT出版）．

Rawls, J. (1971) *A Theory of Justice*, Belknap Press of Harvard University Press（矢島鈞次監訳，篠塚慎吾・渡部茂訳，1979，『正義論』紀伊國屋書店）．

Raymond, E. S. (1999) *The Cathedral and the Bazaar : Musings on Linux and Open Source by an Accidental Revolutionary*, O'Reilly（山形浩生訳，1999，『伽藍とバザール―オープンソース・ソフトLinuxマニフェスト―』光芒社）．

Ridley, M. (1996) *The Origins of Virtue*, Felicity Bryan（岸由一訳，2000，『徳の起源：他人を思いやる遺伝子』翔泳社）．

Röhrs, H. (1981) *Spiel und Sportspiel: ein Wechselverhältnis*, Hermann Schroedel（長谷川守男監訳，1987，『遊戯とスポーツ』玉川大学出版部）．

Rosener, J. B. (1990) "Ways Women lead", *Harvard Business Review*, Nov/Dec 1990, Vol.68 Issue 6, pp. 119–125.

Salamon, L. M. (1992) *America's Nonprofit Sector: A Primer*, Foundation Center（入山映訳，1994，『米国の「非営利セクター」入門』ダイヤモンド社）.

Salamon, L. M. (1995) *Partners in Public Service: Government-Nonprofit Relations in the Modern Welfare State*, Johns Hopkins University Press.

Salamon, L. M. & Anheier, H. K. (1994) *The Emerging Sector*, Johns Hopkins University Press（今田忠監訳，1996，『台頭する非営利セクター——12カ国の規模・構成・制度・資金源の現状と展望—』ダイヤモンド社）.

Scheff, J. & Kotler, P (1996) "Crisis in the Arts : The Marketing Response," *California Management Review*, Vol. 39, No. 1, pp.28–52.

Schumpeter, J. A. (1926) *Theorie der wirtschaftlichen Entwicklung : Eine Untersuchung über Unternehmergewinn, Kapital, kredit, Zins und den Konjunkturzyklus*, Duncker & Humblot（塩野谷祐一・中山伊知郎・東畑精一訳，1977，『経済発展の理論（上）(下)』岩波書店）.

Schumpeter, J. A. (1950) *Capitalism, Socialism, and Democracy*, 3rd ed., Harper & Brothers（中山伊知郎・東畑精一訳，1995，『資本主義・社会主義・民主主義』東洋経済新報社）.

Sen, A. (1987) *On Ethics and Economics*, Basil Blackwell（徳永澄憲・松本保美・青山治城訳，2002，『経済学の再生—道徳哲学への回帰—』麗澤大学出版会）.

Smith, A. (1992) *The Theory of Moral Sentiments*, 2nd ed., Rinsen Book.

Solomon, R. C. (1997) "Competition, Care, and Compassion : Toward a Nonchauvinist View of the Corporation," Larson. A. & Freeman, E. (eds.) *Women's Studies and Business Ethics*, Oxford University Press.

Stewart, D. (1995) *Business Ethics*, McGraw-Hill（企業倫理研究グループ訳，2001，『企業倫理』白桃書房）.

The Aspen Institute (2014) Beyond Grey Pinstripes 2005 Rankings, Retrieved January

The Seattle Times, April 12, 1998.

Torvalds, L. & Diamond, D. (2001) *Just for Fun: The Story of an Accidental Revolutionary*, HarperCollins（風見潤訳，中島洋監修，2001，『それがぼくには楽しかったから—全世界を巻き込んだリナックス革命の真実—』小学館プロダクション）.

Turner, B. (1990) "The Rise of Organizational Symbolism," in Hassard, J., & Pym, D. (eds.) *The Theory and Philosophy of Organizations: Critical Issues and New Perspectives*, Routledge.

United Nations (2014) The United Nations Principles for Management Education, Retrieved January 8, 2014, from http://www.unprme.org.

Vogel, D. (2005) *The Market for Virtue : The Potential and Limits of Corporate Social*

Responsibility, Brookings Institution（小松由紀子・村上美智子・田村勝省訳，2007，『企業の社会的責任（CSR）の徹底研究―利益の追求と美徳のバランス：その事例による検証―』一灯舎）．

Waldrop, M. M. (1992) *Complexity : The Emerging Science at the Edge of Order and Chaos*, Simon & Schuster（田中三彦・遠山峻征訳，1996，『複雑系』新潮社）．

Weber, M. (1920) *Die protestantische Ethik und der "Geist" des Kapitalismus*, Gesammelte Aufsätze zur Religionssoziologie, Bd. 1, 1920, SS. 17-206（大塚久雄訳，1991，『プロテスタンティズムの倫理と資本主義の精神』岩波書店）．

Westley, F., & Antadze, N. (2010) "Making a Difference: Strategies for Scaling Social Innovation for Greater Impact," *Innovation Journal*, Vol.15, Issue2, pp.1-19.

Westley, F., Zimmerman, B., & Patton, M.Q. with a foreward by Young, E. (2006) *Getting to Maybe : How the World Is Changed*, Random House Canada（東出顕子訳，2008，『誰が世界を変えるのか―ソーシャル・イノベーションはここから始まる―』英治出版）．

Whitman, J. R. (2010) "The Social Entrepreneurship Model: Past, Present, and Future," Worcester Polytechnic Institute, Venture Forum.

Young, S. (2003) *Moral Capitalism: Reconciling Private Interest with the Public Good*, Berrett-Koehler Publishers（経済人コー円卓会議日本委員会・原不二子監訳，2005，『CSR経営―モラル・キャピタリズム―』生産性出版）．

Young, S. & Nagpal, S. (2013) "Meeting the Growing Demand for Sustainability-focused Management Education: A Case Study of a PRME Academic Institution," *Higher Education Research & Development*, Vol.32, No. 3, pp.493-506.

事項索引

【欧文】

BOP（base of the pyramid）　84, 216
BOPビジネス　84
CSR　3, 320, 321
CSR（corporate social responsibility）　2
GRI　82, 357
GRI（Global Reporting Initiative）　322
ISO26000　357
Linux（リナックス）　228, 300
NPOバンク　73
profession　223
SRI　322

【あ】

アゴン（agōn）　254
新しい公共　33
新しい公共性　4
アノミ　296
アレア（alea）　254
暗黙知　217
家　135, 136
一元的ステイクホルダー　10
偽りの個人主義　49
イノベーション　192, 193
イノベーションの倫理　198
イリンクス（ilinx）　254
インクリメンタル・イノベーション　195, 196
近江商人　15, 127, 358
「思いやり」の倫理　357

【か】

外在的職務満足要因（extrinsic job satisfaction）　308

外的善　159
科学的管理法　297
価値転換（value shift）　3
カルヴィニスト　283
感情移入　246
企業の社会的責任　2
騎士道精神　264
義務論　157
牛鍋屋　176
共感　211, 247
（集団）凝集性　247, 261
競争　304
共通価値　337
勤勉　283
禁欲主義　283, 284
グラスルーツ・リーダー（grassroots leader）　68
クラッカー（cracker）　314
グリーンペーパー「欧州におけるCSRの枠組みの促進」（GREEN PAPER 'Promoting a European framework for Corporate Social Responsibility'）　306
ケアの倫理　356
形式知　217
啓発的自己利益の倫理　24
啓発的利益の倫理　357
契約倫理　25
公共性　32
功利主義　357
国連グローバルコンパクト　357
コーズ・リレーティッド・マーケティング（cause-related marketing）　26
コーポレート・レピュテーション（corporate reputation）　73

コミットメント　247

【さ】

差異化　293
最高経験（peak experience）　255, 277, 298
三方よし　15, 127
支援　50
支援システム　50
ジェンダー（gender）　145
ジェンダー的視点　323
自己組織性　42
自己目的的体験　255
自己目的的パーソナリティ　298
慈善型NPO　67
持続可能性（サステナビリティ）・レポート　6
自発支援型の公共性　33
市民　47
市民性　48
市民的個人主義　288
社会関係資本（ソーシャル・キャピタル：social capital）　56, 355
社会起業家　4, 67, 71
社会的企業（ソーシャル・エンタープライズ：social enterprise）　4, 34, 67
社会的結合（social cohesion）　306
社会的性別　323
社会的責任経営　321
社会的責任投資（socially responsible investment：SRI）　73
社交の精神　285
受動的CSR　81
状況倫理　149

浄土真宗　142, 144
消費者の４つの権利　14
情報　288
真の個人主義　49
心理的契約（psychological contract）　220
ステイクホルダー　9, 10
ステイクホルダー・エンゲージメント（stakeholder engagement）　354
ステイクホルダー・ダイアログ（stakeholder dialogue）　354
スラック資源理論　27
生産性のジレンマ　195
石門心学　15
絶対主義（absolutism）　355
全体論（ホーリズム）　43
戦略的CSR　81, 82
相互作用型リーダーシップ（interactive leadership）　326
創造的緊張　268
相対主義（relativism）　355
創発性（エマージェンス）　43
疎外　296
組織文化　29
ソーシャル・イノベーション　70, 74
ソーシャル・ファイナンス　73

【た】

大正教養主義　187, 358
ダイバーシティ　318
ダイバーシティ・マネジメント　317
対話　354
卓越（perfection or excellence）　157, 198
卓越性　158
多元的ステイクホルダー　10
多主体複雑系理論（poly-agent systems theory）　43
知識　288
知識創造　217
知識労働者　289, 290
中心的ステイクホルダー　11
忠誠　220
忠誠心　222
デュー・ディリジェンス・ガイダンス　359
天職　57, 142
統合化　293
道徳性の発達段階　147
徳　182, 198
徳倫理　158, 356
トリプルボトムライン（triple bottom line）　6, 306

【な】

内在的職務満足要因（intrinsic job satisfaction）　308
内的善　158, 159
内部モデル　43

【は】

場　226, 244
ハッカー（hacker）　299, 314
美徳　158
フェア・トレード　206
フェアの精神　264
フェアプレイ　264
フェミニン・リーダーシップ（feminine leadership）　324
深いフロー（deep flow）　256
複雑系　42
複雑な自己　293
武士道　15
物質主義　287
フロー（flow）　5, 255
フロー体験　302
フロー理論　5
プロセス・イノベーション　195
プロダクト・イノベーション　195, 196
プロフェッショナル（professional）　222, 289, 356
ベンチャー・フィランソロピー　65
ボランタリー・アクション　48
ボランタリー・アソシエーション（自発的結社）　49

【ま】

マイクロフロー（microflow）　256
マテリアリティ（materiality）　359
ミッション（mission）　57, 65, 66
ミッション・ステイトメント（mission statement）　60
ミミクリ（mimicry）　254
目的によるコミュニティ　289
目的を共有するコミュニティ　222

【や】

遊戯　250-254
有能感　224
ゆらぎ（fluctuation）　42
良い経営理論　27, 83
良き企業市民（good corporate citizenship）　19, 61, 81

【ら】

ラギー・レポート　359
利益三分主義　133
利己的個人主義　287
利己的な遺伝子　212
リテンション（retention）　290
リフレクション　51

リレーショナル・インベステ
　ィング（relational invest-
ing）　73
レピュテーション・マネジメント　74
労働CSR　305

人名索引

【あ】

アーレント, H.（Arendt, H.） 32
アバナシー, W.（Abernathy, W.） 195
鐙屋惣左衛門 128
アリストテレス 157
石田梅岩 15
伊藤忠兵衛 133, 143
伊藤八重 152
井原西鶴 128, 137
今田高俊 33, 42
ヴェーバー, M.（Weber, M.） 57, 127, 282
エルキントン, J.（Elkington, J.） 6
小原信 149

【か】

ガースナー, L. V.（Gerstner, L. V., Jr.） 26
カールソン, J.（Carlzon, J.） 177
カイヨワ, R.（Caillois, R.） 250, 252
カント, I.（Kant, I.） 157
北大路魯山人 167
木村英三郎 173, 174
木村儀四郎 174
木村安兵衛 173, 179
キャロル, A. B.（Carroll, A. B.） 19
ギリガン, C.（Gilligan, C.） 145
クラマー, M. R.（Kramer, M. R.） 81
小林俊治 357
コールバーグ, L.（Kohlberg, L.） 145
コーン, A.（Kohn, A.） 293
ゴーン, C.（Ghosn, C.） 299

【さ】

齋藤純一 32
斎藤槙 71
シェルドン, O.（Sheldon, O.） 13
塩野谷祐一 197, 198
シュイナード, Y.（Chouinard, Y.） 269
シュムペーター, J. A.（Schumpeter, J. A.） 192
正田貞一郎 169, 179
スミス, A.（Smith, A.） 287
住友友芳 151
住友春貞 151
セン, A.（Sen, A.） 247
相馬半治 199

【た】

高岡伴太郎 175
竹内洋 187
多田道太郎 266
谷口和弘 247
谷本寛治 26, 67
チクセントミハイ, M.（Csikszentmihalyi, M.） 5, 250, 254, 298
土屋守章 195
デイヴィス, M. H.（Davis, M. H.） 210
テイラー, F. W.（Taylor, F. W.） 296
デル, M. S.（Dell, M. S.） 298
ドーキンス, R.（Dawkins, R.） 212
ド・シャルム, R.（De Charms, R.） 255
トーバルズ, L.（Torvalds, L.） 300
ドラッカー, P. F.（Drucker, P. F.） 64, 193, 290, 291

【な】

ナッシュ, L. L.（Nash, L. L.） 24
西田幾多郎 248
新渡戸稲造 187
ネーダー, R.（Nader, R.） 14

【は】

ハイエク, F. A.（Hayek, F. A.） 14, 49
ハーシー, M. S.（Hershey, M. S.） 22
パットナム, R. D.（Putnam, R. D.） 56
バーナード, C. I.（Barnard, C. I.） 314
ハーバーマス, J.（Habermas, J.） 33
ハンディ, C.（Handy, C.） 284, 287
ピアジェ, J.（Piaget, J.） 148
ヒマネン, P.（Himanen, P.） 299
フォーゲル, R. W.（Fogel, R. W.） 284
ブリア-サヴァラン, J. A.（Brillat-Savarin, J. A.） 167, 168
フリードマン, M.（Friedman, M.） 14, 24
フリーマン, R. E.（Freeman,

388

R. E.) 10, 14
ブレイナード, P.（Brainerd, P.） 64
フレデリック, W. C.（Frederick, W. C.） 18
ペイン, L. S.（Paine, L. S.） 7
ヘクシャー, C.（Heckscher, C.） 219
ベラー, R. N.（Bellah, R. N.） 21, 139
ホイジンガ, J.（Huizinga, J.） 250
ポーター, M. E.（Porter, M. E.） 81
ホフマン, M. L.（Hoffman, M. L.） 211
ポラニー, M.（Polanyi, M.） 217
本間光丘 129
本間光道 132
本間宗久 130

【ま】

マウラー, S. D.（Maurer, S. D.） 290
マグレガー, D.（McGregor, D.） 302
マコビー, M.（Maccoby, M.） 258
マシューズ, C.（Mathews, C.） 273
マズロー, A. H.（Maslow, A. H.） 255, 298
町田洋次 34, 67
マッキンタイア, A.（MacIntyer, A.） 158, 182
マッハルプ, F.（Machlup, F.） 288
三井かね 150
三井殊法 150
ミルケン, M.（Milken, M.） 14
茂木房五郎 169

森永太一郎 190, 191
文殊院政友 151

【や】

山崎正和 283
山城章 16
吉森賢 11

【ら】

ラギー, J.（Ruggie, J.） 359
リー, T. W.（Lee, T. W.） 290
リッカート, R.（Likert, R.） 261
ルーマン, N.（Luhmann, N.） 247
レイモンド, E. S.（Raymond, E. S.） 301
レバー, J.（Lever, J.） 146

【わ】

和辻哲郎 135

企業・組織名索引

【欧文】

1％ for the Planet　273
Dell Inc.　298, 314
GRI（Global Reporting Initiative）　6
ISO（International Organization for Standardization：国際標準化機構）　55
Kiva　34
SAS（スカンジナビア航空）　178
Social Venture Partners（SVP）　65
SVP International（SVPI）　65
SVP 東京　65

【あ】

浅草今半　176
伊藤家　150, 358
エンロン社（Enron Corp.）　72

【か】

木村屋總本店　159
キャンベル・スープ社　206
経済団体連合会（経団連）　188
経済同友会　16
国際高等研究所（International Institute for Advanced Studies，高等研）　262
ゴディバ　206

【さ】

佐久間惣治郎商店　195
シアトル交響楽団（Seattle Symphony）　60
シュイナード・イクイップメント社（Chouinard Equipment, Ltd.）　270
住友家　150, 358

【た】

地球環境産業技術研究機構（Research Institute of Innovative Technology for the Earth：RITE）　262
東京菓子　191, 199

【な】

日清製粉　159, 169
日本工業倶楽部　188
日本経済団体連合会　2
人形町今半　159, 175, 180

【は】

ハーシー社（Hershey Foods Corp.）　22
パタゴニア社（Patagonia, Inc.）　269
不二家　190, 196
プリンストン高等研究所（Institute for Advanced Study：IAS）　261
ボーイング社（The Boeing Co.）　61
報知新聞　163
本間家　127, 358

【ま】

三井家　150, 358
明治製糖　199
森永製菓　190, 195

【ら】

ロンドン・ロイヤル・ソサエティ　260, 285

▰著書略歴

潜道　文子（せんどう　あやこ）
1998年　早稲田大学大学院商学研究科博士後期課程単位取得満期退学
1999年　湘南短期大学商経学科専任講師
2006年　高崎経済大学経済学部助教授
2008年　同教授
2010年　拓殖大学商学部教授
学位：博士（商学）（早稲田大学，2010）
専攻：経営戦略論，企業と社会論
主要業績：
「知識労働者の時代における企業の経営戦略としてのフローの意義」（2003）『フロー理論の展開』世界思想社（共著）
「経営倫理と組織体制の確立」（2003）『経営倫理』同文舘出版（共著）
「江戸時代のビジネスにおける女性の役割」（2006）『江戸に学ぶ企業倫理』生産性出版（共著）
「明治の食文化と食の倫理」（2008）『明治に学ぶ企業倫理』生産性出版（共著）
「大正時代の企業経営にみるイノベーションと企業倫理—製菓企業を中心として—」（2010）『大正に学ぶ企業倫理』生産性出版（共著）
「労働多様性と企業の競争優位—女性的視点を活かすダイバーシティ・マネジメント—」（2010）『社会的排除と格差問題』勁草書房（共著）
「ソーシャル・エンタープライズの本質」（2013）『グローバル企業の経営倫理・CSR』白桃書房（共著）

拓殖大学研究叢書（社会科学）39

▰日本人とＣＳＲ
　　　―遊戯・フロー体験・ダイバーシティ　　　　　　　　〈検印省略〉

▰発　行　日―― 平成26年3月26日　初版発行

▰著　　　者――潜道文子

▰発　行　者――拓殖大学

▰制作・発売――株式会社　白桃書房
　　　　　　　〒101-0021　東京都千代田区外神田5-1-15
　　　　　　　☎03-3836-4781　📠03-3836-9370　振替00100-4-20192
　　　　　　　http://www.hakutou.co.jp

▰印刷・製本――藤原印刷

　　©Ayako Sendo 2014　Printed in Japan　ISBN 978-4-561-26513-9 C3034

　JCOPY　〈(社)出版者著作権管理機構　委託出版物〉
本書の無断複写は著作権法上での例外を除き禁じられています。複写される場合は、そのつど事前に、(社)出版者著作権管理機構（電話 03-3513-6969、FAX 03-3513-6979、e-mail：info@jcopy.or.jp）の許諾を得てください。
落丁本・乱丁本はおとりかえいたします。

好評書

森本三男著
企業社会責任の経営学的研究
本体価格 3900 円

企業社会責任研究の規範的主張と，技術論的研究等の成果を吸収して企業社会責任の原理を構築，それらを企業行動につなげる社会戦略の枠組みまで展開。

小林俊治・髙橋浩夫編著
グローバル企業の経営倫理・CSR
本体価格 3000 円

企業を取り巻く利害関係者の進化に企業は何ができるか。法律遵守だけではない経営倫理を，多国籍化する企業をテーマに16人の研究者たちが解説する。

日本経営倫理学会・（社）経営倫理実践研究センター監修　髙橋浩夫編
トップ・マネジメントの経営倫理
本体価格 3000 円

経営トップは経営倫理をどう捉え，どのような対応が重要か。BERC会員企業の協力を得た日本経営倫理学会トップ・マネジメント経営倫理研究部会の成果。

企業倫理研究グループ（中村瑞穂代表）著
日本の企業倫理―企業倫理の研究と実践―
本体価格 2800 円

経済の大転換を迎え，日本の企業倫理研究も大きく発展した。その進展と課題につき，学問的な立場から理解し，新たな視点を構築しようとする真摯な試み。

D. スチュアート著　企業倫理研究グループ（中村瑞穂代表）訳
企業倫理
本体価格 3000 円

企業倫理の根幹にある哲学より繙き，「倫理」とは何かを明確にした上で，倫理的な行動が企業に良い結果をもたらした事例をあげつつ「企業倫理」を解説。

R.E. フリーマン，J.S. ハリソン，A.C. ウィックス著　中村瑞穂訳者代表
利害関係者志向の経営―存続・世評・成功
本体価格 3300 円

継続的な成功と価値創造のため，株主の利益か，利害関係者の利益かというトレードオフの思考からの転換と，利害関係者を人間として捉えることを提唱。

イーラーン・トレーニング・カンパニー著　小宮路雅博訳
イメージとレピュテーションの戦略管理
本体価格 2381 円

企業のイメージとレピュテーションの獲得・創造をどうするか，その管理は。企業倫理やガバナンス，危機管理等から捉えて解説。またPRの諸技法も紹介。

東京　**白桃書房**　神田

本広告の価格は消費税抜きです。別途消費税が加算されます。

好 評 書

樋口晴彦著
組織不祥事研究―組織不祥事を引き起こす潜在的原因の解明― 本体価格 4000 円

組織不祥事研究の新しいフレームワークを提示し，それにより組織不祥事の原因メカニズムを解明。不祥事を誘発する潜在的原因の4類型を抽出し，分析。

斎藤悦子著
CSR とヒューマン・ライツ 本体価格 3000 円
―ジェンダー，ワーク・ライフ・バランス，障害者雇用の企業文化的考察―

企業文化のジェンダリング研究をもとに，重要な指標となるヒューマン・ライツに焦点をあて，企業文化論のアプローチにより CSR の本質に迫る。

小山嚴也著
CSR のマネジメント―イシューマイオピアに陥る企業― 本体価格 2600 円

企業不祥事を，企業によるソーシャルイシューへの対応の失敗と捉え，適切に対応できない理由として，企業が陥りやすい「イシューマイオピア」を提示。

谷口勇仁著
企業事故の発生メカニズム 本体価格 2800 円
―「手続きの神話化」が事故を引き起こす―

企業事故を起こそうとして起こす企業はない。本書は「なぜ当事者が安全だと考えたのか」という新視点で分析し，事故防止の指針を提示する。関係者必読。

黒川保美・赤羽新太郎編著
CSR グランド戦略 本体価格 2381 円

企業とは，人間とは，社会とは何か，という根本問題から CSR の本質に迫る。エプスタイン・カリフォルニア大学名誉教授の論攷も収録。

田中宏司・水尾順一編著
人にやさしい会社―安全・安心，絆の経営― 本体価格 2381 円

「絆，気づき，共感」の「新3K」の重視が社内に活力を与え，それが企業の持続可能な発展につながる。事例を通して新しい時代の企業活動のヒントを提示。

岡部幸徳著
よくわかる経営倫理・CSR のケースメソッド 本体価格 2200 円

聴かせ，考えさせ，協議させる。ジレンマに陥りやすいエシックスの問題に向き合う体験ができるケースメソッド。関係者必修のエシックストレーニング本。

───── 東京 **白桃書房** 神田 ─────

本広告の価格は消費税抜きです。別途消費税が加算されます。

経営倫理用語辞典

日本経営倫理学会編

本体価格 2600 円

日本経営倫理学会が総力を挙げ編纂した，本邦初の本格的な用語辞典。経営学，倫理学はもとより，経済学，哲学，社会学，法学，心理学，宗教学，教育学，環境学といった内容から項目を厳選。経営倫理関係者の必携必備図書。

本広告の価格は消費税抜きです。別途消費税が加算されます。

東京　白桃書房　神田